中国社会科学院创新工程学术出版资助项目

中国社会科学院马克思主义理论
学科建设与理论研究工程系列丛书

"中产阶级"与资本主义的历史归宿
——以当代西方社会为例

宋丽丹 著

中国社会科学出版社

图书在版编目(CIP)数据

"中产阶级"与资本主义的历史归宿:以当代西方社会为例/宋丽丹著. —北京:中国社会科学出版社,2017.4
(中国社会科学院马克思主义理论学科建设与理论研究工程系列丛书)
ISBN 978 - 7 - 5203 - 0550 - 1

Ⅰ.①中… Ⅱ.①宋… Ⅲ.①中等资产阶级—研究 ②资本主义—研究 Ⅳ.①D013②D091.5

中国版本图书馆 CIP 数据核字(2017)第 114128 号

出 版 人	赵剑英
责任编辑	田 文 徐沐熙
责任校对	张爱华
责任印制	王 超

出　　版	中国社会科学出版社
社　　址	北京鼓楼西大街甲 158 号
邮　　编	100720
网　　址	http://www.csspw.cn
发 行 部	010 - 84083685
门 市 部	010 - 84029450
经　　销	新华书店及其他书店
印刷装订	北京明恒达印务有限公司
版　　次	2017 年 4 月第 1 版
印　　次	2017 年 4 月第 1 次印刷
开　　本	710×1000 1/16
印　　张	18
字　　数	304 千字
定　　价	75.00 元

凡购买中国社会科学出版社图书,如有质量问题请与本社营销中心联系调换
电话:010 - 84083683
版权所有　侵权必究

前　言

以毛泽东、邓小平、江泽民为核心的党的三代领导集体和以胡锦涛同志为总书记的党中央始终高度重视党的理论工作，重视全党对马克思主义理论的学习和研究工作。十八大以来，以习近平同志为核心的党中央更是把意识形态工作作为党的一项极端重要的工作来抓。

2004年1月，《中共中央关于进一步繁荣发展哲学社会科学的意见》下发，并决定实施马克思主义理论研究和建设工程。为贯彻落实党中央关于把中国社会科学院努力建设成为马克思主义坚强阵地、党和国家的思想库智囊团（智库）、哲学社会科学的最高殿堂的要求，中国社会科学院党组采取了一系列重要措施。2009年初成立了中国社会科学院马克思主义理论学科建设与理论研究工程领导小组。小组成立后，一方面注重抓好马克思主义理论学科组织机构的建设，设立马克思主义理论类别的研究室和中心等；另一方面注重马克思主义基础理论研究。

为了推进马克思主义基础理论研究，中国社会科学院从2010年起陆续推出"马克思主义理论学科建设与理论研究工程系列丛书"，包括"马克思主义经典作家专题摘编系列"、"马克思主义专题研究文丛系列"、"马克思主义基础理论研究系列"等。"马克思主义基础理论研究系列"是马克思主义及其中国化理论研究的专门论著，该系列论著的推出，将有助于马克思主义话语体系的构建和马克思主义话语权的巩固。

中国社会科学院马克思主义理论学科建设
与理论研究工程领导小组
2015年1月

目　　录

绪　论 …………………………………………………………（1）

第一章　阶级 …………………………………………………（5）
　一　阶级是历史的产物 ……………………………………（5）
　二　阶级与分工 ……………………………………………（11）
　　（一）阶级分工 …………………………………………（11）
　　（二）分工的四种类型 …………………………………（13）
　三　阶级的消亡 ……………………………………………（16）
　　（一）首先要消灭资本主义生产资料私有制 …………（16）
　　（二）消灭与私有制相关的思想观念 …………………（19）
　　（三）要消灭由私有制的生产关系决定的阶级分工 …（24）
　四　当代西方阶级研究概况 ………………………………（27）
　　（一）关于阶级是否存在的争论 ………………………（28）
　　（二）如何划分阶级 ……………………………………（53）

第二章　何谓"中产阶级" ……………………………………（65）
　一　"中产阶级"的源起 ……………………………………（65）
　　（一）中间阶级的崛起 …………………………………（65）
　　（二）"新中产阶级"的出现 ……………………………（70）
　　（三）"中产阶级"从三方面解构马克思的阶级概念 …（72）
　二　西方界定"中产阶级"的五种主要标准 ………………（79）
　　（一）以职业为标准的"中产阶级"概念 ………………（80）
　　（二）以收入为标准的"中产阶级"概念 ………………（80）
　　（三）以相对位置为标准 ………………………………（82）
　　（四）以主观评价为标准 ………………………………（83）

　　　　（五）混合标准 …………………………………………………（84）
　　三　马克思主义如何看待"中产阶级" ……………………………（84）
　　　　（一）马克思主义的中间阶级概念 …………………………（84）
　　　　（二）当代马克思主义者对"中产阶级"概念的批判 ………（89）
　　四　西方"左翼"、右翼如何看待"中产阶级" ……………………（93）

第三章　西方"中产阶级社会"的神话 ………………………………（100）
　　一　无产阶级的"中产阶级化" ……………………………………（101）
　　　　（一）"消费革命"与生活水平的提高 ………………………（102）
　　　　（二）阶级意识的迷失 ………………………………………（107）
　　二　无产阶级内部的阶层分化与"中产阶级" ……………………（112）
　　　　（一）脑力劳动与体力劳动的对立 …………………………（112）
　　　　（二）管理劳动与普通劳动的对立 …………………………（113）
　　　　（三）南北方工人的对立 ……………………………………（115）
　　三　"中产阶级社会"的物质基础 …………………………………（116）
　　　　（一）西方主导财富分配的资本主义全球化 ………………（116）
　　　　（二）福利制度 ………………………………………………（119）
　　　　（三）纳入制度框架内的劳工斗争 …………………………（126）

第四章　"中产阶级"与阶级斗争 ……………………………………（131）
　　一　资本对劳动"分而治之"的统治策略 …………………………（131）
　　　　（一）种族歧视 ………………………………………………（132）
　　　　（二）性别歧视 ………………………………………………（134）
　　　　（三）"中产阶级"的划分 ……………………………………（135）
　　二　意识形态斗争的需要 …………………………………………（137）
　　三　"中产阶级"的阶级意识与政治立场 …………………………（141）
　　　　（一）"中产阶级"中属于无产阶级的部分 …………………（141）
　　　　（二）"中产阶级"中属于小资产阶级的部分 ………………（147）
　　　　（三）"中产阶级"中属于中等资产阶级的人 ………………（152）

第五章　"中产阶级"的历史命运 ……………………………………（154）
　　一　"中产阶级危机" ………………………………………………（154）

（一）"中产阶级"数量的降低 ……………………………… (154)
　　（二）受挤压的"中产阶级" ……………………………… (157)
　二　"中产阶级危机"是资本积累的必然后果 …………………… (167)
　　（一）"中产阶级"的"身份"改变不了其无产阶级的处境 … (168)
　　（二）"中产阶级"工作的流失 …………………………… (175)
　　（三）重振不了的"中产阶级" …………………………… (179)

第六章　资本主义社会日益分裂为两大直接对立的阶级 ………… (186)
　一　什么是无产阶级的绝对贫困与相对贫困 …………………… (187)
　　（一）如何理解两极分化、贫富差距 ……………………… (190)
　　（二）"绝对贫困"必然导致两极分化 …………………… (193)
　　（三）越来越多的"穷忙族" ……………………………… (202)
　　（四）工人阶级生活债务化 ………………………………… (205)
　　（五）贫困人口在增长 ……………………………………… (209)
　二　资本加紧对工人权益的进攻 ………………………………… (212)
　　（一）临时雇佣化 …………………………………………… (212)
　　（二）压缩工资、削减福利 ………………………………… (214)
　　（三）工会的削弱 …………………………………………… (220)
　三　不平等在社会各个领域的加深 ……………………………… (224)
　　（一）政治的不平等 ………………………………………… (224)
　　（二）教育的不平等 ………………………………………… (227)
　　（三）发展的不平等 ………………………………………… (229)
　　（四）健康和寿命的不平等 ………………………………… (232)
　四　西方资本主义社会结构不是橄榄型而是金字塔型 ………… (235)

第七章　资本主义的历史归宿没有改变 ……………………………… (241)
　一　资本的贪婪击破了人类生存的底线 ………………………… (241)
　　（一）无法解决物质丰裕与人的普遍贫困的矛盾 ………… (242)
　　（二）商品的过剩与自然的破坏 …………………………… (244)
　　（三）异化劳动摧残了人本身 ……………………………… (246)
　　（四）南北差异的持续扩大 ………………………………… (250)
　　（五）恐怖主义与战争如影随形 …………………………… (252)

二　减少不平等还是消灭不平等 …………………………………（255）
　　　（一）资产阶级左翼的最高理想是减少不平等 …………………（255）
　　　（二）修正主义者的最高理想也是减少不平等 …………………（259）
　　　（三）不消灭资本主义就不能消灭不平等 ………………………（260）

结　论 ……………………………………………………………………（263）

中外文参考文献 …………………………………………………………（266）

后　记 ……………………………………………………………………（274）

绪　论

本书尝试以马克思主义的阶级理论对"中产阶级"概念进行理论与现实的分析，力争厘清"中产阶级"的内涵、外延及其性质，并通过实证分析，论证马克思关于资本主义社会必然分裂为两大直接对立的阶级的科学判断。

"中产阶级"概念由于其模糊性与不确定性，对于人们而言既是一个耳熟能详的词语又是一个引发疑问的概念，即"中产阶级"到底是什么。正是由于"中产阶级"的定义标准不一，它才成功地解构了"阶级"概念，把"资产阶级"和"无产阶级"这种科学地抽象了人们在社会生产关系中的地位的概念消融在"中产阶级""上层阶级"和"下层阶级"这样的庸俗概念中。说后者庸俗不过是因为它们只是描述了社会分层的现象而回避了阶级分化的实质，不能说明任何实质问题。"中产阶级"尤其如此，它是一个混合了小资产阶级、无产阶级甚至部分资产阶级的"阶级"，这样的概念不但不能说明任何问题，反而制造了更多的混乱。因此，要恢复马克思主义的阶级概念首要的就是厘清"中产阶级"概念的实质。指出，马克思关于资本主义社会必然分裂为两大直接对立的阶级的判断没有过时，不会过时，所谓"中产阶级社会"也改变不了资本主义日益两极分化的现实。虽然资本主义必然走向灭亡，但在通向共产主义的征途中，也必须搞清楚阶级的问题，因为阶级分析涉及无产阶级的敌人和盟友这个至关重要的问题。

西方划分"中产阶级"的主要标准就有五种之多，任何一个科学的概念都不会存在如此多元的定义，但这正是资产阶级"社会科学"力图要做的：掩盖社会的真实面目，遮掩资产阶级社会存在剥削与压迫的现实，让无产阶级安心于、追求于做"中产阶级"，而不是推翻这个不人道的、非理性的制度，放弃寻求人类解放、每个人的自由发展是其余人自由发展的前提的共产主义理想。

"中产阶级"最初指的是资产阶级,到20世纪中期后开始慢慢演变为一个几乎包括了所有生活水平从温饱以上到小康甚至富裕的社会成员的"大杂烩"阶级。目前国内外关于"中产阶级"的文献不可谓不多,但几乎都以职业、收入、阶级的相对位置、主观和混合标准五大标准来界定"中产阶级"。从这些标准出发,就出现了形形色色的"中产阶级"定义。可以说,到目前为止还没有一个统一的"中产阶级"定义。本书第一章和第二章对西方的"阶级"和"中产阶级"研究都进行了详细的文献综述,这里就不再赘述。国内对"中产阶级"的研究基本上是沿袭了西方理论,缺少马克思主义的阶级分析。因此,本书就尝试主要以马克思主义阶级理论以及资本积累理论来剖析"中产阶级"概念及其相关理论,希望充实马克思主义的阶级研究,并为其他有志于利用马克思主义阐释当今时代阶级新现象的学者提供思路。

在人们看来,似乎"中产阶级"是一个社会学概念,因为"阶级"在西方属于社会学学科的研究对象。但阶级问题首先是个政治经济学问题,因为它涉及的是人们或社会集团在社会经济结构和生产关系中的地位和相互关系问题。事实上,虽然马克思还没有来得及对阶级作出一个正式的定义,但他的《资本论》就是对资本主义生产关系中人们的地位及相互关系进行研究的光辉典范。本书就是在《资本论》观点、逻辑的基础上,尝试对"中产阶级"进行政治经济学的剖析,进而对阶级问题、两极分化问题及资本主义的历史归宿问题进行科学分析,为维护马克思主义的阶级理论的科学性作出一点贡献。当然,除了重点运用资本积累理论进行研究分析,本书也采用了西方资产阶级的大量研究成果,如《21世纪资本论》,这本书虽然不是马克思主义的"资本论",但它提供的历史数据及其结论是十分珍贵的,而且它也承认资本主义的两极分化不仅存在而且正在日益恶化。

与一般人可能认为的马克思主义阶级理论是僵化的不同,马克思主义的阶级理论由于抓住了阶级分析的核心问题:社会生产关系中的地位及相互关系问题,在新职业层出不穷的今天,它用来分析不同职业、不同收入的人们属于哪个阶级尤为实用。比如"白领"曾被视为不同于无产阶级的"新阶级",最后被划分为"中产阶级",其实"白领"属于脑力劳动者,他们不拥有生产资料,也必须出卖劳动力才能换取到生活资料。因而不管他们的生活水平比蓝领工人高多少,他们始终是无产阶级的一分子。当然,"白领"的阶级意识与蓝领的阶级意识不完全一致,但这并不属于阶级划分的标准,而某些资产阶级学者就抓住这一点将它划分为"中产阶级",这是完全错误的。

用马克思主义相关理论来解释21世纪以来阶级现象的新变化,是本书的目标。因此笔者的阅读书目以马克思、恩格斯、列宁、毛泽东等经典作家的著作为主,如政治经济学的圣经《资本论》三卷,也包括哈里·布雷弗曼这样的现当代马克思主义者的著作,如《劳动与垄断资本:20世纪中劳动的退化》,等等,以这些书的基础理论作为本书的主要研究工具。在此基础上,要论证资本主义社会日益严重的阶级分化状况还需要大量的实证数据。笔者主要从互联网上选取到许多第一手的英文数据,这些数据多数来自权威研究机构如美国皮尤研究中心和西方的政府机构,也结合使用了许多经济学家的研究成果。对于作者而言,没有比《21世纪资本论》更合适的数据来源了,它使用多国的历史数据证实,西方社会的两极分化现象就算暂时有所收敛但也从来没有得到根本解决,现在的趋势是不平等现象在持续恶化,所谓的"库兹涅茨曲线"在现在看来也许只是一场意识形态的讹诈罢了。

本书虽然是围绕"中产阶级"进行马克思主义的阶级分析,但也没有舍弃西方社会学研究中可资利用的成分,譬如本书对"中产阶级"的实证分析就得益于《当代社会问题》(美国社会学家文森特·帕里罗著)。本书在资料收集阶段,参与了日本社会学者渡边雅男教授所著《马克思的阶级概念》一书的校对工作,亦从中得到了相当的启示。

本书的基本思路首先是梳理"中产阶级"概念的演变历史,分析它是如何从指代资产阶级的专有名词发展到指代小资产阶级最后到以"白领"为主体的杂烩概念的。以马克思的中间阶级理论为中介,指出"中产阶级"概念的非科学性。其次,指出为什么会出现西方"中产阶级社会"的神话,这种神话出现的历史条件是什么,现在是否还存在这样的条件。除此之外,要从意识形态斗争的角度理解"中产阶级"概念的流行,要看到这一概念在西方战后社会心理认同建设中起到的重要作用。本书紧密结合当代西方社会的最新变化指出,"中产阶级"危机无疑彰显着资本主义的历史命运:那就是"中产阶级"的衰落和破碎化不过是对马克思关于资本主义社会日益两极化的另一种写照。为了加强本书论点的说服力,笔者花了很大的精力收集了西方社会两极分化的实证数据,也集中了相当多的西方主流刊物、研究机构的观点和研究成果来佐证笔者的结论。最后，本书还以资本主义对利润无止境的贪婪追逐对人类的生存和发展造成了极大的危害和威胁为出发点，得出不消灭资本主义就不能消灭不平等，就无法实现人的自由全面发展的结论。

冷战结束后，"历史的终结"这样的狂妄断言横空出世，违反了"时间是永恒的"这一自然规律。历史就是时间，时间不会终结于某一点，更不用说终结于资本主义这种非人道的制度。另外，有人有"只享受不劳动"的特权，就会有人"只劳动不享受"，既然人都是有"理性"的，为何不能想象就是有人不追求这种排他性特权而追求全人类的解放？既然只是少数人享有这种特权，有"理性"的最大群体为何不将这种特权扩大到所有的人？马克思主义就是为人类社会最大的群体——劳动者服务的解放哲学，它不是从道德上来批判资本主义，而是从客观的社会现实出发梳理出社会发展的客观规律。无产阶级要做的就是破除像"中产阶级"这样的意识形态迷雾，抛弃苏东剧变带来的心理"死荷重"，再次向解放自我、解放人类的征途出发。

维护马克思主义阶级理论的科学性，除了批判像"中产阶级"这样的概念，也要关注阶级与种族问题、妇女问题等的关系，这些问题也是笔者对马克思主义阶级理论进行下一步研究的兴趣所在。

囿于篇幅的限制，加上本书以西方社会为研究对象，因此，笔者对于国内学者的"中产阶级"研究的综合整理还不够。但鉴于国内学者对"中产阶级"的研究普遍没有走出西方学者研究的窠臼，并主要以阐释西方学者的相关理论为主，因此这种空缺的理论损失并不大，但仍请读者见谅。

第一章 阶级

恩格斯说过，人类自有文字记载以来的全部历史都是阶级斗争的历史。[①] 但不同阶级对于阶级和阶级斗争的看法截然不同，因此不仅会有不同的阶级划分法，甚至还有人不承认阶级和阶级斗争的客观存在。但若从历史的起源和生产关系的角度来看待阶级，我们会得到一个全面而客观的阶级具象，从而有助于我们研究人类历史的发展规律。

一 阶级是历史的产物

阶级是一个历史概念，在生产力极其落后、人们的温饱都很难保证的原始社会，没有剩余产品，也就没有私有财产，因为"如果每个人的劳动刚够生产他自己的食物，那就不会有任何财产了"[②]。没有私有财产相应地就没有私有观念，更不会有"阶级"这种社会关系的产生。用马克思的意思来表达就是，如果人需要用他全部的时间来生产维持自己和他的家人所需要的物品，那么他就没有时间来为第三者劳动。没有一定程度的劳动生产率，人就没有可供支配的时间，没有这种剩余时间，就不可能有剩余劳动，也就不可能有奴隶主、贵族、地主和资本家。[③] 面对自然界残酷的生存环境，人们只有共同劳动、共同消费才能够生存下去，因此人与人之间的社会关系非常简单，就是在一个集体中相互依存的关系，这种简单的社会关系是由极其低下的生产力决定的"原始共产主义"。这是人类野蛮时代的低级阶段。

随着人类对自然认识的丰富和加深，人对自然的改造提高了人的劳动

[①] 《马克思恩格斯文集》第 2 卷，人民出版社 2009 年版，第 31 页。
[②] 莱文斯顿：《论公债制度及其影响》第 14 页，转引自《资本论》第 1 卷，人民出版社 2004 年版，第 585 页。
[③] 《资本论》第 1 卷，人民出版社 2004 年版，第 585 页。

生产力。在原始社会后期，人们学会畜牧和农耕，学会靠人的活动来增加天然产物产量的方法，人的劳动能创造出比从前多得多的产品，在这个时候，"……人类通过劳动摆脱了最初的动物状态，从而他们的劳动本身已经在一定程度上社会化的时候，一个人的剩余劳动成为另一个人的生存条件的关系才会出现"①。也就是说，社会化生产使剩余劳动成为可能——人们能普遍地而不是个别地生产出超过自己所需的物品的时候，除没有劳动能力的老弱病残幼等外，就可能出现一些依靠别人的劳动而不劳而获的人（当然，最初这种不劳而获的人同直接生产者相比起来很少，但后来随着社会劳动生产力的发展，这部分人会增加），这种依靠别人劳动生活的寄生关系实质上反映了对他人劳动产品的占有私有化，这时就会产生私有财产，也就产生了剥削和被剥削的关系。

恩格斯在《家庭、私有制和国家的起源》里从社会化大分工的角度分析了私有制和阶级的产生。第一次社会大分工②是指从原始社会晚期开始的、游牧部落从其余的野蛮人群中分离出来的过程。游牧部落通过饲养牲畜得到了畜群和其他新的财富（如奶制品、皮毛制品、肉制品等），在满足本部落需要的同时还产生了剩余，游牧部落就用这些剩余去和其他部落交换。这种交换起初是部落之间通过酋长进行，后来在畜群开始变为私有财产的时候，个人间的交换越来越占优势，最后发展成为交换的唯一形式。牲畜在交换中逐渐成为一切商品都用来估价并到处都乐于与之交换的商品，获得了货币的职能。③

在野蛮时代的高级阶段，随着织布机和金属制品的出现，畜牧业、农业和家庭手工业的生产力大大提高，私有的产品越来越多。人的劳动力能够生产出超过维持劳动力所必需的产品，这也增加了人们的劳动量，那些以前会被杀掉的战俘现在则被留作劳动力使用，那些因为无法还清他人债务的人也必须以自己的劳动作为偿还手段，"第一次社会大分工，在使劳动生产率提高，从而使财富增加并且使生产领域扩大的同

---

① 《资本论》第 1 卷，人民出版社 2004 年版，第 585 页。
② 一些专家认为，第一次社会大分工，特指农业和畜牧业的分工。但现代考古和历史研究表明真正意义上的农业社会和游牧社会的分离，只是在人类的一部分已经脱离了采集渔猎生活转入畜牧农耕生活之后也就是说是在我们所理解的第一次社会大分工实现之后才形成的。见朱明光《怎样认识人类第一次社会大分工》，《学术月刊》1986 年第 5 期。
③ 《马克思恩格斯文集》第 4 卷，人民出版社 2009 年版，第 179 页。

时……产生了第一次社会大分裂，分裂为两个阶级：主人和奴隶、剥削者和被剥削者"①。但是在这个阶段，奴隶制只是刚刚产生，并且是零散现象。

马克思在《资本论》中也谈到第一次社会大会工的产生，"不同的公社在各自的自然环境中，找到不同的生产资料和不同的生活资料。因此，它们的生产方式、生活方式和产品，也就各不相同。这种自然的差别，在公社互相接触时引起了产品的互相交换，从而使这些产品逐渐变成商品"。"产品交换是在不同的家庭、氏族、公社互相接触的地方产生的，因为在文化的初期，以独立资格互相接触的不是个人，而是家庭、氏族等等"②，有些代表家庭和氏族进行交换的人，在交换过程中慢慢学会将一些产品据为己有，渐渐地侵蚀了原有的财产共有观念，在集体内部出现了个人的私有财产，产生了财富占有上的分化，出现了穷人和富人。

在人类社会的最早时期，"分工起初只是性行为方面的分工，后来由于天赋（例如体力）、需要、偶然性等等才自发地或'自然地'形成的分工"③。自然分工在原始社会表现为妇女、老人和小孩在家里从事家务、采集等比较容易的劳动，男人在外从事狩猎等较艰苦的劳动。而第一次社会大分工后，则产生了两种不同层次的分工：社会生产劳动的分工和家庭私人劳动的分工，妇女的家务劳动比起男子的社会劳动分工来显得无足轻重，这使妇女从属于男子。随着男子在家中统治地位的确立，母权制倾覆、父权制确立起来，这个时候个体家庭越来越独立于氏族社会，家庭财产也逐渐产生了。

农业、手工业的发展最终使二者分离，这就是第二次社会大分工。在这个阶段，人们认识到人的劳动力价值是比产品本身更有价值的东西，于是奴隶不再是简单的助手，他们被赶到田野和工场去劳动。在前一阶段刚刚产生并且是零散现象的奴隶制，现在成为社会制度的一个根本组成部分。奴隶主"不仅占有一切生产资料（即土地和工具，尽管当时工具还十分简陋），并且还占有人"④。之所以说主人和奴隶之间是对立的阶级关系，就在于奴隶必须把劳动所得全部交给奴隶主，自己没有任何处置劳动产品

---

① 《马克思恩格斯文集》第4卷，人民出版社2009年版，第180页。
② 《资本论》第1卷，人民出版社2004年版，第407页。
③ 《马克思恩格斯文集》第1卷，人民出版社2009年版，第534页。
④ 《列宁选集》第4卷，人民出版社1995年版，第29页。

的权利。

在这一阶段，商品生产、贸易、货币开始出现，但还很不成熟。这个阶段除了奴隶主和奴隶之间的阶级对立，还产生了地主和高利贷者等剥削者与不是奴隶的佃农和市民等自由民之间的阶级对立，"同一氏族内部的财产差别把利益的一致变为氏族成员之间的对抗"①。氏族社会在成为社会经济单位的个体家庭的冲击下走向解体，国家这种代表公共权力的社会机构的雏形开始出现。

第二次社会大分工后，"劳动产品中日益增加的一部分是直接为了交换而生产的，这就把单个生产者之间的交换提升为社会的生活必需"②。随着贸易的发展，第三次社会大分工产生了，一个不再从事生产而只从事产品交换的阶级——商人出现了，人类进入文明时代。商人的出现是由于生产以及劳动生产率的不断增长，导致产品交换的需要日益增长。在交通、信息极其闭塞的时代，商人阶级作为商品交换的中间人，对生产者双方进行剥削，获取了大量的财富和相应的社会影响，取得了"对生产的越来越大的统治权"③。在这个时期，"在绝大多数国家里，奴隶制发展成了农奴制。这时社会基本上分为农奴主—地主和农奴制农民"，与奴隶制不同，农奴主—地主不能把农民像奴隶主对奴隶那样当作物品来占有了，"而只有权占有农民的劳动，有权强迫农民尽某种义务"④，农民的劳动成果绝大部分要上交给地主，但被允许拥有少量劳动产品。农奴制虽然比奴隶制较为先进，但仍然是一种剥削极为严重的经济形态。

经过漫长的历史时代，资本主义的曙光终于在 14 世纪左右出现。"虽然在 14 和 15 世纪，地中海沿岸的某些城市已经稀疏地出现了资本主义生产的最初萌芽，但是资本主义时代是从 16 世纪才开始的。在这个时代来到的地方，农奴制早已废除，中世纪的顶点——主权城市也早已衰落。"⑤并且"从中世纪的农奴中产生了初期城市的城关市民；从这个市民等级中发展出最初的资产阶级分子。"⑥虽然 14 世纪下半叶就已经出现雇佣工人

---

① 《马克思恩格斯文集》第 4 卷，人民出版社 2009 年版，第 184 页。
② 同上书，第 184—185 页。
③ 同上书，第 185 页。
④ 《列宁选集》第 4 卷，人民出版社 1995 年版，第 29 页。
⑤ 《资本论》第 1 卷，人民出版社 2004 年版，第 823 页。
⑥ 《马克思恩格斯文集》第 2 卷，人民出版社 2009 年版，第 32 页。

阶级，但"它在当时和后一世纪内只占居民中很少的一部分；它的地位受到农村的独立农民经济和城市的行会组织的有力的保护"①。

1500年左右地理大发现以后，极大地促进了西欧资本的原始积累②，仅以如下数据为证：1500年到1650年的150年间，光西班牙就从美洲殖民地抢夺了16000吨白银，180吨黄金；③从1442年开始的长达400年的奴隶贸易让非洲大陆损失了2亿多人口④。可以说资本在从头到脚每个毛孔都流着血和肮脏的东西的基础上迅速地壮大了自己，资本的原始积累是用血与火被载入人类编年史的。马克思指出，"大工业建立了由美洲的发现所准备好的世界市场。世界市场使商业、航海业和陆路交通得到了巨大的发展。这种发展又反过来促进了工业的扩展，同时，随着工业、商业、航海业和铁路的扩展，资产阶级也在同一程度上发展起来，增加自己的资本，把中世纪遗留下来的一切阶级排挤到后面去"⑤。"地理大发现以及随之发生的商业革命和殖民扩张所造成的各种后果，集中到一点，便是资本势力的增长，一个新兴的拥有资本的阶级——资产阶级首先从西方登上历史舞台"⑥。

由于生产和贸易的发展，出现了大规模的工场手工业。在英国，为生产满足工业所需的原料，出现了大规模的圈地运动，它的后果是，"一部分农村居民的被剥夺和被驱逐，不仅为工业资本游离出工人及其生活资料和劳动资料，同时也建立了国内市场。……工场手工业与农业分离的过程发生了。只有消灭农村家庭手工业，才能使一个国家的国内市场获得资本主义生产方式所需的范围和稳固性"⑦。圈地运动把无数的小农变成了无家可归的无产者，强迫他们进入工场劳动，现代意义上的无产阶级出

---

① 《资本论》第1卷，人民出版社2004年版，第847页。
② 指大量财富集中于少数人手中并确立资本主义生产方式的历史过程。由于商品经济的刺激，资产阶级化的封建主，一方面，通过暴力使农民（直接生产者）与土地（生产资料）相分离；另一方面，还伙同新兴资产阶级分子通过殖民、贩卖奴隶、进行商业战争等，使土地和货币财富迅速集中于少数人手中。
③ 参见吴于廑、齐世荣主编《世界史：近代史编》上卷，高等教育出版社1992年版，第17页。
④ 卫建林：《全球化与第三世界》第2卷，清华大学出版社2009年版，第399页。
⑤ 《马克思恩格斯文集》第2卷，人民出版社2009年版，第32—33页。
⑥ 参见吴于廑、齐世荣主编《世界史：近代史编》上卷，高等教育出版社1992年版，第20页。
⑦ 《资本论》第1卷，人民出版社2004年版，第857页。

现了。

在发端于18世纪60年代的工业革命中，各种新技术、新机器层出不穷，社会生产力有了巨大的发展。资产阶级在它的不到一百年的阶级统治中所创造的生产力，比过去一切世代创造的全部生产力还要多，还要大[1]，这句话中的"不到一百年"指的就是工业革命时期。工厂挤垮了手工工场和行会手工业，资本主义生产制度终于取得了统治地位。与生产上的统治相对应，资产阶级通过资产阶级民主革命夺得了政治统治权，"从商品中，从商品交换中，从货币权力的出现中，产生了资本权力。在18世纪（更正确些说，从18世纪末起）和19世纪，世界各地发生了革命。……结果一种社会形式被另一种社会形式所代替——农奴制被资本主义所代替。"[2]工业革命最重要的后果，就是雇佣劳动制取代农奴制，用"自由"的雇佣劳动代替了农民对地主的劳役，产生了无产阶级，资本家靠无偿占有工人创造的剩余价值生存和发展，社会日益分裂为两大敌对的阶级——无产阶级和资产阶级。

通过梳理历史，我们发现，在没有私有财产的原始社会是没有阶级的，只有在少数人凭借剩余产品剥削他人的时候，才出现了阶级。因此，"阶级的存在仅仅同生产发展的一定历史阶段相联系"[3]。总之，阶级是历史的产物，是不以人的意识为转移的一定社会中的人与人之间的社会/物质关系。就人与人之间的阶级关系来说，阶级就意味着物质利益的相近、区别或对立。在一定的社会生产结构中处于同一种经济关系、拥有相近或相似经济利益的人们就属于同一阶级，反之则不属于同一阶级。正如列宁给阶级下的定义："所谓阶级，就是这样一些大的集团，这些集团在历史上一定社会生产体系中所处的地位不同，对生产资料的关系（这种关系大部分是在法律上明文规定了的）不同，在社会劳动组织中所起的作用不同，因而取得归自己支配的那份社会财富的方式和多寡也不同。所谓阶级，就是这样一些集团，由于它们在一定社会经济结构中所处的地位不同，其中一个集团能够占有另一个集团的劳动。"[4]

---

[1] 参见《马克思恩格斯文集》第1卷，人民出版社2009年版，第36页。
[2] 《列宁选集》第4卷，人民出版社1995年版，第29页。
[3] 《马克思恩格斯选集》第4卷，人民出版社1995年版，第547页。
[4] 《列宁选集》第4卷，人民出版社1995年版，第11页。

二 阶级与分工

我们说，阶级是一种历史形成的社会关系，这种关系只有在一个人的剩余劳动成为另一个人的生存条件的时候才会出现。阶级这种社会关系的形成可以从分工的角度去考察。分工，即人们在生产中所处的地位，体现了人与人之间的社会关系的本质。人类社会在没有产生阶级分化之前就产生了分工，但那时候的分工是自然分工，即是基于性别、年龄等因素的生理性分工或以部落的自然禀赋而产生的地域分工。在产生了私有财产之后，分工就随着阶级的产生而演化出了阶级分工。

（一）阶级分工

这里所讲的阶级分工与上一节讲的"自然分工"或"社会化大分工"不同，后两种分工并不产生阶级。在第一次社会化大分工产生以后，人类的生产力有了质的飞跃，出现了剩余产品，才使少数人有可能脱离物质生产而不劳而获。这种少数人依靠无偿占有他人剩余劳动来生活的不合理"分工"就是在社会生产结构内部形成的"阶级分工"。

阶级产生的最初时期，人的劳动生产率还非常低，生产剩余很少，绝大多数从事劳动的居民必须占用很多时间来从事必要劳动，因而没有多余的时间来管理社会的公共事务，在这种情况下"总是必然有一个脱离实际劳动的特殊阶级来从事这些事务"，"这种分工的基础是从事单纯体力劳动的群众同管理劳动、经营商业和掌管国事以及后来从事艺术和科学的少数特权分子之间的大分工。这种分工的最简单的完全自发的形式，正是奴隶制"[①]。由于生产资料私有制的出现必然使社会分裂为奴隶主和奴隶；富人和穷人，氏族公社这种没有任何内部对立的制度就过时了，它被分工及其后果即社会之分裂为阶级所炸毁，也就是说，它被国家代替了。[②] 国家出现后，贵族制取代了氏族民主制，从前氏族成员共同劳动、共同消费的场景消失了，奴隶主贵族成为凌驾于普通社会成员的特殊人物，出现了"劳心者治人，劳力者治于人"（《孟子·滕文公章句上》）的社会秩序，多数

---

① 《马克思恩格斯文集》第9卷，人民出版社2009年版，第189页。
② 《马克思恩格斯文集》第4卷，人民出版社2009年版，第188页。

人处于被统治的地位，少数人高居庙堂之上。因此马克思说，"分工只是从物质劳动和精神劳动分离的时候起才真正成为分工"①，这种分工完全不同于从前基于人的生理条件的自然分工和基于自然条件和生产力水平的社会化大分工；这种分工也与生产过程内部形成的脑体分工完全不同，是社会领域内对剥削与被剥削、统治与被统治的角色、地位的分配与固化，这就是阶级分工。在共产主义者眼里，人的全面发展离不开脑力与体力劳动的合理结合，绝不能把人狭隘地限制在所谓的精神劳动或物质劳动中，人人生而平等的原则应该体现在根据人的能力和意愿自由地选择为他人服务的职业，而不是为了生存而被迫劳动，也不容许少数人只享受不劳动的情况发生。

与"物质劳动和精神劳动分离"同时出现的是劳动及其产品的不平等分配，私有制因此出现，所以"分工和私有制是相等的表达方式，对同一件事情，一个是就活动而言，另一个是就活动的产品而言"②。这里的分工指的就是阶级分工，这种分工是由私有制的运作方式决定的，这种运作方式还决定了产品的分配方式是剥削者无偿占有被剥削者的剩余劳动。但不能因为"分工和私有制是相等的表达方式"就认为是分工决定阶级，恰恰相反，是决定了分工之所以成为阶级分工的生产资料私人占有制决定了阶级。

历史地看，生产力的发展使私有制成为现实，才有可能出现不合理的阶级分工，使少数人骄奢淫逸、多数人劳苦一生。阶级分工是与私有制同时出现的、少数人不劳而获、多数人劳而少获甚至不获的"分工"，要消灭这种基于私有制的不合理分工只有首先消灭私有制。后面我们将会谈到，共产主义要消灭的正是与私有制一体两面的阶级分工，而不是人类社会化大生产下的劳动分工，即劳动合作。正如马克思所说，"共同从事某种劳动的个人之间又形成不同的分工。这种种分工的相互关系取决于农业劳动、工业劳动和商业劳动的经营方式（父权制、奴隶制、等级、阶级）"，这句话表明了分工是否带有阶级性质（共产主义社会的分工是分工合作，不带有阶级区分性质）取决于生产方式的性质，因此"分工的各个不同发展阶段，同时也就是所有制的各种不同形式"③。私有制下的"分

---

① 《马克思恩格斯文集》第 1 卷，人民出版社 2009 年版，第 534 页。
② 同上书，第 536 页。
③ 同上书，第 520、521 页。

工"是对不合理的占有制度的合法化,是对少数人剥削压迫多数人的固化。而共产主义的分工要打破的是这种以"分工"的名义侵占别人劳动成果的所有制,实现"每个人的自由发展是一切人的自由发展的条件"① 的分工合作,消灭脑体劳动的对立,共产主义社会因此不再是一个阶级对立的社会,而是一个自由人的联合体。

阶级分工并不像社会化大分工那样只是生产形态的分化,而是导致了阶级的出现,体现了阶级的对立关系,人们因为阶级分工而被划分为不同的阶级。

此外,导致阶级出现的阶级分工,并不是我们从字面上理解的单纯的职业分工,而是指人们在生产体系、经济结构和劳动组织中所处的不同位置,并且由于这些不同地位产生的个人之间的相互关系。从这个意义上来讲,"分工决定阶级"与前述列宁对阶级的定义是相符的。

分工的各个不同发展阶段,同时也就是所有制的各种不同形式。这就是说,分工的每一个阶段还决定个人在劳动材料、劳动工具和劳动产品方面的相互关系。② 人与物的关系(即生产资料的占有关系)决定人与人的关系。奴隶、农奴和雇佣工人都不占有任何生产资料,但三者与劳动产品的关系不同。在奴隶社会,奴隶无权占有任何劳动产品,只能由主人来决定分配给他多少生活资料,因为他本身就是属于主人的"物品"。在封建社会,农奴隶属于地主,但他本身不是地主的财产,他在为地主劳动的同时也能为自己劳动,能取得属于自己的数量十分可怜的那份劳动产品。在资本主义社会,雇佣工人拥有人身自由,在剩余劳动时间为雇主劳动,在必要劳动时间为自己劳动,由于后者的时间远远少于前者,因此雇佣工人能够得到的劳动产品也是十分有限的。

(二) 分工的四种类型

现在总结一下马克思、恩格斯提及的分工③主要有四大类,第一类是社会化大分工。这种分工是人类社会生产力发展的直接产物,是社会劳动

---

① 《马克思恩格斯文集》第 2 卷,人民出版社 2009 年版,第 53 页。
② 同上书,第 521 页。
③ 马克思在《资本论》第 1 卷,第 406 页(人民出版社 2004 年版)中也提到了其他的分工类型,即把工业、农业称为一般分工,工、农业中的具体分工叫特殊分工,工场内部的分工,叫个别的分工。但在这里不作讨论。

分成不同的劳动部门①,是对人类生产类型的区分,譬如畜牧业、农业、手工业和商业的区分。

第二类是技术层面的分工。马克思在《德意志意识形态》里写道,"一个民族的生产力发展的水平,最明显地表现于该民族分工的发展程度"②,他首先表明的是,分工是生产力发展的结果,体现着生产力的发展水平。不仅如此,"任何新的生产力,只要它不是迄今已知的生产力的单纯的量的扩大(例如,开垦土地),都会引起分工的进一步发展"③,这是从生产力发展的技术层面来审视分工。在这里,分工指由于技术进步导致的分工的细化和发展。这种分工是"整个社会内的分工,无论是否以商品交换为中介,是各种社会经济形态所共有的"④。

第三类是阶级分工。"在封建制度的繁荣时代,分工是很少的。每一个国家都存在着城乡之间的对立;等级结构固然表现得非常鲜明,但是除了在乡村里有王公、贵族、僧侣和农民的划分,在城市里有师傅、帮工、学徒以及后来的平民—短工的划分之外,就再没有什么大的分工了。"⑤ 在这里,分工指的是阶级分工。在私有制条件下,社会化大分工是与阶级分工联系在一起的。如何理解阶级分工呢?从具体分工上讲,不同的工作的劳动强度和劳动条件是不一样的,判断一个工作好还是坏,除了关注这些条件之外,关键是劳动收益的不同。在私有制条件下,占有生产资料的人驱使别人为他劳动,自己少劳动或不劳动,但是却可以占有别人的剩余劳动,过着优越的生活。不占有生产资料的人没有或很少有挑选工作的自由,而是被迫从事重复的、单调的、危险的、肮脏的和劳累的工作,劳动所得却少得可怜。这种分工是被统治阶级的法律制度认可了的固定化的阶级分工,也就是说,在私有制社会里,一个人如果生而为奴隶、农民或无产阶级,他一辈子就基本上只能从事社会分工里苦、累、差的工作,这样的分工对于劳动者来说完全是不公平的,但是他们却不得不接受,"因为他在本阶级的范围内没有机会获得使他转为另一个阶级的各种条件"⑥,这

---

① 参见《马克思恩格斯全集》第47卷,人民出版社1979年版,第305页。
② 《马克思恩格斯文集》第1卷,人民出版社2009年版,第520页。
③ 同上。
④ 《资本论》第1卷,第415—416页。
⑤ 《马克思恩格斯文集》第1卷,人民出版社2009年版,第523页。
⑥ 同上书,第572页。

种难以逃离的"宿命"就是阶级分工。马克思和恩格斯认为,作为阶级的个体,个人可以发现自己的生活条件是预先确定的:"各个人的社会地位,从而他们个人的发展是由阶级决定的,他们隶属于阶级。这同单个人隶属于分工是同类的现象,这种现象只有通过消灭私有制和消灭劳动本身才能消除。"①

在生产资料公有的共产主义社会,职业的分工也将仍然存在,不过这是由社会化大生产决定的人们的分工合作。人们将根据自己的天赋、兴趣和能力等自由挑选愿意从事的职业,以个人的自由发展代替那些被迫屈从的工作。在共产主义社会不存在一部分人可以凭借独占生产资料而优先挑选职业,而其他人则被迫从事"卑贱"工作的情况。因此,在消灭分工就是消灭阶级这句话中,要消灭的不是人们在社会化大生产中自愿的劳动分工合作,而是消灭由私有制导致的阶级分工。

第四类是物质劳动和精神劳动的分工。"分工只是从物质劳动和精神劳动分离的时候起才开始成为真实的分工",因为"分工使物质活动和精神活动、享受和劳动、生产和消费由各种不同的个人来分担这种情况不仅成为可能,而且成为现实"②。这种分工其实就是阶级分工,是从更深层次来理解阶级分工。正因为阶级分工导致了劳动及其产品的不平等的分配,因而人们就能理解分工是如何产生了所有制,"所有制是对他人劳动力的支配"③。马克思指出,国家这种共同体是在各种社会联系的现实基础上,尤其是"……已经由分工决定的阶级的基础上产生的,这些阶级是通过每一个这样的人群分离开来的,其中一个阶级统治着其他一切阶级"④。

当然"分工也以精神劳动和物质劳动的分工的形式出现在统治阶级中间",因为"在这个阶级内部,一部分人是作为该阶级的思想家而出现的……而另一些人……很少有时间来编造关于自身的幻想和思想"⑤。但这并不妨碍统治阶级作为整体与劳动群众在享受和劳动、生产和消费上的对立,统治阶级内部的分工显然不是阶级分工,而是阶级内部的阶层

---

① 《马克思恩格斯文集》第 1 卷,人民出版社 2009 年版,第 570 页。
② 同上书,第 534、535 页。
③ 同上书,第 536 页。
④ 同上。
⑤ 同上书,第 551 页。

分工。

　　私有制使劳动者局限于狭隘的分工领域，并终身奴隶般地服从于它，造成了人的发展的局限性。在资本主义社会，脑力劳动与体力劳动是分裂的，脑力劳动者瞧不起体力劳动者，甚至后者自己都希望从体力劳动中解脱出来，从事脑力劳动，因此中国古代才会有"万般皆下品，唯有读书高"的说法。统治阶级也利用群众对脑力劳动的向往通过教育制度驯化劳动者。只有在消灭了私有制的社会，劳动者才有全面自由发展的可能，在体力与脑力劳动间自由选择或将二者有机结合。

　　正如马克思所说的那样，"只有交往和生产力已经发展到这样普遍的程度，以致私有制和分工变成了它们的桎梏的时候，分工才会消灭……私有制只有在个人得到全面发展的条件下才能消灭"①。

　　总之，社会化大分工是人类生产力发展的必然结果，技术分工则体现了生产力的发展水平及阶段；阶级分工、物质劳动与精神劳动的分工则是要被生产力的发展逐步消灭的不合理分工。

三　阶级的消亡

　　当我们讨论阶级时，不仅是讨论私有制下的生产关系，也是讨论这层生产关系下的人与人之间被剥削、被压迫的社会关系。阶级是历史的产物，既然是历史的产物，阶级就会随着历史的发展而产生、发展和消亡，这是无可否认的。那么，阶级消亡的历史条件是什么呢？那就是消灭多数人只有为少数人劳动才能生存的物质条件，即消灭生产资料的私有制，建立起劳动成为人的第一需要、人人在为别人劳动的同时也为自己劳动的生产资料共有的社会。阶级消亡的历史条件包括消灭各种类型的生产资料私有制（主要是资本主义制度）、消灭与私有制相关的传统观念等。

（一）首先要消灭资本主义生产资料私有制

　　与阶级分工同时出现是劳动及其产品的不平等分配，也就是说私有制产生了。私有制的出现使一小部分人把自己理应承担的劳动当作劳役转嫁

---

① 转引自［英］安东尼·吉登斯《资本主义与现代社会理论》，郭忠华等译，上海译文出版社2013年版，第294页。

给多数人，也就是可以不劳而获，这时就产生了阶级。因此阶级与私有制是同时产生的，要消灭阶级首先就要消灭生产资料私有制。这里我们要区分两种不同的生产资料私有制。一种是小私有制；另一种是资本主义私有制。小私有制这种分散的、个人化的生产方式会逐渐被资本主义的发展所击败，如手工业者在工业化生产的冲击下纷纷破产，英国"圈地运动"迫使农民成为无产者等，而这些小资产阶级的败落又为资本原始积累提供了所需的自由劳动力。随着资本主义生产方式的确立，资本主义的社会化大生产就打败了个体的、分散的小私有制（虽然它们仍零星存在），资本主义生产资料私有制成为私有制最后的但不是唯一的形式（仍有一定数量的小私有制并存，它们时刻受到大资本的挤压和掠夺）。因此，社会主义革命的首要要求就是消灭大资本占主导的资本主义私有制。

其次，消灭阶级也要消灭包括个体私有制在内的任何生产资料私有制，因为"小生产是经常地、每日每时地、自发地和大批地产生着资本主义和资产阶级的"[①]。因而，在资本主义时代，小生产的生产方式本身就是一种资产阶级法权。因此，主要生产资料收归社会所有只是社会改造的第一步。要在所有制范围内彻底消除资产阶级法权（但不能操之过急），必须根据生产力的发展状况，有计划地通过集体化道路逐步消灭小私有制。通过生产资料公有制最终消灭小资产阶级的生产方式和意识形态，从而走向共产主义社会的高级阶段，在这个阶段"在随着个人的全面发展，他们的生产力也增长起来，而集体财富的一切源泉都充分涌流之后"[②]，社会将实行各尽所能、按需分配的共产主义原则。共产主义社会消灭了私有制，但仍有个人所有制，它不是小私有制的回归，而是人们共同占有、运用和支配生产资料，但允许个人以"按需分配"的原则占有消费资料，也就是在公有制的基础上"重建个人所有制"，因为许多消费资料是非常私人化的，如饭菜、衣物等，同时这些消费资料仅仅只是满足个人需要而不能成为剥削他人的资本……当然除了个人占有的消费资料，也存在由自由人联合体共同占有的消费资料，如各种娱乐设施等。总之，在资本主义时代，要消灭私有制，首先就得消灭占主导地位的资本主义私有制，随后通过改造的道路使小私有制归于消亡。

[①] 《列宁选集》第4卷，人民出版社1995年版，第135页。
[②] 《马克思恩格斯文集》第3卷，人民出版社2009年版，第435—436页。

要消灭资本主义私有制只能通过阶级斗争。因为资产阶级从存在的那一天起就通过各种方法迫使无产阶级为他们的利益劳动,这就是反革命的阶级斗争。而无产阶级在长期的被剥削、被压迫过程中学会了反抗,这种反抗也产生了它的理论成果——马克思主义。无产阶级只有通过革命的理论指导自己的反抗——也就是革命的阶级斗争,才有可能取得对资产阶级的胜利。只有在取得了政权并对生产资料所有制进行改造,消灭资本主义私有制之后,才有可能实现"在无产者的占有制下,许多生产工具必定归属于每一个个人,而财产则归属于全体个人"①,从而"劳动向自主活动的转化,同过去受制约的交往向个人本身的交往的转化,也是相互适应的。随着联合起来的个人对全部生产力的占有,私有制也就终结了"②。

苏联及东欧国家在消灭资本主义私有制、建立社会主义制度后,无论是从人的发展还是社会的发展来看,都经历了跨越式的、高速度的发展,体现了社会主义制度的优越性。因此,消灭资本主义私有制是落后国家走向繁荣富强的第一步。苏联解体、东欧剧变之后,我们发现,原苏东各国在私有化后国有资产大量流失、外资控制了经济命脉,人民生活水平一落千丈,国家也沦为国际垄断资本的原料产地、廉价劳动力的来源地,并在经济上政治上全面倒向和依附西方。虽然俄罗斯在普京执政之后改变了依附西方的战略,但日子也并没好过多少,因为在资本主义制度下,寡头垄断了经济命脉,也就是掐住了国家复兴的命脉,就无法重现当年社会主义制度下的辉煌。总之,这些社会主义国家一旦倒退回资本主义,不仅曾经取得的辉煌成就会随之烟消云散,还难免沦为西方垄断资本的附庸。

对于发达国家而言,周期性的经济危机、日益扩大的贫富差距也说明了一个问题,即,资本主义的自我调节无论如何也解决不了资本主义的根本矛盾,并且这种调节的余地越来越小,2008 年资本主义的"大衰退"(The Great Pecession)更使人看到了资本主义并不是撒切尔所说的"别无选择"的选择,而是呈现了被社会主义取代的可能。因此,无论是落后国家还是发达国家,消灭资本主义私有制从人与社会发展的角度而言都是必须的。因此,阶级走向消亡的第一步就是消灭资本主义私人占有制,实现生产资料的社会主义公有制,在此基础上才能为彻底消灭阶级做好准备。

---

① 《马克思恩格斯文集》第 1 卷,人民出版社 2009 年版,第 581 页。
② 同上书,第 582 页。

（二）消灭与私有制相关的思想观念

到目前为止，社会主义国家都是产生于列宁所说的帝国主义统治的薄弱环节，也就是说，这些国家的生产力发展水平在建国之初都远远落后于资本主义发达国家。因此无一例外，这些新生的社会主义国家都处于社会主义初级阶段。在这一阶段，小私有制不是直接被消灭，而是通过合作化的方式组织起来走集体经济的道路；在这一阶段，城乡之间、工农之间和脑体劳动之间的差距仍然巨大；在这一阶段，与生产资料公有制相适应的是实行个人消费资料按劳分配，这是一种暂时还不能消灭的资产阶级法权。因此，在这一阶段，虽然消灭了剥削阶级，但在社会的各个方面：经济、政治和文化上都存在"旧社会的痕迹"；不仅如此，国际范围内的资本力量仍然强大，它们时刻伺机在这些社会主义国家复辟资本主义制度。因此，在成功实现了社会主义革命的国家，资本主义复辟的风险仍十分巨大，苏联解体、东欧剧变就是这样的前车之鉴。

我们知道实现共产主义必须实现两大决裂，在首先与传统的所有制关系彻底决裂之后，还需要同传统的观念实行最彻底的决裂。这里"传统的"指的是"私有制的"，"传统的观念"代表的是"所有反映剥削阶级思想和小私有者思想的观念"。由于思想观念这样的上层建筑的变革相对于社会生产关系的急剧变革而言，具有相对的稳定性和滞后性，因此，仅仅废除私有制是不够的，还必须与私有制相关的传统观念相决裂，否则，这些传统观念会对新制度产生巨大的反作用，甚至导致更为严重的后果。在落后国家建成的社会主义社会里，这些传统观念除了封建思想和道德外，主要表现为资产阶级法权观念，要消灭这些与私有制相关的思想观念，我们要做到以下三点：

一、要消灭社会分工领域的资产阶级法权

在帝国主义时代，社会主义国家即使消灭了剥削制度，如果解决不好国内仍将在很长一段历史时期内留存的资产阶级法权问题，在国际范围内强大的资产阶级势力的内外合攻下，也必将酿成大祸。

在共产主义社会的第一阶段即社会主义社会还不能完全消灭分工领域的资产阶级法权，其主要表现为脑力劳动与体力劳动的对立。毛泽东非常重视这一问题，他指出，按照斯大林的说法，生产关系包括所有制，劳动生产中人与人的关系、产品分配三个方面。① "在劳动生产中人与人的关系，也是一种生产关系。……干部参加劳动，工人参加管理，领导人员、工人和技术人员三结合，等等，有很多文章可做。"② 他认为基本解决了所有制问题以后，人们在劳动生产中的平等关系是不会自然出现的。资产阶级法权的存在，一定会从各方面妨碍这种平等关系的形成和发展。由此，在人与人之间的相互关系中存在着的资产阶级法权，必须破除。例如，等级森严，居高临下，脱离群众，不以平等待人，不是靠工作能力吃饭而是靠资格、靠权力，干群之间、上下级之间的猫鼠关系和父子关系，这些东西都必须破除，彻底破除。破了又会生，生了又要破。③

而要破除这种资产阶级法权只有一种办法，那就是劳动者切实履行管理权。毛泽东指出："我们不能够把人民的权利问题，了解为国家只由一部分人管理，人民在这些人的管理下享受劳动、教育、社会保险等等权利。"他认为，劳动者管理国家、管理军队、管理各种企业、管理文化教育的权利"是社会主义制度下劳动者最大的权利，最根本的权利。没有这种权利，劳动者的工作权、休息权、受教育权等等权利，就没有保证。……人民必须自己管理上层建筑，不管理上层建筑是不行的。"④ 这就表明，社会主义社会的劳动者如果不掌握管理社会的权利，这种权利如果只被一小部分人所掌握，那么劳动者的权利和地位就得不到根本保障，甚至会面临丧失的危险。

苏联成立伊始就不得不在面对国内外反动势力围剿的情况下加强领导职权实行一长制，也就是加强了社会分工中的资产阶级法权。在一刻也不停息地孳生着资产阶级法权思想的旧社会土壤还未被完全铲除掉的情况下，在苏俄不可避免地保留着它脱胎而来的旧社会在经济、道德、精神方面的痕迹的境况下，列宁说，"应当揭露那些看不到小资产阶级经

---

① 《毛泽东读社会主义政治经济学批注和谈话》，（简本）（国史研究学习资料），中华人民共和国国史学会2000年版，第77页。
② 《毛泽东文集》第8卷，人民出版社1999年版，第135页。
③ 王佳菲：《管理问题大有文章可做——学习毛泽东〈读苏联《政治经济学教科书》的谈话〉（节选）》，第一届毛泽东思想论坛会议论文集，http：//myy. cass. cn/news/745551. htm，2015年11月10日。
④ 《毛泽东读社会主义政治经济学批注和谈话》（简本）（国史研究学习资料），中华人民共和国国史学会2000年版，第139—140页。

济条件和小资产阶级自发势力是我国社会主义的主要敌人的人的错误"①。但列宁之后的苏共领导人并没有他这样的自觉意识,他们不仅没有及时地将"一长制"转化为大众民主,还层层加码,使自己的权力和享受达到最大值,这样,承担政治事务分工职能的领导人最后蜕变成了特权阶层的一分子。资产阶级法权在各领域像野草一样滋生,对社会主义制度造成了不可挽回的危害,在里应外合之下葬送了无数人用生命换来的苏维埃制度。

毛泽东赞同九评苏共中央的公开信中《关于赫鲁晓夫的假共产主义及其在世界历史上的教训》的结论,即,在苏联,劳动和分配领域的资产阶级法权不但没有被认真消除,反而在赫鲁晓夫等的领导下愈演愈烈,并且已经在产生了形形色色的新资产阶级分子的基础上形成了一个新的特权阶层,苏联正在复辟资本主义。②事实证明,毛泽东的判断是正确的,九评发表后仅仅过了不到三十年苏联乃至东欧社会主义阵营就剧变、解体了。

二、要消灭分配领域的资产阶级法权

为什么苏联成功建立了社会主义制度,但它最后还是在多种因素的作用下解体了、灭亡了?个中原因非常复杂,但有一个主要矛盾没有解决好,那就是资产阶级法权观念不仅没能彻底消灭,还发展壮大了,最后它与官僚资产阶级吞噬了社会主义制度。

马克思在《哥达纲领批判》中指出,在刚刚消灭了生产资料私有制的共产主义社会的第一阶段,生活资料的分配还需要按照劳动者提供给社会的劳动量来衡量,对于劳动者来说,这是一种按照商品等价交换原则进行分配的平等权利(虽然内容和形式都变了),但这一权利仍旧是资产阶级性质的,对于不同的劳动者来说,按劳分配这种权利仍然是一种不平等的权利,因为在家庭状况各有不同的情况下,比如有的孩子更多些,因此消费更多些,所以"在提供的劳动相同,从而由社会消费基金中分得的份额相同的条件下,某一个人事实上所得到比另一个多些,也就比另一个人富些"③,只有在实行"各尽所能,按需分配"的共产主义社会高级阶段才

---

① 《列宁选集》第4卷,人民出版社1995年版,第489页。
② 参见人民日报编辑部、红旗杂志编辑部《关于赫鲁晓夫的假共产主义及其在世界历史上的教训——九评苏共中央的公开信》,人民出版社1964年版。
③ 《马克思恩格斯文集》第3卷,人民出版社2009年版,第435页。

能"超出资产阶级法权的狭隘眼界,社会才能在自己的旗帜上写上:各尽所能,按需分配!"①

苏联实行的等级工资制实际上是资产阶级法权的体现,但这是由生产力的发展水平造成的,并不违反按劳分配的社会主义原则。列宁虽然注意到了包括分配领域在内的资产阶级法权问题,但他还没能解决好这一问题就去世了。列宁之后的苏联领导人不仅没有重视反而是扩大了这种法权,在领导人与普通劳动者的消费资料分配上制造了巨大的差距,使领导者们逐渐养成了资产阶级的生活方式,并愈来愈向往西方的生活,物质的腐蚀使共产主义理想在他们的心目消逝了,某些党和国家领导人沦落为苏共党内的资产阶级分子,比如,戈尔巴乔夫和叶利钦,他们在推动苏联解体、苏东剧变方面负有不可推卸的历史责任。

社会主义国家虽然要遵循按劳分配原则,但还必须限制消费资料分配等方面的特权,并通过国家的二次分配调整和缩小劳动者之间的事实上的不平等。创造一切可能条件减少和缩小资产阶级法权在分配领域的影响,这样才可能教育和团结社会主义国家的劳动者,影响和引导资本主义国家的劳动者,赢得全世界劳动者的衷心认同,共产党才能领导人民实现消灭资本主义走向共产主义的使命。

关于苏联解体、东欧剧变的原因,美国学者丹尼尔·辛格用梅扎罗斯的理论进行分析。这一理论首先严格区分了"资本主义的统治"和"资本的统治"两个概念。辛格指出,虽然"十月革命"把古典形式的资本主义消灭了,但资本的统治,即死劳动统治活劳动、机器统治人,却被保留下来。平等社会一夜之间建不成,原因很简单,旧的等级化劳动分工弹指一挥间是消灭不了的。在这场打破等级化劳动分工的战争中,最难攻破的堡垒是劳动人民自己。和"国家的逐步消亡"一样,等级化劳动分工的消亡也是一个变动不居的过程,是不可能由上级命令迅速完成的。② 因此,在社会主义阶段,消灭私有制只是消灭了阶级存在的主要根据,但还没有彻底清除阶级可能孳生的土壤——分工和分配领域的资产阶级法权。社会只有发展到社会经济结构及其制约下的文化发展可以以按需分配取代按劳分

---

① 《马克思恩格斯全集》第19卷,人民出版社1963年版,第23页。
② [美]丹尼尔·辛格:《谁的新千年——他们的还是我们的》,曹荣湘等译,中国人民大学出版社2002年版,第195—198页。

配、完全消灭了三大差别的时候（脑体差别、城乡差别和工农差别）才能完全消除资产阶级法权。但是这并不意味着在社会主义社会就任由这些差别扩大，而是要发挥人的主观能动性，为消除资产阶级法权积极地创造条件，如此才能将资产阶级法权的消极作用限制在最低程度，避免它对我们向共产主义的过渡产生负面影响甚至造成倒退。"那时，国家政权对社会关系的干预在各个领域中将先后成为多余的事情而自行停止下来。那时，对人的统治将由对物的管理和对生产过程的领导所代替。国家不是被'废除'的，它是自行消亡的。"①

三、要消灭与私有制相适应的社会关系及其意识形态

马克思认为，一定历史发展阶段上的生产关系不仅产生阶级差别，而且产生和这些生产关系相适应的社会关系，以及适应这些社会关系的意识形态。② 因此，要消灭阶级，不仅要消灭一切生产资料私有制，还要消灭因私有制而产生的社会关系及其意识形态。有学者指出，马克思研究政治经济学的全部目的，就是想要通过变革人与物的关系从根本上解决人与人之间关系上的冲突与对抗，实现人们对社会关系的自觉占有、共同控制和全面协调。③

资本主义私有制下劳动者生产得越多，资本得到的就越多，而他所得的就相对越少，使劳动者越来越受资本的统治和奴役。这种生产关系决定了资本主义的社会关系对于劳动者、对于为了争得生活资料而相互竞争的工人而言是奴役性质的，并且由于资本的无度索取和贪婪扩张，人对自然采取的也是奴役性质的索取手段和方式。在这种奴役状态下，人掌握不了自身的命运，只能在市场的大潮中奋力挣扎，人与人之间的关系变得疏远，自然生态也遭受严重破坏，人的精神疾病与大自然的病症——污染成为社会痼疾，丝毫看不到解决的希望。

因此，消灭与私有制相适应的社会关系就是要扬弃物化的社会关系而不是社会关系本身，实现新型的社会关系，在这种社会关系中每个人的自由发展是一切人的自由发展的条件。④ 在这种社会关系中，人，而不是商品，就是发展的目的本身。为了实现这种人人都能自由发展的社会

---

① 《马克思恩格斯文集》第9卷，人民出版社2009年版，第297页。
② 参见《马克思恩格斯全集》第7卷，人民出版社1957年版，第103—104页。
③ 周志山：《马克思社会关系理论的多维解读》，《学习与探索》2007年第4期。
④ 参见《马克思恩格斯文集》第1卷，人民出版社2009年版，第53页。

关系，在从资本主义向共产主义过渡的社会主义时期，人们在共同占有生产资料的基础上，共同劳动，按劳分配。并且社会还需要从社会总产品中扣除一部分用来二次分配，以减少因按劳分配带来的事实上的不平等。相应地，与私有制下人与人、人与自然的紧张关系相对应的资产阶级的意识形态，在人人平等、社会按需生产达到人与自然协调发展的新型社会关系下，也将改造为互助友爱的无产阶级意识形态。但意识形态的变迁和社会制度的变革相比具有一定的滞后性，因此，在改造社会关系的过程中必须时刻重视破除资产阶级法权对人们的侵蚀，通过这种破除重塑人们的意识形态。

丹尼尔·辛格指出，在资本主义社会里，所有的东西都归结为金钱，只有依靠金钱的激励，才能够"生产"出当今的莎士比亚、米开朗琪罗、贝多芬和爱因斯坦。但在一个所知的分工已经彻底消灭了的社会里，社会劳动的付出将是一种自然的行动，杰出的成就本身就是一种回报。统治这个社会的，不再是"给有的以更多"的戒律，而是马克思在总结历代平等主义者的理想之后所说的"各尽所能、各取所需"。①

（三）要消灭由私有制的生产关系决定的阶级分工

马克思恩格斯讲的消灭分工，不是消灭生产力水平决定的分工，也不是要消灭由社会化大生产决定的劳动分工合作，因为即使在共产主义社会也会存在分工合作，"在一个没有阶级的社会里，劳动的分工已经变成了纯粹功能性的（合作——笔者注）"②。而是要消灭由私有制的生产关系决定的阶级分工。在资本主义社会，阶级的分工的荒谬性达到了极致，以至于："对对象的占有竟如此表现为异化，以致工人生产的对象越多，他能够占有的对象就越少，而且越受自己的产品即资本的统治"，因此"劳动的异己性完全表现在：只要肉体的强制或其他强制一停止，人们会像逃避瘟疫那样逃避劳动"。③在私有制下，人类的劳动在为少数人创造财富的同时也在为多数人制造贫困和痛苦，这种情况在如今显得尤为荒唐，巨大的贫富差距如此触目惊心：世界上最富的400人的净财富在2014年增加了

---

① ［美］丹尼尔·辛格：《谁的新千年——他们的还是我们的》，曹荣湘等译，中国人民大学出版社2002年版，第195—198页。

② 同上书，第208页。

③ 《马克思恩格斯选集》第1卷，人民出版社1995年版，第41、44页。

920亿美元，达到4.1万亿美元①；与此同时，世界人口的84%每天所得不到20美元。② 今天，人类创造的财富足以满足地球上的每个人的生存及发展需要，但是私有制却使这种财富不过是在扩大人类不平等的鸿沟并不断地堆积人间的苦难。

因此，要消灭阶级首先就要消灭阶级分工赖以产生的基础——私有制。列宁指出，"为了完全消灭阶级，不仅要推翻剥削者即地主和资本家，不仅要废除他们的所有制，而且要废除任何生产资料私有制，要消灭城乡之间、体力劳动者和脑力劳动者之间的差别。这是很长时期才能实现的事业。要完成这一事业，必须大大发展生产力，必须克服无数小生产残余的反抗（往往是特别顽强特别难于克服的消极反抗），必须克服与这些残余相联系的巨大的习惯势力和保守势力"③。消灭私有制是为了建立起自由人的共同体——共产主义社会，用马克思和恩格斯的话来说就是："个人力量（关系）由于分工而转化为物的力量这一现象，不能靠人们从头脑里抛开关于这一现象的一般观念的办法来消灭，而只能靠个人重新驾驭这些物的力量，靠消灭分工的办法来消灭。"④ 这里要消灭的分工就是阶级分工。无产阶级将取得国家政权，并且首先把生产资料变为国家财产。但是，这样一来它就消灭了作为无产阶级的自身，消灭了一切阶级差别和阶级对立，也消灭了作为国家的国家。……国家真正作为整个社会的代表所采取第一个行动，即以社会的名义占有生产资料，同时也是它作为国家的最后一个独立行动。那时，国家政权对社会关系的干预将先后在各个领域中成为多余的事情而自行停止下来。那时，对人的统治将由对物管理和对生产过程的领导所代替。国家不是"被废除"的，它是自行消亡的。⑤

其次，要消除"三大差别"即城乡差别、脑体差别和工农差别，这和消灭阶级的是同一个问题的两个方面。

"一个民族内部的分工，首先引起工商业劳动同农业劳动的分离，从

---

① Andre Damon: "Figure hits ＄4.1 trillion Wealth of world's 400 richest billionaires rose ＄92 billion in 2014", 3 January 2015, http: //www.wsws.org/en/articles/2015/01/03/bill-j03.html.

② Andre Damon: "Pew report: 84 percent of world population subsists on under ＄20 per day", 11 July 2015, http: //www.wsws.org/en/articles/2015/07/11/poor-j11.html.

③《列宁全集》第37卷，人民出版社1986年版，第13页。

④《马克思恩格斯文集》第1卷，人民出版社2009年版，第570—571页。

⑤ 参见《马克思恩格斯文集》第1卷，人民出版社2009年版，第297页。

而也引起城乡的分离和城乡利益的对立"①,"一切发达的、以商品交换为媒介的分工的基础,都是城乡的分离。可以说,社会的全部经济史,都概括为这种对立的运动。"②生产力的发展产生了利用农牧产品进行加工和销售的工商业,就会出现以工商业为生的城市。马克思认为"物质劳动和精神劳动的最大的一次分工,就是城市和乡村的分离",城市不从事农业生产,但却依靠工商业统治着广大分散的乡村。城市的出现,必然随之出现行使公共职能的公共机构,从而产生政治活动,出现与经济基础相对应的上层建筑。虽然"城乡之间的对立是个人屈从于分工、屈从于他被迫从事的某种活动的最鲜明的反映"③,但城乡对立的真正原因并不在于分工,而是生产力水平的低下使劳动仍然是"凌驾于个人之上的力量"④,并且使私有制的存在成为必然,反过来,私有制又强化了城乡对立。要消灭城乡对立,就必须消灭私有制,当人类的生产力水平足以消除私有制赖以存在的物质基础即生产力的不够发达时,城乡对立也将被消灭。

为什么要消灭城乡对立呢?因为人类共同体的首要条件,就是要破除城市和乡村把人分别变为受局限的"城市动物"和"乡村动物"的境况,消除城乡对立后人们"才能从他们以往历史所铸造的枷锁中完全解放出来"⑤。而且城乡对立还造成了愈演愈烈的环境问题,人们取自土地的东西应该还给土地,这样才不会打断自然物质的循环,但城市的消费不仅打断了这种循环,而且不断膨胀的城市规模还加大了这种破坏的程度。土地只有依靠化肥等手段来保持肥力,农村的凋敝又会使农药取代人力这种维持生态农业必不可少的因素,化肥、农药会污染土壤、水源和农作物,最后导致人自身健康状况遭到损害。可见,消灭城乡对立甚至还关系到人的生产与再生产的可持续发展。

消灭私有制使人们"屈从于分工"的情况也必将完全改观,也就是说,少数人享受而不劳动,多数人劳动而不享受的情况将被消灭,劳动者被迫屈从于分工造成的个人局限将被自由而全面的发展所取代。"在迫使个人奴隶般地服从分工的情形已经消失,从而脑力劳动和体力劳动的对立

---

① 《马克思恩格斯文集》第1卷,人民出版社2009年版,第520页。
② 《资本论》第1卷,人民出版社2004年版,第408页。
③ 《马克思恩格斯文集》第1卷,人民出版社2009年版,第556页。
④ 同上书,第557页。
⑤ 《马克思恩格斯文集》第3卷,人民出版社2009年版,第326页。

也随之消失之后……只有在那个时候，才能完全超出资产阶级法权的狭隘眼界，社会才能在自己的旗帜上写上：各尽所能、按需分配！"①

当然，马克思也指出，"自我异化的扬弃同自我异化走的是同一条道路"②，在私有制下劳动的产品同劳动相对立是生产力发展的结果，更是生产力不够发达的结果，消灭私有制创造了消灭自我异化的前提，但要真正消灭异化劳动、消灭阶级，仍然得走"自我异化"的同一条道路，即通过人的现实活动不仅消灭私有制的生产关系，也要消灭与这种生产关系相适应的社会关系及其意识形态，这种追求解放的人的现实活动就是共产主义运动。

四　当代西方阶级研究概况

早在马克思之前，资产阶级的历史学家就已叙述过阶级斗争的历史发展，资产阶级的经济学家也已对各个阶级作过经济上的分析，因此"阶级"和"阶级斗争"并不是马克思主义发明或发现的新事物，它们作为客观的社会存在早就被人们发现并从不同角度分析和研究过。但从马克思开始才对二者作了历史的辩证的科学分析，指出阶级的存在必然导致阶级斗争，阶级斗争是历史发展的直接动力。当社会主义从空想成为科学、从理论变为现实之后，以"阶级"及"阶级斗争"为分析核心的马克思主义成为令资产阶级恐惧的幽灵。资产阶级如果要证明马克思主义已经过时了、要想全盘否定马克思主义，就必须证明现在这个时代不再存在马克思所说的那种资本与劳动对立的阶级状况，不存在马克思所定义的阶级，只有那样，马克思主义才能失去立身之所，只剩下退出历史舞台了。

资产阶级学者及意识形态家们（其中甚至有许多"左翼"思想家）从多个角度力图消解马克思主义的阶级概念，他们或以现代资本主义发生巨变为由，宣布阶级已逐渐消亡，或以职业、收入等等外在条件来定义阶级，或以教育程度、文化理念、生活方式等来指认阶级。总之，就是要否定人在社会生产结构中所处的位置才是决定人的阶级地位的客观标准，置马克思主义阶级分析于困境，使无产阶级失去马克思主义阶级分析这一理论武器，难以找到团结起来争取解放的路径和方式，力图使资本主义成为

---

① 《马克思恩格斯文集》第 3 卷，人民出版社 2009 年版，第 435—436 页。
② 《马克思恩格斯文集》第 1 卷，人民出版社 2009 年版，第 182 页。

人类社会的"历史的终结"。当然,也有不少马克思主义学者如哈里·布雷弗曼等充分地反驳和揭露了资本主义辩护士的曲解和谎言,并以新的时代内容充实了马克思主义阶级理论。

(一) 关于阶级是否存在的争论

西方社会在第二次世界大战之后发生了很大的变化,首当其冲的是无产阶级的生活水平有了很大的提高,有些工人还能投资从前只有资本家才买得起的股票;资产阶级民主政治的实践形式也更加完善,黑人、妇女、少数族裔的政治权利更加有保障;关涉同性恋、环保等议题的新社会运动也开展得有声有色。这些政治、经济、文化方面的斑斓画面构成了当代西方社会的新表象,过去那种阶级对立的尖锐斗争占据社会运动主流的现象消逝了,阶级存在的"证据"似乎不再充分了,人们更多地以性别、职业、文化、民族、性取向、政治立场等来区别彼此,阶级话语在日常生活中也淡化甚至消失了。在这种氛围下,阶级消失、消亡的话题在西方社会不绝于耳,"阶级"本身甚至成为政治话语和学术研究的某种禁忌。而后现代政治哲学的崛起又进一步促成了"无阶级神话"的发展。

1. "无阶级的神话"

在西方资产阶级学者看来,在工业革命早期,没有人对"阶级"这个概念的使用提出异议,但自从马克思把"阶级变成了革命性政治的关键性概念",尤其是他强调阶级斗争是历史的动力之后,阶级概念随着马克思主义的传播变成了代表着冲突的名词,"首先强调的是它在资本和劳动之经济和政治斗争中的重要性,而后在自由资本主义和共产主义之间激烈的全球对抗中的重要性,这最终导致了冷战"[①]。马克思主义的阶级概念本身不会带来冷战,但无产阶级要从自为阶级转变为自在阶级就必须经历马克思主义阶级概念的启蒙,这才是令资产者感到真正可怕的。要让"共产主义的幽灵"不再飘荡在欧美大陆,除了天时地利(经济发展、社会主义阵营破产),"人和"(众口一词地批判马克思主义的阶级概念)的因素也非常重要,至此,人们就不难想象当代西方阶级研究陷入静默与前述背景的关联。既然"阶级"是马克思主义的核心概念和理论支柱,因此解构和消

---

① 参见[英]戴维·李、布赖恩·特纳主编《关于阶级的冲突——晚期工业主义不平等之辩论》,姜辉译,重庆出版社2005年版,第3、4页。

解阶级概念就是西方政界与学界共同促进的"事业",各种"无阶级神话"不断涌现。当我们讨论"无阶级的神话"时,它的政治背景不应该被忽略。"早在1959年,社会学家就被强烈地要求忘记关于阶级的一切(Nisbet,1959)。在冷战岁月里,这样的观点尤其是被美国社会学家纳入更详细的阶级'消亡'的理论中。它所具有的明显的政治含义是:资本主义不再可能处于革命动乱的危险中,相反的是共产主义很可能要发生改变(Kerr et al.,1996)。"① 英国学者戴维·李和布赖恩·特纳指出,"诸如'逐渐消亡'的论断,对于自由主义者捍卫自由市场或'资本主义'民主并回应其批评者方面,起到了很重要的作用"②。

"无阶级的神话"大致可以划分四种类型,第一种类型是无产阶级的"中产阶级化",第二种是"资产阶级消失论",第三种是"阶级一体化"论,第四种是"无产阶级消失"论。我们可以将这种"无阶级神话"的发展划分为两个阶段。以20世纪80年代为界分为两个阶段。

在第一阶段,最早的"无阶级的神话"可以追溯到修正主义者伯恩斯坦那里。"人们一般认为,最早的关于无阶级的神话起源于19世纪末期的德国,当时爱德华·伯恩斯坦……反对马克思主义者关于社会两极分化和贫困化已经发生的论断,承认工人阶级的收入有了大幅度的提高(他认为这在很大程度上是由于资本主义造成的技术进步),指出中产阶级的规模扩大了。他反对经济危机不断加深的观点,认为资本主义可以通过议会政治进行改良,而不是采取革命方式推翻它。"③ 没想到,最先向马克思阶级概念发难的居然是伯恩斯坦这样的"十足社会主义者",可见其在恩格斯面前隐藏之深。不过,伯恩斯坦认为工人收入提高就能解决资本主义社会的两极分化问题是为资本主义辩护而急不可耐还是真的水平有限、认识不清?总之,这种轻率判断还真是让他自己的学术水平蒙羞。

与伯恩斯坦的无产阶级"中产阶级化"不同,20世纪30年代,美国资产阶级经济学家阿道夫·伯利和加德纳·C.米恩斯(Berle and Means)独辟蹊径地用"资产阶级的消亡"延续了"无阶级的神话"。1932年他们在《现代股份公司与私有财产》中提出公司股权分散导致经营者取得了公

---

① [英]戴维·李、布赖恩·特纳主编:《关于阶级的冲突——晚期工业主义不平等之辩论》,姜辉译,重庆出版社2005年版,第5、6页。
② 同上书,第4—5页。
③ 同上书,第5页。

司的控制地位,公司权力从资本家的家族控制转移到经理控制。他们"声称股份公司的发展和大型工业企业的增长使得旧式资本家的重要性被边缘化。对企业的控制权转移到专业的管理者手中,他们被雇用是根据'能力主义'(也就是根据有证书的技术能力),因而其权威并不主要依赖于对公司的法律上的所有",并且"自由主义理论家从那时起发现很容易得出结论说,因为资本所有权现在实际上来源于普通工人的储蓄、保险金和退休金,所以资本所有权已经变得高度民主化了,资产阶级已不再存在"①。而美国学者詹姆斯·伯纳姆提出"经理革命"(1941)又进一步确认了"资产阶级的消亡",他论证道,所有权本身就意味着管理,因此经理阶级既是管理者,又是实际的所有者,是社会上"最有权力的人"。管理阶级将获得对社会的统治成为社会中的统治阶级。②伯纳姆提出经理根本不依赖于维持资本主义财产和经济关系,因此,正统马克思主义关于资本主义社会的理论已经失效。③

20世纪50年代,英国工党内的新费边主义者就认为,和马克思主义所说的存在两个相互对立的阶级的情况不同,社会的阶级结构越来越变化多端,这种情况主要是由于技术和专业的中间阶级的兴起,这是马克思完全没有料到的。又认为由于工人阶级拥有了一定的财产、享受了更多的生产资料,因此无产阶级增添了资产阶级的特性,马克思主义者教科书上的无产阶级正在迅速地消失。甚至当时的工党领袖艾德礼都认为,"并没有那么两个鲜明对照的阶级——资本家和挣工资者……在这二者之间还有许多等级的人……有许多工人是有些财产的;有许多资本家对社会做了有益的事"④。

1973年丹尼尔·贝尔在《后工业社会的来临——对社会预测的一项探索》一书中提出"后工业社会"理论,进一步阐述阶级的"消失"。贝尔

---

① 参见[英]戴维·李、布赖恩·特纳主编《关于阶级的冲突——晚期工业主义不平等之辩论》,姜辉译,重庆出版社2005年版,第5、6页。
② 周穗明、王玫等:《西方左翼论当代西方社会结构的演变》,江苏人民出版社2008年版,第6页。
③ [英]约翰·斯科特:《公司经营与资本家阶级》,张铎译,重庆出版社2002年版,第277—278页。
④ 格兰特:《社会主义与中间阶级》,商务印书馆1964年版,第17、19、31页。转引自周穗明、王玫等《西方左翼论当代西方社会结构的演变》,江苏人民出版社2008年版,第84—86、55页。

认为西方社会将最先步入以信息和知识为结构特征的后工业社会,"社会控制将不再以经济为主,而是以政治为主",在"后工业社会"里,"就业是决定社会阶级与阶层划分的最重要的因素"①,在这个社会里,白领阶层将不断扩大,蓝领阶层将不断萎缩。因而"第一,在正在出现的新社会中,主要的阶级是专业阶级,它的基础是知识而不是财产。第二,社会的控制体系不再寄身于某种世袭者阶级中,而是寄身于政治秩序中"②。丹尼尔·贝尔认为:"财富的拥有不再是通向经济权力的道路,社会不平等同职业地位和职业收入有更密切的关系。正是在这种新的社会结构中,技术上必不可少的经理成了一个新阶级,他们靠的是他们的薪水,而不是他们的财产。"③ 在贝尔的"后工业社会"理论里,"后工业社会"取代了"资本主义社会""专业阶级""经理阶级"遮蔽了"资产阶级"与"无产阶级"的存在,"后工业社会"是"英才社会",在这个社会"地位差异和收入差异是以是否具有技术能力和是否受过高等教育为基础的"④,这样就巧妙地规避了制造阶级对立的生产资料的所有权问题。虽然贝尔还不能避开"阶级"、还不得不制造出"专业阶级"和"经理阶级"这样的概念,但这种"阶级"的存在就是为了在"后工业社会"里实现"无产阶级"和"资产阶级"的消亡。与马克思主义认为人类社会的标志性变革是奴隶社会、封建社会、资本主义社会和共产主义社会(社会主义社会是共产主义社会的第一阶段)不同,贝尔坚称社会最显著的变革是从农业社会、工业社会发展到后工业社会,而最后一个阶段被描述为信息社会,那个时候"生产力(技术)取代社会关系(所有权)成为社会的核心"(Bell,1973,p.80),也就是将一个特定的技术基础视为社会和政治生产的前提和决定性因素。⑤ 贝尔用生产力进行社会分期,而忽视人类社会的一定阶段上的生产力总是同特定的生产关系联系到一起的。马克思说,"手推磨产生的是封建主的社会,蒸汽磨产生的是工业资本家的社会"⑥,这里马克

---

① [美]丹尼尔·贝尔:《后工业社会》,科学普及出版社1985年版,第114、4页。
② 同上书,第114—115页。
③ [英]约翰·斯科特:《公司经营与资本家阶级》,张锋译,重庆出版社2002年版,第278页。
④ [美]丹尼尔·贝尔:《后工业社会》,科学普及出版社1985年版,第114—115、126页。
⑤ [英]弗兰克·韦伯斯特:《信息社会理论》,曹晋等译,北京大学出版社2011年版,第152、153页。
⑥《马克思恩格斯文集》第1卷,人民出版社2009年版,第602页。

思强调的不是技术决定生产关系，而是指在人类社会特定的物质生产阶段中一定的社会生产力（技术）是与一定的生产关系结合在一起的，也就是说，没有脱离生产资料所有权的技术。

美国学者艾尔文·古德纳1979年的著作《知识分子的未来和新阶级的兴起》继承了贝尔的思想，也认为"新阶级"即知识分子要取代作为"旧阶级"的资产阶级，有望最终成为未来的统治阶级。因此，"马克思主义是激进化的文化资产阶级的虚假意识"，"宣称现代阶级斗争中的中心角色是无产阶级和资本主义也是幻觉"[1]。

德国社会学家拉尔夫·达伦多夫也采纳了"经理主义拥护者的立场"，他提出了"统治阶级解体"的观点。他认为，19世纪存在着一个统一的、由资本家所构成的支配阶级，但随着所有权与支配权的分离，资产阶级也越来越趋于瓦解。资本"所有者"现在已成为一个四分五裂的概念，因为现在股票持有者已变得高度分散了。资本所有者已经与经理管理人员分开，后者才是公司的真正掌权者。[2] 以上这些学者的核心观点就是，随着所有权和管理权（控制权）的分离，资本主义财产所有者阶级即资本家阶级也会随之消失。英国学者戴维·李和布赖恩·特纳指出，"无阶级的神话"的实质是通过所有权和控制权相分离的现象来"论证""马克思关于阶级形成的论说，以及他对阶级的'预测'，都不能维系下去了：阶级无论是作为由生产资料的拥有和非拥有之间的关系所决定的客观社会分裂，还是作为具有潜在反抗'阶级意识'的经济利益群体，都停止了它的存在。"[3] 这些学者将资本家把管理权让渡给经理阶层的现象视为资本家交出了资本所有权，而无视资本家仍然掌握着生产资料所有权的事实，其论据和论证的荒谬性都一目了然。

有的学者从"阶级融合"的角度来论证无产阶级的解体。赫伯特·马尔库塞在《单向度的人》（1964）中提出"阶级一体化"理论，他认为大规模的工业生产使现代社会里人的需要的满足具有相似性，虽然"这种相

---

[1] ［美］艾尔文·古德纳：《知识分子的未来和新阶级的兴起》，顾晓辉等译，江苏人民出版社2006年版，第123页。

[2] ［英］安东尼·吉登斯：《社会学：批判的导论》，郭忠华译，上海译文出版社2013年版，第36页。

[3] ［英］戴维·李、布赖恩·特纳主编：《关于阶级的冲突——晚期工业主义不平等之辩论》，姜辉译，重庆出版社2005年版，第5、6页。

似并不表明阶级的消失"①，但是使资产阶级和无产阶级逐渐趋同，二者之间有差别但无对抗。工人阶级在生产劳动方式、物质利益、生活方式、意识形态等方面已经全面一体化于资产阶级社会，工人阶级变成了与资本主义社会相一致的"单向度的人"②。安德鲁·高兹认为，"无产阶级是资本的产物，被资本主义所同化，不能形成对于资本主义的根本性挑战，无产阶级正处于解体过程中，'无产阶级'这一标签正在饱受非议、已无用武之地"③。这种"阶级融合"的最大"特征"就是"中产阶级"及"中产阶级社会"的出现，对此本书将在后面章节进行专门探讨，在此就先不深入讨论。只是简单指出，将现代化大生产提供的生活方式融化看成阶级消失的证据，刻意忽略人在社会生产结构中的地位，是"阶级融合"论的最大特点，也是最大缺陷所在。

直接提出"无产阶级消失"论的学者是法国的安德鲁·高兹，他在《永别工人阶级》（1980）中指出，该书的主题是"时间的解放和工作的废除"，"废除工作最明显的理由就是这一过程已经开始并似乎在加速中。独立经济预测指出，在西欧的三个主要工业国中，自动化在十年内将消灭四到五百万工作岗位。……一个大规模失业的社会正在我们眼前形成"（Gorz, 1982）④。"工人阶级已经被高兹所说的'非劳动者的非阶级'（non-class of non-workers）或'新无产阶级'（neoproletariat）所取代。"⑤高兹认为，"无产阶级是资本的产物，被资本主义所同化，不能形成对于资本主义的根本性挑战，无产阶级正处于解体过程中，'无产阶级'这一标签正在饱受非议、已无用武之地"⑥。但他的观点是完全站不住脚的。首先，在发达国家，自动化技术的发展确实使蓝领体力工作的岗位数量大为减少，但是，这并不意味着能将某些部门工人阶级（如流水线工人）的相

---

① ［美］赫伯特·马尔库塞：《单向度的人——发达工业社会意识形态研究》，刘继译，上海译文出版社2008年版，第8页。

② 参见［美］赫伯特·马尔库塞《单向度的人——发达工业社会意识形态研究》，刘继译，上海译文出版社2008年版，转引自周穗明、王玫等《西方左翼论当代西方社会结构的演变》，江苏人民出版社2008年版，第64—65页。

③ 吴宁：《工人阶级终结了吗》，《社会》2010年第3期。

④ André Gorz, *Farewell to the Working Class An Essay on Post-Industrial Socialism*, Pluto Press Limited, 1982, London, pp. 1、3.

⑤ ［英］安东尼·吉登斯：《社会学：批判的导论》，郭忠华译，上海译文出版社2013年版，第49页。

⑥ 吴宁：《工人阶级终结了吗》，《社会》2010年第3期。

对减少当成消灭工人阶级自身。而且随着全球化的深入，大量的蓝领工作随着对外投资大量转移到第三世界国家，在世界范围内扩大了工人阶级尤其是蓝领工人的数量，而白领工作岗位却在发达国家大为增加，从这个意义上讲，自动化不仅没有能消灭工人阶级，反而增加了工人阶级的数量并扩大了它的分布范围。第二次世界大战后，发达国家工人阶级相对第三世界国家工人的优越的工作和生活条件，确实使发达国家工人阶级在这段时期内不再激进，因为发达国家资本对第三世界国家的经济控制和掠夺，使其可以从超额中取出一小部分来改善本国工人的生活。但是，当资本主义经济危机来袭时，资本家的第一反应就是采取削减工资、福利的紧缩措施侵害工人权益，而工人们也本能地行动起来，2008年经济危机以来，席卷欧美的工人罢工利润和占领运动无不显示了无产阶级并没有如高兹所愿"非政治化"，而是随时准备着斗争。因此，高兹的"告别论"甚至连资本主义全球化的后果都没有考虑，就急于宣称无产阶级的消亡，不过是为了营造一种资本主义将万古长存的假象。

"无阶级神话"第二个阶段是从20世纪80年代开始的。随着东欧剧变、苏联解体，社会主义阵营不复存在，在西方意识形态领域造成了巨大的震荡，使"西方马克思主义的激进理论框架在知识分子圈内成了问题，甚至对于它以前的许多支持者来说，在感情上也难以维系了"，而自由主义的思想家却宣布历史的终结已经到来了，带有浓厚意识形态色彩的所谓社会"无阶级性"也随之而来，"无阶级的神话"和"阶级的死亡"的浪头更加汹涌。①

发端于20世纪初的后现代主义到20世纪60年代时，得到了广泛的传播，这是因为人们虽然看到了生产力的迅速发展，但又目睹了资本主义社会尖锐矛盾导致了若干严重的社会弊病，甚至导致两次世界大战的爆发，而后现代主义则提供了看似合理的解释。在它看来，人类历史并不具有必然进步性，理性主义失败了，人们要做的是打破套在自己身上的枷锁，反对不合理的任何事物如种族歧视等，总之，要解构和否定一切既有的传统观念。在此基础上成长起来的后现代主义政治哲学指责包括"阶级"在内的所有"宏大叙事"，认为"宏大叙事"在日益复杂的社会面前失效了，

---

① 参见［英］戴维·李、布赖恩·特纳主编《关于阶级的冲突——晚期工业主义不平等之辩论》，姜辉译，重庆出版社2005年版，第3、4页。

它反对阶级政治和阶级斗争，推崇"身份政治"和新社会运动。20 世纪 70 年代末、80 年代初资产阶级新自由主义右翼的兴起和苏东社会主义阵营的解体，到处弥漫着历史已经终结于资本主义的气氛。后现代主义政治哲学在批判"宏大叙事"上更进了一步，"其中包括这样的主张，即到了 20 世纪晚期，资本主义发生了如此重大的变化，以致阶级分析的术语都成了多余的东西。"① 如特里·尼科尔斯·克拉克和西摩尔·马丁·利普塞特所著的《社会阶级正在死亡吗?》（1991），他们认为不同于 19 世纪和 20 世纪初期，社会阶级的特征在不断淡化，没有了明确的和明显的低等地位标识，虽然不应把社会阶级这个概念彻底抛弃，但"阶级已是越来越过时的概念"②。在受到批评后，克拉克和李普塞特修正了"阶级消亡"说，转称"社会阶级没有消亡，但它的政治意义明显下降，人们在解释政治行为和相关社会现象时的关注点应该有所调整，即从以阶级为中心的分析转向多因素的解释分析"。同时认为，当下阶级区分已变得不那么严格，种族、性别等区分因素已成为政治领域中分化的基础。③ 显然，这是使用"多元化"手段对阶级概念进行解构。

两次世界大战之间形成的法兰克福学派（西方资产阶级"左翼"主流派别之一）中的一些著名代表人物，如尤尔根·哈贝马斯也是"阶级一体化"论的吹嘘者。他在 20 世纪 80 年代后强调，晚期资本主义已经通过国家等上层建筑缓和了现代阶级冲突，阶级的社会同一性解体了，阶级意识涣散了，社会各方被纳入晚期资本主义中的阶级妥协。20 世纪 90 年代以后，哈贝马斯接受了后现代主义的多元话语理论，把阶级对立解释为一种多元文化冲突，从各种社会群体之间差异认同的彻底多元化的角度否认马克思主义视野中的阶级和阶级斗争。④ 哈贝马斯以大众民主、话语互动等多元文化形式的权力抗争，取代了劳动对资本的反抗，以"主体间性""协调民主"取代了阶级斗争，与后现代主义的"去阶级化"理论殊途同归，是对马克思主义的阶级和社会结构理论的根本否定。他用社会"多元

---

① 参见 [英] 戴维·李、布赖恩·特纳主编《关于阶级的冲突——晚期工业主义不平等之辩论》，姜辉译，重庆出版社 2005 年版，第 6 页。
② 同上书，第 52 页。
③ 周穗明、王玫等：《西方左翼论当代西方社会结构的演变》，江苏人民出版社 2008 年版，第 31 页。
④ 同上书，第 68、70 页。

化"的表象制造阶级一体化的假象,这就是一种简单而粗暴的"理论创新"。

乌尔里希·贝克在《风险社会》(1986)中认为,后资本主义社会的"个体化的"人们从工业社会的"阶级"中解放出来①,他认为,由于西方福利社会消解了传统工业社会的制度安排所依赖的集体意识,人在社会中的生存和生活方式变得越来越"个体化",原来作为社会身份认同的阶级纽带和作为生活方式背景的阶级生涯已经消退,人们为了生存而不得不将个人作为生活规划的核心,因此不再关注普遍的形而上的阶级利益,而转向对控制个人的财富、时间和生活空间的要求。贝克认为,福利国家支持的劳动市场推动调和或消解了资本主义内部的社会阶级,虽然仍有个体化的社会不平等,但福利国家消解了资本主义的社会阶级。②

后现代主义学者拉克劳和墨菲认为,社会中的人都是千差万别的,这些人之间没有任何共同的东西,没有人们通常所理解的普遍性。因此并不存在马克思和恩格斯的共同利益意义上的阶级。让·鲍德里亚认为,在现代资本主义社会中,人们之间不存在确定的社会联系,他们已经沦为没有确定身份的、无联系的"大众",那么用经济地位来区分他们的阶级身份是不可能的了。"工人"或者"资本家"就成为了无确定意义的符号,随之阶级斗争也就终结了。③

英国西班牙裔学者曼纽尔·卡斯特是三卷本《信息时代》的作者,他被一些评论者视为与马克思、韦伯和涂尔干相媲美的社学会家。他曾采用"信息资本主义"(informational capitalism)来描摹当今时代,后来又认为"谁都知道信息和知识作为绝对的决定性作用,对于任何社会都有相当功用"而淡化了"信息资本主义"这个概念。在最近的成果中,卡斯特(2004a)阐明正是"网络社会"的出现真正标志着一个新型社会的来临,"我们不是在一个信息社会……我们是在一个网络社会"。他认为网络社会颠覆了以前的各种分层形式,由某个统治阶级所领导的资本主义已退出历史舞台。"信息劳动力"负责运作如今的资本主义,体力劳动者[卡斯特称为普通劳动力(generic labour)]越来越多余。此外,还存在着那些被推

---

① [德]乌尔里希·贝克:《风险社会》,何博闻译,译林出版社2004年版,第106、107页。
② 同上书,第107页。
③ 王晓升:《政治的终结与后现代政治哲学的崛起》,《学术月刊》2013年第9期。

到信息资本主义边缘、缺乏技能的人和缺乏教育的底层阶级。随着这些新的分化的不断发展，旧的阶级体系和阶级政治过时了，取而代之的是与生活方式和身份政治衔接的社会运动。卡斯特从两个方面预言传统的工人阶级将会走向终结。首先，工人阶级数量日趋减少，并且正在被一些不从事体力劳动的日益增多的女性劳动力所取代。其次，工人阶级对社会的贡献已江河日下，信息（或知识）价值论乃当今时代之宠儿，声称，劳动价值论已是明日黄花。卡斯特认为在信息化发展模式中，"知识作用于知识本身的活动成为生产力的主要来源"，信息劳动力是财富的主要创造者，而工人阶级因落伍于日新月异的时代而注定走向衰落。与卡斯特持相似看法的还有罗伯特·赖克（Robert Reich, 1991）对"符号分析者"的狂热、彼得·德鲁克（Peter Drucker, 1993）关于"知识专家"乃当今资本主义的"核心资源"的信念，阿尔文·托夫勒（Alvin Toffler, 1990）的"知产阶级"（cognitariat, 有知识产权者）在"知识社会"中起到中心性作用的观点等。[①] 以上学者的观点不过是在重复前一阶段学者已有观点的基础上增加了信息技术使劳动力价值论"失效"的"新观点"，因此，阶级概念正在"过时""无效"。但这些学者均以忽视20世纪80年代在西方越来越肆虐的新自由主义为代价，拼凑了一个"无阶级的神话"，于是这一神话在新世纪的资本主义危机的冲击下无可避免地破产了。

另外，不可忽视的是，西方马克思主义中的"新社会主义"等流派虽然宣称马克思主义是他们理论的主要构成性传统之一，但他们却在背离马克思主义阶级理论方面走得很远，如尼科斯·普兰查斯、E. 拉克劳和C. 墨菲等。以"新社会主义"为例，它在阶级问题的主要观点可以总结为：

（1）工人阶级没有像马克思所期望的那样，发动一场革命的运动，也就是说，它的经济形势并没有必然产生一个相应的政治力量；

（2）这在总体上反映了经济与政治之间并没有必然联系。阶级与政治之间的任何联系都是偶然的；

（3）这些问题尤其是表明了：在工人阶级与社会主义之间并无必然的或特定的联系；

[①] ［英］弗兰克·韦伯斯特：《信息社会理论》，曹晋等译，北京大学出版社2011年版，第140—143页。

（4）因此，社会主义运动的形成在原则上是不依赖于阶级的；

（5）政治联盟的建立不用考虑阶级联系与对立；

（6）不是从阶级利益出发而是从要超阶级的全人类的目标出发界定社会主义的目标；

（7）社会主义斗争是多元的"民主斗争"。工人阶级在社会主义斗争中并没有优先性地位，甚至有人认为工人阶级的革命性不仅不具必然性，而且，其本质特征却是反革命的、"改良主义的""经济主义的"。①

很多西方学者都认为，第二次世界大战后，当代西方社会传统工人阶级不断减少，"中产阶级"人数不断上升，后者主导的新社会运动最终取代工人阶级运动成为反抗资本主义的主要形式。在"后马克思主义"的代表拉克劳和墨菲看来，这证明了"在当代资本主义现实与马克思主义理论范畴能够合法包容的东西之间存在着日渐扩大的裂痕"。他们认为作为革命主体的工人阶级的统一性基础已经不存在，留下来的只是一个支离破碎的名词。"工人阶级"死亡了是因为"阶级"和"主体"已经先行死亡了，存在的只有"主体身份"或"主体立场"。工人阶级不过是各个"主体身份"在特定状态和关系中的相互联合或"链接"的产物。最终，他们"证明"：在现时代，阶级已不再具有确定的物质基础，而更多地成为一种随意的主观身份认同。②

此外，所谓东欧"新马克思主义"的布达佩斯学派理论家中，转向"后马克思主义"的阿格妮丝·赫勒承接了"后马克思主义"对马克思阶级理论的批判和质疑。她认为，"阶级是一个人类社会总体，通过目的性的活动在本质上能够自觉引发社会变革，满足自身利益和需要"。她认为，资本主义生产关系是在波兰尼所说的"双向运动"的作用下逐步发展的，这种"双向运动"不仅没有形成同质化的无产阶级，反而消解了阶级本身。资本主义不是阶级构成的社会，而是以分层权力关系为基础的混合经济社会。③

总之，正如特里·伊格尔顿在《马克思为什么是对的》里写道："自马克思写作的那个年代以来，社会阶级的图景已变得面目全非。……工人

---

① ［加］艾伦·伍德：《新社会主义》，尚庆飞译，江苏人民出版社2005年版，第3—7页。

② 孔明安等：《当代国外马克思主义新思潮研究：从西方马克思主义到后马克思主义》，中央编译出版社2012年版，第89—90页。

③ 同上书，第442、448、449页。

阶级几乎消失得无影无踪。在我们生活的社会中，阶级问题越来越没有意义，社会流动性越来越大。谈论阶级斗争就犹如讨论在火刑柱上烧死异教徒那样荒谬。具有革命精神的工人，就犹如邪恶的资本家，不过是马克思主义者的凭空想象。"①

美国著名马克思主义学者保罗·斯威齐指出，对资本主义来说，再没有任何问题比把真相掩盖起来更重要了。②"无阶级的神话"和"阶级的死亡"所包含的种种理论、观点的实质就是要否认马克思关于资本主义社会日益分裂为两大直接对立的阶级的科学论断，通过当代资本主义社会的阶级和社会结构的出现一些新情况掩盖资本与劳动的对立，认为资本主义是"历史的终结"，要人们告别阶级、告别革命，达到资本主义社会长治久安的目的。那么他们的目标是否能顺利实现呢？

进入21世纪以后，新自由主义政策在西方社会推行的市场化、私有化、自由化和全球一体化在摧毁工会、打击工人运动、解除福利制度等方面获得了巨大成功，但同时也埋下了贫富差距急剧拉大、"中产阶级梦"破产等一系列社会恶果，而资本主义经济危机也以全方位的社会、政治和文化危机在2008年大衰退后实现了总爆发。西方社会在债务危机、恐怖袭击等的冲击下迎来了"左"、右翼社会抗议运动的兴起。"占领华尔街"运动、"茶党"等右翼势力的兴起，使整个西方社会感到了"阶级"的复归，而资产阶级感到来自阶级斗争的压力日益增大，对"阶级"的反感达到了新的顶点。美国《外交政策》2009年5/6月号署名詹姆斯·格拉斯曼的文章就明显反映了这一点，该文说："美国已经完全接受了马克思的术语，而这一点正是应该遭到批判的。例如，马克思将历史看作是阶级（集中在无产阶级和资产阶级）斗争的历史。……从美国生活中清除掉马克思影响的第一步就是停止使用'阶级'的术语来描述任何事情。"③ 2014年美国著名学者保罗·克鲁格曼在《〈二十一世纪资本论〉吓坏了谁？》一文中指出，美国前参议员里克·桑托勒姆（Rick Santorum）甚至谴责"中产阶级"这个词是"马克思主义的调调"，克鲁格曼调侃道，"因为你懂

---

① [英]特里·伊格尔顿：《马克思为什么是对的》，李杨等译，新星出版社2012年版，第163页。
② [美]哈里·布雷弗曼：《劳动与垄断资本》，方生等译，商务印书馆1978年版，第2页。
③ 吴易风：《西方学者"重新发现"了马克思的哪些理论？》，《红旗文稿》2014年第9期。

的，美国没有阶级"①。但"无可奈何花落去，似曾相识燕归来"，当社会使绝大多数人陷入生活困境中时，"阶级"就再度出现，成为对社会现实最有力的解释因素之一，而阶级的出场标志就是"马克思主义的再度兴起"。英国"马克思主义节"的组织者约瑟夫·楚纳拉指出，人们尤其是年轻人对马克思主义兴趣的再次兴起，是因为它能提供分析资本主义特别是资本主义危机的工具。②

2. 阶级仍然存在

（1）否认阶级对立、模糊阶级界限的阶级存在论

法国自由主义思想家雷蒙·阿隆在《阶级斗争——工业社会新讲》（1964年）中提出，"阶级的概念充满感情色彩，并且模棱两可"因为"社会现实就其本身而言是模棱两可的"，他断言，由于工业化的进程，人民的总体生活水平的提高，不平等的减轻，阶级间的流动，社会集团间界线的日益模糊，都导致了工业社会中阶级界定上的困难，以及现代国家的政权的阶级属性日益模糊，工业社会中的斗争主要是集团间的矛盾和冲突，而不再是你死我活的"阶级斗争"。③ 除了产业工人，资本主义社会中不存在马克思意义上的典型阶级。随着西方社会的发展，工人逐渐丧失革命性，因此，虽然存在阶级或社会集团，但资本主义社会不是马克思所说的阶级分明、两极对立的社会。④

法兰克福学派不满德国工人阶级对法西斯主义的盲从，认为知识阶级这样的精英才可以承担革命主体的重任，否定工人阶级具有自觉的阶级意识和历史地位。⑤ 但他们中的多数学者并不否认阶级的存在。该学派的希奥多·阿多尔诺认为随着发达资本主义发展，冷战背景下的经济历史条件已经明显改变，压迫机制以其他方式发挥作用，工人阶级不再能够作为战

---

① [美]保罗·克鲁格曼：《〈二十一世纪资本论〉吓坏了谁？》，王童鹤译，纽约时报中文网，2014年4月28日，http://finance.sina.com.cn/360desktop/stock/usstock/c/20140428/181718949722.shtml。

② Stuart Jeffries, Why Marxism is on the rise again, The Guardian, 4 July 2012, https://www.theguardian.com/world/2012/jul/04/the-return-of-marxism? newsfeed = true. 2012年7月30日。

③ [法]雷蒙·阿隆：《阶级斗争——工业社会新讲》，周以光译，译林出版社2003年6月版，第14、54页。

④ 周穗明、王玫等：《西方左翼论当代西方社会结构的演变》，江苏人民出版社2008年版，第11—13页。

⑤ 同上书，第5页。

胜资本主义的主体。①

美国的"后马克思主义"虽然承认工人阶级的存在，但以职业、教育和信仰作为划分阶级的标准，认为阶级是一种社会地位群体。英国的"后马克思主义"认为，阶级更多的是一种文化现象，不是所有权概念。② 20世纪90年代，美国"新马克思主义"的多元社会结构理论虽然承认工人阶级依然存在，反对以收入等社会经济标准划分工人阶级，但认为应当以职业、教育和信仰（包括生活方式和价值观）作为划分阶级的标准。21世纪以来美国的工人阶级研究仍然突出文化多元主义，并与一向敌视马克思主义工人阶级分析的美国劳工民粹主义合流，制造美国是"中产阶级社会"的神话。③

20世纪70年代，"欧洲共产主义"以反对苏联式"集权社会主义"的面目出现，这一思潮对西方社会阶级结构的分析深受希腊共产党党员尼科斯·普兰查斯的"新小资产阶级"论和英国共产党党员霍布斯鲍姆"工人阶级前进的脚步停止了"等理论的影响，认为，工人阶级的主体性地位下降，强调社会阶层的广泛性、多元性，淡化共产党作为无产阶级政党的阶级性，突出共产党的群众性和民主性，自称是全体劳动者的代表，比较典型的有法国共产党、意大利重建共产党和西班牙共产党等。④

德国社会学家拉尔夫·达伦多夫认为，"阶级表示的是这样的冲突群体，它们产生于那种必须加以协调之群体中的有差别的权力分配"⑤（Dahrendorf，1959）。社会阶级结构是"它的成员与行政权力的关系"，"阶级的基础是与地位有关的权力差异，即与其权力预期值有关的社会功能结构"⑥。政治（权力）资源是社会分层中最重要的资源形式，它决定了其他资源分配的不平等。西欧正在形成一种新型的社会结构，马克思的

---

① 王凤才：《"法兰克福学派"四代群体剖析——从霍克海默到弗斯特（上）》，《南国学术》2015年第1期。

② 周穗明、王玫等：《西方左翼论当代西方社会结构的演变》，江苏人民出版社2008年版，第202—203、207页。

③ 同上书，第70页。

④ 同上书，第46—50页。

⑤ 参见［英］戴维·李、布赖恩·特纳主编《关于阶级的冲突——晚期工业主义不平等之辩论》，姜辉译，重庆出版社2005年版，第52页。

⑥ R. Dahrendorf, *Class and Class Conflict in Industrial Society*, London: Routledge & Kegan Paul, 1959, pp. 148-149, 转引自周穗明、王玫等《西方左翼论当代西方社会结构的演变》，江苏人民出版社2008年版，第10页。

阶级与阶级冲突概念以经济私有制为基础，现在这个社会的阶级结构则不涉及经济所有制关系，而是一种政治权力结构。因此社会有四个社会集团或者阶级，即统治阶级、服务阶级、被统治阶级与知识分子。达伦多夫的这一理论是20世纪80年代后以权力政治为中心的社会分层理论的重要来源。①

可以看出，前述学者都不约而同地否认、拒斥所有制决定阶级这一马克思主义阶级概念的核心要素，而是以政治、文化、收入、职业、教育和信仰等方面作为界定阶级的标准。因此，他们虽然承认阶级的存在，但这种承认是以否认阶级对立（否认生产资料的占有导致剥削的阶级关系）为代价，这种代价就使阶级的界限极为混乱和模糊，失去了"阶级"分析社会集团利益分化、研究社会历史规律的功用。

（2）国外学者对"无阶级神话"的批判

自20世纪80年代以来"新自由主义"改革的推行，使西方战后迫于冷战对抗压力而不得不装饰的"福利社会"等社会改良措施趋于瓦解，社会的两极分化现象再次令人瞩目，因此关于阶级的辩论在20世纪80—90年代密集地发生了，西方"左翼"学者对"无工人阶级神话"进行了深刻的批判。

①批判"工人阶级消失论"

前面提到的种种"无阶级神话"造成的一个现象就是虽然"社会的本质是阶级社会"，但"我们都是在战后、冷战中否定阶级言论的环境下成长并被洗脑的"②。威廉·罗宾逊认为，不运用阶级分析法而要理解社会是绝不可能的，但阶级研究似乎被排除在大多数社会科学研究，例如"后结构主义""后马克思主义"和"国家本位观"之外。③ 概言之，阶级虽然是社会现实，但它却无法在人们头脑中得到正常反映。

英国著名马克思主义理论家、前《社会主义者记录》年刊主编拉尔夫·密里本德（Ralph Miliband，也有人翻译为"密里班德"、"密利本

---

① 周穗明、王玫等：《西方左翼论当代西方社会结构的演变》，江苏人民出版社2008年版，第10—11页。
② [日]渡边雅男：《当代日本社会的十三个阶级问题》，陈哲译，《国外理论动态》2016年第4期。
③ [美]威廉·罗宾逊：《全球资本主义论：跨国世界中的生产、阶级与国家》，高明秀译，社会科学文献出版社2009年版，第43页。

德"）指出，那些持工人阶级消失论观点的人"就是以为工人阶级是指男性、工业和制造业的阶级，而他们已经在先进的资本主义国家逐渐地萎缩以及会继续在一个'后福特主义'（Post-Fordist）时代萎缩下去"。但"这个论点的明显缺陷是它对'工人阶级'概念所附加的意思。因为它显然对工人阶级的意思进行无法证明的限制，就是局限在工业、制造业的工人阶级。相反，任何合理的观点是工人阶级应包括先进资本主义国家的人口大多数。他们收入来源的依靠（主要是他们劳动力的出卖）和收入的水平（这将他们置于低的和甚至最低的社会收入群体里），以及较早时说到的他们在社会上缺乏拥有或控制的权力和影响的工具，所有这些性质界定了工人阶级在有关国家是处于从属地位人口的广大部分"[①]。

他认为，工人阶级的重新组合与它作为一个阶级的消失完全不是同一回事。相反，完全有理由认为处于生产过程从属地位的工薪阶层的数量已经有所增加，由于他们的从属地位，他们组成了发达资本主义国家的工人阶级，并由于他们的巨大人口数量，他们构成了工人阶级的最大部分。由失业工人组成的那部分人以及另外一些不在生产过程中的完全或者主要依靠社会福利救济金而生活的人，也属于这种工人阶级。同时值得注意的是，"传统的"产业工人阶级从那种场景中消失还要很长的时间。换句话说，像高兹那样宣称告别工人阶级是非常草率的（行为）。[②] 密里本德也批判了马尔库塞等人的阶级"融合"论，指出虽然工人的生活水平得到了改善，社会文明程度也有了很大的提高，但生产资料私有制并没有任何动摇，阶级所赖以产生的社会生产方式也没有根本改变，就说阶级一体化了或融合了既不客观也不符合事实。因此，即使阶级看起来并不像它们在事实上那样显著，但仍然不应当把这种现象"解释为深深地植根于发达资本主义社会的所有制体系中的阶级划分被侵蚀的证据"[③]。

[①] ［英］拉尔夫·密利本德：《反霸权的斗争》，宋治德译，《社会主义年鉴》1990 年第 26 卷，http：//marxists. anu. edu. au/chinese/miliband/marxist. org-chinese-miliband – 1990. htm。原文出处：Socialist Register, 1990, Volume 26 Counter-Hegemonic Struggles by Ralph Miliband。

[②] ［英］拉尔夫·密里班德：《英国的新修正主义》，李世译译，New Left Review, No. 150, March/April 1985, pp. 5 – 26, http：//marxists. anu. edu. au/chinese/miliband/MIA-chinese-miliband – 1985. htm。

[③] ［英］拉尔夫·密里本德：《资本主义社会的国家》，《第二章 经济精英和统治阶级》，The State in Capitalist Society, New York：Basic Books, Miliband, R. 1969. http：//marxists. anu. edu. au/chinese/miliband/1969book/SateinCapitalist04. htm#_ftn15。

当代著名马克思主义学者艾伦·伍德认为高兹的《永别工人阶级》①讨论的是一个乌托邦式的幻想：它假定既然社会的未来必然基于劳动的取消，那么，社会主义的目标必然就是去确定劳动将以何种方式被取消。在高兹的想象中，对于工人来说取消劳动不是它的目的，作为一个阶级而言，工人阶级的劳动与资本的逻辑相认同，它本身不过是资本的复制品。只有不带有资本主义生产关系烙印的"非阶级的非工人"（包括失业或半失业者及所有当代社会生产的"多余者"）才能取消工人和劳动。伍德指出，高兹与尼科斯·普兰查斯一样，不是根据剥削关系而是根据劳动的技术过程来确定阶级。他的整个判断是一种到劳动的技术进程而不是到生产关系即剥削的特定模式中去寻找生产方式的实质。也就是说，高兹基于形而上的技术主义，否认了工人阶作为一个被剥削阶级的经验、利益与斗争。②

英国工党首席理论家安东尼·吉登斯认为"后工业社会"概念是用信息技术延续了隐藏在工业社会理论后面的技术决定论，但把技术从它所适用的社会框架中抽离出来，不能说明任何社会问题，况且在西方社会这些社会框架仍然保持着资本主义的突出特征，即：第一，在私有资本的支配下，生产利润仍然是经济系统的主要动力；第二，私有财产，尤其是私有资本的分布仍然是高度不均衡的；第三，阶级冲突在经济和政权层面仍然具有重要的意义。后工业社会理论认为以对信息的控制为基础的新统治阶级将取代以财产为基础的旧阶级。然而，这种观念并没有什么新意，在19世纪早期在圣西门构想的"工业社会"中，就是科学家和技术专家的联合统治，不过并没有成为现实，尽管当代信息技术突飞猛进，它仍然不太可能实现。此外，曾经为西方社会提供了大部分物质产品的制造工业并没有消失，它们只是建立在这些社会以外的地方了。③

吉登斯不赞同高兹"告别工人阶级"的说法。高兹认为自动化会导致就业机会的减少和蓝领工人的不断萎缩，从而将告别工人阶级，吉登斯指出，信息技术可以创造新的工作机会，如廉价而大规模地生产现有的产品

---

① André Gorz, *Farewell to the Working Class An Essay on Post-Industrial Socialism*, London: Pluto Press Limited, 1982.

② [加]艾伦·伍德：《新社会主义》，尚庆飞译，江苏人民出版社 2005 年版，第 19—21 页。

③ [英]安东尼·吉登斯：《社会学：批判的导论》，郭忠华译，上海译文出版社 2013 年版，第 42、45、46 页。

可以创造出新的需求；可以开发新的产品和服务；那些工业部门可能重新获得机会，等等。一时的高失业率可以在1973—1974年的石油危机和其他导致生产衰退的因素等背景下进行理解，20世纪60年代西方国家处于繁荣时期大部分人认为接近于完全就业的景象将永驻人间，相反现在又不谨慎地认定高失业水平会长期持续，应该认识到这样的高失业率并不是一成不变的。①

因此，工人职业由体力劳动为主向脑力劳动为主的转变、工作场所由工厂向服务场所的转变等新现象并不是工人阶级的消失或"中产阶级化"的凭据。只要资本无偿占有劳动创造的剩余价值的本质不变，西方社会的阶级分化和阶级对立就不可能改变，阶级自然就没有可能消失。

②质疑"混淆阶级与等级论"及工人"中产阶级化"

笔者听过一位来自美国芝加哥大学社会学系某华人教授的讲座，他就认为马克思的理论在当代失效了，理由就是现在没有阶级了。他声称，人群中有各种划分，就是没有阶级划分，比如按男女划分，按地域划分，按性取向划分，按职业划分，按宗教信仰划分，按收入划分，总之，人群就像棋盘那样被纵横交错的线条划分成不同的"格子"，一个个支离破碎的"格子"不再构成一个统一的阶级。虽然该教授指出的阶级从形式上被分割的现象确实存在，但他用现象取代本质，从理论上来讲是错误的。在资本主义社会里，被雇佣的劳动者必须靠自己的能力才可能在工作竞争中取得较好的处境，每个人与每个人是彼此对立的，出现了劳动者"原子化"的现象。但是，这种"原子化"并不妨碍作为社会的人抱团取暖的行为。无论劳动者在哪里工作，他都会去寻求一种可依赖的社会关系，比如老乡关系、朋友关系、教友关系等，这种现象在某些专家教授眼中就变成了超出阶级划分范围的关系，变成了决定性关系，忽略了这些人首先是一无所有的无产者的性质。

美国社会学者迈克·霍特、科莱姆·布鲁克斯和杰弗·曼扎在《后工业社会中阶级的继续存在》一文中对前述利普塞特等人的观点作出批判性回应，指出虽然发达资本主义社会的阶级结构有了变化，即在绝大多数国家，近几十年来体力工人阶级已减少，而服务业的劳动力人数的比例却增

---

① [英]安东尼·吉登斯：《社会学：批判的导论》，郭忠华译，上海译文出版社2013年版，第52、53页。

加了，但并不意味着阶级正在死亡，而且资本主义社会里以阶级为基础的不平等仍将继续存在。他们指出利普塞特等似乎是把阶级和等级制度混淆起来，但"等级制度可指任何社会阶级差别。阶级是指个人同生产资料和劳动市场之间的关系"①。三位学者认为，当代的马克思主义者和当代的韦伯主义者在承认阶级的复杂性的同时都不否定阶级的存在，复杂本身并不意味着阶级已经死亡或正在死亡。他们指出，利普塞特等人的主要错误是，首先，他们完全忽视了资本主义社会里高水平的财富由资产阶级控制的显著持续情况。不同资本主义社会中占人口1%的最富有的人掌握的财富数量的形式，似乎是相当一致的。其次，他们忽视财富拥有者影响政治进程的能力，他们或是直接通过资金捐赠、阶级内组织和政治网络、政府部门的渠道，或是间接地通过控制投资影响政府政策的制定和实施。最后，教育制度在把优先权一代接一代传下去的方面发挥了重要作用。②

霍特等认为，"私有财产仍以生产资料的所有权为基础。"私人财富几乎在所有情况下都是通过生产资料所有权建立的，如高科技冠军比尔·盖茨和商业巨头沃尔顿等他们之所以致富，是因为他们拥有生产资料。并且，"如果阶级正在消亡，那么我们会期望现有不同阶级的在职者挣大体相当多的钱……事实上，在收入方面的不平等在统计数字上和实际生产中都是非常突出的"③。"阶级结构的变化并没有改变阶级对收入的影响"④。此外，"中产阶级人口比例的增长以及中产阶级的扩展，并不否定收入不平等的继续存在，也不否定工业社会中越来越多的人口的生活更加贫困化。这种'新贫穷'的总体轮廓变得越来越清晰"⑤。并且"总的来看，当代阶级结构中始终存在的上层阶级的财富和权力，底层阶级不断增长的贫穷和退步，都表明了克拉克和利普塞特关于'阶级正在死亡'的结论是不成熟的"⑥。

20世纪50年代和60年代兴起的所谓西方社会"中产阶级化"论也是一种阶级混淆论，它将无产阶级与小资产阶级和部分资产阶级等量齐观，

---

① 参见［英］戴维·李、布赖恩·特纳主编《关于阶级的冲突——晚期工业主义不平等之辩论》，姜辉译，重庆出版社2005年版，第64页。
② 同上书，第66页。
③ 同上书，第67、68页。
④ 同上。
⑤ 同上。
⑥ 同上。

视为同质化的"中产阶级"。英国学者约翰·韦斯特加德指出"中产阶级化"论的兴起是由于当时作为工人阶级代言人的工党在大选中失败,就有修正主义的理论家和评论家认为,如果工党丧失了选票,那么这一定是因为工人阶级消失了;如果工人阶级消失了,那么阶级的划分也就瓦解了。20世纪80年代和90年代发生的情况也是如此,这种诊断实际上是庸俗马克思主义决定论的简单倒置做法,它们直接地从"自在阶级"推导出"自为阶级"①。反马克思主义的修正主义同庸俗马克思主义一样,从它们所认为的"自为阶级"的消失中推断出"自在阶级"的解体。两者都同样地混淆了根据经济范畴划分的阶级和作为政治群体动员的阶级,都犯了过于简单化的错误:一方面认为工人阶级的激进行动必然源于工人阶级从属地位;另一方面则认为工人阶级激进行为的缺乏必然反映了工人阶级从属地位的消失。②

③评析"管理阶层中心论"和"新社会主义观"

英国学者约翰·斯科特分析了"工业社会理论"③关于阶级的观点,这种观点认为随着股份公司的发展,公司的股份所有者失去他们的支配权,由此造成的权力真空创造了职业经理篡夺实地支配权的条件,资本主义的控制形式让位于"经理控制"。比如达伦多夫就认为,阶级关系并不取决于法律上的所有权,而是取决于"工业生产企业中实际的控制和服从的关系",因此,他主张鉴别阶级要看他们"是行使权力还是脱离权力"④。但斯科特坚定地把"阶级"同占有关系联系起来。他认为,随着股份制的发展,从直接的个人占有到间接的个人占有再到非个人占有体制,最后发展到个人股东成了食息者股东,在当代资本主义社会中有四种资本主义阶级状况,分别是企业资本家、食息资本家、金融资本家和管理资本家。⑤"小

---

① 载[英]戴维·李、布赖恩·特纳主编《关于阶级的冲突——晚期工业主义不平等之辩论》,姜辉译,重庆出版社2005年版,第182页。

② 同上。

③ 斯科特指出,主流社会学的奠基人圣西门和孔德提出资本主义社会正在发展成为特殊的"工业"社会,这个社会是由塑造工业技术的专家经理管理的。这种工业社会理论主张,文化和社会的基本特点应被解释为在工业技术组织中内在的趋势展开的结果。参见约翰·斯科特《公司经营与资本家阶级》,张锋译,重庆出版社2002年版,第9—10页。

④ [英]约翰·斯科特:《公司经营与资本家阶级》,张锋译,重庆出版社2002年版,第11页。

⑤ 同上书,第279、294页。

资产阶级"是中小规模的企业的所有者或主要股东,他们的活动越来越依赖于大商业的运作。[1]

斯科特(Scott,1996)还回应了曼纽尔·卡斯特关于"管理阶层"成为资本主义中心的观点。斯科特认为资本主义的一个重大变化是控制从个人转向了非个人形式。也就是说,对公司的完全个人所有制正在衰落,取而代之的是分散的共享所有制。所以如今许多机构都拥有公司,个人股东通常只拥有全部股份的一小部分。股份合作企业的发展并不意味着资产阶级失去了控制权,因为建立在互相缠绕的股权基础上的关系网络把他们联系了起来,并且通过一个"利益群"确保了他们的地位。斯科特认为在"资本再生产的机制"和"阶级再生产的机制"之间,无疑存在着一种局部分裂,即,资本家可以把他们的财产传给继承人,但他们不能保证把相关的最高管理职位传给继承人,因为这是由职位要求的教育成就造成的,但并不离谱。而且在有产阶级中间"形成了一个人才库,而公司的最高经理人都是从这个人才库中招募的。"这个有产阶级在教育系统中尤其享有一种优势地位,以至于他们趋向于掌握了卡斯特所强调的高水平的信息技能,又比如牛津和剑桥等顶尖大学的招生具有隐蔽的排他性,上得起昂贵私立学校的人比上其他学校的人更容易考上这些顶尖大学。斯科特指出,有产的资产阶级在整个企业系统中都拥有利益,并且他们可以通过对教育系统和财富的垄断维护其既得利益,有产阶级位于整个分层制度的顶峰;与那些出身于一个从属的服务阶级的、位于企业等级制度各个阶梯上的人相比,他们享有更好的生活机会。[2] 因此,"管理阶层"的出现并不能改变有产者即资本家阶级的统治地位。斯科特在另一篇文章中指出,人们在宣布阶级死亡之前,就已经发布了资本家阶级的讣告。主流研究者不太愿意承认由于拥有资本而处于统治地位的阶级的存在,而用一种关于"精英"的研究来代替,直到20世纪70年代,都是分层研究的支柱。[3]

美国纽约州立大学经济学教授、工人阶级生活研究中心主任米歇尔·

---

[1] [英]约翰·斯科特:《公司经营与资本家阶级》,张锋译,重庆出版社2002年版,第283页。

[2] [英]弗兰克·韦伯斯特:《信息社会理论》,曹晋等译,北京大学出版社2011年版,第149—151页。

[3] [英]戴维·李·布赖恩·特纳主编:《关于阶级的冲突——晚期工业主义不平等之辩论》,姜辉译,重庆出版社2005年版,第197页。

茨维格指出，从 18 世纪到 20 世纪上半叶，阶级在经济学中都是不可或缺的，随着西方经济学的两次概念、范畴和方法的转换，阶级的位置渐渐被市场机制所取代，数学模型占据了经济学的支配地位，市场机制脱离了复杂的社会关系，掩饰了权力关系，掩盖了阶级关系；边际主义替代了经济关系中的阶级区分，掩盖了阶级剥削的实质。他对美国社会结构的调查结论是，工人阶级占劳动力的绝大多数，约为 62%，资本家阶级仅占 2%，中间阶级约占劳动力的 36%。① 因此，阶级所谓的"消失"不过是由脱离了社会关系的抽象的方法论干扰而造成的假象，阶级不仅没有消失而且工人阶级仍然在社会结构中占据主体地位。

艾伦·伍德在 1998 年再版的《新社会主义》（英文版名为 The Retreat of Class，意为"阶级的退却"）一书中指出，马克思主义的工人阶级观是把工人阶级及其斗争当作社会改造和社会主义建设的核心。而所谓的"新社会主义"实质上是"新修正主义"，它将阶级与阶级斗争从社会主义方案中剥离出去。这一思潮最明确的特征是使意识形态与政治脱离任何社会基础，特别是任何的阶级基础。这一思潮认为，社会主义运动要由对"普遍人类之善"与社会主义秩序合理性的理性要求来加以推动，这些理论策略有效地将工人阶级排除于社会主义方案的核心之外，用意识形态或"话语"的分裂取代了阶级之间的对立。这方面的代表人物有 E. 拉克劳、巴里·汉迪思等，其主要理论阵地是《今日马克思主义》杂志。② 伍德指出，所谓的新的"真正的"社会主义中，大部分观点都谈不上"新"，它们不过是对第二国际右翼衣钵的继承，它的新颖之处在于，其阐释者坚持认为，他们要么与马克思主义，要么与其后续（"后马克思主义"）的传统密切相关。即使是如 E. 拉克劳和 C. 墨菲这样远离了马克思主义且已游移到"新社会主义"思潮右翼极端的人，仍然把马克思主义挂在口头上，声称马克思主义是他们主要的构成性传统之一，只不过"不同程度地削弱了马克思主义理论的地位和有效范围……"因此这一思潮的欺骗性比起当年那些直白无饰的、不求精致理论包装的传统社会主义民主主义的机会主义来说简直是青出于蓝而胜于蓝。③

---

① 姜辉等：《当代西方工人阶级研究》，中国社会科学出版社 2015 年版，第 26—28 页。
② [加] 艾伦·伍德：《新社会主义》，尚庆飞译，江苏人民出版社 2005 年版，第 18、20、2、3 页。
③ 同上书，第 8 页。

④反驳"服务业工人非工人阶级论"

英国马克思主义研究学者特里·伊格尔顿指出,阶级构成一直在变,但这并不意味着阶级已经消失得无影无踪。消失的不过是老式的等级结构。唯有通过阶级才能战胜阶级,唯有深刻地认识阶级的存在,承认它是一个无法回避的社会现实,才有可能将其摧毁。① 他指出,那些宣告工人阶级已经消亡的人常用的一个论据就是服务、信息和通信业取得的巨大发展,但这些变化并没有改变资本主义财产关系的基本性质。恰恰相反,这些变化大多扩大和巩固了这种基本性质。服务工人与制造业工人没有本质差别,他们都受到了剥削。而且服务业本身就涉及大量的制造业,因为服务业利用的所有物品都是制造业制造的。②

美国学者丹尼尔·辛格指出,如果仍然按照一个呆板狭隘的定义,西方世界认为无产者的数量正在下降。但按照衣领颜色来判断是否属于无产者是不能令人信服的,如果把工人阶级视作一个自身不得不适应经济扭曲发展的现实主体,那么,这个趋势就是往反方向发展。随着农民小生产所有者规模的下降,在大多数西方国家,工薪阶层现在占工作人口的80%左右。辛格引用经济合作与发展组织1997年的数据表明,工薪族现在占美国劳动力的89.6%,英国的80.8%,德国的79.9%,法国的75.9%,意大利的62.3%。就业人口从工业部门向服务部门的转移不应该被视为工人阶级的消失。③

英国女学者乌苏拉·胡斯指出,在20世纪90年代,在经济学和其他领域形成了一个"共识",即,传统世界在很大程度上被非物质化,动摇了一切解释旧世界的概念模型,一切现实都成为幻象。一个新的正统学说正在生成:知识是价值的唯一源泉。经济正越来越非物质化,无形服务逐渐取代实体货物,成为价值的主体来源。胡斯指出,这类观点最早可以追溯到贝尔的"后工业社会"理论,这样的理论有很大的问题。从前标准的行业分类体系是将工人归类为具体部门的理论基础,但该体系无法体现出技术变革、经济活动重组在所有制和组织形式方面带来的重大的劳动分工

---

① [英]特里·伊格尔顿:《马克思为什么是对的》,李杨等译,新星出版社2012年版,第165—170页。
② 同上书,第173—174页。
③ [美]丹尼尔·辛格:《谁的新千年——他们的还是我们的》,曹荣湘等译,中国人民大学出版社2002年版,第152、159、153页。

变化。如农业劳动就业的减少应归因于化肥、农药、农业机械制造、食品加工和超市分销等产业的兴起，没有看到这些产业从传统农业分离出去造成了农业就业的下降，就不能理解这种下降。同样，发达国家服务业的兴起是因为制造业转移到了地球的另一端。资本主义发展的总趋势是，新技术的利用不是为了将服务活动非物质化，而是将其物质化（在某些情况下，新商品中会嵌入越来越多"知识"）。与资本主义"非物质化"的假设相反，资本主义制造新商品的能力越来越强，比如铁、铝、木材等原材料的消耗量增长了数倍。

　　胡斯认为，专业知识工人的出现就是制造业劳动分工专业化的产物。自动化使劳动越来越去技能化，工作成本越来越低，但"新经济学"则完全让工人群体消失不见，但生产过程中的劳动分工在本质上并没有发生新的变化，可以将它视为过去至少一个半世纪以来生产过程不断深化的延伸。此外，各种信息产业工人并不是什么新型的、经济学上前所未有的知识工人，反而是早期办公室工人（如出纳、电话操作员、订票员等）的泰勒化、去技能化的后代。因此，虽然20世纪90年代的劳动分工让一大批劳动者从事"非体力"工作，但他们的活劳动仍然是被剥夺的对象。胡斯展望了知识工作的未来，她认为，一方面，时间空间统一的原有的工作体系将被原子化、疏散化的劳动力所取代，这些工人（其中包括很高比例的"创意"知识劳动力）并不是正式的自营就业者，但社会也会愈将他们视为自营就业者；另一方面，很有可能出现一类新的白领无产阶级，从事一成不变的"过程"知识工作，在泰勒化工作流程的监视和高压的工作条件下劳动。[①]

　　⑤小结

　　上述西方学者基本上都坚持这样一种观点，即阶级体现着一种由生产资料的占有导致的剥削关系，他们从不同角度，如知识、职业、收入、政治、文化和生产结构等方面回击了"无阶级神话"的种种谬误，用资本主义的新发展证实了阶级的对立性存在和阶级分析方法的重要性。

　　我国在建设社会主义市场经济的进程中，由于资本主义经济因素的存在不可避免地产生了阶级分化现象，并由此导致了许多社会矛盾。对于阶

[①] ［英］乌苏拉·胡斯：《高科技无产阶级的形成：真实世界里的虚拟工作》，任海龙译，北京大学出版社2011年版，第81—100页。

级分化现象，大体上有两种不正确的认识，一种不正确的认识是，我们是社会主义国家因此不存在阶级，只存在"阶层"。这种认识虽然没有回避社会分层现象，但是却回避了阶级概念所指向的阶级剥削关系。这种观点在我们认识和处理与阶级矛盾相关的社会矛盾时不仅不能提供正确指导，还容易在实践中导致错误。因为我们如果将阶级矛盾看成所谓的阶层利益之争，将很容易忽略阶级矛盾本身的对立性，那么国家和社会对弱势群体或曰弱势阶级的关爱和保护就会缺位，而让位于所谓市场力量的调停，这实际上是对强势群体（阶级）的纵容、对弱势群体（阶级）的不公。但这往往会导致矛盾以其他方式积累起来，对社会造成毁灭性影响。

另一种不正确的认识是，我国已经成功转型为市场经济国家，贫富分化不可避免，只要借鉴西方国家的经验，着力培养"中产阶级"就可以维持社会稳定发展。这种观点十分缺乏对当代资本主义社会的追踪和洞察。在西方，所谓的"中产阶级社会"已经演变为了严重的"中产阶级危机"，各种拯救"中产阶级"的方案不绝于耳。但由于"中产阶级"不过是对小资产阶级、无产阶级及一部分资产阶级——就是不包括最富的人和最穷的人——的称呼，因此这种概念转换改变不了资本主义社会的基本矛盾，拯救"中产阶级"也就成了镜中花、水中月。相反，"无产阶级化"才是西方国家的社会现实。第十七次共产党和工人党国际会议就指出，以职业分化为基础的工人阶级内部的结构性变化，并不能得出无产阶级已经消失、无产阶级已经普遍"中产阶级"化的观点。今天，在世界范围内，工人阶级的数量持续增长，甚至在资本主义条件下，已经出现了普遍的"无产阶级化"，这是资本主义经济社会发展带来的全球战略和两极分化的必然结果。随着资本主义经济的动荡，被掩盖的普遍的"无产阶级化"将会逐渐显露出来。①

因此，我们作为社会主义国家，不能否认为了发展生产力而在一定程度上要发展资本主义经济成分，并因此会产生一定的阶级分化；我们也要认识到，这种阶级分化矛盾的解决只有通过经济形式的另一种转化，即公有制经济成分的巩固和扩大才能够得到彻底的解决。当然这种解决的过程需要相当长的历史时期，但是我们绝不能因此而放松向这一过程的转化，

---

① 关巍：《"后"金融危机时代世界社会主义运动的前途与命运——基于对第十七届共产党和工人党国际会议的考察》，《社会科学论坛》2016年第10期。

那就是习近平总书记所说的,"必须理直气壮做强做优做大国有企业"①。否则,在国际垄断资本控制下的全球化体系中,我们将因国有经济缺少实力而无法阻止国际资本对我国经济体系的侵蚀和占领,也无法实现社会主义对人民许诺的共同富裕的社会远景,中华民族伟大复兴的中国梦的实现就会因此遭遇巨大阻碍。

(二) 如何划分阶级

美国著名马克思主义学者约翰·贝拉米·福斯特曾指出,"右翼和左翼间最重要的分歧根源在于阶级"②。不仅如此,在笔者看来,马克思主义者与形形色色的"左翼"在如何看待阶级的问题上分歧也不会小于左右之间的分歧。左右之间、马克思主义与"左翼"之间在阶级问题上的分歧通常不在于存不存在阶级,而是如何看待和划分阶级。

阶级是一种客观实在,如何确定资本主义社会的阶级结构,主要有两种方式:一种是马克思主义的以是否占有生产资料为标准;另一种是韦伯主义的主要以声望、职业、权力和教育程度等维度来划分阶级,依据具体侧重标准的不同,韦伯主义的阶级划分出现了多个亚种。艾伦·伍德在《民主反对资本主义》中写道:"实际上只有两种从理论上思考阶级的方式:或将阶级作为一种结构定位,或作为一种社会关系。其中第一种,也是更为普遍的一种,是将阶级看作一种社会'分层'形式,每个等级组织结构中的一层,根据诸如收入、'市场机会'或职业这些'经济'标准而有所不同。同这种地质学的分层模式大不相同的是阶级的社会历史的概念,即把阶级看作是占有者和生产者之间的关系,用马克思的话说,它取决于'从直接生产者榨取剩余劳动'的特殊形式。"③

1. 非马克思主义的阶级划分

英国学者乌苏拉·胡斯指出,收入和地位的分离是西方大多数阶级划分体系的一个核心,甚至连最实证主义的、理论性最弱的体系也是如此。

---

① 习近平:《理直气壮做强做优做大国有企业》,新华社,2016 年 7 月 4 日,http://news.xinhuanet.com/politics/2016-07/04/c_1119162333.htm。

② [美] 约翰·贝拉米·福斯特:《千年之交的垄断资本——保罗·斯威齐逝世(1910—2004)》,姜苗苗、姜欣欣译,《国外理论动态》2001 年第 1 期。

③ [加] 艾伦·梅克森斯·伍德主编:《民主反对资本主义:重建历史唯物主义》,吕薇洲等译,重庆出版社 2007 年版,第 76 页。

英国的"总登记官分类"（Registrate General's Categories）的基本原理就是建立在这个基础上的，而"总登记官分类"反过来又是英国官方数据阶级分析的基础。1928年"总登记官办公室"一位高官在一篇文章中反对按收入来划分阶级："任何社会划分模式都需要考虑文化……而等级的职业基础也倾向于强调文化。"他心目中的标准是"在相关职业圈子中的一般地位"。1918年到1936年间，男性文员和熟练体力工人的收入相当，接下来的40年中，文书工人的收入相对下降，到了1978年时，文员的收入要低于所有体力工人的平均收入。在购买力方面，文书工人明显要弱于大多数体力工人。这一数据表明，不按收入划分阶级是对的，但按"文化"和"地位"来划分阶级同样是不科学的，文员和体力工人收入与"文化"的不对等表明只有从所有制来判断阶级地位才是可靠的。"文化"与收入并不能说明人们的阶级地位。[1]

达伦多夫认为，政治（权力）资源是社会分层中最重要的资源形式，它决定了其他资源分配的不平等。他以权力资源划分社会阶级结构，他的社会阶级结构不涉及经济所有制关系，是一种政治权力结构。认为由上层公务员、国家和私人行政管理部门的领导成员组成的"服务阶级"已经取代传统的封建贵族、大土地所有者和资本家阶级在第二次世界大战前的统治角色，成为拥有最多的权力资源的阶层。[2]

西方当代最著名的阶级理论研究专家之一、被称为"新马克思主义者"的美国学者埃里克·欧林·赖特只是将马克思主义"视为一种研究范式"，他更为倚重的是韦伯主义的社会学理论，在他看来"韦伯主义几乎允许从社会理论的其他分支中整合吸纳任何概念。……尽管在韦伯主义者的阶级分析当中，剥削并未置于核心地位，但韦伯主义范畴的逻辑几乎可以毫无障碍地将其纳入进来"，因而"似乎可以说，我们都应自称为韦伯主义者"[3]。赖特之所以在西方被看作是"新马克思主义者"是因为他认为"剥削"和"支配"是理解阶级问题的关键，而这两点恰恰是多数西方

---

[1] [英]乌苏拉·胡斯：《高科技无产阶级的形成：真实世界里的虚拟工作》，北京大学出版社2011年版，第117—118页。

[2] 周穗明、王玫等：《西方左翼论当代西方社会结构的演变》，江苏人民出版社2008年版，第10页。

[3] [美]埃里克·欧林·赖特：《理解阶级：建构一个综合性分析框架》，陈雪琴译，《国外理论动态》2011年第10期。

社会学家不愿意承认的。就是这样一位"新马克思主义"的韦伯主义者硬生生地把原本清晰简明的马克思主义阶级概念弄得七荤八素，让人迷糊。

赖特认为阶级划分理论主要有三种：第一种是"属性和条件"，它基于个人属性和物质生活条件来划分阶级，也称为社会分层方法。这种理论认为阶级主要是以个人属性和物质生活条件作为依据来划分，当这些不同方面的属性和生活条件泛泛地类聚在一起时，所形成的这些类聚就称之为"阶级"。它把阶级划分为"上层阶级""中产阶级""下层阶级"和"底层阶级"。

第二种是"机会囤积"，也即韦伯主义的方法。它认为，阶级是根据获得和失去某种经济机会来定义的。这种方法认为学历、宗教、文化标准和私人产权等都可以成为社会囤积的机制。最为重要的隔绝为生产资料中的私人产权，它是产权之法律规则所形成的某种特定形式的机会囤积。虽然韦伯主义认为生产资料私人占有是一种重要的阶级形成机制，但它对这种私人产权的形成的解释却是唯心主义的，即是这种产权是由产权法律规定形成的"机会囤积"。这种方法将阶级划分为资本家、"中产阶级"和工人阶级。

第三种是"剥削和支配"，此分析方法与马克思主义传统密切相关。赖特认为"机会囤积"的关键效应是支配和剥削，不只是市场优势利益。阶级被划分为拥有和控制生产资料的资本家和被雇佣来使用这些生产资料的工人。而这一阶级中的其他人，则分别通过其与这两个阶级的不同关系而获得其具体的阶级特征。这种划分法认为，专家和某些技术工人由于在工作中有不被支配的自主性，极大地降低甚至达到消除被剥削的程度。[①] 显然，这种"与马克思主义传统密切相关"的阶级划分法，也仍然不是马克思主义的阶级分析法。它认为只要被雇佣者在工作中具备很大的独立性就可以降低剥削程度或免于被剥削，是将工作自主性上升到决定阶级的高度，这完全是通过自主性否定剥削，是小资产阶级式的自我安慰。马克思主义认为是生产资料的私人占有制决定了剥削和支配的双方，即剥削阶级和被剥削阶级，也决定了剥削和支配的方式，即不同的生产资料私有制决定不同的社会形态，而不是抽象地谈剥削和支配决定阶级。

---

① ［美］埃里克·欧林·赖特：《理解阶级：建构一个综合性分析框架》，陈雪琴译，《国外理论动态》2011年第10期。

西方学者对赖特学术成果的评价不一，资产阶级社会民主主义理论家安东尼·吉登斯就说过他不认同赖特关于新中间阶级的分析是直接源自马克思的理论。① 即使是克拉克和利普塞特这样的认为阶级正在消失的学者都对赖特这种"马克思主义的"阶级划分表达了不屑："同达伦道夫（即达伦多夫——注）一样，许多作者沿用了马克思的术语，但实际上却改变了这些术语的含义。埃里克·怀特（即赖特——注）……他的做法是把'资本主义社会的阶级地位类型'分为12个种类，它们包括：（1）资产阶级，（2）小雇主，（4）专门的管理者，（5）专门的监督人员，（8）半资格的监督人员，然后一直到（12）无产阶级。很明显，这种类型划分不仅仅根据所有权，同时也包括技术水平和管理责任。令人吃惊的是，怀特作为一位自我标榜的马克思主义者，却综合了如此多的后韦伯主义的各方面因素。"②

美国学者吉尔伯特和卡尔在20世纪80年代出版的著作《美国阶级结构》一书中详细介绍了美国主流的阶级阶层分析法——其实就是韦伯主义的各个变种。他们认为，"如果一个巨大的家庭群体彼此的地位大致相同，并与其他的家庭有明显的差别，我们就称之为是一个社会阶级"。这个定义实在令人有些捉摸不透。吉尔伯特和卡尔指出，美国科学的社会分层研究，始于20世纪20年代和30年代，他们两人在实证的基础上选择了9个变量——职业、收入、财产、个人声望、交往、社会化、权力、阶级意识和流动来研究社会分层。他们认为在当代美国可以识别出6个阶级，分别是资本家阶级、上中层阶级、中层阶级、工人阶级、劳动——贫穷阶级和下层阶级。他们认为美国的阶级结构正在变动，从比例上看，工人阶级正在下降，同时，上中层阶级，中层阶级，劳动贫穷阶级以及下层阶级都在扩大。蓝领与白领的界限已经模糊，阶级结构的根本分裂正在向上移动。更为广泛的是，位于阶级结构上半部分的美国人看来是在靠损害下半部分人的利益而获得了优惠和权力。③

---

① ［英］安东尼·吉登斯：《社会学：批判的导论》，郭忠华译，上海译文出版社2013年版，第37—38页。
② 参见［英］戴维·李、布赖恩·特纳主编《关于阶级的冲突——晚期工业主义不平等之辩论》，姜辉译，重庆出版社2005年版，第53—54页。
③ ［美］丹尼斯·吉尔伯特、约瑟夫·A.卡尔：《美国阶级结构》，彭华民等译，中国社会科学出版社1992年版，第12、19、406页。

德国学者赫拉狄尔在1992年发表的标题为《社会结构与社会转变》的报告中认为,由于社会的现代化进程,社会成员的多元化与个人主义化,无论是使用阶级概念还是阶层概念对于描述当代西方国家的社会现实情况来说已不适用。为此,他提出了有别于以不同财产形式进行阶级结构划分的基于多元化的社会结构分析模式。①

已故希腊共产党党员尼科斯·普兰查斯(Nicos Poulantzas)认为,阶级的划分,仅仅依赖经济的因素(即财产所有权)是不够全面的,应当把经济和政治、意识形态等要素联系在一起,把它们视为一个不可分离的整体结构。普兰查斯认为,工人阶级不是由工资劳动确定的,而是由生产劳动确定的。在资本主义条件下生产劳动指的是直接生产剩余价值的劳动。通过生产劳动的挣工资者才是工人阶级,因为剩余价值是在生产过程中被创造出来的。在流通领域和剩余价值实现领域劳动的挣工资者不是工人阶级,因为劳动依赖的资本形式不生产剩余价值。从事非生产性劳动的这些新的社会阶层没有生产资料经济所有权和占有权,不属于资产阶级。尽管我们认为他们的劳动是工资劳动,但他们也不是工人阶级,而是新小资产阶级。②虽然马克思区分了生产劳动和非生产劳动,但那只是用来判断具体劳动是否创造剩余价值,并不等于说不创造剩余价值的无产阶级就不是无产阶级,比如,资本家雇佣的用于家庭服务的仆人、厨师,虽然从事的是非生产劳动,但他们和产业工人一样是无产阶级,而不可能是"新小资产阶级"。

普兰查斯认为在构成阶级的要素中,意识形态和政治关系的重要性要优先于剥削关系,这样剥削关系就不再是阶级构成的决定性因素了。在普兰查斯的眼里,划分阶级依据的是主体如何看待资本的观点,他之所以将白领工人视为"新小资产阶级"就是因为他认为白领工人对资本主义霸权性意识形态的认同就使他们构成了一个阶级。这已经完全背离了马克思主义关于阶级体现的是主体在客观生产关系中所处的位置的判断。

法国学者热拉尔·杜梅尼尔认为,当代资本主义应该划分为资本家、

---

① Dale McConkey and Peter Augustine Lawler, *Social Structures, Social Capital, and Personal Freedom*, Westport, Conn: Praeger, 2000, p. 53. 转引自糜海波《当代资本主义社会和阶级结构的多重分析》,《社会主义研究》2011年第6期。

② 刘力永:《普兰查斯对马克思主义阶级理论的当代解读》,《中共南京市委党校学报》2014年第4期。

管理者、职员、工人四个阶级,两种阶级矛盾(资本家与生产劳动者、管理者与被管理者)辩证地重叠在一起。管理者与被管理者关系将会得到普及,有朝一日甚至可能会淘汰资本主义关系。[①] 这种抛开阶级斗争,用"关系"取代"关系"的说法,显得学究味十足。

　　法国学者皮埃尔·布迪厄用"文化资本"概念来形容教育文凭和所谓"对资产阶级文化的熟悉"能带来生活机遇的价值。在他眼中,资本是一种能使个体在社会领域的竞争中获得特殊利益的有效资源。布迪厄的"资本"有三种基本类型,即经济资本、文化资本和社会资本。场域是社会生活展开的空间,利益、资本、社会位置构成了场域的基本要素,场域是一种社会关系,是权力分配的结构。人们在不同场域中争夺有价值的资源,即不同形式的资本。[②] 这样,他就把资本这种能够带来剩余价值的价值概念偷换成一种与剥削剩余价值无关的"资源",这种"资本"能带来的收益只与个人的奋斗、竞争有关,与所有权无关。布迪厄认为资本不过是人们在场域中争夺的资源,在这个争夺过程中,资本家与工人的身份就被模糊了,资本家对工人的剥削也被抹煞了,资本不过是争夺来的,剥削这个概念就失去了意义,工人只不过是场域争夺战中的失败者而已。马克思主义的剥削是对别人劳动的无偿占有的内涵因此就被解构了。[③] 布迪厄认为管理者这一社会群体掌握着一种文化资本,所以将管理者置于"资产阶级"的一个特殊分区中。[④] 但我们知道,管理者之所以有可能跻身为资产阶级并不是因为他的"文化资本",而是他有可供资本对工人进行剥削的"才干",因此能分享剩余价值。说到底,还是资本而不是"文化资本"才能决定一个人是否属于资产阶级。因为一旦这种"文化资本"无人问津,管理者也就从资本家行列中跌除了。

　　米歇尔·茨维格 2006 年在《每月评论》上撰文认为,"必须从权力角度理解阶级,而不仅仅是从收入、财富或生活方式,虽然这些确实都随阶级不同而不同。从权力出发,有助于我们将阶级理解为一种动态的社会关

---

　　① [法]热拉尔·杜梅尼尔:《关于当代资本主义阶级结构的争议》,赵超译,《国外理论动态》2008 年第 5 期。
　　② 周穗明、王玫等:《西方左翼论当代西方社会结构的演变》,江苏人民出版社 2008 年版,第 19—23 页。
　　③ 同上。
　　④ [法]热拉尔·杜梅尼尔:《关于当代资本主义阶级结构的争议》,赵超译,《国外理论动态》2008 年第 5 期。

系,而不是一组静态的特征。从权力入手调查阶级问题才有可能发现阶级、种族和性别之间的有机联系。从收入、财富、生活方式,或教育等角度理解阶级,则将阶级问题与种族和性别问题分割开来,只有作为权力关系而不是作为个人具有的固定特征,才能最好地理解种族和性别问题"①。

英国社会学家理查德·斯凯思认为,"社会生产关系由控制关系构成,控制关系决定了各种工作的任务、职责和责任。因此,工作和职业是阶级关系的结果,阶级关系与所有权的职能和劳动职能直接相关。……不是职业决定了社会阶级的本质;而是嵌于控制关系中的阶级关系决定了职业的具体内容和职业顺序"②。用图式来表示就是:社会阶级关系→阶级结构→职业类型:

与资本职能有关的是:

(1) 所有权→股东和财产所有者;

(2) 控制和协调→中产阶级→董事、管理人员、高级专业人员;

(3) 研究和技术发展→科学家、工程师和技术专家;

与劳动职能有关的是:

(4) 生产经济剩余工人阶级→生产性工人;

(5) 完成必要的但非生产性→勤杂、秘书、日常"非体力"工人、"支持性"的任务和维修工人。③

特里·伊格尔顿指出,马克思不认为只有体力劳动者才算工人阶级。他拒绝以所谓的生产工人(就直接生产出商品这个意义而言)确立无产阶级的标准。相反,工人阶级包括所有被迫向资本出售劳力,在压迫性制度下苦苦挣扎,几乎完全没有能力改变自身劳动条件的人。除了产业工人外,无产阶级还包括白领工人阶级。阶级并非一个抽象的法律所有权问题,而是一种利用他人为自己谋利的能力。④ 退休人员、失业者、长期病患者和临时工一样,都不是"正式"劳动过程的固定组成部分,但他们也

---

① 米歇尔·茨维格:《有关阶级问题的六点看法》,孙寿涛译,2015年11月11日,http://review.youngchina.org/archives/6188。原文出处:Michael Zweig,"Six Points on Class",Monthly Review, Volume 58, Issue 03(July-August)2006 http://monthlyreview.org/2006/07/01/six-points-on-class/。

② [英] 理查德·斯凯思:《阶级》,雷玉琼译,吉林人民出版社2005年版,第28、29页。

③ 同上书,第29页。

④ [英] 特里·伊格尔顿:《马克思为什么是对的》,李杨等译,新星出版社2012年版,第173—174页。

应该归入工人阶级。伊格尔顿指出，随着技术的发展，越来越多的专业人士被无产阶级化，产业工人阶级的某些分支也被再次无产阶级化。他引用19世纪社会主义者约翰·格雷的话说："中产阶级发现，他们正重新陷入曾经让十九世纪无产者苦不堪言的经济不安全状况。"伊格尔顿认为当代社会中的统治阶级包括许多非资本家的资本代理人，如股票经纪人、公务员、教授、警官、媒体评论员、神职人员、甚至公立学校校长等。在笔者看来，这种看法显然是有失客观的，这些人就算不是无产阶级，也绝不是统治阶级的一员。伊格尔顿接着指出，在这一社会阶层之下的，是一个由中产阶级管理者、科学家等群体组成的阶层，这之下，是一系列中产阶级职务，比如教师、社会工作者和初级管理者。因此，工人阶级既包括体力劳动者也包括低层白领工人，他们在世界人口中占据相当大份额。还有在非正式经济部门工作的非正式无产阶级，这些人没有劳动合同，享受不到劳工权利。①

整体而言，非马克思主义的阶级划分是不以人在社会生产结构中的具体地位作为阶级划分标准，不考察人与人之间的剥削关系，在划分阶级的问题上最多是将经济因素与政治、文化因素等同视之，陷入多元化标准的窠臼，把阶级划分弄成一个十分复杂而又不准确的问题。

2. 马克思主义的阶级划分

虽然马克思并未直接给出阶级的定义，但贯穿《资本论》始终的则是资产阶级与无产阶级如何在资本主义生产关系的各个环节中被生产和再生产出来，在此意义上，可以说，《资本论》就是一部关于资本主义阶级关系生产和再生产的著作。马克思本来打算在《资本论》第三卷详细展开他对阶级的具体论述，但可惜的是，他没来得及完成这个工作就去世了。但在仅有文字中，我们看到，马克思首先指出，资本主义社会的三大阶级是雇佣工人、资本家和土地所有者。其次，他又明确道，不能从收入的来源来决断阶级，也不能从社会分工——也就是具体职业来划分阶级。马克思留给后人的课题是：是什么形成阶级？②

马克思去世后，恩格斯在《共产党宣言》1888年英文版的注释中这

---

① [英]特里·伊格尔顿：《马克思为什么是对的》，李杨等译，新星出版社2012年版，第176—178页。

② 参见《资本论》第1卷，人民出版社2004年版，第1001—1002页。

样定义资产阶级和无产阶级："资产阶级是指占有社会生产资料并使用雇佣劳动的现代资本家阶级。无产阶级是指没有自己的生产资料、因而不得不靠出卖劳动力来维持生活的现代雇佣工人阶级。"[①] 这是马克思主义创始人关于阶级划分的最具体的论述，鉴于恩格斯与马克思的思想逻辑的一致性，这个定义应该也是符合马克思的一贯思想的。后来列宁又对阶级概念作了更细致的定义，是从人在生产体系和经济结构中的地位，也就是从人的社会关系角度来描述阶级问题。恩格斯和列宁从不同的侧面回答了"是什么形成阶级"——也就是如何划分阶级——这个问题。

当代西方马克思主义者对如何划分阶级问题的回答主要是在前人的基础上，对西方否认阶级存在、解构阶级概念作出正面回应，并在恩格斯、列宁关于阶级的经典论述的基础上对西方社会阶级现象的变化进行马克思主义的解读。

美国马克思主义经济学家哈里·布雷弗曼在1974年出版的《劳动与垄断资本》中指出，西方已经有一种老生常谈的说法，认为马克思主义只适合于给"产业无产阶级"下定义，而这种阶级的人数和社会重要性都在下降，因此马克思主义至少在阶级分析上"过时了"。布雷弗曼指出，有人因为新出现的职业或看上去比旧职业更新更"优越"的"新"职业，就把从事这些新职业的劳动者称为"新工人阶级"，这是非常武断的，这样的研究是根据假设进行的。在布雷弗曼看来这些所谓的"新工人阶级"并不是从天上掉下来的，而是工人阶级在工业商的发展和城市化的要求中发展起来的一部分，并不是什么与工人阶级不同的"新工人阶级"。[②] 布雷弗曼坚持了马克思主义不以收入来源和职业来划分和界定阶级的传统，而是从生产体系和经济结构中的地位来定义工人阶级，指出，"工人阶级乃是除自己的劳动力以外一无所有、只能把这种劳动力出卖给资本以换取自身生存的阶级。"[③]

英国马克思主义历史学家 E.P. 汤普森指出，阶级是一种关系，而不是一种"东西"。布雷弗曼赞同这种说法，并认为，各阶级、阶级结构和整个社会结构都不是固定不变的实体，而是正在进行的富于各种各样变化的

---

① 《马克思恩格斯选集》第1卷，人民出版社1995年版，第272页。
② ［美］哈里·布雷弗曼：《劳动与垄断资本》，方生等译，商务印书馆1978年版，第28—29页。
③ 同上书，第335页。

过程。① 笔者认为,阶级首先是对社会生产关系的一种反映和抽象,从这个意义上来说,阶级不是一种"东西",因而不是一种实体。但阶级本身又是一种非实体的实体,就是说,它虽然是社会生产关系的一种概括、一种抽象,但同时阶级又是由具体的、历史的个人构成,虽然这些个人中会有从一种阶级身份向另一种阶级身份转变的可能,也就是说阶级地位对于个人来讲并非绝对固定不变的,但某种阶级身份对于个人来讲在一定时期内是稳定的,而且对于大多数人来讲这种阶级地位是终身的。因此,阶级既有抽象的一面,又有具象的一面;既有变化的一面,又有稳定的一面。

英国马克思主义研究者特里·伊格尔顿指出马克思主义中的"阶级"并非是以风格、地位、收入、口音、职业或墙上挂的是鸭子还是名画来定义的。阶级也不是一个态度问题,阶级问题关注的是你在某一特定生产模式中所处的位置。②

渡边雅男指出,阶级就是指身处于不平等社会关系下的人类集团。这种不平等的社会关系是以经济的财富、政治的权力、文化的威信、社会的地位(榨取、非榨取的关系、支配、从属的关系、影响力多寡的关系、地位的上下关系)的不平等为基础的。③ 他强调,阶层和阶级是有区别的概念,阶层是指由无数的分界线区分而开的一层层的人口部分,阶级则是存在于其中的、根据性质区分而开的人口部分。无论阶级还是阶层,其作为一个概念装置和分析工具,都意味着社会是不平等的。实际上,阶层有收入阶层、年龄阶层、学历阶层之分。任何旁观者根据任意尺度加以整理,比如收入、年龄或者身高等,也许都可以将社会所有的差距或不平等归纳出来。再比如,若根据年收入将全日本的人口加以区分,即可以50万日元为单位,也可以10万日元为单位。当以1000万日元为单位不能清楚的表示不平等程度时,我们也可以调整为100万日元。尺度的选择在某种程度上是随意的,主观的。这种随意性却不适用于阶级。④

---

① [美]哈里·布雷弗曼:《劳动与垄断资本》,方生等译,商务印书馆1978年版,第363页。

② [英]特里·伊格尔顿:《马克思为什么是对的》,李杨等译,新星出版社2012年版,第164—165页。

③ [日]渡边雅男:《马克思的阶级概念》,李晓魁译,社会科学文献出版社2015年版,作者自序第1页。

④ [日]渡边雅男:《当代日本社会的十三个阶级问题》,陈哲译,《国外理论动态》2016年第4期。

伍德对尼科斯·普兰查斯的阶级理论进行了深刻的批判。她指出，普兰查斯运用生产性与非生产性劳动的区别，把白领工人从工人阶级中分离出去，并由于白领工人也受到剥削，也不属于资产阶级，因此白领工人与工人阶级分离出去的决定性因素就是意识形态性的，比如脑力与体力劳动的区别。伍德评价道，工业资本主义中的生产组织在劳动过程内部、在工人中间形成了不同的划分，这不是取决于劳动过程本身的技术需要，而是取决于其资本主义特点。这种划分常常会有碍于统一的阶级框架的形成，即使就这些工人同资本与剥削的关系而言是同属一个阶级的。根据在劳动过程中的不同作用，可以在体力与脑力工人之间进行一种划分，这种划分在有些情况下是基于他们的责任感、教育、收入等方面的差异，但这些差异都不能认为是与生产关系和剥削相关的阶级的划分。体力工人与脑力工人之间的意识形态划分，更多的不是根据他们自身的阶级利益观，而是源起于他们关于资本的观点，资本倾向于使它们分离开来。资本主义意识形态的强制性当然能起到动摇工人阶级内部的团结并干预阶级组织化进程的作用，但它却不能在不同类型的工人之间充当绝对的阶级障碍。[①] 伍德借用埃内斯特·曼德尔的话指出，普兰查斯的阶级理论属于"欧洲共产主义理论家们把无产阶级在西方社会内部的比重降低成为少数的一种努力"。伍德评论道："他大笔一挥，发达资本主义国家中的无产阶级就从大多数被减少到一个残余的群体。普兰查斯的《当代资本主义中的阶级》为欧洲共产主义打好了理论化的桩基。"[②]

拉尔夫·密里本德指出，20世纪以来英国经济和社会生活发生了巨大变化，使英国阶级结构也产生了变化，但"这些变化是发生在两个'基本'阶级的构成上而不是它们的实际存在上：一方面是大家惯常称之为'统治阶级'的阶级，其核心为资本家成分，也就是真正控制（也许占有，也许并不占有）私有经济力量主要手段的人们；另一方面是从属阶级，主要由工人阶级组成，其更为确切的定义目前尚待规定。在过去的两百年间，这两个阶级的性质已经发生了巨大的变化，但也有一些至关紧要的连续性，这主要是基于这样一个经久不变的事实，即一方面是私人占有和控

[①] [加]艾伦·伍德：《新社会主义》，尚庆飞译，江苏人民出版社2005年版，第38—52页。
[②] 同上书，第44—50页。

制主要的经济活动手段,而另一方面却没有这种占有和控制。"①

综上所述,马克思主义学者首先摒弃了那种按随意尺度划分阶级的做法,坚持了马克思主义不以收入、职业、声望、主观意识等来划分和界定阶级的传统,而是从生产体系和经济结构中的地位来定义阶级,并指出,虽然西方社会有了新发展,如脑力劳动者超过体力劳动者,但并没有改变作为雇佣劳动者的阶级地位,即无产者不占有生产资料,因而不得不依靠出卖劳动力获取生活资料,这是他们作为无产阶级的本质所在。

---

① [英]拉尔夫·密里本德:《英国资本主义民主制》,博铨、向东译,商务印书馆1988年版,第7—8页。

第二章 何谓"中产阶级"

阶级是历史的产物，是不以人的意志为转移的一定社会中的人与人之间的社会/物质关系。就人与人之间的阶级关系来说，阶级就意味着物质利益的相近、区别或对立。在一定的社会生产体系中处于同一种经济关系并因此拥有相近或相似经济利益的人们就属于同一阶级，反之则不属于同一阶级。由于阶级概念是与"阶级斗争""革命"等紧密联系的、马克思主义的核心概念，"阶级"在冷战期间就已经被西方学术界打入冷宫，"阶级的消亡""永别工人阶级""告别革命"等才是学术界的前沿课题，关于阶级的讨论"似乎变成了社会学研究的一个禁忌。"[①] 但是关于"中产阶级"[②] 的讨论在西方却一直是学术研究的热点问题。为什么在"阶级的消亡"之时关于"中产阶级"的研究却欣欣向荣？那么"中产阶级"到底是个什么样的概念？它的内涵和外延何在？

一 "中产阶级"的源起

不仅阶级本身是历史的产物，关于阶级的概念、语言的产生和流传也有一个历史的过程，"中产阶级"这一概念的出现也同样如此。

（一）中间阶级的崛起

有中国学者认为最早研究"中产阶级"的人是古希腊著名哲学家亚

[①] ［法］路易·肖韦尔：《欧洲阶级体系的转型以及中产阶级的飘零》，载李春玲主编《比较视野下的中产阶级形成》，社会科学文献出版社2009年版，第372页。

[②] 英文为 middle class，翻译为"中间阶级"更符合其原意，但本文一般采用目前中国大众已经耳熟能详的"中产阶级"译法，主要是为了方便读者理解和阅读。但马克思主义和20世纪50年代以前西方学者的"middle class"概念本文统一翻译为"中间阶级"，以区别于米尔斯《白领》一书出版后逐渐形成的西方当代"中产阶级"概念。

里士多德。因为他曾指出,一切城邦中都有极富、极穷阶层和介于两者之间的中间阶层,如果一个社会能以中间阶层为主体,那么这一社会将极为稳定。这一见解被总结为亚里士多德的"新中间阶级理论",并将其引申为现代人能理解的表述,即一个社会的稳定取决于"中产阶级"的比例。① 在亚里士多德看来,古希腊城邦的人口分为两类,一类是统治阶级——奴隶主贵族;一类是被统治阶级——自由民。事实上,在被统治阶级中还有大量没有被亚里士多德列入统计的数量庞大的奴隶阶级,在站在奴隶主阶级立场的亚里士多德看来奴隶并不能算作人,而是有生命的财产和工具,所以他说的被统治阶级并不包括奴隶。② 他所指的中间阶层应该是奴隶社会中的极少数富裕的工商业者,这与现代"中产阶级"的概念所指相距甚远。有学者对亚里士多德推崇的理想政制作如此评价:"他所赞美的中等阶层,在当时实际上是一个急剧分化的阶层,其中少数上升为富有阶层,多数下降为贫民阶层乃至沦为奴隶,设想以一个本身尚不稳定的阶层来稳定不稳定的国家政权,是根本行不通的。"③ 因此,说亚里士多德是研究"中产阶级"的先驱至少是十分牵强的。

笔者从 SSCI 英文数据库中能查到的最早公开使用"middle class"这一单词的,是 1745 年出版的《阻止爱尔兰羊毛向法国输出的计划》小册子的作者詹姆士·布莱特肖(James Bradshaw,在他之前应该还有更早使用"middle class"的作者,但囿于笔者掌握材料所限还没有发现),指从事工商业的资产阶级。④ 在 18 世纪时,"middle class"大概就被广泛用来指代不同于贵族阶级、农民和普通劳动者的工商业者或资本家等人了。

1918 年,学者 R. L. 斯凯勒(Schuyler)认为"中间阶级"既产生于英国也流行于英国,但"'中间阶级'是那些过度使用的术语之一,它模

---

① 李娜:《亚里士多德的"新中间阶级理论"与当今社会稳定》,《辽宁工程技术大学学报》(社会科学版),2007 年 1 月。
② 冒从虎等:《欧洲哲学通史》,南开大学出版社 1985 年版,第 163 页。
③ 同上书,第 164 页。
④ James Bradshaw (1745), A scheme to prevent the running of Irish wools to France: and Irish woollen goods to foreign countries. By prohibiting the importation of Spanish wools into Ireland, ... Humbly offered to the consideration of Parliament. By a Merchant of London. printed for J. Smith, and G. Faulkner. pp. 4 - 5, http: //books. google. com/books? id = AJdbAAAAQAAJ&pg = PA4. Retrieved 18 May, 2012.

糊不清、其义多变，它的使用导致社会问题方面的困惑思想。"① R. H. 格雷顿（Gretton）在1917年出版的《英国中间阶级》（*The English Middle Class*）中写道，"在货币经济（money economy）崛起前，在英格兰没有什么可被称为中间阶级的。"他指出这一阶级起源于新"有钱人"，"他们出现于14世纪，这一阶级的崛起不是早期中世纪行会的逐渐发展，而是相对突然的现象，由于驱逐犹太人和骑士制度的衰落造成储藏货币进入流通引起的"②。应该说格雷顿讲对了中间阶级产生的时间，但产生的原因并非他所言。14世纪时，随着农村商品经济的发展，再加上连年的战争使封臣制和封土制只剩下空洞的形式，西欧庄园经济走向衰落，庄园组织以及与之相联的劳役农奴制走向瓦解。在城市，虽然行会制度严格限制手工业者分化，但仍有一些人积聚了较多的财富。矿冶业在远离城市且行会难以限制的偏远地方得到发展。由商人提供原料、收购产品的家庭手工业作坊也发展起来，这种"商人直接支配生产"的经济关系，是封建生产方式向资本主义过渡的途径之一。③ 随着对外贸易的扩大和资本主义手工工场的出现，工商业主的势力逐渐壮大，这个时候产生的中间阶级，就是最早的资产阶级。

前面曾提到马克思说过，"资本主义时代是从16世纪才开始的"。1500年左右的地理大发现和随后出现的商业革命，扩大了世界市场，殖民扩张和贸易的增长使新兴的资产阶级也就是格雷顿所说的中间阶级正式从西方登上历史舞台，资本主义时代来临了。同时，"大量的人突然被强制地同自己的生存资料分离，被当作不受法律保护的无产者抛向劳动市场。对农业生产者即农民的土地的剥夺，形成全部过程的基础"④，这就是圈地运动，它之所以是必要的，是因为如果没有大量失去土地的农民就不会形成"自由的"劳动力市场，资本积累（指剩余价值转化为资本）也就无从谈起了。而16世纪时英国大规模的"圈地运动"就给资本的原始积累造

---

① R. L. Schuyler, *Political Science Quarterly*, Vol. 33, No. 4 (Dec., 1918), pp. 580 – 583, *The Academy of Political Science*, http://www.jstor.org/stable/2141610.

② Ibid.

③ 吴于廑、齐世荣主编：《世界史（古代史编下卷）》，高等教育出版社1994年版，第334、326、324页。

④ 《资本论》第1卷，人民出版社2004年版，第823页。

就了大量的"自由"劳动力。①

　　格雷顿认为，16世纪是英国中间阶级历史上的关键时期。在这之前，中间阶级对政治和国家公共生活开始是一种超然态度。原本只对本城市利益关注的中间阶级，"只是在工商业和国内外政治的发展使市民的利益走出了本城的狭小范围之后，他们才改变了对国家事务的态度，开始帮助国王，促进统一，以利于自己的发展"②。格雷顿指出，16世纪时，"'中间阶级'放弃了它早前的超然。它的成员进入贵族阶层和政府。英国女王伊丽莎白一世统治时期的政策实质上是'中间阶级'的政策"③。当时，旧贵族已然没落，由于资产阶级掌握了足以左右国家政治的财富，贵族统治阶级为了自己利益也不得把资产阶级化的新贵族和城市资产阶级作为主要的依靠力量。都铎王朝推行重商主义政策，伊丽莎白一世时期不仅保护国内工商业发展、鼓励殖民扩张，还颁布一系列血腥立法镇压因"圈地运动"失地的农民，迫使他们进入工厂劳动。因此，虽然16世纪时英国仍是君主专制国家但实行的是有利于资本原始积累的政策，所以格雷顿才会说伊丽莎白一世时期执行的已经是中间阶级政策。

　　那么格雷顿所说的资产阶级的来源——新"有钱人"是什么时候开始大量出现的呢？1950年，英国著名学者、费边社领导人乔治·道格拉斯·霍华德·科尔（G. D. H. Cole）指出，直到基于煤和蒸汽的大生产技术的工业革命发生后，新"有钱人"才第一次大规模出现。④他的这一断言并无不当。地理大发现后两百多年的西欧的海外扩张和殖民掠夺，不仅为欧洲的工业品提供了广阔的世界市场，推动了手工工场的发展，还极为迅速地促进了资本的原始积累。到18世纪第一次工业革命时，生产力有了质的飞跃，如水力织布机、万能蒸汽机、转炉炼钢法等新机器、新技术的出现，

---

　　① 中国封建社会里地主的土地兼并热情虽然一直很高，但农民的反抗和起义不停地打断着这种进程，统治阶级也会被迫对地主的扩张有所抑制，小农经济因此延续不断。明清以来中国的资本主义因素开始萌发，但"重农抑商"政策一直没有动摇，自给自足的经济形态一直占据主流，这些都阻碍了中国资本主义的发展。

　　② 参见吴于廑、齐世荣主编《世界史（古代史编下卷）》，高等教育出版社1994年版，第334页。

　　③ R. L. Schuyler, *Political Science Quarterly*, Vol. 33, No. 4 (Dec., 1918), pp. 580–583, The Academy of Political Science, http://www.jstor.org/stable/2141610.

　　④ G. D. H. Cole, "The Conception of the Middle Classes", *The British Journal of Sociology*, Vol. 1, No. 4 (Dec., 1950), pp. 275–290, Wiley on behalf of The London School of Economics and Political Science. Stable URL: http://www.jstor.org/stable/586889.

使工厂打垮了手工工场，机器打败了手工劳动。工业革命最重要的后果就是工业无产阶级的形成，以之相对应，出现了数量较之前时代多得多的资产阶级也就是中间阶级（middle class 这个词是指在君主专制制度下或在旧的等级制度仍然有巨大影响的资本主义早期阶段，如 1689 年确立了君主立宪制的英国，贵族在社会生活中仍然扮演举足轻重的角色。从社会地位上来说，资产阶级有可能凭借财富上升为贵族，也面临着破产的危险，因此它的社会地位相对地说处于贵族与无产阶级之间）。

科尔指出，"这个发展中的中间阶级群体迅速地在其他社会结构上产生了自己的影响。随着它不断扩大的消费力和上升的生活水平，它改变了消费商品和服务的市场。它需要更多的高级零售业主和工艺大师服务于它的需求，并促进了一大批以做中间阶级买卖为主的商店出现。同时，它需要更多的律师和捐客、更多的比乡村医生和药剂师水平高的医生、更多的牧师和更多的能带给他们孩子体面的中间阶级教育的男女教师们。那些主要依赖上层阶级顾客的职业和高级商人，开始越来越多地为中间阶级服务，并随之越来越'中间阶级'化了。依据职业因素划分的居民在总人口中占更大的部分，同时使社会出身和外表更加的同化了。药剂师、律师和教育业上层人士成为一种中间阶级绅士，和律师、牧师和军官这老三样绅士职业的社会地位越来越接近。随着股份制的扩张，极大地催生了大企业，带来了一个新的大阶层：领薪经理和管理者。股份制极大地增加了小投资者的数目，他们的收入部分靠工资、部分靠投资所得。几乎整个专业人士阶层也变成了投资阶层，他们获取股份，尤其是大企业的股份"[①]。

在科尔的描述下，不仅资产阶级本身大规模地出现了，而且它还带动了社会上一部分人口的资产阶级化。

从前述学者的著作来看，从资产阶级开始大规模出现到 20 世纪初的时候，西方学界所说的"中间阶级"普遍所指的是资产阶级。在当时并未完全被消灭的西欧封建等级秩序下，教士与贵族分别属于第一等级和第二等级，资产阶级和广大劳动人民一样属于第三等级。但由于优越的经济条件，资产阶级又明显不同于普通劳动者和小资产阶级，他们可以通过购买

[①] G. D. H. Cole, "The Conception of the Middle Classes", *The British Journal of Sociology*, Vol. 1, No. 4 (Dec., 1950), pp. 275 – 290, Wiley on behalf of The London School of Economics and Political Science. Stable URL: http://www.jstor.org/stable/586889.

爵位、贷款给政府等方式获取贵族身份，实现地位的向上流动（当然也有可能因破产而落入普通人的行列），所以不同于普通的被统治阶级，他们的地位是既可向上流动又可能向下跌落的，因此被称为是"middle class"。实际上，在英语中"middle class"就是"居于中间的阶级"的意思，中文翻译为"中间阶级"远比"中产阶级"要准确，后者一个"产"字就给这个词汇增加了原本没有的"财产"之意。虽然在20世纪50年代科尔著作中已经开始将中间阶级的范围扩大到小资产阶级，但是明确将"中产阶级"区分为老"中产阶级"和新"中产阶级"，确立现代意义上的"中产阶级"概念的，当数美国社会学家C. 莱特·米尔斯。（行文至此时之所以会唐突地出现中间阶级到"中产阶级"的转换，全是由于米尔斯大名鼎鼎的著作在中国的翻译文本是以"中产阶级"为名的，现在读者更熟悉"中产阶级"这种译法，除特殊用法外，本文在后面也将使用"中产阶级"一词。再者，虽然英文"middle class"的写法没有任何变化，但在西方它现在的意义与原意已经大相径庭，用"中产阶级"区别于从前的中间阶级，也未尝不可。）

（二）"新中产阶级"的出现

莱特·米尔斯1951年出版的《白领：美国的中产阶级》是西方论述"中产阶级"的经典著作。他认为，纵观之前的整个美国历史，人数众多的农场主始终是独立的"中产阶级"的主要构成。他们的兴盛在19世纪早期达到顶点，"大约4/5的从业人口是自雇型企业家"[①]，即小资产阶级。但"中产阶级"从来就不是由清一色的无等级之分的小业主组成的。"在其内部，小农场主和小生产者为一端，大地主和大批发商为另一端，两者之间泾渭分明。"也就是说在美国的"中产阶级"里既有大资本家也有中小资本家，主体是小资产阶级。后来，大部分小农场主和小生产者被大资本家或垄断者无情地排挤到无产者的行列，正如米尔斯的公允之言所陈，"正是大小资产之间裂隙的扩大，而不是有产者与无产者之间任何醒目的红线，彻底摧毁了小业主的世界"[②]。19世纪时的美国"中产阶级"的主

[①] ［美］C. 莱特·米尔斯：《白领：美国的中产阶级》，周晓虹译，南京大学出版社2006年版，第3、63页。

[②] 同上书，第4、5页。

体——小业主没落了,它成为了20世纪的老"中产阶级"。

由于美国是一个没有封建社会历史的国家,不存在等级和贵族,因而,米尔斯将上层资产阶级即少数垄断资本家以外的资产阶级、小资产阶级都划分进老"中产阶级",具体包括:工厂主、农场主、商人和自由职业者等。在米尔斯的看来,美国新老"中产阶级"的交替时间为20世纪40年代。根据他的数据,老"中产阶级",到1940年,占整个"中产阶级"的44%,而新"中产阶级"的比例上升56%,后者主要分为四类:工薪专业工作者、管理者、办公室工作人员和销售人员。米尔斯认为,"中产阶级"的新老交替有两重意义,"从消极的意义上说,中产阶级的转变是从有产到无产的转变;而从积极的意义上说,则是从财产到新的分层轴线——职业的转变。"① 这里可以看出,到米尔斯这一代学者,"中产阶级"这一概念明确地不再等同于资产阶级,划分"中产阶级"的标准不再是财富,而是"与时俱进"地发展成为以职业为划分标准来确定"中产阶级"。因而,中文把"middle class"翻译为"中产阶级"不仅从语言上讲是有失误的,而且从内涵上背离了它。

1956年,美国的白领工人首次在数量上超过了以体力工作为主的蓝领工人。② 白领工人由于其工资和生活水平较高,被视为不同于工人的"新中产阶级"的一分子。

可以明确的是,到20世纪50年代时,以《白领:美国的中产阶级》为标志,"中产阶级"概念从代表封建时代的资产阶级、进而发展到包括中小资产阶级、部分自由职业者的集合概念,再演化为现代"中产阶级":既包括资产阶级、小资产阶级又包括非体力劳动者"白领"甚至较高收入蓝领工人的混合概念。马克思虽然没有明确给阶级下定义,但是他是明确反对以收入或职业分类来划分阶级的,而以米尔斯为代表的西方学者则恰恰是以"白领"即职业为阶级划分的主要标准。后面我们还将看到,西方学者还会"开发"出其他阶级划分标准。

现在看来,当时米尔斯等人会认为出现了新阶级——"新中产阶级"是由于就业结构的变化导致了阶级阶层的变化。日本社会学家横山宁夫分

---

① [美] C.莱特·米尔斯:《白领:美国的中产阶级》,周晓虹译,南京大学出版社2006年版,第50页。

② [美] 丹尼尔·贝尔:《后工业社会》,科学普及出版社1985年版,第39页。

析了工人阶级中的新阶层——"白领"出现的原因,他指出,自19世纪末叶以来,欧美各国的社会和经济的结构变化出现了这样的现象:新的中间阶层的显著发展取代了旧的中间阶层的解体。这种新的中间阶层扩大的原因是:随着大规模政治性、生产性组织的出现而引起了专业性的复杂化;处理财物的有关职业向关心人的有关职业转化。也就是说,前者是各官僚的企业内部之专职分工,如需雇用很多管理人员、计划人员、技术人员、销售人员等,行政方面的官僚制也由于事务工作的复杂化而需要很多事务官员;后者对从事于各业务领域里的人们相对地提高水平和增加业余时间来说,为进一步促进经营和技术合理化服务的关心人的服务性行业引起人们重视。这些新的中间阶级从他们依靠出卖劳动力来维持自己的生活这一点来说,同无产阶级一样,但与直接从事生产的体力劳动者(蓝领)是有区别的,他们形成了脑力劳动者(白领)阶层。[①]

正是脑力劳动者在西方社会的大规模出现,使米尔斯等学者认为,出现了与马克思的时代完全不同的工人,他们拥有一定程度的工作自主权,他们的工作条件和待遇都远高于从前的体力工人,他们的生活方式更接近资产阶级而不是无产阶级,因此这些人就不能再被看作工人,而应该是"新中产阶级"。总之,虽然米尔斯之前也有其他学者将白领等看作是"中产阶级",但米尔斯著作的影响最大,因此当代西方的"中产阶级"研究可以认为肇始于米尔斯的《白领:美国的中产阶级》。

(三)"中产阶级"从三方面解构马克思的阶级概念

前面已经讲过英文"middle class"[②] 概念的内涵经历了一个较长历史的演变:由指代资产阶级到主要指代小资产阶级,再到演变成为一个除社会两端的极富、极穷者外的非阶级的"中产阶级"概念。这一概念的演变过程同时也是解构马克思的阶级概念的过程。

1. 以非历史的阶级概念解构阶级。马克思的阶级概念首先是一个历史概念,"阶级的存在仅仅同生产发展的一定历史阶段相联系"[③],在资本主

[①] [日]横山宁夫:《社会学概论》,毛良鸿等译,上海译文出版社1983年版,第156—157页。

[②] 由于笔者所学外语语种有限,其他如法语、德语等语言中的相当于英文的"middle class"概念在此不作考证,但它们的意思在今天的西方社会是基本一致的。

[③] 《马克思恩格斯文集》第10卷,人民出版社2009年版,第106页。

义私有制下，两极分化，形成的是两大阶级直接对立的现象，因此阶级不可能在资本主义社会消亡，当然也就不会有无产阶级和资产阶级的消亡。可是"中产阶级"的潜台词就是"无产阶级和资产阶级的消亡"，取而代之的是少数穷人和富人，社会的主体不再是劳动者，而是所谓的"中产阶级"。西方著名学者如雷蒙·阿隆、安德鲁·高兹、西摩尔·马丁·利普塞特等人前后相继地"论证"随着生产力的进步，马克思意义上的无产阶级在消亡或已经消亡，取代它的无非是"新阶级""白领""非劳动者的非阶级"（Gorz, 1982）[1] 等。伯利和米恩斯（Berle and Means, 1932）最先声称股份制使资本所有权变得高度民主化了，资产阶级已不复存在。[2] 拉尔夫·达伦多夫提出"统治阶级解体"观点[3]，J. 伯纳姆、丹尼尔·贝尔和 A. A. 伯勒等学者表达了相同的观点，即，资本家阶级已为经理阶级所取代。[4] 米尔斯认为"大众精英"才是统治阶级。[5] 这些观点无视资产阶级仍然掌握着政治经济文化大权、广大劳动人民仍然是无钱无权的"努力之族"，其硬核都在于如果西方社会存在阶级的话，那就是"中产阶级"无疑。一些人据此认为马克思的理论失效了，因为他没有预见到"一个由专业人士和经理组成的新的、膨胀了的中产阶级，这些人虽然是工薪者，但其与马克思关于无产阶级的定义已经难以相容。"[6]

2. 以多元化的"中产阶级"概念解构阶级。"中产阶级"这种非阶级的"阶级"概念的提出有后现代政治哲学的深刻影响，后者鲜明的特色是反理性主义，不认同所谓"绝对的和普遍的真理"，认为世界是多元的、易变的。马克思的阶级概念属于经济范畴，更进一步说是政治经济学范畴的概念。马克思的阶级概念离不开人与生产资料的关系问题即所有权问

---

[1] ［英］安东尼·吉登斯：《社会学：批判的导论》，郭忠华译，上海译文出版社 2013 年版，第 49 页。

[2] ［英］戴维·李、布赖恩·特纳主编：《关于阶级的冲突——晚期工业主义不平等之辩论》，姜辉译，重庆出版社 2005 年版，第 5、6 页。

[3] ［英］安东尼·吉登斯：《社会学：批判的导论》，郭忠华译，上海译文出版社 2013 年版，第 36 页。

[4] ［英］约翰·斯科特：《公司经营与资本家阶级》，张锋译，重庆出版社 2002 年版，第 277—278 页。

[5] 周穗明、王玫等：《西方左翼论当代西方社会结构的演变》，江苏人民出版社 2008 年版，第 7—8 页。

[6] bourgeoisie. (n.d.) The Columbia Electronic Encyclopedia ©. (2013). Retrieved June 15 2016 from http://encyclopedia2.thefreedictionary.com/bourgeoisie.

题，马克思对资本主义阶级关系的阐明则离不开他的"两大伟大发现"之一的剩余价值理论。他指出，劳动力成为资本主义社会的一种特殊的商品，这种商品可以创造出比劳动力价值更大的新价值，这个新价值中的剩余价值被资本家无偿占有了。这种占有关系不仅区分了无产阶级与资产阶级，更表明了二者的阶级对立关系是不可调和的。在此基础上，我们可以从社会再生产过程的生产、分配、交换和消费四个环节来理解马克思的阶级概念。拥有生产资料的人决定生产什么、如何生产、生产多少，而不拥有生产资料的人们只能是作为生产要素进入生产过程。生产过程结束之后，产品的分配则完全取决于从法律上规定了的产权关系：占有生产资料的人因此占有工人创造的剩余价值，而交换和消费也完全取决于由生产决定的分配。所以，人们与生产资料的关系决定了人们在社会生产结构中的地位，这种地位确立了资本同劳动之间的对立关系。我们可以看出，所有这些环节、关系，**最后都可以归结到以生产资料所有权的资本主义存在形式——资本及其必然带来的雇佣劳动来衡量阶级的划分问题**。正如马克思在《政治经济学批判》导言中所说，"如果我不知道这些阶级所依据的因素，如雇佣劳动、资本等等，阶级又是一句空话"[①]。

那么，要解构马克思的阶级概念就必须要解构资本概念和雇佣劳动概念。资本是能够带来剩余价值的价值，资产阶级学者提出了"经济资本""文化资本"和"社会资本"等多元化"资本"概念，与马克思的资本概念针锋相对。美国当代新制度学派代表人物约翰·肯尼思·加尔布雷斯是最早提出"知识资本"（knowledge capital）的人，他认为科技已经取代资本成为最重要的生产要素，知识成为新的资本，专业知识分子已经取代资本家成为新一代掌权者，资本家已经失去主宰当代社会的权力。[②] 艾尔文·古德纳和加尔布雷斯的观点类似，他提出文化正在成为更有价值的资本，资产阶级是"旧阶级"正处于垂死阶段，并认为一个由人文知识分子和技术知识分子组成而"新阶级"即知识分子正在窃取权力，并有望最终成为未来的统治阶级。[③] 古德纳认为，资本主义的

[①]《马克思恩格斯文集》第8卷，人民出版社2009年版，第24页。
[②] 周穗明、王玫等：《西方左翼论当代西方社会结构的演变》，江苏人民出版社2008年版，第14—15页。
[③] [美]艾尔文·古德纳：《知识分子的未来和新阶级的兴起》，顾晓辉译，江苏人民出版社2006年版，第123页。

无情竞争使资本家不得不提高生产和管理的合理化，而这一切离不开知识分子，于是"旧阶级中必然产生新阶级"，"新阶级是一种文化资产阶级"。而什么是资本呢？"任何成为可实施的私有收入要求的基础的东西都是资本"，因为那些拥有专利权、版权或资格证书等特殊文化技能的人有能获取特殊的收入的权力，所以"在教育上的投资不仅仅是一种消费品，还有某些东西被遗留下来，并随后产生源源不绝的收入。这就是文化资本"①。

可见，古德纳的"资本"是把取得收入的权力或能力称之为"资本"，按照这种逻辑，出卖体力劳动能获得收入，那么体力劳动也就成为了资本，工人都可以成为资本家。在把资本降格为一种在市场上进行交换获取收入的能力的范畴的前提下，虽然古德纳没有说，但我们可以按照他的规定还可以指出，小商贩能获取商品差价收入，是资本家，那些乞丐能取得乞讨收入，也是资本家等。这样就完全解构了马克思的资本概念，把资本能无偿占有剩余价值这一根本属性给消解了，把资本是一种以物为媒介、人剥削人的社会关系给解构了。

和古德纳的"文化资本"类似，曼纽尔·卡斯特宣称信息劳动力是财富的主要创造者；皮埃尔·布迪厄提出三种类型的资本："经济资本""文化资本"和"社会资本"；"当代管理学之父"彼得·德鲁克提出的决定性的"生产要素"是知识，不再是资本和土地或劳动力，因此西方社会的阶级划分是知识工作者和服务工作者，而不是资本家和无产者②等，都是和前者同一性质的说法，只不过后者将文化替换成了信息（或知识），"知识作用于知识本身的活动成为生产力的主要来源"③。美国学者特里·克拉克和西摩尔·利普塞特在《社会阶级正在死亡吗》（1991）一文中认为由于白领工作和技术性、服务性等工作的增加，西方的阶级结构越来越像中间突出的钻石，而不再是金字塔状。"阶级分层变得越来越不明显，尤其是那种有明显的阶级区分的生活方式；经济的决定作用

---

① ［美］艾尔文·古德纳:《知识分子的未来和新阶级的兴起》，顾晓辉译，江苏人民出版社2006年版，第26、28、31、37页。
② ［美］彼得·德鲁克:《后资本主义社会》，张星岩译，上海译文出版社1998年版，第6页。
③ ［英］弗兰克·韦伯斯特:《信息社会理论》，曹晋等译，北京大学出版社2011年版，第140—143页。

下降,而社会和文化因素重要性上升;政治已经较少围绕阶级来组织,而是围绕其他方面的忠诚;社会流动已较少由家庭决定,而更多地取决于个人的能力和受教育情况。"[1] 利普塞特在1985年就重复了从加尔布雷斯到古德纳所强调的"文化资本"或"知识资本"是决定统治阶级的关键标准,"如果衡量旧统治阶级成员资格的标准是财富,那么界定新的统治阶级的则是知识和一定的教育水准。"在《欧洲左翼的美国化》(2001)中他认为,马克思对未来社会发展的诸多设想——工厂的增加、工业无产阶级的稳步发展及个体经营的减少——已经终结。从事科技和服务业等国民经济第三部门工作的人才急剧增长。科技界精英们具有极高声望和巨大权力。[2]

这种"文化资本""信息资本"的提法不仅是否定了马克思的资本概念,更是引出对劳动价值论的否定。因为既然能够创造财富的不只是劳动,还有文化和信息,那么,正如卡斯特声称的,马克思的劳动价值论已经失效。[3] 在此基础上,既然马克思的资本概念、劳动价值论已经失效,那么与之相联系的资产阶级、无产阶级甚至是剥削概念也就失效了。在"后资本主义社会"与"文化资本"等相对应的是作为"新阶级"的"中产阶级"。丹尼尔·贝尔据此认为美欧现代社会的社会学研究发生了从阶级到身份的转变,在阶级划分中财产关系越来越不重要,"中产阶级"的兴起与生活方式和消费方式的转变有关。在信息社会,以知识而不是以财产为基础的专业阶级是新兴社会的主要阶级。[4] 布迪厄认为,由于白领职员和经理等新"中产阶级"在扩大,马克思关于资本主义社会阶级结构两极分化的预言没有实现。[5] 艾尔文·古德纳认为,"马克思主义是激进化的文化资产阶级的虚假意识","宣称现代阶级斗争中的中心角色是无产阶级

---

[1] 参见[英]戴维·李、布赖恩·特纳主编《关于阶级的冲突——晚期工业主义不平等之辩论》,姜辉译,重庆出版社2005年版,第52、59、61页。

[2] 周穗明、王玫等:《西方左翼论当代西方社会结构的演变》,江苏人民出版社2008年版,第31—32页。

[3] [英]弗兰克·韦伯斯特:《信息社会理论》,曹晋等译,北京大学出版社2011年版,第140—143页。

[4] Daniel Bell, *The Coming of Past-Industrial Society*, New York: Basic Books, 1999, p.109,转引自周穗明、王玫等《西方左翼论当代西方社会结构的演变》,江苏人民出版社2008年版,第18—19页。

[5] 周穗明、王玫等:《西方左翼论当代西方社会结构的演变》,江苏人民出版社2008年版,第19—23页。

和资本主义也是幻觉"①。

事实上，资本体现的是一种特定的社会生产关系，是资本主义私人占有制下剥削与被剥削的关系，而不是种种特定的物。文化和信息固然可以成为生产要素，正如人类的每一件产品上都体现了特定的信息和文化那样，但文化和信息不是独立存在的可供剥削的活劳动，因此它们虽然具有使用价值但并不能直接创造价值。那么拥有文化和信息的人能否成为资本呢？他们本身成为不了资本，因为他不可能自己剥削自己，他们要么应用自己的特长积累一定的资源来开始剥削别人的活劳动，要么利用自己的特长被剥削、为别人提供活劳动。说知识是资本的人，和那些把劳动力看成是"劳动力资本"的人一样，无异于说劳动者就是资本家，但资本并不是一种物，而是一种社会关系，是谁剥削谁的关系。

而且这些学者脱离劳动，不接地气。随着技术的不断进步，许多原来可以凭借"文化资本"获取高收入的工作消失了，这时，有教育资格证书或其他专利的"文化资本"就很难再被看成是"资本"了：西方许多大学生要么毕业即失业，要么很难找到一份合适的工作，许多人沦为临时工，曾经以为读了大学就能实现的梦想都破灭了。因此西方社会出现了白领大量失业和低收入临时工作日益成为新增工作主流的现象，这个时候，所谓的"文化资本"就不仅不能去剥削别人，也无法为自己找到被使用的机会，这些现象都是对"文化资本"的绝妙讽刺。

古德纳之流能够支撑自己的理论的"有力证据"恐怕就是许多有"管理才能"的人能获取高额薪酬吧！那不正体现了"文化资本"的力量吗？现在我们就来分析这一现象。

现在许多大公司的首席执行官不仅拿着高薪，还可以享受高额的分红，这使他们的报酬与普通工人相比差距可达数百倍。但这些顶尖经理的收入真的体现的是"文化资本"创造的财富么？资产阶级古典经济学家早已指出，劳动是价值创造的源泉，威廉·配第在劳动和财富创造的关系上指出："劳动是财富之父，土地是财富之母。"② 因此，这些高级经理们的脑力劳动虽然可能优化了企业的具体劳动流程，但他们并不参加具体的财

---

① [美]艾尔文·古德纳：《知识分子的未来和新阶级的兴起》，顾晓辉译，江苏人民出版社2006年版，第123页。

② 《资本论》第1卷，人民出版社2004年版，第56—57页。

富创造过程,这和不参加生产劳动的资本家是一样的。不参加劳动过程的资本家当然不创造价值,但是每个资本家在市场竞争中都要相互厮杀,这种厮杀体现为他们在生产上提高劳动者的劳动强度、将更先进的技术应用到生产过程中去,提高相对剩余价值率;体现为他们在市场营销中投入广告的竞争。但是说到底,这些过程并不能创造价值,只不过是有助于价值的产出和实现。假设在生产同等多价值的情况下,资本家要实现剩余价值的最大化就必须得占有更多的市场份额,这样,那些最成功的资本家不过就是那些在竞争中机智地将无偿占有的剩余价值变现的人。他们因此获取的利润不过是私有制度下市场竞争的结果,而不是什么所谓管理才能也是创造财富的云云。只不过从前主要由资本家来行使的这一职能现在主要是经理人承担,因此,经理们获得的报酬不过是私有产权带来的剩余价值的分配,与"知识资本"无关,如果没有能带来剩余价值的资本,"知识资本"什么也获取不了。

3. 解构阶级意识。马克思认为虽然"经济条件首先把大批的居民变成劳动者。资本的统治为这批人创造了同等的地位和共同的利害关系……但还不是自为的阶级",这些有"同等的地位和共同的利害关系"的人们只有在与资产阶级的斗争中,意识到自己的共同处境和利益后,"这批人联合起来,形成一个自为的阶级。他们所维护的利益变成阶级的利益"[①],也就是说,只有组织起来维护自己利益的阶级才是具有自主意识的、从而是自为的阶级。"自在阶级"和"自为阶级"的区别,是将阶级存在的"客观条件"与阶级所拥有的"主观意识"进行了区分。因此,在马克思的阶级概念中,阶级意识是阶级作为改造社会的能动力量的标志。

"中产阶级"概念允许人们从收入、职业、声望、地位、生活方式甚至是主观评价来划分和界定"阶级",这就虚无化了阶级意识的根基对共同的阶级利益的关注和重视。无产者们在市场"人与人的战争"中彼此对立,争相进入"中产阶级",唯恐落入"下层阶级"(underclass),因为后者是"不够努力的失败者"。个人命运维系于个人奋斗,与社会无关,更与阶级命运大相径庭。同时,"中产阶级"社会的谬说又进一步掩饰了阶级社会存在的现实。总之,"中产阶级"概念既否认阶级作为对立性客体的存在——通过混合若干阶级为"中产阶级",又通过所谓生活方式等表

---

① 《马克思恩格斯文集》第 1 卷,人民出版社 2009 年版,第 654 页。

面现象来描述"中产阶级",从而抽离了作为共同阶级利益表现的阶级意识。可以说,"中产阶级"是历史虚无主义在阶级理论方面的产物。

从感性认识来看,人们生活水平的普遍提高是不争的事实,加上学者与媒体对"中产阶级"生活方式的大力宣传,这影响了人们对自身的阶级定位。人们会认为拥有自己的住房、可以度假、可以供子女上大学等的人都属于"中产阶级"。瑞典社会民主党认为,"瑞典社会仍然有三个阶级:劳工阶级、中产阶级和一小群很富有的人。但是主观上,大部分属于劳工阶级的人都认为自己是中产阶级。现在很难让某群体的人认为自己属于较低的社会阶级"[1]。确实,由于西方工人阶级的生活水平的提高,自认为是"中产阶级"而非底层阶级的人越来越多了,因而在他们心目中,只有长期失业、没有谋生技能处于社会最底层的人才不是"中产阶级"吧。所以我们看到在西方国家自认为"中产阶级"的人不在少数,日本的国民调查还曾经出现过"一亿总中流"的结论。如是,我们是否可以说,阶级意识作为意识形态的一种,也是被在生产上处于统治地位的阶级所控制和塑造的,无产阶级被"中产阶级"概念成功地灌输了虚假的阶级意识。

二 西方界定"中产阶级"的五种主要标准

目前看来,西方界定"中产阶级"有主要有五种标准,第一种是20世纪50年代以米尔斯为代表的学者主要以白领职业为标准划分"中产阶级";第二种是不关心具体职业,而以主要看收入的标准,即收入达到多少即可算"中产阶级",因这种估算最为方便简单,它成为目前最流行的衡量标准;第三种是以阶级之间的相对位置为标准;第四种以主观评价为标准。其实,这种四种划分标准用艾伦·伍德的话来说都是"将阶级作为一种结构定位"的"地质学的分层模式"[2]。这四种标准的使用不是互相排斥的,它们有混同使用的现象。这就形成了第五种划分标准——混合标准。

---

[1] 何秉孟、姜辉、张顺洪编著:《欧洲社会民主主义的转型——与德国、瑞典学者对话实录》,社会科学文献出版社2010年版,第146页。

[2] [加]艾伦·梅克森斯·伍德主编:《民主反对资本主义:重建历史唯物主义》,吕薇洲等译,重庆出版社2007年版,第76页。

（一）以职业为标准的"中产阶级"概念

美国白领工人数量在 1956 年首次超过蓝领工人。[①] 随着白领工人数量的增多，以职业为认定标准的西方现代"中产阶级"概念逐渐深入人心。许多著名英文词典对"中产阶级"的解释就是从职业出发的，如朗文词典的定义是："包括那些受过教育并从事专业工作的人的社会阶级，如教师或经理。"[②] 牛津高阶词典的解释是："成员既不很富裕又不是很贫穷的社会阶级，包括专业人士和商业人士。"[③] 但以职业为标准划分"中产阶级"存在很大的问题，那就是即使从事同样的职业，收入、地位也大相径庭。如同为律师，有人是事务所的合伙人，财大气粗，而更多的人则是底层小律师，收入微薄；同为演员，有人是大明星，而更多的人却是跑龙套的，等等。以职业划分"中产阶级"难免给人以庞杂而有失精确。

职业是社会分工的体现，在社会生产力发展的不同阶段会出现许多新的职业，以职业来取代人们在特定社会生产资料所有制中的地位来划分阶级，是完全错误的，马克思早就有类似的批判，他指出，如果用社会分工来划分阶级，那必然造成利益和地位的无止境划分，比如土地所有者分成葡萄园所有者、耕地所有者、森林所有者、矿石所有者、渔场所有者，等等[④]，那显然是荒谬的。生产决定分工，而不是分工决定生产，因此，用分工（职业）来划分阶级根本不能说明人们在生产中的地位和作用，因而是无效划分。

（二）以收入为标准的"中产阶级"概念

西方常见的以收入为衡量标准的方法有两种：一种是对比家庭收入，按人们的收入高低排列，将处于最高和最低收入（者）中间的 50% 的人定为"中产阶级"；另一种是排列最低到最高收入的家庭，列出中等收入

[①] ［美］丹尼尔·贝尔：《后工业社会》，科学普及出版社 1985 年版，第 39 页。

[②] Longman English Dictionary Online，http：//www.ldoceonline.com/dictionary/middle-class，2015 年 8 月 31 日。

[③] Oxford Advanced Learner's Dictionary，http：//www.oxforddictionaries.com/definition/learner/middle-class。

[④] 参见《资本论》第 3 卷，人民出版社 2004 年版，第 1002 页。

（中位数），将那个数字的50%—150%列为"中产阶级"。①

此外，还有其他名人或相关机构或按自己的理解提出划分"中产阶级"的收入标准。如在2012年美国总统竞选中，竞选人奥巴马和罗姆尼分别将年收入在"25万美元以下的人"和"20万—25万美元或稍少些的人"看作是"中产阶级"。②

2007年世界银行所指的"中产阶级"是年收入在4000美元到1.7万美元之间的人群。③亚洲开发银行将"中产阶级"定义为每天消费2—20美元（约人民币13.6—136元）的群体。④2009年2月，《经济学家》宣布，作为新兴国家快速增长的结果之一，现在超过一半的世界人口属于"中产阶级"。它描述的"中产阶级"的特征是有一份适当的可自由支配收入，因此他们不像穷人那样仅能糊口，并定义"中产阶级"的基点为人们在支付完基本的食宿支出后，约能有三分之一的收入可自由支配。⑤《时代周刊》指出，"中产阶级"这个群体还从来没有一个确切的科学定义。大多数学者同意这个术语在美国指的是那些年均收入在3万—10万美元的人（家庭年中等收入约为5万美元）。⑥

把所有这些标准都加以考虑的话，会发现，若以这些标准的最高和最低限，如，年收入以4000美元到25万美元为标准，将把世界大量人口划为"中产阶级"，但4000美元与25万美元的差距如此之大，即使是考虑国别等因素，也让人感到不可思议，因为世界各国的物价水平并不会有类似"中产阶级"收入水平那样大的差距，因此，穷国年收入4000美元和富国年收入25万美元的人都属于"中产阶级"的话，显然是很荒谬的。

以收入为标准来划分"中产阶级"，颠倒了社会生产与分配的关系。

---

① ［加］雪蜓：《惨！不这样干 加拿大大多数人将挤出中产阶级》，温哥华港湾（BCbay.com），2015年8月4日。http://www.bcbay.com/news/2015/08/04/353217.html。

② Allison McCartney: *What is the American "Middle Class"*? September 24th, 2012, http://www.pbs.org/newshour/extra/2012/09/what-is-the-american-middle-class/，2015年7月4日。

③ 《环球时报》驻外记者联合报道：《未来20年全球化使中产阶级浪潮席卷多国》，《环球时报》2007年12月22日。

④ 刘一楠：《亚洲中产阶级有望成为全球第一消费群体》，《北京日报》2010年8月20日。

⑤ Parker, John (2009 – 02 – 12), *Special report: Burgeoning bourgeoisie*. The Economist. 2009 – 02 – 13. http://www.economist.com/specialreports/displayStory.cfm?story_id = 13063298&source = hptextfeature. Retrieved 2009 – 12 – 13.

⑥ Claire Suddath, Obama's Middle-Class Task Force Has No Middle Class, Time, Mar. 04, 2009, http://content.time.com/time/politics/article/0,8599,1882913,00.html, 2015年8月23日。

生产决定分配，人们在社会生产中的地位和作用决定了他们取得报酬的多少和方式。马克思并不以获取物质资料的多寡作为无产阶级的特征，因为这与无产阶级在物质生产结构中的地位和作用是完全不同的两个概念。工人出卖劳动力获得的收入只是其劳动力商品的价值或价格，它只是"供直接生命再生产用的劳动产品的个人占有，这种占有并不会留下任何剩余的东西使人们有可能支配别人的劳动"①。有中国学者指出，将无产阶级中工资收入较高的人划分为"中产阶级"，就等于将奴隶社会中的从事文化、艺术、监督劳动的奴隶，说成不是奴隶那样。② 以收入来划分阶级直接抹杀了生产对分配的决定性作用，掩盖了人们在生产资料所有制的地位和作用才是决定他们阶级地位的真相，是资产阶级庸俗阶级论的体现。

（三）以相对位置为标准

1936年，在美国一篇《中间阶级的过去与现在》的文章中，作者指出，中间阶级（middle classes）或资产阶级（bourgeoisie）是处于上层或者说资本家（capitalist）和下层/工人阶级之间的社会等级。③ 这种说法仍是将资产阶级等同于其古典名称"中间阶级"，但又明显不符合在资本主义社会，资产阶级本身已经不是中间阶级而是统治阶级的事实，将资产阶级和资本家对立起来，在这种阶级结构里，小资产阶级不见了，消失了。这种说法到后来逐渐"失传了"。

剑桥词典关于"中产阶级"的美国释义是这样的："在一个社会中那些不是高社会阶层的、不是非常富有但也不贫穷的那些人们。"④《美国传统词典》的定义是："介于工人阶级和上层阶级之间的社会经济学阶级，通常包括专业人士、高级技术人才和中低管理人员。"⑤ 美国学者弗朗西

---

① 《马克思恩格斯文集》第2卷，人民出版社2009年版，第46页。

② 陈其人：《资本主义的发展和无产阶级构成的变化——评资本主义社会中产阶级化的理论》，《马克思主义与现实》1995年第4期。

③ Palm, Franklin Charles, *The Middle Classes Then and Now*. pp. xii, 421, New York: Macmillan Co., 1936. The ANNALS of the American Academy of Political and Social Science, November 1936 vol. 188, No. 1, 377-378, DOI: 10.1177/000271623618800154.

④ Cambridge dictionaries online, http://dictionary.cambridge.org/dictionary/english/middleclass, 2015年8月23日。

⑤ The American Heritage Dictionary, https://ahdictionary.com/word/search.html? q = middle + class&submit. x = -840&submit. y = -210, 2015年8月23日。

斯·福山对"中产阶级的定义"就是这种的代表:"我所说的'中产阶级'指的是处于高收入和低收入之间的社会阶层,至少接受过中等教育,拥有不动产、耐用品或自己经商。"①

这种标准看上去非常"接地气",但是却是"凭直觉的、庸俗的、非社会科学的定义"②,这种标准确立的不是阶级,而是某些符合特定就业岗位、收入和生活水平的人群,将阶级这种反映人在特定社会生产关系中所处位置的科学概念下降为浅陋粗俗的表面现象。生产资料所有制决定人们在社会结构中的地位和作用,因此人们必须依据前者来划分阶级,而不是以处于什么"相对位置"为标准,这样做只会制造概念上的混乱。

(四) 以主观评价为标准

1942年,美国学者 H. F. 安格斯(Angus)在一篇书评中评论说,中间阶级(middle class)的构成一直在变动。在美国政治中,它是"实质是一个主观现象,与欧洲国家的中间阶级(middle classes)完全不一样。"它的成员一直是"美国生活方式之核心的最热心和活跃的信仰者""包括对进步和信仰和对秩序的需要"③。

横山宁夫指出,所谓社会阶层(social stratum),它在分析社会的垂直结构时,不一定以有无掌握生产资料和经济方面的收入多少为标准,而是以各成员的主观评价——基于其他日常社会价值在文化和自然方面的标准——来划分社会中出现的上下等级关系。社会阶层这个概念与马克思主义的历史的实际概念不同,它从另一个角度,以个人威望作为衡量的尺度。④ 在西方,这种划分"中产阶级"的方法事实上非常流行,最常见的就是在社会调查中通过被访者的主观认同来判断"中产阶级"的范围大小。

马克思认为,人的本质是一切社会关系的总和⑤,全部社会生活在本

---

① [美] 弗朗西斯·福山:《弗朗西斯·福山:历史的未来》,朱新伟译,《社会观察》2012年第2期。

② [日] 渡边雅男:《"历史的未来"与中间阶级:与弗兰西斯·福山的讨论》,谭晓军译,载 [日] 渡边雅男:《马克思的阶级概念》,李晓魁译,社会科学文献出版社2015年版,第142页。

③ H. F. Angus, *American Journal of Sociology*, Vol. 47, No. 4 (Jan., 1942), pp. 636–637, The University of Chicago Press, Stable URL: http://www.jstor.org/stable/2769064.

④ [日] 横山宁夫:《社会学》,上海译文出版社1983年版,第158页。

⑤ 《马克思恩格斯文集》第1卷,人民出版社2009年版,第3页。

质上是实践的①,"任何社会结构都是从一定的'现实中的个人'即现实的'进行物质生产'流动过程中产生的,因而要'揭示社会结构和政治结构同生产的联系,而不应当带有任何神秘和思辨的色彩'。"② 我们反对任何把理论引向神秘主义的做法,而这种用主观认同来划分阶级的办法从方法论上来讲就是非科学的、主观唯心的,是一种神秘主义的做法。

(五)混合标准

美国智库皮尤研究中心认为"中等收入"家庭是指家庭收入在全国家庭收入中位值(根据家庭规模调整过的数值)的 67% 至 200%(2/3 到 2 倍)之间的家庭,但皮尤中心指出,"中产阶级"包含的不仅仅只有收入,还应该有大学教育、白领工作、经济安全、拥有住所,或者有一定的社会或政治价值观。"阶级"还是一种意识或心境(a state of mind),即自我认同。③ 因此,这种标准是混合了收入、社会地位和意识形态、主观认同的混合认证标准。但混合并不意味着就是科学的,相反,更显示出标准制定者在"中产阶级"概念上的混乱感。

三 马克思主义如何看待"中产阶级"

同样一个英文单词:middle class,在马克思主义中的含义与在当代西方社会学中的内涵和外延有着本质上的区别。

(一)马克思主义的中间阶级概念

"中间阶级""中等阶级"或"中间等级"(middle class、mittel klasse)等词在马克思、恩格斯的著作中多次出现。早在 1848 年《共产党宣言》之前,马恩就已经使用"中等阶级"和"中间等级"多次了。

马克思在 1842 年 10 月 15 日的《共产主义和奥格斯堡〈总汇报〉》一

---

① 《马克思恩格斯文集》第 1 卷,人民出版社 2009 年版,第 501 页。
② 《马克思恩格斯全集》第 3 卷,人民出版社 1956 年版,第 29 页,转引自张莹玉《西方"中产阶级化"理论剖析》,《世界经济研究》1992 年第 4 期。
③ Pew Research Center, *The American Middle Class Is Losing Ground*, DECEMBER 9, 2015, 2016 年 4 月 13 日。http://www.pewsocialtrends.org/2015/12/09/the-american-middle-class-is-losing-ground/#fnref‐21084‐1.

文中写道，"今天中间等级的状况就好像是1789年贵族的状况，当时中间等级要求享有贵族的特权，并且得到了这些特权；而今天，一无所有的等级要求占有现在执掌政权的中等阶级的一部分财产。"① 这里"一无所有的等级"指的是无产阶级，"中等阶级"指的是正在与封建贵族进行着执掌政权的最后角逐并即将取得完胜的资产阶级。

这种用法还可以在恩格斯在1845年出版的《英国工人阶级状况》序言中看到，"我总是用 Mittelklasse［中等阶级］这个词来表示英文中的 middle-calss（或通常所说的 middle-classes），它同法文的 bourge oisie［资产阶级］一样是表示有产阶级，尤其是和所谓的贵族不同的有产阶级，这个阶级在法国和英国是直接地、而在德国是作为'社会舆论'间接地掌握着国家政权"②。

恩格斯在1865年出版的《普鲁士军事问题和德国工人政党》中说，"除了资产阶级和无产阶级以外，现代大工业还产生了一个站在它们之间的类似中间阶级的东西——小资产阶级。……旧的市民阶级是社会上最稳定的阶级，现代小资产阶级却是社会上变化最大的阶级；破产已成为小资产阶级当中的经常现象"③。

在《共产党宣言》中，马克思、恩格斯指出，"中间等级，即小工业家、小商人、手工业者、农民，他们同资产阶级作斗争，都是为了维护他们这种中间等级的生存，以免于灭亡"④。马克思在《1848年至1850年的法兰西阶级斗争》中写道，"在无产阶级暂时被挤出舞台而资产阶级专政已被正式承认之后，资产阶级社会内的中等阶层，即小资产阶级和农民阶级，就必定要随着他们境况的恶化以及他们与资产阶级对抗的尖锐化而越来越紧密地靠拢无产阶级"⑤。在20世纪人类进入帝国主义战争与无产阶级革命的时代后，马克思主义者眼中的中间阶级或阶层问题就是小资产阶级的问题。斯大林指出，"毫无疑问，中间阶层问题是工人革命的基本问题之一。中间阶层就是农民和城市小劳动者。……按经济地位来说，这是

---

① 《马克思恩格斯全集》第1卷，人民出版社2002年版，第292页。
② 《马克思恩格斯文集》第1卷，人民出版社2009年版，第387页。
③ 《马克思恩格斯全集》第16卷，人民出版社1964年版，第75—76页。
④ 《马克思恩格斯选集》第1卷，人民出版社1995年版，第282—283页。
⑤ 同上书，第400页。

一些介于无产阶级和资产阶级之间的阶层"①。

因而，middle class 在马克思主义经典作家那里有两种不同层次的含义：一是在从封建社会向资本主义社会过渡的历史时期，虽然新兴资产阶级和工人、手工业者、农民等一样都属于被统治阶级，在法国称之为"第三等级"。但由于资产阶级财大气粗，贵族有时在经济上都不得不有求于他们，这就产生了资产阶级有用财富换取贵族地位的可能，实现社会地位的上升，因此，资产阶级就拥有了不同于其他被统治阶级的"中间阶级"地位。17世纪时的法国古典主义文学最重要代表人物莫里哀创作的《贵人迷》(*Le Bourgeois Gentilhomme*, 1670)，就鲜明地讽刺了一个想通过购买贵族身份而向上流社会攀爬的资本家②；二是在资产阶级已经上升为统治阶级的资本主义社会中，"中间阶级"是对由自由职业者、手工业者、农民和小商人等小资产阶级的指代。因为在资本主义社会中会由于竞争的缘故小资产阶级日益两极分化，他们鲜有机会上升为资产阶级，倒是极有可能随时被抛入无产阶级的队伍中去。

对 middle class 的翻译必须理解到它的本来含义，即它是对某些特定阶级在社会阶级结构中的不稳定地位的概括：当资产阶级还处于贵族和下层阶级之间的社会地位的时候，它就有中间阶级的性质；当农民、小业主成为资产阶级和无产阶级间的向上向下不断分化的阶级的时候，它们也就具备了中间阶级的性质。因而，将 middle class 翻译成中文"中间阶级"或"中等阶级"更为准确。中间阶级是对特定历史阶段、特定社会生产关系中的特定社会阶级的不稳定阶级地位的描述。它本身并不是一个阶级实体，而是一种对阶级关系和阶级地位的抽象，正如"水果"是苹果、梨或西瓜等所有水果的一种抽象那样。当代西方也用"相对位置"来定义"中产阶级"，这看起来和马克思的中间阶级概念似乎一样，但其实有很大的区别，那就是，"中产阶级"描述的不是特定阶级在一定生产关系中的阶级地位，而是把它打造成一个阶级实体，把无产阶级、小资产阶级甚至资产阶级的一部分全都拉进去，意图是抹杀各不同阶级间的区别，否认阶级分化的现实。而中间阶级理论指出，在资本主义社会，小资产阶级同样不能避免两极分化的残酷现实，资本主义社会必将日益分裂为两大直接对立

---

① 《斯大林选集》上卷，人民出版社1979年版，第139页。
② 参见［法］莫里哀《贵人迷》，冯国超等编译，中国致公出版社2003年版。

的阶级：资产阶级与无产阶级。

总之，在资产阶级取代贵族的时代，资产阶级由于比其他被统治阶级更有向上流动的资本，因此拥有介于贵族和其他被统治阶级之间的"中间的"阶级地位。而在资本主义社会里，城乡小资产阶级只有在罕见的情况下，有幸成为资产阶级，但更大的可能则是不幸地破产沦为无产阶级。"中间阶级"的"中等""中间"是把介于"上""下"阶级地位间的、流动的阶级地位作出的概括，因此把 middle class 翻译成"中间阶级""中等阶级"更为符合其本来意义。

在当代西方社会，除了农民和小业主、独立执业的医生、独立执业的律师、高级经理（但不包括那些收入超过工人数倍的顶级经理）等自雇的或与资本家分享利润的专业人士等新型小资产阶级，也属于中间阶级。[①] 他们的特点是，或有一技之长可独立执业，或有少量生产资料勉力谋生，或通过参与资本的管理职能，分享一些剩余价值，使其工资水平超过熟练工人。成分庞杂的中间阶级，其成员的共同特点是"他们不剥削别人，或对别人只有轻微的剥削"[②]。由于资本积累的规律是不停地由大资本兼并中小资本，或是小资本在竞争中破产，中间阶级的地位仍然是两极分化的：既有极少的可能上升为资产阶级，但更多的可能是破产沦为无产阶级。

随着马克思主义传入中国，"中产阶级"这个词也进入了国人的视线（极有可能是从日文翻译过来的）。1925年，毛泽东写出了《中国社会各阶级分析》，他认为中国社会各阶级共有地主阶级和买办阶级、中产阶级、小资产阶级、半无产阶级和无产阶级等五大阶级。毛泽东文中的"中产阶级"概念是特指在旧中国半殖民地半封建社会的历史条件下的民族资产阶级，"这个阶级代表中国城乡资本主义的生产关系。中产阶级主要是指民族资产阶级"，它一方面受外资打击、军阀压迫；另一方面又压迫无产阶级和半无产阶级。[③] 因为在当时的中国，凡是大资本大商业无不与外资有关，受其限制，本国资本银行工商业的发展尚限在中产阶级地位。在毛泽东看来，中产阶级欲达到大资产阶级地位，但又时时受外资打击、军阀压迫不能发展。[④] 这也是第三世界国家民族资产阶级的普遍处境和命运。在

[①] 宋丽丹：《西方社会"中产阶级危机"的真相》，《当代世界与社会主义》2014年第5期。
[②] 《毛泽东选集》第2卷，人民出版社1991年版，第642页。
[③] 参见《毛泽东选集》第1卷，人民出版社1991年版，第4页。
[④] 《中国社会各阶级的分析》，《毛泽东选集》第1卷，人民出版社1991年第2版，第4页。

第一世界国家则没有民族资产阶级，只有大中小资产阶级的区分。因为民族资产阶级这个概念是对经济、政治、文化等各方面受到第一世界国家剥削和压迫的第三世界民族国家的、不依附于国际垄断资本但又不得不受其限制的"民族的"资产阶级的概括。

毛泽东使用的中产阶级概念完全不同于西方的"中产阶级"概念，前者指的是确有一定财产、生产资料并雇佣一定量工人的中等资产阶级；而后者是把不管有无生产资料而根据一定的标准如收入、职业等把来自不同阶级的成员都一股脑划分进的"中产阶级"。在半封建半殖民地的中国，买办资产阶级是代表最为腐朽和反动的生产关系的阶级，民族资产阶级是被帝国主义和买办资产阶级压制的"中等财产阶级"，也就是毛泽东所说的"中产阶级"。

新中国成立后，1952年6月6日毛泽东在中央统战部《关于民主党派工作的决定（草稿）》中批示：在打倒地主阶级和官僚资产阶级以后，中国内部的主要矛盾即是工人阶级和民族资产阶级的矛盾，故不应再将民族资产阶级视为中间阶级。[①] 6月19日，周恩来指出，中国的民族资产阶级有一个特点，从新民主主义到社会主义，它既是我们的朋友，又是要被消灭的阶级。[②] 因而，在毛泽东等中国老一辈革命家看来，民族资产阶级在经济力量上与买办资产阶级相比是"中产阶级"，从政治立场上看是无产阶级可以争取的中间力量。因此，民族资产阶级是"中产阶级"，这是从它的经济地位说的；民族资产阶级是"中间阶级"，这又是从它的政治地位和立场来说的。

当然，毛泽东和马克思、恩格斯一样也在指代农民、城市小资产阶级及其他中间阶级的意义上使用"中间阶级"一词。如他在《在陕甘宁边区参议会的演说》中提到，中国"最广大的人民是农民、城市小资产阶级以及其他的中间阶级"[③]。

总之，无论是马克思、恩格斯、斯大林还是毛泽东，他们对中间阶级

[①] 《建国以来重要文献选编》第三册，《毛泽东关于工人阶级和民族资产阶级的矛盾是国内的主要矛盾的批语》，1952年6月6日，中国共产党新闻网，http://cpc.people.com.cn/GB/64184/64186/66657/4492806.html。

[②] 《中国共产党大事记·1952年》，人民网，http://politics.people.com.cn/GB/8198/84013/84044/84229/5779822.html。

[③] 《毛泽东选集》第3卷，人民出版社1991年版，第808页。

的界定指的都是私有者，而非工人阶级或无产阶级。进而，中间阶级是与私有制相联系的阶级，是随着社会的发展将要被消灭的阶级，资本积累的规律正在逐步消灭这个阶级。

（二）当代马克思主义者对"中产阶级"概念的批判

马克思主义者坚决反对西方"中产阶级"概念，认为此"中产阶级"非彼"中间阶级"，它不过是资产阶级臆造出来的概念，目的就是为了淡化、混淆和消解工人的阶级意识。

日本马克思主义社会学家渡边雅男认为，"不论何种语言，通常都是对应于不同的行文（注：即上下文）时就会带有不同的含义，解说社会的人口部分的阶级概念也不例外。正因如此，人们意识到需要将阶级作为专业术语分开来使用。例如，上流（upper）、中间（middle）、下层（lower）的阶级区分就与贵族、资本家（资本家或经营管理者）、地主、独立自营业主、劳动者的阶级划分明显是在不同的语义之下进行的。将前者作为社会学意义上的阶级概念的话，后者可以说是表现历史性实体的阶级概念。而且，所谓'中间'一词，通常是指与两极（extreme）距离相等的词汇，因此中间阶级也是因为其介于上流阶级与下层阶级之间才具有了存在的意义。因此，从这个意义上讲，中间阶级这个概念在历史性上、实体上并不包含任何内容，只是依据其在两极间的位置的变化，中间的含义、内容才发生改变。如果以为马克思时代的中间阶级与现代的'中产阶级'是指同样的内容的话，就会产生很荒谬的误解。更何况，对于存在于两极之间这样的人口部分，探寻其历史意义上赋予它怎样的实体特征才更为重要，这也才是阶级理论原本的课题和视角"[①]。"现代的中间阶级应该是怎样的一种存在呢？位于上流的早已不再是贵族阶级，换句话说，已经是大资产阶级、其近代形式的资本家阶级、以及其现代形式的经营管理者阶级（CEO阶级）。现在的下层是人口占压倒性多数的雇佣劳动者阶级（其上层是期待向上、通过社会移动进入资本家阶级的精英部分，下层则是被劳动市场排挤出来的贫困阶层或是受到排挤的不稳定的就业阶层，可见这里也绝不

---

① ［日］渡边雅男：《"历史的未来"与中间阶级：与弗兰西斯·福山的讨论》，谭晓军译，转引自渡边雅男《马克思的阶级概念》，李晓魁译，社会科学文献出版社 2015 年版，第 140—141 页。

是只有一个相同的阶层),而如果把存在于这两者之间的人口作为现代的中间阶级的话,那么现代的中间阶级就只能是指零散的独立个体经营业阶层(自耕农和城市个体经营业者),不会是其他的了"①。"福山所说的'中产阶级'实际是指历史性地享受了战后过得去的(modest)雇佣环境(正因如此,才能享受某种程度的收入、住房、教育和消费)的劳动者阶级中的一部分人。如果在这里硬要将其视为'中间'的话,也只能定义为劳动者阶级内部的'中间'阶层,而像福山那样将其与劳动者阶级割裂开来,认为是另外一种存在的观点本身就是错误的。"②

在这里,渡边明确了马克思主义意义上的现代中间阶级指的是独立个体经营业阶层,不包括"白领"等收入待遇较好的劳动者阶层。无论新老中间阶级都同时具备劳动者阶级和资本家阶级的双重性质,其位置也介于两者之间。也就是说,是自己雇佣自己的个体经营状况。所谓个体经营,就是自己雇佣自己或自己被自己雇佣的关系。可以说,这种同时具备劳动者阶级和资本家阶级的矛盾关系,便是中间阶级的特征。具体而言,个体户阶层和农民阶层(第二次世界大战后因土地解放而获得耕地的农民)就属于中间阶级。

国外马克思主义研究的前沿——"每月评论派"的代表人物,美国学者约翰·贝拉米·福斯特和弗雷德·马格多夫指出,资产阶级在有意淡化"阶级"和"工人阶级"概念的同时,贬低底层工人阶级为"下层阶级",大肆宣传所谓"中产阶级",从而使工人阶级产生一种阶级意识上的误区,"我们必须指出,'工人阶级'这一术语几乎是不被今日美国主流论述所使用的。许多工人将他们自己想象为'中产阶级'的一部分,因为他们认为他们的收入能够提供一种'中产阶级的生活方式'——并且由于他们认为自己要高于'穷人'——后者在主流意识形态中已经被转化为完全脱离工人阶级的一整个更低的阶级(或称下层阶级 underclass)"③。

渡边雅男也指出,日本关于"中产阶级"的讨论一直非常热烈,其中

---

① [日] 渡边雅男:《"历史的未来"与中间阶级:与弗兰西斯·福山的讨论》,谭晓军译,转引自渡边雅男《马克思的阶级概念》,李晓魁译,社会科学文献出版社 2015 年版,第 141 页。
② 同上书,第 142 页。
③ Fred Magdoff and John Bellamy Foster, Class War and Labor's Declining Share, Monthly Review, 2013, Volume 64, Issue 10 (March), http://monthlyreview.org/2013/03/01/class-war-and-labors-declining-share#gsc.tab=0, 2015 年 11 月 30 日。

最突出的问题是用语上的混乱，把英语"middle class"中的"middle"翻译成"中产""中流"和"中间"的都有，但科学的说法当属"中间阶级"：即处于资本家阶级与工人阶级两极之间的中间阶级。"中产"更多强调的是人们占有的消费资料的多寡，而与生产资料的占有无关。"中流"不过是与"上流""下流"对应的社会用语。①显然，这种混乱就是为了混淆人们的阶级认知。

国外马克思主义政党普遍不认可"中产阶级"概念。它们认为"中产阶级"是资产阶级制造的意识形态神话。俄罗斯联邦共产党理论刊物《政治教育》2011年第3期刊登了一篇《"中产阶级"：神话与现实》的文章，作者认为，"中产阶级"概念是资产阶级意识形态不可分割的一部分，它是为了规避资本主义社会分化和财富分配两极分化的现实而制造的神话。俄罗斯学者E.贡特马赫认为，把"中产阶级"说成是富人和穷人之间的阶级，非常具有欺骗性。因为"自诩为'中产阶级'成员的主要组成部分更像穷人，而且八年的经济增长没有保障'中产阶级'的形成"②。

英国共产党（马列主义）的理论家艾拉·茹尔（Ella Rule）指出，随着英国资本主义转向金融业，工业生产大规模萎缩，同时高度自动化前所未有地雇佣了很少的工人。有人据此断言，社会彻底分裂为资产阶级和工人阶级是一个神话，大部分人口属于"中产阶级"。但是，工人阶级是由那些被剥夺了生产资料而不得不靠出卖劳动力生存的人们组成，不论是谁雇佣他们又如何使用这些劳动力。因而，在以下九种情况下一个被雇佣者仍然属于工人阶级：1. 没有被雇主剥削，如从事家务劳动；2. 不是从事工业生产；3. 非体力劳动；4. 从事高技术水准的工作；5. 从事脑力工作；6. 得到的薪水很高，但没有超出市场为同样的技能和经验付出的平均工资水平；7. 从事管理工作；8. 在国家机器的镇压机关工作；9. 毫无希望找到工作的靠救济生活的失业者。因此，英国仍然是一个工人阶级占人口绝大多数的国家。③

---

① ［日］渡边雅男：《阶级！社会认识的概念装置》，［日］彩流社株式会社2004年版，第177—178页。

② 刘淑春：《俄罗斯共产党人对俄罗斯社会结构和阶级的分析》，中国社会科学院世界社会主义研究中心内刊《世界社会主义研究》2013年第4期。

③ 参见英国共产党（马列主义者）理论家Ella Rule给笔者寄来的著作"First draft for a Class Analysis of British Society at the start of the 21st century"。

在爱尔兰共产党官方网站发表的文章《"中产阶级"主体的神话》一文中，作者指出，收入可以作为衡量阶级关系的一个指标，但并不是阶级的决定性因素。媒体和工会运动内部都有相当多的人，只喜欢用收入来看待阶级问题，坚持认为爱尔兰社会的一头一尾是少数幸运者和少数工人阶级残余，而主体是"中产阶级"。甚至认为工资的提高将使更多的爱尔兰人进入"中产阶级"——似乎阶级是一种生活方式的选择，而与社会关系无关。但仅从收入来看，2008年爱尔兰一半的工人收入不足年税后工资中位数的27000欧元，约64%的人收入少于35000欧元。62%的劳动者属于熟练工、半熟练工和各类服务员，超过1/3的劳动力从事半熟练工作和手工业，这就是如此多的人工资很低的原因。很难无视信用债务在一个低工资经济体中扮演的创造财富幻象的角色。这些现象都不支持爱尔兰"中产阶级主体"的神话。[①]

中国当代的马克思主义学者已经认识到"中产阶级"概念的模糊性与不确定性及其对马克思主义阶级概念造成的解构与消解作用。以程恩富等为代表的国内学者，清醒地认识到，"所谓的中产阶级，这是一个界限极不确定、概念极为模糊的社会集团的总称。它除了一部分是'传统的'小资产阶级（包括小商人、小农场主、小业主等）之外，主要是指'新的'中等阶层，在西方各国劳动力中约占1/4—1/3。它是由于生产发展和科技进步所带来的生产经营过程的日益复杂以及资本积累到一定程度，资产阶级脱离管理劳动而形成的。这一中等阶层中的大部分不占有生产资料，靠从事专业、技术或管理劳动的工资收入为生。小部分如经理阶层，尤其高级经理，则是资本家的代理人，他们握有管理企业、支配职工的权利，多拥有股票，而且收入远远高于工人。因此，这一中等阶层实际上包括两部分，大部分是有工人阶级属性，小部分则有资产阶级的属性，它不能构成一个独立于资产阶级和无产阶级之外的中间阶级"[②]。就是说，现代"中产阶级"概念把工人阶级的、小资产阶级的及资产阶级的一部分混淆起来，这样的"中产阶级"是不存在的。

当资产阶级成功地从封建等级秩序下的中间阶级身份解放出来，当资

[①] Communist Party of Ireland, 2011. *The myth of a middle-class majority*, September, 2011. http: //www.communistpartyofireland.ie/sv2011-09/02-middle-class.html.

[②] 程恩富主编：《现代政治经济学》（第二版），上海财经大学出版社2006年版，第329页。

产阶级成功地掌握了政治、经济权力的时候，它同时也就掌握了意识形态的主导权，为了掩盖资本主义社会中不断加剧的两极分化现象——其表现就是贫富差距的不断扩大，它的意识形态家们将大众生活水平的普遍提高鼓噪为出现了新的"中产阶级"。这个阶级与争夺生产资料的阶级斗争无关，它只是收入、生活方式甚至是主观认同等类似者的分类集合，它代表着无产阶级的"消失"，阶级斗争的历史似乎走到了"终点"，资本主义由此能获得永生的资格。阶级真的消失了吗？阶级仍然存在着并且阶级斗争将愈演愈烈吗？答案在历史的舞台上已经开始出现。资本主义的内在矛盾没有改变，阶级的对立与分野也没有改变，2008年以来的全球性经济危机使资本主义社会的阶级分化更为明显，贫富差距愈发尖锐对立，世界进入了大分化、大变革的前夜，"中产阶级"掩饰不了资本主义社会阶级分化的现实。

总之，正如西方[①]经济学有许多理论假设一样，西方社会学同样有着许多假设，其中最重要的是假设个人的社会流动是无障碍的，而市场竞争将会导致收入的均等化和社会分层的中产化，橄榄型社会结构是最健康的社会结构。因此，"中产阶级"这个概念与西方社会学的阶层分析是相适应的。而马克思主义阶级分析认为，由于各个行业和职位都存在高低不等的进入门槛，由于分工和私有制的影响，个人向上的社会流动是受阻碍的，市场竞争的结果是两极分化，是中部塌陷，即所谓"中产阶级"的破产和流失。

四 西方"左翼"、右翼如何看待"中产阶级"

"左翼"这个词最初来源于法国大革命时期，当时指的是坐在三级会议会场左侧席位上代表第三等级利益的代表，他们的政治立场是反对王权、支持资产阶级革命。后来逐渐演变成为实际或宣称代表着社会中下层阶级利益的政治理论、流派、人物、运动或政治组织的修饰词。"左翼"通常与"社会民主主义""社会主义"联系在一起。"左翼"并不天然地就站在马克思主义的立场上，恰恰相反，相当多的"左翼"是反对马克思

---

① "西方社会学"等概念中涉及的"西方"并不是一个地理概念，而是特指"资产阶级的"，即资产阶级的社会学和资产阶级的经济学等。

主义的。正如英国马克思主义者拉尔夫·密利本德所说，马克思主义常常受到"左"派无休止的批评和攻击，包括所谓的"经济和阶级化约论（Reductionism）、性别盲点（Gender Blindness）、方法论上的缺陷、站不住脚的命题、极权主义的倾向以及危险的乌托邦主义等。无论如何，他们会说形成马克思主义的19世纪的世界已成过去，而且资本主义在世界上的经历和引发的改变令到马克思主义很多部分（如果不是全部）已变成历史的陈迹"[1]。

可见，在现代西方国家，"左翼"之所以称之为"左翼"，是由于它们的立场与代表大资产阶级、垄断集团利益的右翼的极端亲市场、亲资本的立场有区别，但它并不必然代表无产阶级的利益，而是一个泛指概念。在《共产党宣言》中，马克思就指出过，存在着形形色色的"社会主义"流派，如资产阶级的社会主义、封建的社会主义、小资产阶级的社会主义和空想的社会主义等。自2008年全球经济危机爆发以来，资本主义的社会矛盾更加尖锐，批判资本主义成为一种时尚，但批判本身并不代表着就是站在无产阶级的立场上，资产阶级内部也会有批判资本主义的人，不过他们是为了发展"好的"资本主义、批判"坏的"资本主义，主张走改良的资本主义道路。因此，当我们看到"西方左翼"这个词时，头脑中应该首先想到这是包括资产阶级"左翼"、小资产阶级"左翼"在内的"左翼"，要把这两种"左翼"同马克思主义区别开来。

资产阶级"左翼"——社会民主党非常认同"中产阶级"。20世纪50—60年代工党领导层认同英国工党理论家、新费边主义者德宾把争取"中产阶级"作为党的工作重点的观点。[2] 面对20世纪90年代后日益扩大的贫富悬殊现象，英国工党并不以为然，认为两极分化是少数现象，较富裕的中间群体才是社会结构中的绝大多数。[3]

法国社会党在20世纪90年代强调所持的是不与资本主义决裂的"左

---

[1] Socialist Register, 1990, Volume 26 Counter-Hegemonic Struggles by Ralph Miliband, 转引自拉尔夫·密利本德《反霸权的斗争》，宋治德译，马克思主义文库，http://marxists.anu.edu.au/chinese/miliband/marxist.org-chinese-miliband-1990.htm。

[2] 格兰特：《社会主义与中间阶级》，商务印书馆1964年版，第17、19、31页，转引自周穗明、王玫等《西方左翼论当代西方社会结构的演变》，江苏人民出版社2008年版，第84—86、55页。

[3] 周穗明、王玫等：《西方左翼论当代西方社会结构的演变》，江苏人民出版社2008年版，第61页。

翼现实主义"，党是一个争取"中产阶级"的跨阶级政党，党的社会基础是：平民阶级、"中产阶级"和"被排斥群体"，其中"中产阶级"处于核心地位，包括中高级职员、中小企业家和自由职业者等。德国社民党著名理论家托马斯·迈尔指出，在阶级结构变得非常不清晰的情况下，他们党依据法国著名社会学家布迪厄的"社会场域理论"将德国社会划分为十个场域：三个上层场域、三个中层场域、三个下层场域，还有一个最下层场域。① 这与马克思主义依据人们在生产关系中所处的地位不同进行阶级划分的理论完全风马牛不相及。总体上，社民党虽然认为资本主义社会还存在着劳工阶级，但认为"中产阶级"已成为社会主流，因而社民党必须转型为"跨越阶级与集团利益的多元化的现代政党"②，以争取中间选民。

总之，西方各社会党在第二次世界大战后纷纷放弃阶级党特征向"人民党"转型，其"人民"主要指"中产阶级"。③

英国的"后马克思主义"认为，英国社会结构就像一个钻石，"钻石"的两头分别是最上层的2%—3%的人群和最下层的少数人群，"钻石"的中间大约为70%是中间人群，它认为上下层的这种两极分化不同于两大基本阶级的两大阶级分化。④ 实际上就是在重复西方社会是个消灭了阶级对立的"中产阶级社会"的陈词滥调。

法兰克福学派第三代核心人物的阿克塞尔·霍耐特在一次演讲中回答了笔者关于如何定义"中产阶级"的问题。他认为，"中产阶级的定义是非常暧昧的，可以根据文化、传统、习惯等等许多参数来区分，在德国和英国，'中产阶级'通常是指受到良好科技训练的团体或专业人士如学者，总之，'中产阶级'是与教育水平相关的一个阶层，它是公民社会的主体"⑤。霍耐特的"中产阶级"是完全抽掉了经济因素的苍白概念，所以它才能成为"公民社会"这个"相对独立于政治国家的民间公共领域，其基础和主体是各种各样的民间组织"⑥ 的主体。人的本质是一切社会关系的总和，"社会"的存在也同样是全部生产关系的总和，只要还存在生产

---

① 周穗明、王玫等：《西方左翼论当代西方社会结构的演变》，江苏人民出版社2008年版，第27—28页。
② 同上书，第10页。
③ 同上书，第62—63页。
④ 同上书，第211页。
⑤ 指阿克塞尔·霍耐特2013年4月1日在中国社会科学院所作"正义的组织结构"的演讲。
⑥ 俞可平：《中国公民社会：概念、分类与制度环境》，《中国社会科学》2006年第1期。

资料私有制,就没有什么超脱于阶级的、国家的"公民社会"①,如果说"中产阶级"是"公民社会"的主体,那就是说"中产阶级"是超越阶级和国家存在的,这样的"阶级"实际上是非阶级的"阶级",徒有虚名罢了。

总体上资产阶级"左翼"倾向于认为,"中产阶级"是受过高等教育的一个高收入群体,但绝不能将之等同于马克思所定义的中间阶级。

英国"新马克思主义"重要代表人物拉尔夫·密里本德认为,在所有的资本主义社会,"中等阶级"的一部分是一个很大的并且正在增大的职业人群,它由律师、会计、中等董事、建筑师、技术人员、科学家、行政官员、医生、教师等构成。这个"中等阶级"的另一部分是实业阶级,包括中小企业主、中小农场主。但密里本德把"中等阶级"和自我经营阶级的店主、技工和工匠区别开来。也就是说,密里本德的"中等阶级"是把资产阶级社会学中的"新""老""中产阶级"混合在一起,但又不承认原来属于"老中产阶级"的自我经营的小业主属于"中产阶级"。②

"新马克思主义者"埃里克·奥林·赖特③虽然认为马克思主义关注剥削与支配的传统是"理解阶级问题关键"④,但他却肯定"马克思关于资本家与工人两极分化的观点不再符合当代资本主义社会的阶级现状,因为社会中有很多既不像资本家、也不像工人的人,也就是俗称的'中间阶级'(一般翻译为'中产阶级'——笔者注)"⑤。赖特认为"中产阶级"通过机会囤积(尤其是教育相关的机会囤积)机制形成自身。大规模、多样性的教育体系帮助创造了大量的"中产阶级"工作,人们可以通过多层

---

① 王绍光:《"公民社会"VS."人民社会""公民社会":新自由主义编造的粗糙神话》,《人民论坛》2013年第22期。

② [英]拉尔夫·密里本德:《资本主义社会的国家》,《第一章 绪论》,The State in Capitalist Society, New York, Basic Books, Miliband, R. 1969, http://marxists.anu.edu.au/chinese/miliband/1969book/SateinCapitalist03.htm。

③ [美]埃里克·欧林·赖特(Erik Olin Wright)从20世纪70年代至今,一直致力于研究阶级问题,主要成果有1978年的《阶级、危机和国家》、1985年的《阶级》、1989年的《关于阶级的论争》、1997年的《阶级价值:阶级分析的比较研究》和2005年剑桥出版的《阶级分析的方法》。

④ [美]埃里克·欧林·赖特:《理解阶级:建构一个综合性分析框架》,陈雪琴译,《国外理论动态》2011年第10期。

⑤ 此处翻译为"中间阶级"与国内惯常译法不同,但其实作者的本意翻译为"中产阶级"更好。骆夷:《赖特的剥削与中间阶级理论评析》,《理论与现代化》2015年第3期。

次的高等教育体系获得学历并获得"中产阶级"的工作。总体上来说，赖特眼中的"中产阶级"的特征主要有高学历、收入较高、工作稳定、社会安全水平高。他认为，"关注属性和条件"的社会分层方法认为"中产阶级"是这样一个群体：他们有一定的教育和金钱资本过着那种所谓"主流"的生活方式；关注"机会囤积"的韦伯主义方法，将"中产阶级"定义为是排斥机制中具有知识和技能者。① 由此来看，"新马克思主义"的"中等阶级"与马克思主义所定义的中间阶级不是一回事，它把建筑师、技术人员、科学家、行政官员、医生、教师这样的职业归于"中等阶级"，这就和从职业定义"中产阶级"的内涵没有什么本质区别；又借用韦伯的社会分层方法来定义阶级，同用生产资料的占有关系来判断阶级实质的马克思主义有本质区别。

而20世纪90年代以来，西方"新马克思主义"诸流派从多个方面对"中产阶级"进行了阐述，其一，当代西方社会是两头小、中间大的"中产阶级"社会；其二，新"中产阶级"不同于生产领域的老"中产阶级"，而是提供科学、技术、管理和文化知识的生产性阶级；其三，新"中产阶级"还要根据它在政治、文化领域的地位来定义，是当代西方的工业、社会和政治管理中拥有特殊权力和地位的力量。②

因《二十一世纪资本论》而为世人所熟知的法国资产阶级"左翼"经济学家托马斯·皮凯蒂认为，"中产阶层"的定义是如此宽泛，在有些人的指代里不仅包含属于社会最上层的人，甚至包括接近最顶层的收入最高的1%的人，为的是想表明这些人没有特权，应该得到政府宽容。尤其是在税收方面。皮凯蒂对"中产阶层"的定义是指在某个社会中那些收入在中间的40%的人，因为他们的人均收入（或财富）高于该社会的中位数。用来指代那些比多数人过得好但离真正"精英"还很远的人。③

那么承认阶级存在的右翼又是如何看待"中产阶级"的呢？

右翼和"左翼"这个词一样最初来源于法国大革命时期坐在三级会议

---

① ［美］埃里克·欧林·赖特：《理解阶级：建构一个综合性分析框架》，陈雪琴译，《国外理论动态》2011年第10期。

② 周穗明、王玫等：《西方左翼论当代西方社会结构的演变》，江苏人民出版社2008年版，第212—213页。

③ ［法］托马斯·皮凯蒂：《二十一世纪资本论》，巴曙松等译，中信出版社2014年版，第255—256页。

会场右侧席位上代表第一等级和第二等级的教士与贵族利益的代表。如今，右翼通常代表大资本、大财团的利益，有时也以代表中小资产阶级利益的面目出现。右翼往往与"新自由主义""保守主义"联系在一起，经济上主张自由放任、政治上主张减少管制等。

达伦多夫（或译为达伦道夫）在20世纪60年代出版的《欧洲社会阶级结构的最新变化》中认为，老"中产阶级"的确像马克思预言的那样在衰落，但由经理人员、专业人员和非体力工人所组成的新"中产阶级"则在发展壮大。①

法国资产阶级自由主义学者雷蒙·阿隆认为，"人们习惯于用旧中产阶级和新中产阶级这样的词语，前者用来指独立经营者，后者用来指工业社会的被雇佣者或管理人员，即达到资产阶级或小资产阶级生活方式的工薪阶层"②。

他以美国和英国为例，认为随着社会财富的大幅度增长，撇开分配方式不谈，越来越多的人包括职员和体力劳动者达到小资产阶级的生活水平，进入了资产阶级行列，构成为一个"中产阶级"。③

美国新保守主义学者弗朗西斯·福山认为，"'中产阶级'指的是处于高收入和低收入之间社会阶层，至少接受过中等教育，拥有不动产、耐用品或自己经商"。"工人阶级的实际生活水平在不断提高，高到以至于许多工人或他们的子女能够加入中产阶级的行列"④。这是典型的用收入来划分"中产阶级"的标准。这种标准的含混之处在于除处境最差的工人——"下流阶级"而外，所有的工人阶级都被说成是"中产阶级"，从而渲染工人阶级"中产阶级化"的神话。总之，右翼对于"中产阶级"概念是推崇的，他们之间的争论在于究竟收入多少才算是"中产阶级"。

总体来看，欧美以"左"、右翼学者都倾向于认为，"中产阶级"在各

---

① [英] 戴维·李、布赖恩·特纳主编：《关于阶级的冲突——晚期工业主义不平等之辩论》，姜辉译，重庆出版社2005年版，第52页。

② [法] 雷蒙·阿隆：《阶级斗争——工业社会新讲》，周以光译，译林出版社2003年版，第132页。

③ 同上。

④ Francis Fukuyama, "Can Liberal Democracy Survive the Decline of the Middle Class?", *Foreign Affairs*, January/February 2012, http://www.foreignaffairs.com/articles/136782/francis-fukuyama/the-future-of-history, 转引自朱新伟译《历史的未来——自由民主制能否在中产阶级的衰落中幸存下来?》，http://www.guancha.cn/html/49646/2012/01/05/63892.shtml。

国总人口中占有不低的比例①，但他们不得不承认，"中产阶级"定义的模糊性和不确定性仍然存在，"中产阶级内部存在着各种方式的划分，如旧的中产阶级和新的中产阶级，专业人员和管理人员，私营部门和公共部门的雇员，高层和低层非体力劳动者，等等。"现在，随着非体力工作与体力工作收入差距的缩小，下层中产阶级与工人阶级难以区分开来，因而出现了对文职人员应该被视为中产阶级还是工人阶级的争论。②

　　西方的非马克思主义"左翼"（有着形形色色前缀的"马克思主义"如"新马克思主义""后马克思主义""分析的马克思主义"等，但它们的名称本身就表明了它们与马克思主义是不同性质的东西）与右翼都认同这样一个观点，即现代资本主义社会中越来越多的白领劳动者都属于"中产阶级"，社会是"钻石型""橄榄型"或"纺锤型"。它们之间的差别可能主要在于，资产阶级或小资产阶级"左翼"一般并不否认阶级的存在（但也有例外，如英国"后马克思主义"就否认阶级的存在），认为除大量的"中产阶级"而外，西方社会仍然存在着资产阶级和工人阶级，而右翼更多地否认阶级的存在，"中产阶级"取代了无产阶级，而资本家阶级被"职业阶级"取代。

---

　　① ［英］斐欧娜·戴维恩：《美国和英国的社会阶级》，姜辉译，重庆出版社2010年版，第138页。
　　② 同上书，第162、166页。

第三章　西方"中产阶级社会"的神话

最早出现在历史上的不是大家耳熟能详的"中产阶级社会"这一概念，而是"中产阶级国家"，它至少可以追溯到18世纪时期的美国[1]，当然那个时候的"中产阶级"还指的是所谓的"老中产阶级"。第二次世界大战后西方国家经历了一段长时期的黄金发展期，1956年，美国蓝领工人数量首次被白领工人超越[2]，西欧和日本也先后经历了这一进程。米尔斯在《白领：美国的中产阶级》中将第二次世界大战后大量出现的白领雇员视为新"中产阶级"的主体，这一观点在西方得到广泛认同。前面说过，雷蒙·阿隆、丹尼尔·贝尔、艾尔文·古德纳、安德鲁·高兹等学者都著书立说，论证西方社会正在进入"两头小、中间大"的"中产阶级"社会，这种结构的社会是最稳定的。这些观点的核心在于，无产阶级作为一个整体正在解体、消失，并为"中产阶级"所取代。国内有学者将这些观点和理论总结为西方无产阶级"中产阶级化"的理论。[3] 有中国学者认为，"所谓中产阶级理论就是认为现代社会是一个中产阶级会不断扩大的社会"[4]。日本在20世纪70年代就宣称是"一亿总中流"的"中产阶级"社会。英国前副首相约翰·普雷斯科特在1997年还公开表示，"我们都是中产阶级"[5]。"中产阶级社会"是与无产阶级的"中产阶级化"观点紧密

---

[1] Paul Buhle, "The Myth of the Middle-Class Society", *Monthly Review*, 2001, Volume 52, Issue 10 (March), http://monthlyreview.org/2001/03/01/the-myth-of-the-middle-class-society.

[2] [美] 丹尼尔·贝尔：《后工业社会》，科学普及出版社1985年版，第39页。

[3] 参见陈其人《资本主义的发展和无产阶级构成的变化——评资本主义社会中产阶级化的理论》，《马克思主义与现实》1995年第4期；张莹玉《西方"中产阶级化"理论剖析》，《世界经济研究》1992年第4期。

[4] 李强：《关于中产阶级的理论与现状》，《社会》2005年第1期，DOI：10.3969/j.issn.1004-8804.2005.01.004。

[5] BBC News, 2007, "Profile: John Prescott", 27 August, 2007, http://news.bbc.co.uk/2/hi/uk_news/politics/6636565.stm.

联系的，这一观点的要害在于，如果无产阶级都"中产阶级化"了，那么马克思所说的两大对立的阶级就不复存在，阶级斗争也就不再必要，人们只需要告别革命，因为这已经是"历史的终结"。但无论西方工人的就业结构有了怎样的变化，生活有了怎样的改善，都没有也不可能改变作为无产阶级所必须承受的"绝对贫困"与"相对贫困"状况，所谓的"中产阶级化"并没有发生。

一 无产阶级的"中产阶级化"

第二次世界大战后，西方无产阶级"中产阶级化"的理论十分流行，这主要是由以下两个原因造成的。首先，新技术革命使生产、经营和管理的手段都有了质的变化，和从事物质生产的工人相比脑力劳动工人迅速增加，甚至超过了前者，工人阶级内部的这种变化就被看作是无产阶级的"中产阶级化"；其次，西方工人的生活水平有了极大的提高，他们不再是马克思时代的那种赤贫者，他们有了住房和汽车，他们的子女能接受高等教育等，似乎工人赚取了足够多、足够好的生活资料就不再是无产阶级了。与之相对应，西方社会也在"中产阶级化"，马克思所说的两大对立的阶级不复存在，无产阶级"中产阶级化"使阶级斗争不再必要，人们只需要告别革命，因为这已经是"历史的终结"。但无论西方工人的就业结构有了怎样的变化，生活有了怎样的改善，都没有也不可能改变作为无产阶级所必须承受的"绝对贫困"与"相对贫困"状况，所谓的"中产阶级化"并没有发生。

但是为什么会出现西方无产阶级中自认为属于"中产阶级"的占多数的现象呢？日本《关于国民生产的舆论调查统计》在20世纪70年代的调查中，就有90%的日本国民认为自己是"中流阶级"（日文"中流"就是"中间"的意思），在1960—2008年的历次民意调查中，认为自己的生活为"下等水平"的人不足10%。[1] 人们更多地认为社会是由"穷人、'中产阶级'和富人"组成的，无产阶级或工人阶级、资产阶级这样的词汇已经淡出了人们的视野。这种认识出现的历史背景是什么呢？

---

[1] 张可喜：《〈国民收入倍增计划〉造就日本"一亿总中流"社会》，《红旗文稿》2013年第6期。

(一)"消费革命"与生活水平的提高

"中产阶级"概念之所以盛行,虽然少不了学者的理论推广和媒体的灌输,但也必须看到,现代西方社会物质的丰裕与人们对生活水平提高的直观感受结合起来后,就能形成一种以生活和收入水平来衡量阶级地位的肤浅认知,这种认知的表现就是"中产阶级"概念的盛行。

第二次世界大战后,西方资本主义社会迎来了发展的黄金时期,人们的总体生活水平远远超过了以往任何时期,出现了所谓的"消费革命",同时社会贫富差距被控制在一个比较合理的范围内。比如,在法国,与1913年相比,白领和蓝领普通工人的生活平均水平翻了5倍多,而最高收入的百分位数只翻了2倍。[①] 前面已经介绍过西方学界热衷于从生活方式、消费方式来界定"中产阶级"。随着新汽车、贷款购房和国外度假成为信贷革命的组成部分,从前工人们想也不敢想的事情现在有机会实现了,从消费的角度来看,阶级之间的界限模糊了,于是,无产阶级"中产阶级化"的理论在西方日益盛行。

从住房方面来看。在资本主义原始积累阶段,工人多是被从土地上赶走的农民,他们被迫进入工场劳动,极低的工资无法负担购买房屋的成本。19世纪工人悲惨的住房状况从恩格斯《英国工人阶级状况》可见一斑。资产阶级被迫从社会层面解决无产阶级的住房状况是从战争造成的严重的社会后果开始的。英国在第一次世界大战后为解决退伍士兵十分紧张的住房问题,建立了政府公房制度。第二次世界大战结束后,战争造成城市一片废墟,住房问题事关社会稳定,英国政府开始提供住房福利:公共租房和私房租房补贴为无产阶级解决住房问题提供了极大的帮助。恩格斯在《论住宅问题》中提出,虽然蒲鲁东主义者提出的房租换房屋的方案和他们的交换银行一样是行不通的,但是,资产阶级从中发现用分期付款的办法把小住宅卖给工人,不仅可以磨灭工人的革命精神还可以榨取金钱。恩格斯指出,"统治阶级最老练的领袖总是力求增加小私有者的人数,以便为自己建立一支反对无产阶级的军队"。如在西班牙,就曾因为大地产的打碎造成的一个小土地所有者阶级,成了社会中最反动的成分和城市无

[①] [法]路易·肖韦尔:《欧洲阶级体系的转型以及中产阶级的飘零》,载李春玲主编《比较视野下的中产阶级形成》,社会科学文献出版社2009年版,第377页。

产阶级革命运动的固定障碍。①

英国学者乌苏拉·胡斯指出,德鲁·卡内基早在一个多世纪前就精明地认为,让工人阶级拥有房产是防止他们罢工起义的最佳办法。由此看来,有一定的理由相信工人购买消费品的成功程度可能会影响他们对自己阶级地位的主观看法。工人与"再生产资料"的关系和工人与"生产资料"的关系存在着类比关系,有房者的地位与独立手工艺者、个体户的地位类似。该类比关系还可以更进一层:"再生产工作"的劳动分工不一定仅包括有房者自己,也可以雇佣清洁工、保姆或其他佣人,因此有房者在再生产工作的劳动分工中占据的地位就好像小雇主在生产中占据的地位一样。②

在当代西方社会,早有"深谋远虑"的政治家在做着蒲鲁东和卡内基设想的事情。1980年撒切尔政府通过《1980年住房法》规定租住公房的租户有优先购买其所租住房屋的权利。这使英国自有住房率大幅度上升。20世纪80年代正是英国工人运动如火如荼的年代,其实撒切尔的用意就在于通过私有住房产权在社会推广私有化观念,分化英国工人阶级,便于对国企进行私有化,并在英国进行全方位的新自由主义的制度设计。到2004年,英国拥有住房产权的人口占总人口的比例为70.5%。③正如有学者所言,如果拥有房产是"中产阶级"身份认同的确定特征,那么英国2/3的人都是"中产阶级",尽管这些拥有房产的"中产阶级"通常面临"捉襟见肘的预算、失业和随之而来无法偿还的贷款"④。

从工作方式的转变来看。英国学者劳伦斯·詹姆斯认为,有四个因素导致了就业类型的转变。金融行业的增长,精密科学技术延伸到工作领域,科学研究的需求,以及国家层面和地方性的科层体系的扩张。新增法律和国家管控扩展到人类活动的所有领域,这就需要大量的行政管理人员。⑤从整个西方来看,脑力劳动者(白领)和服务业从业者的数量超过

---

① 《马克思恩格斯选集》第3卷,人民出版社1995年版,第155页。
② [英]乌苏拉·胡斯:《高科技无产阶级的形成:真实世界里的虚拟工作》,任海龙译,北京大学出版社2011年版,第116页。
③ 刘玉亭、何深静、吴缚龙:《英国的住房体系和住房政策》,《城市规划》2007年第31卷第9期。
④ [英]劳伦斯·詹姆斯:《中产阶级史》,李春玲、杨典译,中国社会科学出版社2015年版,第459页。
⑤ 同上书,第388页。

体力劳动者（蓝领），比如，在法国，2000年时按体力劳动者的标准衡量的工人阶级只占全部劳动人口的30%多一点，有人预测按此速度，再过90年法国的工人队伍将会消失。[①] 此外，第二次世界大战后，资本主义全球化在相对和平的情况下有了相当大的发展，冷战的结束又进一步打破了全球化面临的政治障碍，随着跨国资本在全世界的扩张，随着全球产业链的上中下游的布局完成，许多产业从发达国家转移到第三世界国家。因此在西方出现蓝领工人数量逐渐萎缩同时白领工人增加的现象，无产阶级"中产阶级化"的观点也因此变得十分流行。

从生活方式来看，无产阶级创造的物质财富的极大丰富使得他们生活水平得以部分地改善和提高，这种现象却使得资产阶级学者得出无产阶级"中产阶级化"的结论。资本主义在第二次世界大战后的"黄金时期"到来之前，普通工人是消费不起诸如汽车、度假等代表富人生活方式的事物的，是战后特殊的时代条件容许西方工人开始享受这些事物。首先，是战后的新技术革命迅速提高了劳动生产率，而战后世界市场的复苏为资本循环提供了有利的环境，西方各国的国民生产总值在不断上升，使工人工资有了随之上升的空间；其次，第二次世界大战前后高涨的工人运动和战后一系列社会主义国家的成立使国际垄断资本第一次面临"内外交困"的局面，为收买人心，愿意从利润中多拿出一部分来给工人。其实说到底，工人工资高一些也是因为工人创造的财富增加得更多了而已，正如马克思所说的，"雇佣工人为自己铸造的金锁链已经够长够重，容许把它略微放松一点"[②]。最重要的是，即便工人能够买得起一些从前是奢侈品的商品，但是与富人们的生活水平相比还是相距甚远，好比从前这种消费是茅草房与楼房的差距，现在则拉大到了小楼房与"特朗普大厦"之间的差别了！

"人民资本主义"的幻觉。在20世纪以前，工人阶级劳动力的生产与再生产都维持在极低的水平上，解决温饱问题放在人生需求的第一位。第二次世界大战结束以后，工人的收入比起从前来大为增加，不仅解决了温饱问题，还能有一些余钱。这个时候的股票市场已经开始大量发行小额股票，为的是广泛吸收社会资金加速资本积聚的水平。通过购买小额股票和"职工持股计划"一部分工人成为了"股东"，"人民资本主义"论因此应

[①] 周晓虹：《全球中产阶级报告》，社会科学文献出版社2005年版，第52页。
[②] 《资本论》第1卷，人民出版社2004年版，第714页。

运而生，这也是无产阶级"中产阶级化"的支撑理论之一。这种理论认为，股票代表着资本所有权，拥有哪怕一张股票也是资本家，如果人人都有股票，那么无产阶级就消失了，资本主义就具有了人民性，资本家与工人的利益就融为一体了。1958年美国经济学家凯尔索和阿德勒在著作《资本家宣言》中认为，工人参股是一种"扬弃私有制"的方式，现在的资本主义同马克思那个时代的资本主义完全不一样，因为它具有"人民性"，这种"人民资本主义"最终会发展为"全民资本家的无阶级社会"。那么讨论社会主义与资本主义就失去了意义。①

"人民资本主义"论在西方极有影响，许多"中产阶级"也是拥有小额股票的工人。其实工人持股不过是降低了资本家控股的成本，使其控股所需股票占全部股票的比例相比从前下降了非常多，也使工人的持股意义不大。实际上，小额股票所能带来的收益可以和银行储蓄带来的利息看作是一个性质的东西。所以法国批判的马克思主义学者米歇尔·阿格利埃塔认为，劳动者的金融财产无论从职能还是数量上看都不是真正意义上的资本。托尼·安德烈阿尼指出，雇员持股不能改变劳资关系，所谓"人民资本主义"是骗局。雇员持股是资本把它的逻辑和特有的限制通过股票强加给劳动。雇员股东制增大了金融体系的风险，而金融崩溃对小股持有者的冲击最为剧烈。②

拉尔夫·密里本德指出，即使现在拥有股票的人比过去多得多是真的，也并不代表这就是"人民资本主义"。因为从绝对数量来看股票所有者在今天仍然是极其有限的，在拥有股票的人中又只有极少数的人拥有绝大多数的股票，这种非常不平衡的现象同从前一样没有任何改变。总之，即使有这样一些自称是平等的国家，但那里依旧只是极少数人拥有绝大部分财富，这些人的大宗收入几乎全部或大部分是从他们所有的或控制的财产中得到的。③ 以英国为例，撒切尔执政时期的1980—1987年间，100万套市政房屋被其租房者购买，私房拥有比例从52%飙升到66%。非国有

---

① 金文：《从〈共产党宣言〉与〈资本家宣言〉看扬弃私有制》，《学理论》2013年第10期。

② 周穗明、王玫等：《西方左翼论当代西方社会结构的演变》，江苏人民出版社2008年版，第209—210页。

③ [英]拉尔夫·密里本德：《资本主义社会的国家》，《第二章 经济精英和统治阶级》，The State in Capitalist Society, New York: Basic Books, Miliband, R. 1969, http://marxists.anu.edu.au/chinese/miliband/1969book/SateinCapitalist04.htm#_ftn15。

化使私人股东从 300 万人上升到 800 万人，成为所谓"人民资本主义"的来源。事实上，个人持股比例从 1963 年的 59% 下降到 1984 年的 20%，机构持股者占所有持股者的比例为 60%①，也就是说，代表大资本利益的机构持股者才是大持股者，所谓的"人民资本主义"不过是夸大之辞。

  英国学者约翰·韦斯特加德指出，从整体上看，英国各种私人所有的股票实际上变得更加集中了，而不是分散。例如，5% 最富有的成年人在 20 世纪 80 年代初拥有所有个人可交易财富的 36%，到了 20 世纪 80 年代末，他们所占的比例则上升到 38%。如果不把住房的价值计算在内，他们的份额从 45% 上升到 1989 年的 53%。②斯科特指出，在英国，人口中拥有股份者的比例可能高达 1/4，但个人股东中的 2/3 只在一家公司中拥有股份。这很难是人民资本主义的证据。相反，却有大量的证据表明，在收入和财富最顶端的个人大股东中间，公司董事和管理者在数目上达到了不成比例的程度。③尼科斯·普兰查斯指出，不是股东在公司资本中所占有的每一份额或利益都对应于同等的或成比例的经济所有权和实际控制权的份额。这种所有权是由一些大股东作为整体施行的，他们不一定是大多数，他们通过各种手段……把由之派生的权力集中在自己的手中。④辛格指出，平等与生产资料私有制不相容。给雇员与雇主、劳动力的出卖者和购买者之间的关系，贴上纯洁的标签，是不可能的。这是仆从与主人之间的关系，不管股份公司职工持股的遮羞布如何遮掩，都是如此。⑤进入 21 世纪以来，所谓的"人民资本主义"呈现颓势，譬如在美国，2014 年的一篇文章称，有股票的成年人比例为自 1999 年以来的最低，比 2007 年整整低了 13 个百分点。⑥

---

  ① ［英］劳伦斯·詹姆斯：《中产阶级史》，李春玲、杨典译，中国社会科学出版社 2015 年版，第 410—411 页。
  ② 参见［英］戴维·李、布赖恩·特纳主编《关于阶级的冲突——晚期工业主义不平等之辩论》，姜辉译，重庆出版社 2005 年版，第 181 页。
  ③ ［英］约翰·斯科特：《公司经营与资本家阶级》，张锋译，重庆出版社 2002 年版，第 289—290 页。
  ④ N. 普兰查斯：《当代资本主义的阶级》，伦敦 1974 年版，第 119 页。转引自［英］约翰·斯科特《公司经营与资本家阶级》，张锋译，重庆出版社 2002 年版，第 39 页。
  ⑤ ［美］丹尼尔·辛格：《谁的新千年——他们的还是我们的》，曹荣湘等译，中国人民大学出版社 2002 年版，第 194 页。
  ⑥ 福布斯：《美国中产阶级正沦为"无产阶级"》，参考消息网，2014 年 2 月 19 日，http://world.cankaoxiaoxi.com/2014/0219/349118.shtml。

密里本德认为，即使在欧美发达资本主义国家已经发生了所谓的"消费者革命"，但各个阶级之间"生活方式的融化作用"并不能使阶级差别消失。因为首先，它故意忽略了工人阶级与其他阶级在消费能力和消费质量、数量上的巨大差别；其次，就算工人能买到更多的商品和享受更多的公共服务，但并不会从根本上改变"工人阶级在社会中的地位以及劳工们与世界资本的关系"[①]。

渡边雅男指出，一方面，媒体和社会学者广为传播"劳动者阶级已死"的宣判；另一方面又大肆宣扬"中产阶级"论，即劳动者都中产化了。渡边指出，虽然"这确实有一定的道理。（工人）拥有自己的房产、私家车，不依靠工会就能欣喜地从企业获得名义上的涨工资，将自己经意或不经意地困在自己的小空间里，失去或主动放弃了团结和战斗性……这便是战后劳动者阶级的现实。但是，与其说这是劳动者阶级的结构性变化，不如说这是劳动者阶级政治状况的反映。就日本而言，除去战后复兴阶段，他们基本都被彻底地分化或分裂了。其后果，便是劳动者阶级失去了代表其政治利害的通道。从工会组织率降到18%，到人们因对现有政党和政治的失望而变为无党派层和不关心人士现象，我们可以看到，劳动者阶级的声音从来就没有被倾听过。在这样的政治形势下，社会到处蔓延着劳动者实现'中产化'或'中产化'或代表日本国民特征的中流意识。这个说法的生命力强到至今仍有人相信"[②]。

综上所述，工人持股和工人拥有住房等大额消费品的现象，使某些人产生了无产阶级"中产阶级"化的想象。但小额股票和住房等生活资料一样，并不具有生产资料攫取剩余价值的功能，因此，所有建构于其上的"中产阶级"的想象都是不真实的。

（二）阶级意识的迷失

无产阶级所谓的"中产阶级化"除了前面提到的物质因素外，也体现了无产阶级的阶级意识迷失。这种迷失首先与同阶级密切相关的不平等状

[①] ［英］拉尔夫·密里本德：《资本主义社会的国家》，《第二章 经济精英和统治阶级》，*The State in Capitalist Society*, New York: Basic Books, Miliband, R. 1969, http://marxists.anu.edu.au/chinese/miliband/1969book/SateinCapitalist04.htm#_ftn15。

[②] ［日］渡边雅男：《当代日本社会的十三个阶级问题》，陈哲译，《国外理论动态》2016年第4期。

况得到改善的社会历史大背景有关。在第一次世界大战前夕西方社会的财富不平等程度非常高,比如,第一次世界大战前,英国前10%人群占有的财富比重在90%以上。但在第二次世界大战之后,财富不平等水平逐步下降到了"前所未有的低水平,低到近一半人口可以得到一定数量的财富并首次拥有了一定比重的资本",于是,在1945—1975年之间,"人们感觉资本主义已经被打败,不平等和阶级社会已经过去了"[①]。在此背景下,以下三个因素才能直接影响到人们阶级意识的迷失。

1. 消费主义使消费水平成为自我价值的坐标

英国著名政治哲学家亚历克斯·卡利尼柯斯认为,"资本主义不仅压迫工人,而且诱惑着工人"[②],这种诱惑在笔者看来就是令人眼花缭乱的商品和无孔不入的消费主义。资本主义生产的内在矛盾是西方消费主义兴起的根本原因。我们知道,社会化大生产与资本主义私人占有制之间的矛盾造成的后果之一就是无产阶级有限的消费能力与生产趋向于无限扩大之间的不可弥合的裂缝。想在资本主义制度下弥合这个裂缝虽然是徒劳的,但是却可以在这个裂缝表面涂涂抹抹,暂时延长一下危机发生的周期,方法就是提倡、推动和鼓励大众消费。资本利润的实现离不开商品周转时间的缩短,提倡消费就能缩短商品的周转周期,大大小小的商品生产者不遗余力地推销自己的商品,就是为了能在竞争中打败对手,赢得缩短周转周期的胜利。第二次世界大战后,资本家推行的大规模生产、大规模消费的理论在西方世界迅速普及,即便是进入了后福特主义时期,转向更加个性化的消费,但消费主义没有减弱反而更加登峰造极了。在一个鼓吹消费、赞美消费的社会,通过消费人们才能获得满足感、存在感和价值感。并且通过消费,资本主义实现了一种平等感,即,即使人们的消费水平是不平等的,但是对消费的选择是平等的。西方工人的消费水平在第二次世界大战之后经历了很长的上升时期,这对工人心理的影响是十分巨大的。人们会认为,传统的吃不饱穿不暖的无产阶级不见了,大多数人现在的生活水平是"中产阶级"的,因而无产阶级"中产阶级化"了。正如有学者评论的那样,"人们在诱惑之下倾向于把自己定位成中产阶级。这在很多情况下

[①] [法]托马斯·皮凯蒂:《二十一世纪资本论》,巴曙松等译,中信出版社2014年版,第359页。

[②] 蒋天婵、鲁绍臣:《马克思主义与今日反资本主义——卡利尼柯斯访谈》,载《国外马克思主义研究报告2013》,人民出版社2013年版,第358、353—354页。

其实是一种宣传效应。例如，有数据显示非洲的中产阶级的数量在不断增加。然而，成为中产阶级不过意味着你穷得不够彻底。因此，在这种情况下，中产阶级这个观念毫无意义"①。

2. "平等主义"抹煞了阶级观念

在19世纪，工人与有钱人的区别仅凭穿着就可以看出来。在第二次世界大战后，从衣着上讲，随着化纤工业的发展，大批量服装以流水线的方式生产出来，牛仔裤、T恤衫等"无阶级性"服装成为主流服装样式，从外表基本上很难一眼分辨出不同的阶级了。更重要的是，西方的"政治正确"取得了重大进展，在政治、教育、文化、就业等各个方面取消了对性别、出身、种族和性取向等方面的歧视，于是，不管政治学家们定义的平等主义有多少种，"平等"的观念随着人们生活方式的趋同而深入人心，尤其是在美国这样的国家，只要足够努力就能成功的信条深入人心。这种"平等主义"并不是强调只有经济平等才能实现其他方面的平等，而是从抽象的平等观念出发，强调人不分肤色、性别、出身等生而平等、人们在市场上买卖地位的平等、强调努力等主观因素在成功方面的决定性作用，等等。

此外，在新自由主义对社会的大规模干预下，人们对家庭、工会等这样的"集体"的依赖被减少到最低限度，人们更加依赖自己在劳动市场的命运，为了生存，个人已经成为生活规划和行为的中心。在这种情况下，社会不平等不再显现为阶级的、集体的现象，而是变成个体化的现象，这导致"阶级认同已经瓦解了，基于身份的阶级区别已经失去了其传统的支持"②。关注不平等现实的阶级观念自然就与这种"平等主义"格格不入而备受冷落，阶级意识在人们的头脑中也就无处安放了。因此，德国学者乌尔里希·贝克认为，西方社会不平等的结构虽然有惊人的稳定性，但第二次世界大战后到20世纪80年代这段时期，不平等的主题几乎从日常生活、政治和学术中完全消失了。③在这种情况下，人们只会倾向于从收入、生活方式、价值取向等方面区分人群，而这正好是"中产阶级"概念所能

---

① 蒋天婵、鲁绍臣：《马克思主义与今日反资本主义——卡利尼柯斯访谈》，载《国外马克思主义研究报告2013》，人民出版社2013年版，第358、353—354页。

② [德]乌尔里希·贝克：《风险社会》，何博闻译，译林出版社2004年版，第111—113页。

③ 同上。

提供的。

美国学者保罗·福塞尔认为，人们的社会阶层主要由他们的生活品位和格调决定。① 这种观点不过是"文化资本"这类观点的发展。有国内学者认为，"社会等级已经由更多的文化标准来确立，而不是简单地以有产和无产、剥削与被剥削、压迫与被压迫等标准来划分。人们可以经由提高自己的生活品位来改变社会地位"②。显然，这种观点在其发源地西方就更为流行了，各种媒体尤其是时尚杂志喜欢讨论诸如"中产阶级"应该有什么样的生活方式和生活品质，穿什么样的品牌等问题。许多工人阶级就是因为有所谓的"中产阶级"生活方式，如拥有住房、度假、子女能上大学等就认为自己属于"中产阶级"而不是其他。20 世纪 70 年代一位英国"中产阶级"妇女就说过，"人总是不一样的，即使有同样的房子、同样的钱，还是不一样。我们的心灵要比工人阶级充实，因为我们读书"③。毋庸置疑，西方形形色色的非马克思主义阶级理论都是引导人们从非生产资料占有方面去定义和界定阶级，所以，人们的阶级意识普遍庸俗和非科学化。

20 世纪 70 年代时，半数英国人口认为阶级区分是"合理的"，超过 3/4 的人认为阶级区分是"不可避免的"。1991 年，一项调查显示 5/6 的英国人认为无阶级社会绝不可能产生。④ 但这并不代表无产阶级意识的觉醒；相反，却与英国长期存在的阶级的社会等级制度直接相关。也就是说，表面上英国传统的等级制度瓦解了，但地位和声望等级仍然顽强地存在着，以至于身处其中的英国人能够有强烈的"阶级存在感"。对"阶级合理性"的认同不过是英国人对这种阶级差异的"合理性"的认同，并且认为社会上有贫富差距是正常的。

3. "中产阶级"社会调查的误导

前面说过，西方划分"中产阶级"主要有四种标准，其中一种是以主观评价为标准，即以被调查者的主观愿意为标准确定他或她是否将自己归

---

① 参见[美]保罗·福塞尔《格调：社会等级与生活品味》，梁丽真等译，中国社会科学出版社 1998 年版。
② 周晓虹：《全球中产阶级报告》，社会科学文献出版社 2005 年版，第 52 页。
③ 同上书，第 54 页。
④ [英]劳伦斯·詹姆斯：《中产阶级史》，李春玲、杨典译，中国社会科学出版社 2015 年版，第 505 页。

属于"中产阶级"。一般情况下,西方各国按职业、收入等标准测算的"中产阶级"占总人口比率都比"中产阶级"的主观认同率要低许多,如2000年左右的时候,瑞典"中产阶级"的比重占55%,主观认同率却高达80%[①];德国中产阶级比例为50%,主观认同率为75%[②];等等。根据社会学界的调查数据,日本"新中产阶级"的比例与其他发达国家白领所占人群的比例差不多,但日本曾有高达九成的国民却自认为属于"中产阶级"。日本著名社会学家富永健一指出,日本"一亿总中流"的说法来源于日本政府的"国民生活舆论调查",该调查问卷把人群分为"上层、中上、中中、中下、下"5个阶层,在接受调查的人群中选择"中上、中中、中下"阶层的达到总样本的90%。而当社会学家在"社会分层与流动调查"中,改变提问方式,把人群分成"上、中上、中下、下上、下下"5个阶层,选择"中上、中下"阶层就只有近70%。这说明调查的结果与调查的提问方式有很密切的关联。但"一亿总中流"的说法,经由媒体的渲染,成为一种很流行的说法。[③]渡边雅男也指出,"国民生活舆论调查"给出的5个选项中除了上和下,其余都是与中层有关的选项,将众多的中等偏上、偏中、偏下的回答随便合计一番,就得出了抱有"中等"意识的人群超过九成这一结果。在世界其他13个国家进行同样的调查,也得出了和日本类似的结果。[④]

布雷弗曼指出,在某些人看来,阶级是思想意识的影响。因此在学究式社会学家看来,他们的任务就是通过填写调查表的方法把人们头脑中出现的阶级描绘出来,这种调查表往往使填写答案的人选择他们自己的阶级,从而使社会学家们免除了责任。比如在许多民意测验中,选项是"上等""中等"和"下等"阶级(每个阶级还包括一些阶层),在这些测验中,90%的人都将自己视为"中等阶级"。但当某人的调查表中增加了人们所喜欢选择的"工人阶级"时,工人阶级就突然变成了大多数答案的选择。布雷弗曼总结道,因此社会学家们测验的不是公众的意识而是他们自

[①] 杨宜勇:《关于瑞典和德国中产阶级的调研报告》,2004年1月26日,http://www.dajunzk.com/ruidianshehui.htm。

[②] 参见周晓虹主编《全球中产阶级报告》,社会科学文献出版社2005年版,导言第19页。

[③] 参见李培林《重新崛起的日本》,中信出版社2004年版。http://news.ifeng.com/history/shijieshi/special/huijia/detail_ 2011_ 01/03/3924481_ 0.shtml。

[④] [日]渡边雅男:《当代日本社会的十三个阶级问题》,陈哲译,《国外理论动态》2016年第4期。

己的意识。这种调查的方法是肤浅的、间接的和机械的。[①]

但这些不甚科学的调查报告却经过媒体的报道和宣传,在西方社会造成了浓厚的"中产阶级"意识,人人浸染其中,难免对自身的阶级定位产生错觉,在家庭经济状况比较好的时候认为自己就是"中产阶级"。

二 无产阶级内部的阶层分化与"中产阶级"

前面从工人的生活水平、阶级意识的角度分析了"中产阶级"观念在西方盛行的原因。现在,我们就从分工的角度来分析一下无产阶级内部的阶层分化。

(一)脑力劳动与体力劳动的对立

人的劳动总是脑力及体力的某种结合。在手工业的最初阶段,劳动就是体力劳动与脑力劳动的结合。资本主义工场手工业的发展使分工细化,体力劳动与脑力劳动的分离开始变得明显。马克思指出,"物质生产过程的智力作为他人的财产和统治工人的力量同工人相对立。这个分离过程在简单协作中开始,在工场手工业中得到发展,在大工业中完成。……大工业则把科学作为一种独立的生产能力与劳动分离开来,并迫使科学为资本服务"[②]。资本追逐利润的需要使脑力劳动与体力劳动日益对立起来,这也会使分别从事脑力和体力劳动的工人们日益对立起来,虽然这种对立并不是对抗性质的,但也分化瓦解了工人队伍。同时,由于包括先进的生产工具在内的所有的生产资料都被资本所占有,因此即便是掌握了科学技术的劳动者也不得不服务于资本的利益,这就是(资本主义)大工业迫使科学为资本服务的原因。从这个意义上来讲,脑力与体力工人的阶级利益在面对资本时又能再度统一起来。

第二次世界大战后,随着科学技术越来越多地被现代化大生产所利用,工业生产越来越仰赖于机器、电脑和网络,与此同时,操作机器的体力工人少了,与产品研发、设计和销售相关的脑力劳动者增多了。这一过

[①] [美]哈里·布雷弗曼:《劳动与垄断资本》,方生等译,商务印书馆1978年版,第30页。

[②] 《资本论》第1卷,人民出版社2004年版,第418页。

程更加鲜明地展示了脑力劳动和体力劳动分离的"敌对的对立状态",但是这种敌对状态不过是使"产品从个体生产者的直接产品转化为社会产品,转化为总体工人即结合劳动人员的共同产品"①。也就是说,脑力劳动者和体力劳动者虽然社会分工不同、职业不同,但他们都是生产剩余价值的总体工人,因此,脑力劳动者也是无产阶级的一分子,"白领"的大规模出现不过是无产阶级内部不同劳动分工的体现而已。

脑力劳动者的收入、待遇、工作条件一般情况下都要优于体力劳动者,他们虽然也受资本的剥削,但在较好的待遇下不那么显眼了,他们由于收入较好、生活水平更高,更能接受资产阶级的思想文化和制度。

之所以文凭或教育程度在许多学者那里成为划分阶级的根据,受过高等教育的人往往被划为"中产阶级",除了高学历者收入比普通工人高许多外,其原因在于在资本主义的教育体系中,接受的教育越多,就越认同资产阶级的意识形态,从而即使是身为无产阶级的一分子也无法意识到自己的真实地位,而是虚幻地认同自己属于"中产阶级"的一员。从这个角度来说,这种划分有它的一定道理,但绝不是真理,是被掩盖了的阶级面目以虚幻的形式呈现在世人面前。

但是,学历不过是衡量劳动复杂程度的一种标准,高学历不过是保证劳动者在劳动力市场卖个高价或在竞争中处于有利位置。但人们却认为学历是一种能够制造"中产阶级"的"文化资本"。因此,无产阶级中那些从事脑力劳动的部分,因为他们享有比较优越的工作条件和福利待遇,就会得到"中产阶级"的称号,这是一种关于阶级的错觉。

(二) 管理劳动与普通劳动的对立

资本主义生产是劳动过程和剩余价值增殖过程的统一,因此资本主义的管理劳动具有二重性,它既包括指挥劳动又包括监督劳动,管理劳动一方面体现了社会化大生产的需要;另一方面又体现了资本剥削劳动力的需要。资本家的资本一达到开始真正的资本主义生产所需要的最低限度,资本家就有机会脱离企业生产经营劳动。随着资本主义企业的扩大,管理劳动作为一种职能日益同资本所有权相分离,资本家就开始雇佣专门从事管理劳动的劳动者——各类工头或经理来承担管理劳动,他们是"不能在

---

① 《资本论》第1卷,人民出版社2004年版,第582页。

任何名义下，即不能用借贷也不能用别的方式占有资本的单纯的经理，执行着一切应由执行职能的资本家自己担任的现实职能"。而资本家则脱离生产、经营和管理劳动，成为"多余的社会阶级"①。

资本主义管理劳动具有二重性，决定了经理（此处指管理者）地位的二重性。一方面，资本家的收入取决于他无偿占有的剩余价值，代表资本家执行管理职能的经理等管理人员不创造剩余价值，从来源来看，他们的工资来自于资本家占有的剩余价值。尽管经理参与了管理劳动，但他们的工资来源于剩余价值，因此他们自然会站在资本的利益一边，因为所谓有企业的发展才会有他们的发展；另一方面，由于不占有生产资料，他们的工资又是来自于管理劳动，从这一点看，他们又是工资劳动者，因此"经理的薪金只是，或者应该只是某种熟练劳动的工资，这种劳动的价格，同任何别种劳动的价格一样，是在劳动市场上调节的"②。所以经理与资本之间也会产生矛盾，只是没有普通工人与资本之间的矛盾那样尖锐。

随着大生产的发展，资本主义企业的监督管理工作日益复杂化，从基层到高层建立了一整套的金字塔管理体系。这个金字塔基层的管理者尽管所得不比劳动者多多少，但是他们的阶级意识是倾向于资产阶级的，中层以上管理者的收入有一部分来源于剩余价值，从经济地位上来讲已经属于小资产阶级。随着股份制的发展，那些处于金字塔最高层的管理者如CEO，与普通工人的收入差距可达上百倍，他们的收入早就不属于"熟练劳动的工资"的范畴，而是和资本家一样分享股票和红利，已经属于资产阶级的一部分了。仅从20世纪80年代的情况来看，"高级管理者薪水收入上升的趋势，1986年有1/4的董事长和总经理得到的年收入增长了23%，有1/10已经增长了42%。股份购买权方案使得高级管理者薪水进一步增长，这一方案允许管理者获得他们公司中的大量股份，模糊了管理者阶级状况和食息者阶级状况之间的区别"③。在西方，大资本雇佣的顶尖经理人已经成为资本家的双重代理人，他们在政商两界的"旋转门"里一会儿扮演政客，一会儿又去商界当经理人，充当为资本谋取利益的掮客。从政治和经济地位来看，这些人不可能是无产阶级，而是资产阶级。

---

① 《马克思恩格斯全集》第19卷，人民出版社1963年版，第315—318页。
② 《资本论》第3卷，人民出版社2004年第2版，第495页。
③ ［英］约翰·斯科特：《公司经营与资本家阶级》，张锋译，重庆出版社2002年版，第286页。

从事管理劳动的人即使他仍怀着对他出身而来的阶级的感情，但他的经济地位已经发生了变化。对于基层管理者来说，他还可算作是无产阶级的上层，对于中高层管理者而言，他们应该被划入到马克思主义所讲的"中间阶级"中去。而那些收入中有很大一部分来源于剩余价值、其收入高于本行业最熟练工人数倍的人，他们已经被资产阶级吸引进了自己的队伍，应该看作是资产阶级的一部分。正如英国学者斯科特所言，"由于一个经理的税后总收入在很大程度上依赖于红利，从而依赖于利润，经理职业的倾向决不是同股东利息不相容的"①。马克思指出，资本家的代理人承担的资本对劳动的统治者的职能，它将随着资本主义生产一起消失。② 因此，在经理人中出现了大量的中小资产阶级分子，他们随时准备着被资产阶级看中上升为他们中的一分子，这部分人的"小资产阶级化"并不代表无产阶级"中产阶级化"了。

（三）南北方工人的对立

20世纪80年代以来，一些南方国家（即第三世界国家）获得了大量的外国直接投资③，并因此通过工业化进程形成了巨大的新工人阶级群体。但是，一项研究表明，国家之间的不平等而非国家内部的不平等，依然占据着世界总体性收入不平等的绝大部分，其比例范围约在74%—86%。第三世界人均国民生产总值的平均数，依然只是第一世界人均国民生产总值的平均数的一小部分：1960年为4.5%，1980年为4.3%，而1999年为4.6%。④ 这表明，资本主义发展不平衡的规律没有改变，如果从15世纪算起，发达国家在漫长的500余年全球化过程中一直维持着对第三世界国家的经济统治地位。也表明，世界各地的工人的工作、生活条件不可能是同质的。马克思指出，工人的劳动力价值不仅取决于生活资料的价值，更取决于形成一国工人阶级的特定的社会条件是什么，它使劳动力的价值规

---

① [英]约翰·斯科特：《公司经营与资本家阶级》，张锋译，重庆出版社2002年版，第291页。
② 参见《马克思恩格斯全集》第23卷，人民出版社1972年版，第394页。
③ 大多数外国直接投资依然在北方国家内部流动。1999年，在外国直接投资总额中有超过75%流向了高收入国家。[美]贝弗里·J. 西尔弗：《劳工的力量：1870年以来的工人运动与全球化》，张璐译，社会科学文献出版社2012年版，绪论第7页。
④ [美]贝弗里·J. 西尔弗：《劳工的力量：1870年以来的工人运动与全球化》，张璐译，社会科学文献出版社2012年版，绪论第12—13页。

定中包含着什么样的历史的、文化的和道德的要素。① 对于发达资本主义国家的无产阶级而言，他们的收入与生活水平不仅是由社会的物质财富水平决定的，更是与他们在历次的阶级斗争中所争取到的成果相关。因此，从全球范围来看，西方国家的工人享有的平均生活水平在全球无产阶级中无疑是最高的，他们极有可能会从这种对比中得出自己是和南方国家那些穷困潦倒的无产阶级不一样的"新阶级"——"中产阶级"。即使他们没有这样的比较，但根据世界银行等国际金融机构提供的"中产阶级"标准来衡量，他们中的大多数无疑也"被中产阶级"了。

三　"中产阶级社会"的物质基础

"中产阶级"虽然不是一个科学的概念，但它之所以能在西方深入人心，也有其物质依据，那就是西方社会较高的物质文化生活水平。创造这种生活水平的财富不仅有西方无产阶级的劳动，也有西方资本对全世界的盘剥。

（一）西方主导财富分配的资本主义全球化

资本主义全球化始于地理大发现之后，新大陆为西方资本的成长和扩张拓展了空间，也使世界开始联系到一起。葡萄牙、西班牙、荷兰、英国、比利时、德国等若干欧洲国家通过对"新大陆"的殖民，从南北美洲、非洲、亚洲、大洋洲等大陆攫取了无数的物质财富，还通过盗取非洲人口获得了无数奴隶。资本主义全球化若从 1500 年算起至今经历了约 5 个世纪，这个全球化的开端同时也是资本原始积累的开端，它是一个极其血腥的过程，资本不仅对本国劳动者痛下杀手，以棍棒、法律、监狱甚至绞刑架来驯服无产者为资本劳动，还通过侵略扩张、奴隶贸易等掠夺殖民地人民服务于资本积累，因此说资本主义发展的 500 余年是以血与火载入人类史册的绝无任何夸张之辞。

到第一次世界大战发生前，世界上的领土基本上被西方列强瓜分完毕。西方资本原始积累的很大一部分离不开对地球上落后地区的攫掠，资本主义发展的进程一方面使西方各国领先于其余地区；另一方面使被掠夺

---

① 参见《资本论》第 1 卷，人民出版社 2004 年版，第 199 页。

的地区积贫积弱，完全失去了正常的历史发展机会。但资本主义的腐朽之处就在于，即便是掠夺了如此之多的财富，也不过是使少数人巨富，更多人跌入贫困的深渊，每逢资本主义周期性经济危机发生，无产阶级就会面临更为严酷的生活考验，1929 年大萧条时期就有不少人冻饿而死。经济危机加剧了资本主义的社会矛盾，当时的西方国家更加积极地拓展殖民地，通过掠夺、移民和投资殖民地等手段来缓解社会矛盾。因此，除了从经济原因去理解殖民政策，还应当从社会原因去考察："愈来愈艰难的生活不仅压迫着工人群众，而且压迫着中间阶级，因此在一切老的文明国家中都积下了'一种危及社会安定的急躁、愤怒和憎恨的情绪；应当为脱离一定阶级常轨的力量找到应用的场所，应当给它在国外找到出路，以免在国内发生爆炸'。"① 列宁曾在《帝国主义是资本主义的最高阶段》中引用过资产阶级政客塞西尔·罗得斯 1895 年讲的一段话，当时此人参加了一个失业工人的聚会，他在那里听到了一片狂叫"面包、面包！"，他的结论是"我比以前更相信帝国主义的重要了"，因为"我的一个宿愿就是解决社会问题，就是说，为了使联合王国 4000 万居民免遭流血的内战，我们这些殖民主义政治家应当占领新的土地，来安置过剩的人口，为工厂和矿山生产的商品找到新的销售地区。我常常说，帝国就是吃饭问题。要是你不希望发生内战，你就应当成为帝国主义者"②。所以恩格斯认为："英国无产阶级实际上日益资产阶级化了，因而这一所有民族中最资产阶级化的民族，看来想把事情最终导致这样的地步，即除了资产阶级，还要有资产阶级化的贵族和资产阶级化的无产阶级。自然，对一个剥削全世界的民族来说，这在某种程度上是有道理的。"③

资本主义全球化第一阶段主要以直接抢占殖民地的形式展开，之后，第二次世界大战打破了由宗主国完全控制被殖民国家的国际旧秩序，资本主义全球化的第二阶段由此开始。但是旧秩序下不平等的国际分工体系仍然存在。西方国家的科技发展实力、金融实力等优势虽在战争中有所损失，但毕竟"瘦死的骆驼比马大"，它们很快在第二次世界大战后恢复了过来，并由于战后确立的雅尔塔体系提供了相对稳定的外部环境，西方社

---

① 《列宁选集》第 2 卷，人民出版社 1995 年版，第 647 页。
② 同上书，第 642 页。
③ 参见《马克思恩格斯选集》第 4 卷，第 338 页，转引自《列宁选集》第 2 卷，人民出版社 1995 年版，第 710 页。

会经历了长达三十多年的黄金发展时期。

雅尔塔体系同时也是一种不平等的国际政治和经济秩序,使第三世界国家分别依附于以美国为首的西方国家或苏联,美国在此体系中受益最大,成为世界上最强大的霸主。苏东剧变、社会主义阵营解体之后,西方资本迅速夺取了苏联的势力范围,还通过各种手段从苏东国家的私有化中巧取豪夺,一时间,西方资本风头一时无两,"历史的终结"或"别无选择"的豪言壮语激荡全球。因此,当我们谈到全球化之时,一定不能忘记这不仅是"资本主义的"全球化,这一阶段的全球化是以美国资本为首的"跨国金融垄断资本"的全球化,这种全球化通过金融扩张、铸币税、技术垄断、资本输出、商品输出等将全球经济史无前例地整合起来,使国际大财团从第三世界国家获得了超乎想象的超额垄断利润。所以苏联理论家布哈林说,经济全球化不过是资本主义内部矛盾在外部的延伸,也是资本主义对弱小国家进行掠夺的工具。[1]

虽然西方国家经历了伴随金融扩张的"去工业化"过程,西方产业工人急剧萎缩,工资低、福利少的服务业工人大量出现,但还是有很多工人的生活水平能保持在远比第三世界国家工人高的程度。而且社会福利制度的存在也使底层人民不至于活不下去,革命的前提是"统治者不能照旧统治、剥削者也不能照旧生活和统治下去"[2]就不存在了,列宁指出,帝国主义要收买本国下层阶级,使他们安分守己,"为了在经济上有可能进行这样的收买,不管收买的形式如何,都必须有垄断高额利润"[3]。而资本主义全球化条件下的国际经济秩序仍然是不平等的,这给国际金融垄断资本从第三世界国家赚取超额垄断利润提供了条件。

因此,西方国家良好的福利、较高的生活水平从历史层面看,离不开以各种形式从第三世界国家掠夺的财富打下的基础;从现实层面看,西方社会长期的发展走在人类社会的前列,在金融经济、科技文化、军事等方面一直处于优势地位,并且利用这一优势下形成的国际不平等的分工体系继续从第三世界国家攫取超额利润。这一分工体系也使西方工人能够得到更多高薪、高福利的优质职位,20世纪以来由于产业链的全球扩展,第三

---

[1] 李国平、周宏:《金融资本主义全球化:实质及应对》,《马克思主义研究》2014年第5期。
[2] 《列宁选集》第4卷,人民出版社1995年版,第193页。
[3] 《列宁选集》第2卷,人民出版社1995年版,第663页。

世界国家承接了来料加工、原料出口、成品制造等产业链下游的工作,其上游的研发、设计、咨询等工作在西方国家大量产生,于是出现了大量的专业和管理职业"推动了中产阶级的壮大,以致现在这个阶级分别占美国和英国人口的 30% 和 27%"[①]。

而第三世界国家的工人多数只能从事工资低微、工作条件艰苦,毫无福利保障的工作。前者与后者相比,显然过的是后者想也不敢想的"中产阶级"生活。虽然西方无产阶级本身也受本国的资产阶级剥削,但西方社会较高的生产力所创造的巨大财富无疑是高工资、高福利的"中产阶级"得以产生前提条件。

(二) 福利制度

福利制度是在无产阶级斗争的推动下,资产阶级为了维护资本主义制度的长治久安而不得不推行的社会保障制度,其实质是资产阶级从无产阶级创造的剩余价值也就是利润里拿出一部分来,以国家的名义为无产阶级的生老病死、子女教育等劳动力生产和再生产的方方面面提供必要的资助。

1. 历史渊源

工业革命之后,西方社会的生产力得到了极大的发展,马克思在批判资本主义的同时,也肯定了它在不到一百年的时间里创造的生产力,比过去一切时代创造的全部生产力还要多,还要大。同时,工人也遭受了极其残酷的剥削和压迫,工人的贫困和生老病死都一样令人触目惊心,这方面可以参见恩格斯的《英国工人阶级状况》。工人们的反抗刚开始是破坏机器和厂房,后来才发展到组织起来进行起义或罢工,比如早期三大工人运动:英国宪章运动、法国里昂工人两次起义、德国西里西亚纺织工人起义。19 世纪后期,随着马克思主义的广泛传播,社会主义运动在欧洲掀起了一阵阵革命高潮。

在镇压工人的过程中,统治阶级认识到暴力镇压固然重要,但如果能通过小恩小惠安抚工人那更合适不过了。俾斯麦早在 1871 年就认识到,"只有现在进行统治的国家政权采取措施方能制止社会主义运动的混乱局

---

① [英] 斐欧娜·戴维恩:《美国和英国的社会阶级》,姜辉译,重庆出版社 2010 年版,第 162 页。

面，办法是由政府去实现社会主义的要求中看来合理的和国家及制度相一致的东西"，并且"愿意支持任何目的在于积累改善工人处境的努力"，为的是"通过行政和立法手段挖掉社会民主党的老根"。1881 年他又说，"社会弊病的医治，一定不能仅仅依靠对社会民主党进行过火行为的镇压，而且同时要积极促进工人阶级的福利"①。他的思想得到德皇赞同，同年，威廉一世发表的《黄金诏书》宣称："社会弊病的医治，一定不能仅仅依靠对社会民主党进行过火行为的镇压，而且同时要积极促进工人阶级的福利。"并说，"一个期待养老金的人是最守本分的，也是最容易统治的"，改善工人福利，是为了"和破坏性的社会民主党的企图进行斗争"；认为社会保险是"一种消灭革命的投资"②。

在这种思想方针的指导下，德意志帝国一方面全力镇压德国工人运动（《反社会党人非常法》，1878）；另一方面，在首相俾斯麦的推动下，德国相继通过了《疾病保险法》（1883）、《工伤事故保险法》（1884）、《老年人与伤残者保险法》（1889），这三项立法为德国工人提供了最基本的社会保障，巩固了德皇的统治，但"俾斯麦的社会政策……并非一种出于关爱的社会政策，而是出于恐惧"③。对于统治阶级来说，社会福利政策是不得已而为之的权宜之计。1889 年德意志帝国的养老保险法案规定，养老金发放对象是 70 岁以上的老人皆可领取，但彼时德国人的平均寿命只有 40 多岁。④ 可见，俾斯麦设计的这种福利政策就好像挂在驴前面的胡萝卜，让工人可见而不可得，其虚伪性不言而喻。

1884 年，宣扬小资产阶级社会主义的费边社在伦敦成立，它批判自由市场但又不愿意彻底否定资本主义制度，希望通过改良的方式过渡到社会主义，特别推崇通过福利制度来解决自由市场带来的社会问题。费边社关于社会保障的思想对欧美福利制度的建设有重要影响。从 19 世纪 80 年代开始，欧洲、大洋洲的一些国家陆续建立了初步的社会保障制度，以社会救济为主，还未形成完整的福利保障体系。1929—1933 年的"大萧条"给人民造成了极大的伤害，到处都有数不清的人流落街头、到处都有人忍饥挨饿。资本主义的弊端在工人的眼中暴露无遗，苏联的繁荣吸引了人们

---

① 唐志明：《论俾斯麦的社会保险立法》，《贵州民族学院学报》2002 年第 6 期。
② 史探径：《世界社会保障立法的起源和发展》，《外国法译评》1999 年第 2 期。
③ 毛文园：《俾斯麦执政时期的社会保障制度》，《大众文艺》2010 年第 22 期。
④ 许飞琼：《论马克思的社会保障思想及其时代意义》，《政治学研究》2013 年第 3 期。

的视线，社会主义成为人们的向往，左翼主张在西方得到广泛赞同，而心怀恐惧的资产阶级右翼逐渐倾向法西斯主义来镇压工人，但即使是法西斯主义也懂得披上"社会主义"的外衣谋取工人的支持。

1935 年美国通过《社会保障法》，罗斯福说："早先，安全保障依赖家庭和邻里互助，现在大规模的生产使这种简单的安全保障方法不再适用，我们被迫通过政府运用整个民族的积极关心来增进每个人的安全保障。""实行普遍福利政策，可以清除人们对旦夕祸福和兴衰变迁的恐惧感。"[①]"社会保障"（Social Security）在英文中的意思就是"社会的安全"。

直到第二次世界大战结束后，全面的社会福利体系才在西方建立起来。战后，由于惧怕世界高涨的民族解放运动、工人运动引发新的社会主义革命，出于与社会主义阵营争取人心的需要，资本主义国家参照苏联福利制度普遍实行了比较高水平的福利制度。马克思指出，"利润率的实际水平只是通过资本与劳动之间的不断斗争来确定"[②]。事实上，福利制度的建立和发展也是和国内的和国际的资本与劳动的斗争来确定的。回顾福利制度建立的历史，可以发现，一方面，工人与资本家之间的矛盾是不可调和的，福利制度是在阶级斗争的压力下对这一不可调和的矛盾所做的有限的调和而不是彻底地解决，因而最初的福利制度往往出现在资本主义的劳资矛盾激化的危机阶段；另一方面，即便是在资本主义复苏、繁荣的阶段，也仍然存在着大批的产业后备军和大量的"穷忙族"（the working poor），维持这些人的基本生存而不是任由其自生自灭，有利于对在业工人形成就业压力，也有利于调节生产的不同阶段对劳动力的需求；此外，用工人创造的利润的一小部分维持最底层的人生存也总有利于资本伪善的形象。

2. 现实需要

首先，福利制度符合资本再生产的需要。各项福利制度使人们尤其是无产阶级的下层享有最基本的生存保障，从而极大地降低了社会风险，使经济利益互相冲突的阶级，不至于在社会不可解决的自我矛盾中、不致在

[①] 罗斯福：《罗斯福选集》，关在汉编译，商务印书馆 1982 年版，第 58、60、77—81 页，转引自史探径《世界社会保障立法的起源和发展》，《外国法译评》1999 年第 2 期。

[②] 《工资、价格和利润》，《马克思恩格斯全集》第 23 卷，第 806 页，转引自［匈］卢卡奇《历史与阶级意识——关于马克思主义辩证法的研究》，杜章智等译，商务印书馆 2004 年版，第 332 页。

无谓的斗争中把自己和社会消灭。资本家从利润中拿出来交福利费用的那部分钱，虽然也是工人创造的剩余价值的一部分，但是对于资本家来说却是他们为了社会稳定而不得不拿出来的"保险费"，类似于马克思所说的，"补偿风险的保险费，只是把资本家的损失平均分摊，或者说，更普遍地在整个资本家阶级中分摊"①。

资本的再生产包括合格劳动力的再生产。福利制度的存在，多多少少使劳动者不至于在面临教育、医疗、工伤、失业和养老等问题时都无力承担、陷于困境，那样的话，资本再生产的所剥削对象就不会有可持续发展。

目前西方的狭义的福利制度主要由社会保险和贫困救济两部分组成。广义的福利制度主要包括五大部分：社会保障、国民卫生服务、福利住房、免费教育以及个人社会服务。② 直接影响"中产阶级"生活的是社会保险，其中包括养老金、失业保险、工伤保险和医疗保险等。虽然"中产阶级"为了享受这些福利要以赋税的形式付出不菲的代价，但是否享受这些福利以及享有多少福利是西方衡量"中产阶级"成色的标准之一。

1951年，美国蓝领工人的报酬的17%是由福利构成，到1981年时，这一比例达到了30%。③ 1950年，政府支出占GDP的比例在法国为28%、德国30%、美国21%。到1999年，这一比例在法国为52%、德国48%、美国30%。今天的欧盟人口只占世界总数的7%，而社会开支占了全球的一半。④

从根本上来看，不管是从工人工资里扣除的社会保险费、还是雇主支付的工人社会保险费乃至政府的福利拨款，都是工人创造的剩余价值的一部分，而且通常从工人的工资里扣除的部分最多。如瑞典曾是世界上税收最高的国家，那里除了一般西方国家的常规税种之外还有成人教育税、小儿入托税等，1979年时中央征收的个人最高税率达87%。1985年瑞典雇员交纳的社会保险费相当于他们工资总额的34.5%，比美、英等国高得

---

① 《马克思恩格斯全集》第26卷（第3册），人民出版社1974年版，第393页。
② 毛锐：《私有化与撒切尔政府的社会福利制度改革》，《山东师范大学学报》（人文社会科学版）2007年第4期。
③ [美] 理查德·B. 弗里曼、詹姆斯·L. 梅多夫：《工会是做什么的？——美国的经验》，陈耀波译，北京大学出版社2011年版，第53页。
④ 陈季冰：《再见，欧洲传统福利国家》，《中国青年报》2013年5月21日第2版。

多。① 按总税收在国内生产总值中所占的百分比计算，瑞典为51.9%，高于丹麦的49.5%和芬兰的46.5%。个人所得税约占瑞典总税收的50%以上。②《布鲁塞尔日报》报道："在1990年至2005年期间，芬兰的平均总体税收负担为55%，丹麦为58%，瑞典为61%。……除了高出一大截的个人所得税外，还有针对消费品征收的增值税，高达25%。"但该报也不忘指出，维系北欧经济发展的关键在于，它们的企业税低于美国。③ 因此，在北欧，其福利制度运作的资金来源于劳动者，然而企业的税赋却相对很低。

在美国，如果个人年收入超过10.4万美元，那超过部分不予征收社保税。那么对于高收入者尤其是富翁来说，社保税最多缴纳不到8000美元。但是"中产阶级"要纳的税却不低，按美国目前的税率，一个年收入10万美元的双职工家庭，纳税额要占家庭税前总收入的1/3。④ 因此，西方高福利待遇是与高税收尤其是针对"中产阶级"的高税收紧密联系在一起的。

福利具有的宏观经济功用。2011年澳大利亚一篇《中产阶级福利》的文章指出，福利国家（welfare state）并不是出于政客的善意，它是一些非常聪明的经济学家发现的机制，这种机制能够使在大萧条时期凝固了的现金流再次在经济体中流通。这种现金流叫作"流动性"，它是任何经济体的命脉。比如给一个有500万元的人500元，对经济不会有什么需求刺激，因为百万富翁的基本需求和欲望已经得到满足。但如果同样的钱给只有500元的人，他们将立即冲到商店购买日用品等。给100万个仅有500元的人500元，他们会去购买各种各样的东西，创造出对数以百万计的产品和服务的需求。因此福利不会消失，它会在整个经济体中创造涟漪效应，在零售、制造和服务部门制造就业机会。此外服务补贴如儿童保育服务补贴也能确保许多有酬就业。以澳大利亚5岁以下儿童数目估算，削减儿童保育服务补贴将可能使至少10万人失业，因为如果补贴被取消多数人就无法支付昂贵的保育费用。因此，福利对"中产阶级"来说既是必要

---

① 李占五、吴强：《北欧市场经济》，时事出版社1995年版，第96—97页。
② 刘仲华：《国民高福利　国家高税收》，《环球时报》2001年11月2日。
③ ［美］史蒂夫·福布斯、伊丽莎白·艾姆斯：《福布斯说资本主义真相》，张锷译，中华工商联合出版社2011年版，第102页。
④ 张岩：《美国中产阶级一生要交多少税》，《环球财经》2013年第5期。

的也是有益的。①

但是正是有了社会保险这种强制性福利制度，才有可能把利润也就是剩余价值从原本完全属于资本家及资本家的总代理人国家的手中拿出一部分来进行社会再分配，无疑也是一种社会进步的体现，当然这种社会进步是波澜壮阔的阶级斗争所推动的。

对收入和遗产的征收累进税。1891年，普鲁士最先实施现代累进税，累进税率在0.67%和4%之间。到1910年和1913年，英国和美国才分别引入了分级所得税，最高税率分别为8.25%和7%，在30年后这一数字分别上升至97.5%和81%。②但后面经过新自由主义改革，累进税率大为下降。累进税虽然不能从根本上解决贫富差距问题，但缩小了这一问题的严峻性，使那种认为所有发达资本主义国家都正进入平等和平均主义的社会的观点深入人心。这种观点如密里本德所言，"也许可以毫不夸张地称作是这个时代伟大的'观念力量'之一，它支持诸如'大众社会''意识形态的结束'、工人阶级生活和意识的转变、西方社会民主政治性质，以及此外其他各种理论"③。"中产阶级"理论的兴起可以说和这种平等社会观点相一致。费边社会主义者认为，福利国家是工人阶级长期反对资产阶级及其盟友斗争的必然结果。理查德·M.蒂特马斯认为，工业社会需要国家福利制度以满足个人和社会需要，如果国家不予干预的话，弱势群体将受到不公正待遇，自由市场将扩大社会不平等程度，进而增加社会成本。蒂特马斯认为社会服务是种贿赂，资产阶级准备通过为工人阶级提供社会服务以换取他们的社会和政治抱怨；其次，蒂特马斯认为社会政策发展是为了缓解整个社会的困苦，是创造更加美好和更加团结社会努力的重要组成部分；最后，蒂特马斯认为社会服务发展是各式各样相互关联力量之间错综复杂相互作用的结果。④

新自由主义的理论家哈耶克认为，累进税实施很长时间以来，受益者

---

① Jeanne-Vida Douglas, *Middle-class welfare*, 17 May 2011, Updated 26 May 2011, http://www.brw.com.au/Page/Uuid/8e3c3de0-72db-11e0-b861-a3ce61b0ebaa.
② [英]哈耶克：《自由宪章》，杨玉生等译，中国社会科学出版社1998年版，第477—478页。
③ [英]拉尔夫·密里本德：《资本主义社会的国家》，《第二章 经济精英和统治阶级》，http://marxists.anu.edu.au/chinese/miliband/1969book/SateinCapitalist04.htm#_ftn15。
④ 刘继同：《"蒂特马斯典范"与费边社会主义福利理论综介》，《人文杂志》2004年第1期。

并不是最贫困阶层,而完全是那些处境较好的工人阶级以及下层"中产阶级",这一政策的主要后果是严厉地限制了最有成就者本能赚取的收入,由此满足了境况较差者的嫉妒心。累进税阻挡了经济进步导致了僵化。①哈耶克的这种看法显然是错误的,因为累进税的实质是对积累的财富即利润——工人创造的剩余价值的一部分的征收,它只是减少了资本家不劳而获的程度,减轻了财富不平等的程度,使整个社会看上去更像是差距不大的"中产阶级社会"。而实质上,即使是在瑞典这样一个累进税最高的国家,在过去 20 年中是发达国家中贫富差距拉大最快的国家之一。在过去 20 年中,占总人口 10% 的最贫困人口的收入只增长了 1.7%,而最富的那 10% 人口则增长了 63%。更值得注意的是,现在最穷的 10% 人口的月收入比 2006 年时还少了 567 克朗。②

从表面上看,累进税要求税率随收入提高,但它越到顶端越失效。因为真正有钱人的收入不可能仅仅来自于工资收入。"中产阶级"的税负似乎并不是很重,但由于它的收入来源比起富人来说要单一得多,因此它分散税负的机会就少多了。③

1929 年爆发的世界性经济危机或许使美国统治阶级认识到抑制过大的贫富差距能使资本主义避免马克思所预言的灭亡。美国实行了曾经是资本主义世界最高的累进税。从 1930—1980 年美国的最高的所得税税率达到 82%,20 世纪 40—60 年代的顶峰时期达到 91%,甚至在 80 年代仍然高达 70%。地产税同样也是累进制的,几十年间适用于最大量财富的税率在 70%—80%(在法国、德国这一税率从未超过 30%—40%),极大地降低了美国资本的集中化。1986 年的税制改革结束了累进税收系统并且将最高收入适用的税率降到了 28%。同时期还冻结联邦最低工资水平标准。④ 2011 年一位美国作者写到,1960 年时美国最高的收入调节税率是 91%,

---

① [英]哈耶克:《自由宪章》,杨玉生等译,中国社会科学出版社 1998 年版,第 479、491 页。
② 王娜:《瑞典贫富差距拉大 北欧童话不再》,2012 年 11 月 6 日,http://finance.sina.com.cn/world/ozjj/20121106/134713591397.shtml。
③ 《欧美中产阶层的标准与现状》,BWCHINESE 中文网,2012 年 12 月 14 日,http://www.bwchinese.com/article/1036506_3.html。
④ 托马斯·皮凯蒂:《皮凯蒂评美国大选:多数选民希望恢复平等主义传统》,澎湃新闻,贾敏译,2016 年 2 月 18 日,http://www.thepaper.cn/newsDetail_forward_1432800,原文 2016 年 2 月 14 日首发于法国《世界报》,原文链接:http://piketty.blog.lemonde.fr/2016/02/15/the-rise-of-sanders/?utm_source=dlvr.it&utm_medium=twitter#xtor=RSS-32280322。

尔后一路下降,到2000年是39.6%,现在是35%。投资收入适用税率是15%。同时,房地产税也已经面目全非。[①]这表明,资产阶级并不愿作茧自缚,一旦时机成熟,他们就会为自己松绑,期待资本主义通过累进税"进化"到或自动"长入"社会主义是完全的幻想,这个幻想已经到了终结的时候。

(三)纳入制度框架内的劳工斗争

阶级斗争不是无产阶级的发明,而是资本从诞生的那一天起就是资本家用来对付工人的手段。比如,在英国资本原始积累阶段,圈地运动就是运用包括暴力在内的各种手段迫使大量农民离开土地,流离失所。但无家可归的农民并不习惯手工工场的残酷剥削,许多人宁愿流浪也不愿意在工厂工作。都铎王朝颁布了一系列法律惩处不愿接受工厂劳役的流浪者,如割耳、烙印甚至处死等,强迫失地农民成为最早的产业工人。因此从一部资本主义发家史中也可以看到一部资本发动与劳动者的阶级斗争的历史,并且是一部从一开始就打上了资本利用国家机器强势镇压工人的烙印的历史。工人在长期不断的斗争中,逐渐发现工人必须团结起来才能用集体的力量增加资本镇压劳动的成本,从而迫使资本不得不权衡再三直到坐下来与工人谈判,于是工人们逐渐地从单打独斗,到组织起企业、行业甚至是全国性的工人组织——工会来共同反抗资本的残酷剥削与压迫。

现代工会出现在18世纪的欧洲,工会的出现意味着无产阶级开始组织起来,也意味着无产阶级从自在阶级向自为阶级的转变。统治阶级对工会的存在非常紧张,1791年在法国大革命的第一阶段,法国就颁布了《乐夏佩利埃法》(The Le Chapelier Law)禁止组织工会、严禁罢工。到1864年该法律才被废止,新的法律恢复了结社和罢工的权利。1799年英国颁布了《结社法》严禁英国工人组织工会并禁止工人与资本家就工资问题进行集体谈判。英国工会因此进入地下活动,但反抗并没有终止,而且工人境况还得到了大量同情,1824年英国废止了《结社法》。但随之而来的一系列罢工又使得《1825年工人结社法》出台,它允许成立工会但严格限制

[①] Don Peck, "Can the Middle Class Be Saved"? The Atlantic, September 2011, ISSUE, http://www.theatlantic.com/magazine/archive/2011/09/can-the-middle-class-be-saved/308600/,转引自译言网《美国中产阶级之殇》,flyingheart 译,2011年9月2日,http://select.yeeyan.org/view/59047/214488,2015年9月8日。

其活动。1848年德国印刷业工人建立了德国第一个工人组织，1873年德意志帝国政府颁布法案，迫使工人组织的社会民主运动转入地下。1848年，意大利第一个印刷工人协会成立。在美国，19世纪下半叶时成立许多工会组织，其中著名的有全国劳工联合会（1866）、劳工骑士团（1869）等。1886年，"美国劳工联合会"（简称劳联）成立。[1] 简言之，在第一次世界大战之前，西方各国工会运动虽然逐渐起步，但遭到统治阶级的提防、警惕与打压，发展极为有限。

第一次世界大战的惨痛代价使资产阶级开始意识到，在某种程度上需要对资强劳弱的形势作一些调整，以使各国国内劳资矛盾、生产过剩的矛盾不至于激化到需要通过国际战争来转嫁解决的地步。1919年国际劳工组织（ILO）依据《凡尔赛条约》成立。在国际劳工组织的章程的绪言中，写道：成立该组织的初衷是"鉴于普遍的和持久的和平只有在社会公正的基础上才能建立；鉴于劳工的生存条件对于大部分人而言包括了如此多的不公、困苦和匮乏，这种情况会导致巨大的动荡以至于威胁到世界的和平与和谐；改善这些条件势在必行……"[2]

当然国际劳动组织成立的初衷并不是为了解放无产阶级，而是资本在现实斗争中感到了改良的需要，正如马克思所说的，"一般说来，社会改革永远也不会以强者的软弱为前提；它们应当是而且也将是弱者的强大所引起的"[3]。

1929年发生的世界性经济大危机极大地动摇了资产阶级统治的合法性，这时，如何维护资本的统治出现了两种选择，一种是以德国、意大利等国为典型，通过国家政权的法西斯化来确保资本的集权专制；另一种是以美国为典型，通过凯恩斯主义式的改良来防止资本统治的崩溃。美国的"罗斯福新政"通过《国家工业复兴法》《紧急银行法令》《社会保障法案》《农业调整法》等法案直接或间接地对经济进行宏观调控，避免市场的盲目性进一步扩大对生产力的破坏。为调整劳资关系，缓解因危机而日趋激烈的阶级矛盾，1935年罗斯福政府颁布了《瓦格纳法》，该法承认了

---

[1] 1955年美国两大工会合并组成美国最大的工会组织"美国劳工联合会—产业工会联合会"（AFL-CIO）。

[2] *Constitution of the International Labour Organisation and Selected Texts*，http://www.ilo.org/public/english/bureau/leg/download/constitution.pdf，2016年1月16日。

[3]《马克思恩格斯全集》第4卷，人民出版社1958年版，第284页。

工会的集体谈判权,并使工会在国家治理体系中取得了一席之地。1883年,美国劳工联合会就提请国会赋予工会相应法律权利,以使工会享有集体谈判权。当时的劳联主席冈珀斯指出,如果工会有了相应的法律地位就可以胜任管理劳工之职,实现工会与管理层之间的和平。① 在美国工人运动的改良与革命之间的斗争中,通常是改良主义占上风。直到第一次世界大战和第二次世界大战的发生,社会主义革命的发生与反法西斯战争极大地推动了西方工人运动的激进化,包括在美国这样社会主义传统一向薄弱的国家,不少共产党员得以加入工会管理层,美国工人第二次世界大战后还掀起了规模巨大的罢工潮。

第二次世界大战结束之后,由于国际共产主义运动、民族解放运动与西方国家的工人运动相互促进、相互呼应,西方各国共产党尤其是法国、意大利等国的共产党在世界反法西斯战争中积累了极高的威望与实力,资产阶级的阶级专政面临极大威胁。但西方各国的统治阶级毕竟阶级斗争的经验老到丰富,它们一方面散布非政府武装威胁和平的言论;一方面积极着手解除共产党的武装。可悲的是,法共、意共的主要领导人在资产阶级的攻势面前毫无斗志,反而自废武功,丧失了夺取政权的大好形势。战后风起云涌的西方工人运动在统治阶级眼中是苏联共产主义的"阴谋",驯服工会及工人运动是当务之急。通过不懈的努力,尤其是以美国为代表的反共产主义、反工会的冷战势力的努力,通过了《1947年劳资关系法》又称《塔夫脱—哈特莱法》(Taft – Hartley Act),明文规定若工会要取得合法地位,则工会官员要进行"反共宣誓",绝对排除工会组织中的共产党势力,在工会内部扶植起听命于资产阶级利益的工会右翼,培育出以追求劳资合作为宗旨,以谈判和妥协为主要行为方式的工会组织。美国最大的工会组织"劳联—产联"甚至还输出"劳工帝国主义",配合美国在世界各地的颠覆活动,比如资助波兰团结工会,在波兰剧变中扮演了不光彩的角色。西方工会组织除少数国家外,如希腊等国,多数宣称"中立",独立于党派或教派之争,在资本势力主导一切的社会,这种"中立"不过是宣誓绝不与共产党等马克思主义政治力量结盟罢了。

在西方各国对于罢工都有严格的规定,比如在德国,企业员工可以加

---

① 周剑云:《试论美国劳资集体谈判的确立——1935年〈瓦格纳法〉的缘起》,《世界历史》2009年第4期。

入工会组织,但企业里不允许有工会活动。每年都是由产业工会与相对应的"雇主协会"进行工资标准的谈判,如果谈判失败必须进行调解,调解失败才有可能罢工,而且罢工不能脱离谈判范围进行。而且集体合同的有效期内,罢工是非法的。另外,在德国组织罢工还要支付工人罢工津贴(相当于工人平时工资的60%),所以能组织罢工的工会还必须要有一定的经济实力。[①]总之,通过种种努力,资本成功地将劳工运动纳入合法化轨道,将阶级斗争的潜在威胁化解为制度化的劳资协调制度,用"阶级斗争的制度化"来限制阶级斗争。但不要忘记,这样做的前提是,在西方"政治领域的最根本特征是对社会暴力的垄断性使用,……建立一整套司法体系,确保以非暴力方式来解决经济领域的各种争端"[②]。正是由于有暴力为后盾,资产阶级才放心地让工会参与进社会伙伴关系中来。

西方国家拥有比较强大的工会系统,工会可以在与企业的谈判破裂或是抗议国家某项政策的情况下号召工人举行罢工,甚至是全国大罢工,但从来也没有一个西方国家因为工会领导罢工而发生社会主义革命,反而使资本主义延缓了死亡的到来。因为,资本家们明确地知道,没有马克思主义政党的领导,工会可以组织谈判、抗议甚至罢工,但最多达到迫使资本家有限的妥协和让步,在一定意义上调节劳资关系,缓解劳资矛盾而已。这就是用"阶级斗争的制度化"来限制阶级斗争。

约翰·韦斯特加德认为,阶级政治在西方经历了一个"制度化"的过程,"在这一过程中,阶级冲突历史地被正式承认进入政治领域,而且逐渐形成了政党围绕其进行动员的被认可的主旋律。但结果它也在很大程度上被制度化地驯良和变得温和了。妥协,起初仅是作为一种策略来追求,但却经常变成目的。改良,被认为较容易实现,并且能够带来一些有形的利益,不正面挑战现存秩序。然而当正面挑战降临面前,当改良走到了自己的尽头,制度化政治中的阶级内容却已经被抽干了"[③]。

西方"中产阶级社会"的神话之所以能在一段时期内存在,是由一系

[①] 《日本与德国的工会模式》,《时代风采》,2010年5月29日,http://news.ifeng.com/history/special/minguobagong/detail_ 2010_ 05/29/1565846_ 0. shtml。

[②] [美]内森·罗森堡、L. E. 小伯泽尔:《西方现代社会的经济变迁》,曾刚译,中信出版社2009年版,序言第Ⅶ页。

[③] [英]约翰·韦斯特加德:《1979年以来英国的阶级:现实、理论和意识形态》,载[英]戴维·李、布赖恩·特纳主编《关于阶级的冲突——晚期工业主义不平等之辩论》,姜辉译,重庆出版社2005年版,第195页。

列特殊的历史条件所决定的,但这些条件并不是稳定的、一成不变的,它们本身就是第二次世界大战后特殊的政治、经济安排的结果。一旦冷战结束、东西方阵营对峙的消失,这些条件赖以存在的环境有了变化,必然引起这些条件的变动,最好的例子就是西方各国普遍收紧了对工会的限制,通过政策法规限制、削弱甚至剥夺工会的权利,通过一些经济与社会政策间接削弱工会力量,或者直接暴力镇压工会运动,如英国1984—1985年的煤矿工人大罢工,极大地削弱了工会运动,导致英国工会参与率普遍下降。2012年时美国工会参与率由2011年的11.8%再降至11.3%,有研究表明,这是自1916年以来的最低水平。[①] 而资本积累的规律也驱使以牺牲劳动者权益为前提的"改革"来遏制资本利润的下降趋势,这些因素在总体上加速了"中产阶级社会"神话的破灭,我们后面会继续更具体的分析。

[①] 劳工部专家对工会会员人数年度大幅下滑给出了数个原因,其中包括某些州推出的新法律限制了工会权力;波音和大众汽车等制造商在非工会州持续扩张;零售业和餐饮业等持续增长的行业很难见到工会的影子。参见俊逸《美国工会参与率降至近百年新低》,2013年1月24日,新浪财经,http://finance.sina.com.cn/world/mzjj/20130124/214614394086.shtml。

第四章 "中产阶级"与阶级斗争

"中产阶级社会"本身并不真实,却是西方社会所谓的"社会常态"。正所谓:"假作真时真亦假,无为有处有还无。"我们只有将"中产阶级"放到历史大背景下考察,才能发现它是如何将"虚幻"转变为"真实"的。在阶级研究在西方被刻意冷落的时代,"阶级斗争"被妖魔化的年代,"中产阶级"却成为政客、政党、学者、媒体乃至平民百姓随意并频繁提及的概念,彰显了它在话语体系、意识形态领域的显赫地位。这种反差实际上是阶级斗争的一种体现。

一 资本对劳动"分而治之"的统治策略

前面已经讲过所谓的"中产阶级"里的很大一部分其实是无产阶级,他们真正的阶级身份被"中产阶级"给遮蔽了。将这部分人从无产阶级里人为地划分出来,其实是资产阶级的"政治正确",符合其一贯的"分而治之"策略。

从地理大发现开始,资本就将它的触角慢慢伸到世界的每一个角落,不管是美洲的印第安人部落还是亚洲的农耕社会,到处留下资本以武力开拓疆土的创伤。在掠夺殖民地的过程中,西方资本逐渐学会了从自己动手征服到挑拨内部矛盾、制造代理人并坐收渔利;在管理殖民地的过程中,西方资本学会了从直接统治到扶植代理人和傀儡政权,甚至通过输入西方经济学等社会科学和西方意识形态使第三世界国家走上符合西方利益的发展轨道;西方资本在不得不放弃殖民地时,会通过制造边界纷争、民族归属和宗教信仰等遗留问题,找到新的干预点或利益代理人,比如,英国以"蒙巴顿方案"分割印巴两国、制造克什米尔争端等。可以说,近代以来,以英国为代表的老牌帝国主义和帝国主义的后起之秀美国都是在第三世界制造"分而治之"的老手和高手。对于资本而言,对付本国被统治阶级的反抗经验也很丰富，它在阶级斗争上也娴熟地运用"分而治之"的策略。

（一）种族歧视

在这些策略中最重要的就是制造和利用种族或族裔矛盾，分化瓦解被统治阶级。美国著名历史学家霍华德·津恩在《美国人民的历史》中指出了北美统治阶级在被统治阶级中制造族裔矛盾的手段主要是制造白人与少数族裔的矛盾来转移阶级矛盾。在18世纪中叶，北美殖民地的阶级矛盾日趋尖锐，各种形式的阶级斗争层出不穷，统治阶级意识到，如果占人口绝大多数的穷苦白人、印第安人、黑人联合起来，后果必将不堪设想。最好的办法是，"对印第安人发动战争，以获得白人的支持，从而转嫁矛盾，让白人贫民与印第安人交手，统治者们从中坐收渔利，以维持他们的地位"。①同时"要切断印第安人和黑人之间的联系，以免本来人数就占优势的那些家伙们给我们造成巨大的威胁，这样我们就可以对他们各个击破。因此，法律规定自由的黑人不允许到印第安人的领地中去。而在与印第安人的协约中，又立有明确的条款，要求印第安人必须遣返逃跑到他们那里去的黑奴"②。

埃德蒙·摩根在研究弗吉尼亚奴隶制度的基础上，指出种族主义并不是什么"天生"的黑白之别的产物，而是源于阶级偏见与歧视，是一种现实的进行控制的工具。要避免贫穷的自由民和奴隶联合起来，有一个很简单的办法，"即使不公开讲，人们也会渐渐认识到，那就是实行种族主义，即通过设立一道种族主义的屏障，从而把危险的自由白人与危险的黑奴分离开来"③。因此，甚至贫穷的白人也会看不起那些比他们境况要好的黑人，自认为比黑人高人一等，这种种族意识的存在严重地分裂和分化了无产阶级的力量，使资本能更轻松地驾驭劳动者。

美国历史上曾多次出现每当失业率升高时，就会出现种族对抗的情况。经济危机时期雇主倾向于雇用少数民族工人，他们通常能接受更为廉价的工资，这就是劳动力市场里的种族界线，种族歧视、种族主义和种族

---

① [美]霍华德·津恩：《美国人民的历史》，许先春译，上海人民出版社2000年版，第46页。
② 同上书，第46、47页。
③ 同上书，第48页。

敌视就会产生并支配了工人间的冲突。如，19世纪末美国劳工联盟试图禁止华人进入美国，19世纪90年代在宾夕法尼亚州杀害匈牙利和斯拉夫矿工的事件，1919年随着回国的战争老兵与移居北方的黑人就业竞争，在许多城市发生了种族骚乱。现在西方仍然存在移民工人拉低当地工资标准的现象，而且，西方制造业大规模向劳动力低廉的第三世界国家迁移，造成西方工人对那些取代他们的人的种族歧视。① 荷兰共产党指出，资本主义危机的根源在于资本主义制度，资产阶级媒体对此当然是避而不谈，他们热衷的是在工人阶级不同阶层之间搬弄是非，使他们互相攻击；还把福利制度的衰落说成是移民滥用社会服务造成的，在工人阶级内部制造混乱；在退休金制度改革上挑唆年轻人和老年人相互攻击，但这些攻击却伴随着对私人财产及企业家的赞美，丝毫没有触及资本主义制度是造成一切危机的根源问题。②

种族问题实际上是阶级问题的另类体现，制造种族歧视观点的是最初的殖民者和征服者，他们为了统治的便利，编造出许多有色人种智力或能力比白人低劣的谬论，为的就是分裂同为阶级剥削对象的不同肤色的人们，使他们不能够克服偏见团结一致对付剥削阶级。这种歧视和偏见一直伴随着西方的工人运动，在共产主义运动陷入低潮的今天，种族歧视更为严重。只有无产阶级的大部分人都意识到这种分裂手段的卑鄙的时候，他们才能克服歧见，团结一致对付共同的阶级敌人。

在种族歧视的基础上，资本家还发展出了利益等级来分化无产阶级。这里谈的等级，不是技术等级，而是指与技术等级无关的根据种族、性别、国别等因素划分的收入待遇等级。当然这种等级划分并不合理，因此它只能是以一种潜规则的形式存在着。

资本家最害怕的是工人的觉悟和团结。为了阻止工人从"自为的阶级"转变为"自觉的阶级"，资本家除了不遗余力地从思想上洗脑，妖魔化马克思主义和社会主义制度，更重视在日常工作和生活中对工人进行"利益切割"。资本在全世界雇佣劳动者，但"工人的报酬也将因种族、性别、国别、社会阶级不同而千差万别。精英们藉此创造出各种不同的压迫

---

① ［美］文森特·帕里罗等：《当代社会问题》（第四版），周兵等译，华夏出版社2002年版，第198页。

② 宋丽丹：《第十二次国际共产党工人党会议综述》，《马克思主义研究》2011年第3期。

标准，这种标准如同保持财富金字塔稳固的台基，极富技巧"①。"在美国，从东欧和南欧移入的侨民做工资最低的工作，在升为监工和做工资最高的工作的工人中，美国工人所占的百分比最大。（注：古尔维奇《移民与劳动》1913年纽约版）帝国主义有一种趋势，就是在工人中间也分化出一些特权阶层，并且使他们脱离广大的无产阶级群众。"②也就是列宁所说的培养出了一个对资本家忠心耿耿的"工人贵族"阶层。

资本家还利用劳动者的分工不同而人为设置不同的职权及薪酬等级，使工人之间的等级差异也类似金字塔形状，这一切都是为了让工人为了更好的等级而彼此竞争、疏远和对立，使他们经常因无法克服私人利益的纠葛而分裂。如在美国薪资最高的20%员工，整体所得超过中间60%的员工。③

等级利益的分割在工人间尤其是在"白领"间人为设置了"以邻为壑"的竞争心态，工人虽然有相同的经济地位，但他们彼此竞争妨碍了他们的团结和联合。

（二）性别歧视

父系社会以来男性对女性的压迫与桎梏也被资本充分地运用到"分而治之"的实践中，虽然国际上有诸如《男女工人同工同酬公约》等力求改善女性就业地位的公约，但男女同工不同酬、女性就业和升迁的机会更少等现象根深蒂固。从全球的角度来看，女童教育的改善并没有转化为经济参与或赋权的收益；工资差距巨大，非正规劳动力中的女性隔离；女性只能在特定部门就业等。女性为了平衡工作与家庭的矛盾，不得不接受比男性低的工资和不稳定的工作。2012年时，全球33亿劳动力人口中共有约13亿约39.9%的女性劳动者。④ 联合国一项调查发现，在所有国家，女性在家务上花费的时间至少是男性的两倍，如果把所有有酬和无酬劳动考虑进来，女性比男性的工作时间都要长。⑤ 女性由于家庭的原因在劳动力市

---

① ［美］霍华德·津恩：《美国人民的历史》，许先春译，上海人民出版社2000年版，第213页。
② 《列宁选集》第2卷，人民出版社1995年版，第667页。
③ ［美］理查德·隆沃思：《全球经济自由化的危机》，应小端译，生活·读书·新知三联书店2002年版，第78页。
④ Bahira Sherif Trask, *Enhancing the labour participation of women: Work-family balance and unpaid work*, http://www.un.org/esa/socdev/egms/docs/2015/sd-agenda2030/BahiraSherif-ppt.pdf.
⑤ "The World's Women 2010: Trends and Statistics", United Nations, 2010.

场的进退会影响到退休、提升、发展长期技能、职业规划等。

事实上,男女的不平等也是阶级不平等在性别领域的体现,虽然女性承担了繁衍人类的生育责任,承担了劳动力生产和再生产中的绝大多数无酬劳动,但在资本主义社会里这都不是女性应更受呵护的理由,而是成为女性在劳动力市场更弱势、更没有竞争力的"短板"所在。资本恰恰是利用了男权社会的遗毒对女性劳动者进行更残酷的剥削,而让许多女权主义者们不恰当地把矛头对准"男权"和"父权"。

旧中国是一个承袭了极端歧视妇女的封建遗毒的社会,新中国成立以后,第一部颁布的法律就是废除了压迫妇女几千年的封建婚姻制度的《婚姻法》,政府还提供了女性平等接受教育、平等就业、同工同酬的法律政策保障,使妇女成为名副其实的"半边天",在很短的时间内就走完了西方资本主义国家妇女解放运动200多年才走完的道路,甚至在同工同酬这方面还有过之而无不及。这就表明,社会制度的性质是决定妇女解放的关键因素,西方社会如此发达却还不能实现真正的男女平等——最明显的是男女同工不同酬,是因为男女的不平等更有利于资本的积累,所以男女平等在资本主义制度下仍然是个社会问题,这是由于资本"非其不能也而非其所愿也"。

(三)"中产阶级"的划分

第二次世界大战后,西方体力工人数量的萎缩,使新的"分而治之"策略——将脑力劳动者、小资产阶级甚至资产阶级的一部分都划入"中产阶级"中去,成为最新、最有效的阶级治理手段。划分"中产阶级"的标准有多种,如收入、职业、生活方式、受教育程度、主观认知等,这样一来,无产阶级或工人阶级的队伍就被人为地拆散了,他们中的许多人被"中产阶级"了。

在西方,各种关于"中产阶级社会"的文章屡屡见诸各种读物,这种社会结构的特点被描述为"中产阶级"占大多数,社会的"阶级结构越来越像中间突出的钻石,而不再像金字塔状"[1]。极富或极穷的人都只是"钻石"两头的极少数,所以媒体和学者声称这种社会结构能成为迄

---

[1] [英]戴维·李、布赖恩·特纳主编:《关于阶级的冲突——晚期工业主义不平等之辩论》,姜辉译,重庆出版社2005年版,第52、59、61页。

今为止最为合理和稳定的社会结构。"中产阶级"不仅被看成是塑造这种社会结构的功臣,甚至可能是消灭阶级的积极因素,因而在中国也有学者认为在"欧美发达国家,第二次世界大战后30年间的经济繁荣导致了中产阶级的迅速扩张从而成为一个大众阶级(绝大多数社会成员都是中产阶级),而其后果是社会阶级的消亡……"① 当然西方社会到底是不是"钻石型"的、阶级在西方社会到底有没有消亡这样的假设这里先不验证,但是,不能否认的是由这种以"中产阶级"为核心的假设,推导出无产阶级或工人阶级的消亡,甚至是阶级本身的消亡这样的结论,却理所当然地被广泛传播了。如果工人们大多自认为是"中产阶级",那么他们还会认识到自己是资产阶级的掘墓人吗?在以"中产阶级"为核心的话语体系中,资产阶级和无产阶级"消失"了,在一个只有"中产阶级"和极少数的失败者(loser)和精英(elite)的社会里,一切个人的不成功都是咎由自取,一切阶级矛盾也就灰飞烟灭了,阶级斗争也就"消失"了。填补这种斗争空白的是社会治理问题,如同性恋问题、堕胎问题、环保问题、种族问题、女权问题等,围绕这些问题的进行的是"新社会运动",各有所好的"中产阶级"们在这些运动中寻找能够充实生命意义、履行社会责任的领域,这才是"中产阶级"为主体的公民社会具有重大意义的事情。

然而,资本主义世界并不能避免危机,经济危机到来之时,譬如2008年发生的"大衰退","中产阶级"因为多数背有房贷、学生贷款等负担,又面临大规模裁员,纷纷宣布破产。这个时候本来是人们认识资本主义阶级社会本质的大好机会,不过,正是由于"中产阶级"理论将资本主义社会结构演化成为中间大、两头小的假象,那么,社会运转出了问题就去寻找最顶尖的那1%问责就可以了。1%的人是谁呢?按2001年诺贝尔经济学奖获得者、原世界银行资深副总裁约瑟夫·斯蒂格利茨的说法,1%的人是那些"取走将近四分之一国民收入"的人,包括拿着极高薪水的企业高管、J. D. 洛克菲勒和比尔·盖茨等。② 据说是因为这1%的人尤其是华尔街的精英们的贪婪制造了经济危机,是政府对1%的

---

① 李春玲主编:《比较视野下的中产阶级形成》,社会科学文献出版社2009年版,序言第7页。
② [美]约瑟夫·斯蒂格利茨:《1%的"民有、民治、民享"》,宋丽丹译,《环球时报》2011年10月18日第15版。

管制不严、监管失职……这样，经济危机的责任就在于1%的少数人，资本主义制度的失败就成功地推卸给治理不善。"占领华尔街"运动里的那句"我们都是99%"的口号就代表了这样的逻辑，即不是资本主义制度出了问题，而是那1%的贪婪之徒制造的问题。因而，"中产阶级"这一概念不仅解构了资产阶级与无产阶级的对立，甚至还有助于化解资本主义合法性危机。

二 意识形态斗争的需要

阿尔都塞在《意识形态和意识形态国家机器》中从生产条件再生产的角度指出，劳动力的再生产不仅是劳动力技能的再生产，也是用统治阶级意识形态对工人进行"洗脑"的过程。国家暴力机器通过暴力发挥功能，而意识形态国家机器是通过"运用意识形态"发挥功能。掌握政权的阶级如果不能对意识形态国家机器行使领导权的话，那么它的政权就是岌岌可危的。因为意识形态国家机器也是阶级斗争的场所。要理解和解释一定社会中的各种意识形态离不开阶级和阶级斗争的观点。[1] 在社会主义从理论变成实践、社会主义国家纷纷建立之后，与马克思主义争夺"阶级"话语权在西方意识形态斗争中的重要性日益凸显。

美国学者安格斯早在1942年就指出，"中产阶级"（middle classes）被告知是"根据他们的本质和处境，……明显地注定是公正和自由的理智的理想的护卫者"。因此要建立一个合理的政治哲学，它"将抛弃共产主义或法西斯主义把人类明确地划分为两个阶级"，"将尤其认识到'中产阶级'在拥有良好宪法的全体国民（body politic 指在一个政府领导下组成一个政治集团的人民）中的决定性政治功能"[2]。面对第二次世界大战后的"共产主义威胁"，国际垄断资本集团降下了针对社会主义阵营的冷战铁幕。军事上的冷对抗、封锁苏东国家等是从外部化解所谓苏联进攻的危险。对内是开动宣传机器将社会主义国家描绘成暗无天日的集权社会，把共产主义描绘成与法西斯主义一样危险的极权思想，同时还打压国内共产

---

[1] ［法］路易·阿尔都塞：《意识形态和意识形态国家机器》，李迅译，《当代电影》1987年第3期。

[2] H. F. Angus, *American Journal of Sociology*, Vol. 47, No. 4 (Jan., 1942), pp. 636–637, Chicago: The University of Chicago Press, Stable URL: http://www.jstor.org/stable/2769064.

主义组织、机构或个人。在美国还出现了麦卡锡主义,它动用白色恐怖手段打击任何被怀疑与共产主义有联系的组织、机构与个人,使"左翼"组织遭到破坏,"左翼"人士受到迫害,使人们对社会主义、共产主义、马克思主义闻之色变。时至今日,在一些西方国家,许多共产党人仍不敢公开自己的身份,因为那会导致就业困难和失业。同时,冷战期间,西方社会普遍经历了生产力高速发展的"黄金时期",包括工人阶级在内的群众生活水平有了很大的提高,所有这些内外因素就为解构和消解阶级意识提供了良好的环境,阶级意识的淡化将有力地阻止共产主义对资本主义的"和平演变"。

前面说过,"无阶级的神话""阶级的消失""永别工人阶级"等围绕"去阶级化"的学术研究在西方学界非常盛行。但面对西方社会怎么也抹煞不了的阶级现象,学者们睁眼说瞎话——"阶级不存在了"还是不能服众。因此,在"阶级"存在的前提下,如何从根本上颠覆马克思主义的阶级概念,如何把"阶级"从揭示不平等根源的概念转化为代表不同收入、生活方式、教育程度等与占有生产资料毫无瓜葛的概念呢?从1951年米尔斯开创了"白领"研究新领域开始,以西方发展的"黄金时期"为契机,以脑力劳动者不同于马克思时代的传统工人阶级为由,西方学界纷纷以"白领"为核心创造了多种阶级概念,如"新阶级""新中产阶级"等,最终代表一定收入/生活水平人群的"中产阶级"概念在经济学、社会学等各社会学科得到广泛运用,媒体也紧随其后宣传这一词汇。"中产阶级"之所以能得到广泛青睐,应该是由于它抽离了马克思阶级理论中"生产资料所有权"这一核心要素,而将收入即钱包的大小或职业作为决定阶级的关键因素,这样"阶级"就成为一个与个人努力、机遇、市场能力等相关的概念,而与所有权、剥削等概念毫无关系了,从而也就实现了阶级概念的无害化。

保罗·斯威齐指出,对资本主义来说,再没有任何问题比把真相掩盖起来更重要了。他坦言由于他和保罗·巴兰都缺少实际的产业工作经验,因此他们在写作《垄断资本》一书时受到了资本主义理论家竭力鼓吹的许多神话和谬论的欺骗,比如,他们"轻信了在上半个世纪(指20世纪上半叶——笔者注)中非熟练劳动力的百分比大量下降的全部神话"。好在哈里·布雷弗曼将实际经验和理论才能结合,非常充分地反驳和揭露了资本主义辩护士的曲解和谎言，尤其是熟练劳动力不断增加的神话。① 事实上，由于技术的进步，从前许多需要特别技巧的工作消失了，在有电脑和机器的地方，工作所需要的技能在下降，资本对熟练劳动力的需求相对于非熟练劳动力而言下降了。熟练劳动力不断增加的神话是构成"中产阶级"神话的一部分，因为非熟练劳动力成为"中产阶级"的可能很低，如果熟练劳动力在某社会总劳动力中所占百分比不断提高的话，则"中产阶级"社会就很容易实现了。

对于许多深信自己是"中产阶级"的工人而言，生活中任何不可预测的突变如失业、疾病等都有可能将他们抛入现实的冰水之中，那时他们就发现"中产阶级"根本改变不了他们的社会地位和阶级身份。英国《卫报》2010年的一篇文章以美国为例，指出中等收入停滞了十年，按实际价值计算还低于1999年。自2007年12月以来，危机的打击使中等收入还下降了4.2%，超过600万美国人跌落官方贫困线以下。文章指出，"中产阶级"一直是一个意识形态的建构，实际上是梦想的一种表达。作者认为，政客们都承诺要为"中产阶级"做些什么，但他们最应该做的就是告诉大众真相，那就是美国人一直用工人阶级的工资过"中产阶级"的生活，中间的缺口用信用来弥补。这种做法已经穷途末路了。②

从"占领运动"我们可以清楚地看到，即便是发生了体现资本主义根本矛盾不可解决的经济危机，人们也多数只是将怒火投向那可恶的1%，而不是从根本上推翻资本主义，建设一个更好的社会。"中产阶级"在实现工人阶级斗争目标的转移上究竟起了多大的作用，还不好下定论，但是如果说要找出一个通过意识形态与社会概念相结合达到提高资本主义社会统治稳定性的最好范本，那么"中产阶级"应该是其中最成功的一个概念。

另外，如果"中产阶级"成为资本主义社会的主要阶级成分，那么，马克思的断言，"资产阶级时代……整个社会日益分裂为两大敌对的阵营，分裂为两大相互直接对立的阶级：资产阶级和无产阶级"③，不就成为现代

---

① ［美］哈里·布雷弗曼：《劳动与垄断资本》，方生等译，商务印书馆1979年版，前言，第2页。

② Paul Mason, *America's new poor: the end of the middle-class dream*, 12 October 2010, http://www.theguardian.com/commentisfree/cifamerica/2010/oct/12/end-of-the-middle-class-american-dream.

③ 《马克思恩格斯选集》第1卷，人民出版社1995年版，第273页。

社会对于马克思主义最不利的"不在场"证据吗?资产阶级自身的掘墓人——无产阶级都"中产阶级"化了,那么"资产阶级的灭亡和无产阶级的胜利是同样不可避免的"①这样的论断岂不是根本站不住脚的了?因而历史唯物主义在这样的语境里,就可能被转化成为一种经济决定论,转化成为一种不能解释人类历史发展变化的僵化理论。冷战结束后到2008年全球经济危机爆发前,"历史已经终结"的乐观语调一直充斥着资产阶级政治的、学术的和意识形态的话语领域。

历史本身不能否定它自身的规律,资本主义也不可能不通过自身矛盾的多次爆发来否定自身的存在。人们至多只能使历史发展的脚步有时快、有时慢,但绝不可能改变历史发展的规律。但是,历史同时也是人的有意识的活动,作为资产阶级掘墓人的工人阶级如果不能及时地意识到自己的处境、任务和解放的前景,而活在资产阶级为他们制造的"中产阶级"幻象里的时间越长,人类解放的时间就越漫长,而代价也会越大。

历史的规律性就体现在,无论是凯恩斯主义、社会民主主义还是新自由主义都根治不了资本主义的痼疾,只是将它的死亡往后稍许地拖延,而经济危机就是引起这种死亡的痼疾的表现。2008年国际资本主义经济危机爆发以来,越来越多的人不过是看清了原本模糊的"中产阶级"面目:原来它不过是资本用来掩饰阶级和阶级斗争的又一件皇帝的新衣。英国新左派的新生代人物欧文·琼斯指出:"阶级又回到我们的现实之中。现在不可能像在20世纪90年代说服我们那样说我们都是'中产阶级'。"②

但一种伪理论被实践揭穿是一回事,从理论上被驳倒又是另一回事。如果不能从理论上彻底批判它,这种理论还会逍遥自在很长一段时间,从而使工人阶级从"自在阶级"转变为"自为阶级"的时间更为漫长。当代马克思主义在经济学、政治学和哲学这些学术领域较为活跃,但在社会学领域则显得相对沉寂。而形形色色"分析的""新的""后的"马克思主义以马克思主义的名义解读或诠释的阶级概念更显得含混不清,艰深晦涩,譬如,美国著名的分析马克思主义代表人物赖特将中产阶级界定为处于"矛盾的阶级地位"的阶级,混淆了普通技术人员、管理人员、专业人

---

① 《马克思恩格斯选集》第1卷,人民出版社1995年版,第284页。
② [英]斯图尔特·杰弗里斯:《马克思主义为何再度兴起》,宋丽丹译,中国社会科学院内刊《世界社会主义研究动态》2012年8月14日第72期。原文Stuart Jeffries, Why Marxism is on the rise again, 4 July 2012, http://www.theguardian.com/world/2012/jul/04/the-return-of-marxism。

士与资产阶级豢养的高级经理人和御用知识分子之间的区别，实际认同了"中产阶级"的概念。① 马克思主义在社会学领域的弱势，使形形色色的"马克思主义"分析大行其道，缺少让工人阶级能够轻松理解、认同和运用马克思主义的阶级理论和阶级分析法。对于马克思主义者而言，要用理论来解读实践，并在这种解读中还原阶级的本来面目，促使工人阶级对于自身经济、社会和政治地位的清醒认识，厘清"中产阶级"概念的方方面面，使工人明白，工人阶级绝不是什么"中产阶级"，整个社会也不可能"中产阶级化"。而工人阶级一旦意识到自己的真实处境才会理解和执行自己的历史使命，因此运用马克思主义的阶级理论来阐述当代阶级现象、阶级实质和阶级关系，可说是意义十分重大。

三 "中产阶级"的阶级意识与政治立场

在当代西方社会，"中产阶级"主要由经济地位相对较好的无产阶级与小资产阶级组成。下文将对这二者的政治立场分别加以分析。

（一）"中产阶级"中属于无产阶级的部分

前面说过划分"中产阶级"主要有四种标准，一般而言，符合一定的收入标准、从事某些职业的人和那些"处于高收入和低收入之间的社会阶层"②，都被视为"中产阶级"。因此，"白领"工人、有一定收入水平的蓝领工人甚至服务业工人都能被划分进"中产阶级"。下面我们将分别加以分析。

1. 生产工人

马克思认为，资本主义制度下的生产劳动是创造剩余价值的劳动。③也就是说，所有为资本家创造剩余价值的劳动都属于生产劳动，生产工人就是为资本家生产剩余价值的工人，也就是从事生产劳动的工人。因此，不管蓝领工人还是白领工人，他们只是工作场所、工作条件有差别，其实都属于生产工人，所以他们政治立场虽有差异但没有实质差异。

---

① ［美］埃里克·欧林·赖特：《后工业社会中的阶级》，陈心想等译，辽宁教育出版社2004年版，第20—27页。
② ［美］弗朗西斯·福山：《历史的未来》，朱新伟译，《社会观察》2012年第2期。
③ 《马克思恩格斯全集》第26卷（第1册），人民出版社1972年版，第142页。

（1）蓝领工人

蓝领工人就是一切以体力劳动为主的工资收入者，从事体力的、服务的或技术的工作。蓝领工人在西方国家仍然是工人阶级主体。美国一家基金会（The Henry J. Kaiser Family Foundation）的研究表明，美国所有劳动人口中的61%从事的工作属于蓝领工作。[①] 他们的工作是直接创造价值和剩余价值的劳动，从劳动形式到劳动内容都比较直观地反映了生产劳动的资本主义性质，所以他们对于剥削、压迫都有切身感受，容易理解和接受马克思主义。在资本主义繁荣时期，蓝领工人的经济情况较为稳定，但当资本主义经济一旦进入萧条、危机和复苏阶段，蓝领工人就是首当其冲的受害者，深受失业及随之而来的饥饿、恐惧之苦。作为直接从事生产的工人，他们是把生产力从潜在的可能性变为现实性的人，他们自己就是生产力中最先进、最革命的一部分，因而，在革命中，他们也是工人中斗争性最强、最有组织纪律性的部分。当然，蓝领工人的教育水平相比白领工人普遍要低，因此他们对于马克思主义的理解可能会比较粗浅，需要革命的知识分子进行有效的引导和教育。

（2）白领工人

所谓白领，就是工作环境和工作条件都比较优越，以从事非体力劳动为主的劳动者。白领工人从事的多是办公室工作，以脑力工作为主，从脑力劳动的复杂程度来看，白领工人中又可以划分出许多不同的阶层，如所谓的"金领"，即那些收入远远超出普通办公室文职工人的人，比如信息技术行业、金融行业的顶尖白领等。总体来看，无产阶级中收入最高的"白领"多从事中低级管理工作或报酬较高的技术性工作，他们一般拥有稳定的工作合同，有较好的福利，是无产阶级中境况最好的阶层。

白领工人一般受过高等教育（这种高等教育是充满了资产阶级意识形态的教育），认同西方社会关于民主、自由、平等的主流价值观，深信通过个人努力可以过上更好的生活。所以，这个阶层的政治意识形态更接近于资产阶级。

白领的工作无论从内容到形式都距离直接的生产劳动较远，因此，他们可能会认为工作不过是用自己的"文化资本"换取薪水，而不是被剥

[①] Bill R. Path, "Desk Job Blues: Rethinking Middle-Skill Jobs", 12/15/2014, Updated Feb 14, 2015, http://www.huffingtonpost.com/dr-bill-r-path/desk-job-blues-rethinking_b_6324738.html.

削。由于白领属于生活状况比较好的工人群体，因此他们比较满意现状，想得更多的是如何提升自己，如何争取更多的薪水和福利。他们与资本家接触的时间比较多，认同并追求资产阶级生活方式，所谓的"中产阶级"的生活方式就是包括白领阶层在内的"中产"们对于资产阶级生活方式的模仿。白领对于马克思主义的看法深受资产阶级媒体宣传的影响，持消极态度的比较多，在经济的非危机时期，白领的境况好的时候尤为如此。伍德认为，"比起蓝领工人来，白领工人更容易认同于资本主义意识形态。这一点对于阶级组织，对于阶级意识的发展，对于阶级统一性的形成是值得重视的，社会主义策略必须将其考虑在内"[①]。有数据表明，蓝领工人比白领工人更容易成为工会会员，因为白领工人的收入、福利及工作稳定性都较蓝领工人要高，因此他们不如蓝领工人那样需要工会组织。此外，从行业分布来看，收入最高的白领集中的行业如金融、保险、房地产等行业，工会化比例较低。[②] 但总体来看，被划分进"中产阶级"的这部分白领工人更容易产生列宁所说的"工联主义"意识，即确信必须结成工会，必须同厂主斗争，必须向政府争取颁布对工人是必要的某些法律，如此等等。[③]

  西方白领在第二次世界大战后的黄金时期确实过了一段优越的日子，但自20世纪80年代以来，白领的待遇有停滞甚至下降趋势。2008年经济危机以来，西方许多白领经历了失业、破产、流落街头，"中产阶级危机"的说法不绝于耳。白领工人对资本主义产生了幻灭感，有许多人参加了"占领运动"。但正如前面所言，"占领运动"矛头所指的是1%"贪婪之徒"而不是资本主义制度本身，白领工人对资本主义的认识还局限于反紧缩、要工作、要面包的低层次。马克思主义在这一场泛左翼的"占领运动"中有所反映，但仍不是主流。多年来西方国家对马克思主义政党的防范和对马克思主义的妖魔化，并不是一次经济危机可以解除的。这也就是西方白领工人离马克思第一次如此之近，但却似咫尺天涯的原因所在。纵观世界历史上的无产阶级革命领导人，其中有许多并不是蓝领工人出身，而是知识分子这一类"白领"，可知，白领工人虽然总体上政治觉悟不如蓝领工人，但其中接受马克思主义的人就更有可能迅速成长为既有高理论

---

 ① [加]艾伦·伍德：《新社会主义》，尚庆飞译，江苏人民出版社2005年版，第48页。
 ② [美]理查德·B.弗里曼、詹姆斯·L.梅多夫：《工会是做什么的？——美国的经验》，陈耀波译，北京大学出版社2011年版，第25页。
 ③ 《列宁选集》第1卷，人民出版社1995年版，第317页。

水平，又有高觉悟的革命者。

（3）非生产工人

马克思认为，非生产劳动是直接同收入即工资或利润交换的劳动（不是同资本交换的劳动），也就是不创造剩余价值的劳动。这不是从劳动的物质规定性，而是从一定的社会形式，从这个劳动借以实现的社会生产关系得出来的定义。即只创造使用价值不创造价值的劳动是非生产劳动。马克思强调，生产劳动和非生产劳动始终是从货币所有者、资本家的角度来区分的，不是从劳动者的角度来区分的。① 也就是说，这只是从是否为资本家生产剩余价值来区分劳动形式的不同。非生产劳动者为买者生产的只是使用价值，想象的或现实的使用价值，而决不是商品。② 从劳动者的角度来看，生产劳动和非生产劳动都是劳动，都是换取工资的劳动。生产工人与非生产工人都是作为劳动阶级而与"非生产阶级"相区别的。

非生产工人一般是资本家雇佣的直接服务于后者的劳动者，比如家仆等。马克思指出由于财富的增长，资本家能够花更多的钱在个人享受上，他们会雇佣更多的家仆，这样像仆人和其他靠"非生产阶级"生活的非生产劳动者就会增加。③ 此外，在生产力的极度提高下，所有生产部门对劳动力的剥削在内涵和外延两方面的加强，会使越来越多的工人有可能从事非生产劳动，特别是成为旧式的家庭奴隶——"仆役阶级"如仆人、使女和侍从等。④ 这些非生产劳动者要消费生产工人的产品，因此："他们在剥削生产工人的利害关系上也多少和那些直接从事剥削的阶级一致起来了。"⑤ 卢卡奇认为，阶级意识不是指阶级成员个人思想的总和，也不是阶级全体成员思想的平均数。它是生产过程中阶级所处的特殊的典型地位决定的阶级的理性的适当反应。⑥ 这些非生产工人是直接为资本家提供服务换取报酬，他们就会把自己的劳动收入和资本家的钞票挂钩，意识不到其实资本家的钞票是从工人身上搜刮来的。非生产工人对资本家的生活耳濡目染，比较认同主流价值观，也抱有向上流动的希望，有类似于小资产阶

---

① 《马克思恩格斯全集》第 26 卷（第 1 册），人民出版社 1972 年版，第 148 页。
② 同上书，第 151 页。
③ 《马克思恩格斯全集》第 26 卷（第 2 册），人民出版社 1973 年版，第 651 页。
④ 参见《马克思恩格斯全集》第 25 卷，人民出版社 1974 年版，第 513 页。
⑤ 《马克思恩格斯全集》第 26 卷（第 2 册），人民出版社 1973 年版，第 651 页。
⑥ [匈] 卢卡奇：《历史与阶级意识——关于马克思主义辩证法的研究》，杜章智等译，商务印书馆 2004 年版，第 107—108 页。

级的意识形态，革命性会比生产工人弱一些。但由于他们的经济地位决定了他们非但不能同雇主平起平坐，而且还处于低人一等的地位，这些又使他们不得不从某种程度上认清自己的处境。

马克思说过，资本的统治为工人创造了同等的地位和共同的利害关系。但如果工人不能在斗争中团结起来维护自己的阶级利益，那么也只能说工人对资本而言已经形成一个阶级，但还不是自为的阶级。① 被划入"中产阶级"的工人们，收入待遇、社会地位等条件虽然比收入低于工人平均水平的人要高，但他们在不占有生产资料、被剥削这一点上与后者是一致的。如果他们意识不到这一点，认为自己不是无产阶级而是"中产阶级"，那么就很难想象他们会积极投身到推翻资本统治的斗争中去，可能是更热衷于各种"充电"提高个人"素质"以便将来在竞争中能更轻松地压倒竞争对手吧。恩格斯指出："只要被压迫阶级——在我们这里就是无产阶级——还没有成熟到能够自己解放自己，这个阶级的大多数人就仍将承认现存的社会秩序是唯一可行的秩序，而在政治上成为资本家阶级的尾巴，构成它的极左翼。"②

2. 无产阶级需要科学理论的"灌输"

无论是生产工人还是非生产工人，白领工人还是蓝领工人，他们都是属于不同阶层的无产阶级，但由于他们也是资本主义生产关系的产物，因此他们的思想意识、政治立场无疑会受到占统治地位的资产阶级意识形态的深刻影响。原因在于"一个阶级是社会上占统治地位的物质力量，同时也是社会上占统治地位的精神力量。支配着物质生产资料的阶级，同时也支配着精神生产的资料，因此，那些没有精神生产资料的人的思想，一般地是受统治阶级支配的"③。

卢卡奇指出，由于个人不能跨越时代的社会经济结构所规定的界限和个人在这一结构中的地位，因此，如果抽象地来看阶级意识，它也是一种人们受阶级制约的、对自己的社会的、历史的经济地位的无意识。虽然如此，卢卡奇在脚注中也借用马克思的话表明：正是由于"阶级意识"是由人的社会经济结构决定的，因此它会在人们"无意识"的话语中、实践中

---

① 《马克思恩格斯文集》第1卷，人民出版社2009年版，第654页。
② 《马克思恩格斯文集》第4卷，人民出版社2009年版，第192页。
③ 《马克思恩格斯选集》第1卷，人民出版社1972年版，第52页。

得到体现。① 这种"无意识"的阶级意识需要在斗争中得到"意识"和升华，才能形成真正意义上的阶级意识。因此真正的马克思主义者都赞同并支持无产阶级为改善自己的工作和生活条件而进行的斗争。

马克思认为工人同资本家进行争取改善工作条件和提高工资的斗争很有意义，因为工人已经"把自己当作商品出卖了"。这个斗争是提高工人觉悟并将工人组织起来的途径，如果没有这种斗争，他们"就没有资格发动更大的运动"。但马克思认为这种斗争有很大的局限性，它只是反对结果而不是反对原因；只是延缓工资下降的趋势，而不是扭转它的方向；只是治标而不治本等。但是这种斗争的意义在于为工人提供了认识资本主义制度的可能性，工人可能在斗争中领悟到，资本主义制度虽然会给工人带来贫困，但它也为工人提供了改造资本主义社会的物质条件。工人要突破追求"做一天工得一天公平工资"的所谓"平等"，这种"平等"不能解决工人的贫困问题，只有"消灭雇佣劳动制度"才能实现不劳动者不得食的平等世界。②

美国学者哈里·布雷弗曼认为，阶级觉悟是一个阶级对其社会地位的一种普遍而持久的态度。没有一个阶级不会意识到自己是一个有共同利益、共同命运的集团，尽管这种意识在很长的一段时期内可能是微弱的、混乱的甚至是受其他阶级操纵的。③ 密里班德认为，西方工人阶级虽然在20世纪以来一直经历着不断的重新组合，譬如产业工人的减少和白领工人的增加，但这些并不代表工人就失去了"阶级意识"。那种认为当代工人阶级已经与资本主义一体化、顺从于资本主义，或者说当代工人阶级已经不可改变地分裂为对立的和冲突的原子，这些不断出现的观点在今天如同在昨天一样都是没有事实根据的。④ 但不必讳言的是，工人的"阶级意识"是以一种"潜意识"的形式存在，在当代西方社会，工人"显性"意识就被资产阶级操纵着，"中产阶级"就是这一系列意识形态操纵中专门用来

---

① [匈]卢卡奇：《历史与阶级意识——关于马克思主义辩证法的研究》，杜章智等译，商务印书馆2004年版，第107—108页。

② 参见《马克思恩格斯文集》第3卷，人民出版社2009年版，第77—78页。

③ [美]哈里·布雷弗曼：《劳动与垄断资本》，方生等译，商务印书馆1978年版，第31—32页。

④ [英]拉尔夫·密里班德：《英国的新修正主义》，李世书译，New Left Review, No. 150, March/April 1985, pp. 5 – 26, http://marxists.anu.edu.au/chinese/miliband/MIA-chinese-miliband-1985.htm。

分裂工人阶级的武器，用它来使脑力劳动者与体力劳动者对立、"白领"与"蓝领"对立、办公室与厂房对立。

列宁看到了工人的阶级觉悟与阶级意识虽然天然存在着，但是只是一种朴素的阶级意识缺少科学的阶级觉悟，并且其中还混杂着资产阶级的、小资产阶级的种种谬见。科学社会主义的思想只能通过无产阶级的先锋队"从外面灌输进去"①。"灌输"之所以必要，一是由于工人整天忙于谋生根本无暇研究和掌握先进的理论，无产阶级先锋队要通过组织和参与经济斗争，引导工人接受马克思主义理论，引导他们认识无产阶级与资产阶级的阶级利益是根本对立的，引导他们认识到要彻底实现无产阶级解放只有推翻资产阶级的统治才有可能，而他们就是实现解放的主体力量；二是由于工人运动如果没有马克思主义的指导只会陷于工联主义和经济主义，并且现实中的西方国家的工会运动基本上已经被资本家控制了，马克思主义"远离"着工人，但科学的理论不会自动地在工人头脑中长出来，从外部"灌输"先进的理论就十分重要和不可替代。现在更需要研究的是如何实现这种"灌输"。

恩格斯指出，工人要争取出版、结社和集会自由、普选权、地方自治等权利；尽管这一切是资产阶级性质的，但是怯懦的资产阶级没有它们也能过得去，而工人没有它们却永远不能为自己争得解放。②

卢卡奇说："为社会意识而斗争，是与经济斗争同时进行的。而社会有了意识，等于领导社会有了可能。""在这场为了意识，为了社会领导权的斗争中，最重要的武器就是历史唯物主义。"③ 因此，无产阶级先锋队要灌输给无产阶级不是随便的什么理论，而是马克思主义理论，尤其是其中的历史唯物主义，关于资本主义必然灭亡，共产主义必然胜利的理论应该成为灌输理论中的重中之重。

（二）"中产阶级"中属于小资产阶级的部分

马克思对小资产阶级的定义是从劳动与资本的量的关系来说的，他谈到小资本家在竞争中丧失资本"不过又是劳动条件和生产者的再一次的分

---

① 《列宁选集》第1卷，人民出版社1995年版，第317页。
② 《马克思恩格斯全集》第16卷，人民出版社1964年版，第76页。
③ ［匈］卢卡奇：《历史与阶级意识——关于马克思主义辩证法的研究》，杜章智等译，商务印书馆2004年版，第317页。

离,这些小资本家还算是生产者,因为对他们来说,本人的劳动还起着作用;总的说来,资本家的劳动和他的资本量成反比,就是说,和他成为资本家的程度成反比"①。小资产阶级是中间阶级的主体,他们拥有一定的生产资料但却不得不亲自参加劳动,毛泽东也指出小资产阶级"他们不剥削别人,或对别人只有轻微的剥削"②,不能像资本家那样仅靠剥削他人的劳动就能生活。资本主义的竞争规律无时无刻地影响着小资产阶级的生存,以至于生活中偶尔的不顺利就有可能使他们破产,只有极少数的幸运者能够成功地跻身于资本家行列。恩格斯认为,"小资产阶级较少地参加商品的生产,较多地参加商品的分配;它的主要业务是零售商业。旧的市民阶级是社会上最稳定的阶级,现代小资产阶级却是社会上变化最大的阶级;破产已成为小资产阶级当中的经常现象。小资产阶级由于拥有少量资本,按其生活条件来说接近于资产阶级,但是按其存在的不稳定性来说,则接近于无产阶级的地位。它的政治态度也像它的社会存在一样充满矛盾;一般说来它的最准确的用语是'纯粹民主'"③。

美国学者 K. 迈耶尔在 1965 年时指出,作为一个阶级,小资产阶级受到资本主义发展的巨大恶劣的影响。在所有发达资本主义国家,自我经营部分显得十分引人注目,在某些情况下,这一现象有戏剧性的下降,例如在美国,它从 1870 年占 40.4% 下降到 1954 年时的 13.3%。④ 密里本德指出,虽然小资产阶级生存不易,但这个由自我经营的小商贩、技工和工匠构成的阶级仍然远未消亡,它在资本主义历史上一直在为避免被吸入被雇佣等级而不屈不挠地抵制着这股潮流,"一个重要的结果就是它至少为工人阶级的某些成员提供了一条逃脱无产阶级状况的出路"⑤。

首先,小资产阶级政治立场的底色是"动摇性"。

---

① 《马克思恩格斯全集》第 25 卷,人民出版社 1974 年版,第 274—275 页。
② 《毛泽东选集》第 2 卷,人民出版社 1991 年版,第 642 页。
③ 《马克思恩格斯全集》第 16 卷,人民出版社 1964 年版,第 75—76 页。
④ K. 迈耶尔:《美国社会结构的变化》,载《第二次社会学世界大会会报》1965 年第 3 卷,第 70 页。至于其他主要资本主义国家的情况,见曼德尔《论马克思主义经济学》第 1 卷,第 197—198 页,转引自 [英] 拉尔夫·密里本德《资本主义社会的国家》, The State in Capitalist Society, New York: Basic Books, Miliband, R. 1969, http://marxists.anu.edu.au/chinese/miliband/1969book/SateinCapitalist03.htm。
⑤ [英] 拉尔夫·密里本德:《资本主义社会的国家》, The State in Capitalist Society, New York: Basic Books, Miliband, R. 1969. http://marxists.anu.edu.au/chinese/miliband/1969book/SateinCapitalist03.htm。

马克思恩格斯在《共产党宣言》中对中间阶级的政治立场有过精辟的分析，他们认为，中间阶级一方面为了自己的生存不得不与资产阶级作斗争，但他们的所作所为最多只能推迟他们被资本主义发展所消灭的命运，从这个角度来说中间阶级的政治立场绝不是革命的，而是保守的，甚至是反动的；另一方面随着资本主义的发展，中间阶级将会发现如果自己不加入无产阶级推翻资本主义统治的斗争中，就更加没有出路，"在联合的反革命资产阶级面前，小资产阶级和农民阶级中一切已经革命化的成分，自然必定要与享有盛誉的革命利益代表者，即与革命无产阶级联合起来"[1]，这时他们就有可能加入无产阶级的革命斗争中去，这个时候他们就是无产阶级的可靠盟友，他们的政治立场就是革命的。[2] 这里清楚地表明了，资本主义社会中那些属于小资产阶级的中间阶级对待革命的态度是动摇的，因此它们可以是无产阶级争取的革命同盟军，但它们具有动摇性的特点，在与之结盟的同时又必须与它们的动摇性和保守性斗争。正如马克思所提醒的，小资产者和农民涌入工人运动是为形势所迫，并且他们是带着小资产阶级的和农民的思想和愿望来的，无产阶级如果不能很好地同这些思想作斗争，它就无法取得斗争的最后胜利。[3]

其次，分裂性。小资产阶级因为彼此独立又相互竞争，所以他们很难形成统一的政治组织维护自己的阶级利益，而是经常彼此分裂为无数小的政治组织。马克思在讲到法国大革命时期的农民就说，农民不能代表自己，一定要别人来代表他们。正是因为他们是分裂的，因此他们需要一个高于他们的行政权力来保证他们的利益不受其他阶级侵犯。[4]

最后，极端性。极端性其实是动摇性的发展，从一头摇摆到另一头。小资产阶级是与小生产方式相结合的，因此它的阶级性格深深地打上了小生产的烙印，一方面谨小慎微，生怕一点不顺利就把它抛入到破产的行列中去；另一方面又对发财致富充满了憧憬和幻想，以至于有时会头脑发热蛮干。所以小资产阶级有时候盲目自信，有时候又极端消沉，"在它还没有觉察出任何危险的时候，总是吹牛，爱讲漂亮话，有时甚至在口头上坚持最极端的立场；可是一旦面临小小的危险，它便胆小如鼠、谨小慎微、

---

[1] 《马克思恩格斯文集》第2卷，人民出版社2009年版，第134页。
[2] 参见《马克思恩格斯选集》第1卷，人民出版社1995年版，第283页。
[3] 《马克思恩格斯全集》第34卷，人民出版社1972年版，第404页。
[4] 参见《马克思恩格斯全集》第8卷，人民出版社1972年版，第217—218页。

躲躲闪闪,……一旦事情发展到手执武器进行斗争的地步,它为了保存自己的小资产阶级的生存条件,就预备出卖整个运动"①。马克思通过观察1848年法国革命还得出了这样的结论:民主派小资产阶级粉碎资产阶级的势力,而又不让无产阶级有行动自由,或只是让它在远景中出现;利用无产阶级,但是不让它构成危险。②

2008年经济危机对美国小资产阶级的冲击是十分巨大的,他们或深陷困境或前途莫测,却眼见美国政府投入巨资对"大到不能倒"的垄断资本进行救助,因此他们不仅对民主党的政策大加讨伐,对共和党"有同情心的保守主义"也深恶痛绝。③ 他们还对美国的税收、债务、福利、移民、种族、枪支和堕胎等问题忧心忡忡,认为是全球化导致美国传统价值观(自由主义、基督教)的全面衰落,才使这些问题积重难返。就是这部分人在2009年年初自发地组织起来,对如何解决美国社会矛盾提出了一系列小资产阶级右翼的方案,这就是美国的茶党运动。茶党运动看到了美国社会的矛盾,认为通过恢复美国传统价值观、反大政府、反全球化和自由贸易等就能回到中小企业自由竞争的时代,就能挽救他们不断消失的经济和政治机会。但由于他们无法形成统一的政治纲领,也没有共同的领导人,还不是一个正式的政党组织,因此他们一般都"支持极端右翼的共和党人参政执政,茶党运动把重铸美国共和党作为明确的政治战略目标,谋求把美国政治推向极端右翼保守的方向"④。

加拿大前总理马丁(Paul Martin)认为,加拿大社会和美国一样现在正向一个极端和"中产阶级"中空化的社会发展,正是这种条件帮助滋生了美国茶党运动。⑤ 茶党按其诉求而言,主要是一个小资产阶级政治运动,英国有学者分析认为,在工作保障和房屋所有权日益受到威胁之时,"美国梦"被彻底粉碎了,小资产阶级备感愤怒和沮丧,他们的民粹主义主张受到右翼支持。如果美国的工人运动持续低迷的话,美国的法西斯主义就

---

① 《马克思恩格斯全集》第7卷,人民出版社1972年版,第130—131页。
② 参见《马克思恩格斯文集》第2卷,人民出版社2009年版,第140—141页。
③ 黄湘:《远未谢幕的美国茶党》,华尔街日报中文网官方微博,2014年10月17日,http://blog.sina.com.cn/s/blog_624c2f040102v5ri.html。
④ 刘永涛:《茶党运动与重铸美国极端保守主义》,《国际政治》2013年第11期。
⑤ 陈思进:《加拿大中产阶层残酷现状》,2014年6月18日,http://www.qianzhan.com/analyst/detail/329/140618-64bff0d5.html。

有发展壮大的危险。①

事实表明，特朗普在美国大选中的胜利与小资产阶级的支持是分不开的。有调查显示，近60%的小企业主支持特朗普②，而且投票给特朗普的选民群体相对富裕，他们的家庭年收入的中位数是7.2万美元，远超出全国平均家庭收入中位数5.6万美元。与之相较，希拉里和伯尼·桑德斯的支持者都差不多在6.1万美元。③马克思说过，由于小资产阶级经济的脆弱性，"他们不能代表自己，一定要别人来代表他们。他们的代表一定要同时是他们的主宰，是高高站在他们上面的权威"④。其实这种情怀，对于中小资产阶级而言都是一样的，因为在大资本的统治下，他们不愿意与工人共同革命，只能选择投靠大资本而不是另起炉灶。他们认为，只有特朗普才能"使美国更强大起来"。特朗普的胜选既标志着美国左翼势力在政治斗争中的落败，也是标志西方右翼势力崛起的大事件，萨米尔·阿明甚至认为体现着资本主义矛盾的"内爆"⑤，诺姆·乔姆斯基指出，特朗普的上台预示着某种"友好的法西斯主义"的兴起显得更加真切了。⑥

斯大林在《十月革命和中间阶层问题》中指出，以小资产阶级为主体的中间阶层是工人革命的基本问题之一。"这些阶层的重要性是由下面两种情况决定的：第一，这些阶层是现今各国人口中的大多数，或者至少是数量很大的少数；第二，它们是资产阶级从中招募军队以反对无产阶级的重要后备力量。如果没有中间阶层首先是农民的同情和支持，无产阶级就不能保持政权，在我们共和国联盟这样的国家内尤其是如此。如果没有使这些阶层至少保持中立，如果这些阶层还没有脱离资本家阶级，如果这些阶层的大多数还是资本的军队，那么无产阶级就休想夺取政权。由此就产

---

① [英]梅根·特鲁戴尔：《美国茶党运动分析》，于海青译，《国外理论动态》2011年第8期。
② 《特朗普代表谁》，郑资妍译，现代资本主义研究公众号，原文来自 Michael A. McCarthy, *The Revenge of Joe the Plumber*, Jacobin, 10th 26. 2016, https://www.jacobinmag.com/2016/10/trump-small-business-whites-xenophobia-immigration。
③ 《特朗普的支持群体是谁?》，美国《星岛日报》，中新网，2016年8月5日，http://www.hi.chinanews.com/hnnew/2016-08-05/420812.html。
④ 《马克思恩格斯选集》第1卷，人民出版社1995年版，第678页。
⑤ Samir Amin, "The Election of Donald Trump", November 30, 2016, http://mrzine.monthlyreview.org/2016/amin301116.html.
⑥ C. J. Polychroniou：《乔姆斯基：那个巨大的危险，随着特朗普的上台变真切了》，沈河西、罗昕编译，澎湃新闻，2016年11月17日，http://www.thepaper.cn/newsDetail_forward_1562665。

生了争取中间阶层的斗争，争取农民的斗争，这一斗争像一根红线贯穿在我们 1905 年到 1917 年的全部革命中，这一斗争还远没有结束，还将继续进行下去。"① 在同一篇文章中，斯大林还指出，被压迫民族中间的十分之九是中间阶层，也就是农民和城市小劳动者。毛泽东也看到中国革命时的人口的绝大多数是城乡小资产阶级，指出小资产阶级是革命的动力之一，是无产阶级的可靠同盟者，并且工人只有与农民（主要指贫下中农）结成坚固的联盟，才能取得革命的胜利。当然，毛泽东也指出了小资产阶级的缺点是"有些人容易受资产阶级的影响，故必须注意在他们中进行革命的宣传工作和组织工作"②。

对于无产阶级革命运动而言，"中产阶级"中的蓝领工人可以成为革命的主力军之一，白领工人则需要加以充分的引导和教育，他们中的革命的知识分子可能成为运动的领导力量。小资产阶级在社会危机直接威胁到它的生存的时候，可能会积极地加入无产阶级运动，幻想推翻大资本的统治后延续它的生存；也有可能会积极地加入资产阶级镇压无产阶级的行动中去，甚或是法西斯运动，妄想大资本会因此对它大加笼络，补贴它的生存。

（三）"中产阶级"中属于中等资产阶级的人

加拿大新民主党财政事务评议员柯立伦（Nathan Cullen）说，各政党力争"中产阶级"，因为很多人自认"中产阶级"，包括那些年薪超过 25 万加元的人。③ 前面也说过 2012 年美国总统竞选人罗姆尼和奥巴马分别将年收入在"20 万—25 万美元或稍少些的人"及 25 万美元以下的人称为"中产阶级"。事实上，西方"中产阶级"因为包括的群体过于庞杂，因此它被划分成"上层中产阶级"（upper middle class）、"中层中产阶级"（middle middle class）和"下层中产阶级"（lower middle class）。年收入超过 25 万美元的"上层中产阶级"的社会经济状况比起无产阶级和小资产阶级当然是优越得多，在通常情况下应该属于中等资产阶级而不是小资产阶级，中等资产阶级的财富虽然比起垄断资本家、大资本家来不在一个数

---

① 《斯大林选集》上卷，人民出版社 1979 年版，第 139 页。
② 《毛泽东选集》第 2 卷，人民出版社 1991 年版，第 641—644 页。
③ 《惨！不这样干 加多数人将被挤出中产阶级》2015 年 8 月 6 日，http://news.qq.ca/11252.html。

量级上，但他们同样都是靠剥削工人创造的剩余价值而致富，因此"上层中产阶级"持资产阶级意识形态。但由于"上层中产阶级"的发展受到大资本的桎梏，不断发展的资本集中趋势使"上层中产阶级"忧心忡忡，因此，他们也希望限制垄断资本的无限制发展，要求反垄断、反政府救助垄断资本，他们既有可能参加反对1%的"占领运动"，也有可能是茶党运动的积极支持者。"上层中产阶级"的政治代表通常来说是资产阶级左翼。在无产阶级革命中，资产阶级左翼可以作为联合的对象，在革命中对它既要斗争又要联合，共同对付垄断资产阶级。

第五章 "中产阶级"的历史命运

"中产阶级"与马克思主义的阶级概念相去甚远,它营造了一个完全不同于资产阶级与无产阶级对立的资本主义社会,一个与阶级斗争和阶级矛盾无关的"中产阶级社会",这个社会的核心就是,普通人可以通过个人努力和奋斗过上"中产阶级"的生活,这是人类社会发展的"历史的终结"。通过观察和分析"中产阶级"的现实处境,我们不难发现"中产阶级"的出现不仅丝毫不能改变资本主义的基本矛盾,而且"中产阶级"本身的生存也面临深重的挑战。对于无产阶级而言,"中产阶级"梦醒之时不久矣。

一 "中产阶级危机"

虽然在21世纪的西方社会出现了大量"白领""粉领"甚至"金领",但生产资料的私人占有与社会化大生产之间的基本矛盾并没有任何改变。"中产阶级危机"不过是资本主义基本矛盾在金融垄断资本主义时代出现的新症状,是资本积累危机在阶级状况上的最新体现。

2008年席卷资本主义世界的"大衰退"(the Great Recession)使广大"中产阶级"遭受了巨大冲击,降薪、失业、破产甚至流落街头这些从前很难想象的惨状也落到光鲜的"中产阶级"身上了。西方社会感受到了极大的震撼,从前那些关于"中产阶级"的想象黯淡了,那些代表着实现"美国梦""欧洲梦"的"中产阶级"失落了,"中产阶级危机"成了西方热门话题,甚至总统、首相选举都离不开如何拯救"中产阶级"这个热门话题。

(一)"中产阶级"数量的降低

"中产阶级危机"首先表现为一场"中产阶级"群体数量萎缩的危机。

前面说过，各种通过收入来界定的"中产阶级"或通过自我定位的社会调查而确定的"中产阶级"在西方国家占人口的大多数。但"大衰退"前后，各种调查或统计数据表明，"中产阶级"群体的数量在西方普遍缩减。

1979—1994/1995 年，英国家庭人均每周收入水平在平均线以下的家庭成员占总人口的比重从 59% 增加到 62%。滑落到社会底层的"中产阶级"大约有 380 万人，约占英国"中产阶级"总数的 14%。这些人中有曾经的"中产职业"如教师、护士、经理、社会工作者、律师和音乐家等，他们连维持生计都有问题。①

美国皮尤研究中心的调查显示，以同样的成人收入口径计算②，1971 年美国的"中产阶级"占总人口的比例是 61%，2011 年时下降到 51%，2015 年这一数字再下降到 49.9%③，"上层阶级""下层阶级"的数量之和已经略微超过了"中产阶级"，美国"中产阶级"占总人口比例多年来首次低于一半（见图 5-1）。

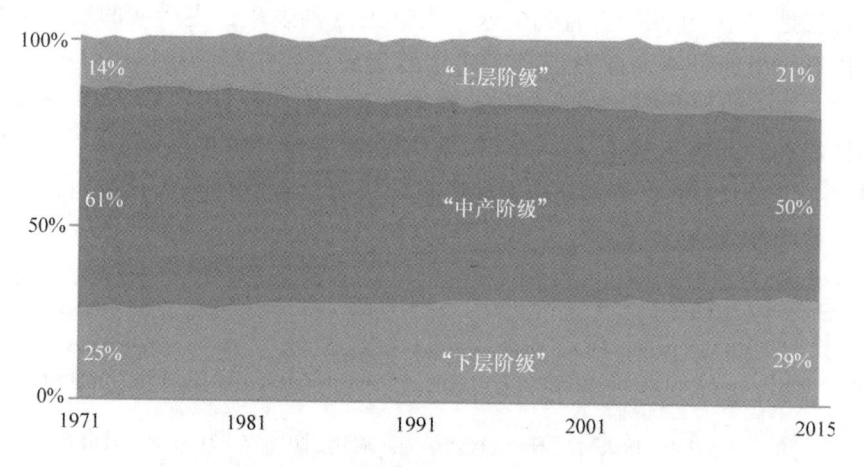

图 5-1 美国萎缩中的"中产阶级"

资料来源：《收入停滞开支上涨　全美中产阶级萎缩比例首次低于一半》，美国中文网，2015 年 12 月 9 日，http://www.sinovision.net/finance/201512/00361079.htm。

---

① 周晓虹：《全球中产阶级报告》，社会科学文献出版社 2005 年版，第 52—53 页。
② 指那些家庭年收入为美国当年平均收入水平的 2/3 到 2 倍的成人。
③ "The Lost Decade of the Middle Class Fewer, Poorer, Gloomier", August 22, 2012, http://www.pewsocialtrends.org/2012/08/22/the-lost-decade-of-the-middle-class/.

德国经济研究会的研究表明,德国工资为中等收入的70%—150%的"中产阶级",2000年还占人口的62%,到2008年时下降到54%。① 日本曾经号称是一个有着"一亿总中流"的社会,但统计显示,20世纪80年代中期,家庭可支配收入处于中值的"中产阶级"所占比例其实不过51.9%,到2007年时只有45.6%。这意味着超过一半的日本人收入在人均收入中位值之下。② 有研究表明,全球"中产阶级"人数"有所下降",他们的收入和资产也相应缩水,贫困和低收入人群仍占世界人口的71%③……这方面的数据因为统计口径不一而有多种,但数据反映的趋势都是一个,那就是"中产阶级"群体在萎缩。

若以主观认同为标准计算"中产阶级",这一比率下降得也很多。2014年皮尤的调查显示,在中等收入停滞的情况下,美国人主观认同"中产阶级"的比率急剧下降了。2008年经济危机发生时还有53%的人认为自己是"中产阶级",2014年只有44%。④ 日本尽管遭遇了所谓"失去的十年"(指1985—1995年)但直到2000年左右时,仍有90%的日本人认为自己是"中产阶级"。直到全球"大衰退"的发生,更严峻的经济形势使接近一半的日本人面对现实,把自己定义在"中产阶层以下"。⑤ 2003年,有2/3的加拿大人在调查中认为自己是"中产阶级",到2013年时持同样观点的人数不到原来一半。⑥ 曾有政客表示,英国人都是"中产阶级"⑦,但2013年"英国社会态度调查"表明,有60%的人认为自己不是

---

① "For Europe's Middle-Class, Stagnant Wages Stunt Lifestyle", *The New York Times*, May 1, 2008, http://www.nytimes.com/2008/05/01/business/worldbusiness/01middle.html?pagewanted=all.

② 《正在没落的中产阶级》,[日]《经济学人》周刊,2012年1月31日,转引自http://www.guancha.cn/america/2012_02_09_65495.shtml.

③ 高荣伟:《全球中产阶级现状一瞥(二):"受挤压的欧洲中产阶级"》,《国际先驱导报》,2015年7月22日,转引自参考消息网,http://ihl.cankaoxiaoxi.com/2015/0722/860905.shtml.

④ Gillian Tett, *Which middle class, which squeeze?* FT Magazine, February 7, 2014, http://www.ft.com/cms/s/2/c34696d6-8ec4-11e3-b6f1-00144feab7de.html, 2016年3月22日.

⑤ 指2009年东京大学的一项调查,参见邓喻静《全球中产者的愤怒和中产阶级的危机》,《环球》杂志2010年第10期.

⑥ TAVIA GRANT, "Five myths about Canada's middle class", Nov. 19, 2013, http://www.theglobeandmail.com/news/national/time-to-lead/five-myths-about-canadas-middle-class/article15515586/.

⑦ "Profile: John Prescott", *BBC News Magazine*, August 27, 2007, http://news.bbc.co.uk/2/hi/uk_news/politics/6636565.stm.

"中产阶级"而是工人阶级。①

(二) 受挤压的"中产阶级"

目前,有一个英语单词很流行,叫"squeezed middle",直译过来就是"受挤压的'中产阶级'",形象地表明"中产阶级"承受着巨大压力,就像被压缩了一样。"受挤压的'中产阶级'"最初由英国工党领袖 E. 密里本德 2011 年提出,指的是社会中深受通货膨胀、工资停滞和紧缩政策影响的大部分中低收入者。该词成为牛津词典认证的 2011 年度最火词汇。②"受挤压的'中产阶级'"表现为一方面薪资停滞;另一方面生活费用不断上涨,使"中产阶级"两面受压,进退维艰。法国社会学家路易·舍维尔在著作《败落的中产阶级》中直言:法国"中产阶级"面临着败落。③

1. 职业两极化

职业两极化(Job Polarization)指的是中等技能职业④(Middle-Skill Job)的减少(这是由于自动化技术、制造业收缩、业务外包海外或旧职业被淘汰等因素造成),与此同时,高技能和低技能工作的数量变化不大,因此出现了职业"两极化"现象。

自 20 世纪 80 年代开始,美国需要高技能和低技能的工作增长巨大,但中等技能工作的增长却停滞了。同一时期,工资收入高低之间的差距也拉大了。这种职业和收入的"两极化"现象同时也发生在许多发达资本主义国家。推动职业两极化的主要因素是技术的变更和全球化。通过自动化和其他国家相对低廉的劳动力替代,那些传统上由中等技能工人从事的一系列日常工作被取代了。同样的因素增加了高技能工人尤其是创造技术或利用技术效率更高的人的工作机会。要求人际交往的低技能工作则避免了

---

① Tom de Castella, "The evolution of the middle class", *BBC News Magazine*, 16 January 2014, http://www.bbc.com/news/magazine-25744526.

② "Oxford Dictionaries Word of the Year 2011: squeezed middle", November 23, 2011, http://blog.oup.com/2011/11/squeezed-middle/.

③ 高荣伟:《全球中产阶级现状一瞥(二):"受挤压的欧洲中产阶级"》,《国际先驱导报》2015 年 7 月 22 日,转引自参考消息网,http://ihl.cankaoxiaoxi.com/2015/0722/860905.shtml。

④ 指不需要四年制本科学历的工作。参见"Marc Miller, Middle Skill Jobs Going, Going and Gone", March 23, 2015, http://www.business2community.com/human-resources/middle-skill-jobs-going-going-gone-01189106#xPzHF8gK5yAZ8q78.99, 2015 年 12 月 28 日。

这些因素的冲击。①

虽然职业两极的现象自20世纪80年代就开始了，但中等技能工作的大幅度下降是在经济危机期间。有数据展示了这样的趋势：1967—1982年，美国中等技能职业平均占就业总数的58%，而1983—2012年间这一比例下降到了50%。但在1991年、2001年和2007年的经济衰退中，中等技能职业占全部工作损失数的89%、91%和94%，而且在衰退结束后，它还在继续流失。② 也就是说，即便是在失业率好转的情况下，许多损失掉的中等技能工作也不会再回来了。在加拿大，伴随着全年全日制工作的"中产阶级"工人的显著下降，相应的是更高或更低收入工人的显著增长。③ 制造业工作的减少是职业两极化的主要原因。美国劳工统计局2011年指出，制造业工作自20世纪70年代以来都在下降，但在2007—2009年的衰退期间加速了。④

2. 收入停滞

自20世纪80年代以来，"中产阶级"的收入就进入了长时期的停滞阶段，进入21世纪后这一停滞趋势并没有任何好转。美国皮尤研究中心在《中产阶级失去的十年》中指出，2001—2010年，美国"中产阶级"的家庭收入中位数和家庭财富中位数都经历了十年的下滑，85%的"中产阶级"认为要维持原有生活标准比十年前更困难了。⑤《福布斯》杂志指出，2010—2012年美国60%的中等家庭收入下降，这部分人口在国民收

---

① Jaison R. Abel and Richard Deitz, "Job Polarization and Rising Inequality in the Nation and the New York-Northern New Jersey Region", CURRENT ISSUES IN ECONOMICS AND FINANCESECOND DISTRICT HIGHLIGHTS, Volume 18, Number 72012, https://www.newyorkfed.org/medialibrary/media/research/current_issues/ci18-7.pdf, 2016年1月7日。

② Andrea Riquier, "Middle-Skill Job Disappearance Polarizes Workforce", *Investor's Bussiness Daily*, 11/24/2014, http://www.investors.com/middle-skill-job-disappearance-polarizes-workforce/.

③ Charles M. Beach, "What Has Happened to Middle-Class Earnings? Distributional Shifts in Earnings in Canada, 1970-2005", JEL-codes: J24 J31 J39, http://econpapers.repec.org/paper/ubcclssrn/clsrn_5fadmin-2014-13.htm.

④ Amanda Alix, "How the Loss of Middle-Skill Jobs Killed the Middle Class", May 25, 2014, Updated May 25th 2014, http://www.dailyfinance.com/2014/05/25/how-the-loss-of-middle-skill-jobs-killed-the-middl/.

⑤ "The Lost Decade of the Middle Class Fewer, Poorer, Gloomier", August 22, 2012, http://www.pewsocialtrends.org/2012/08/22/the-lost-decade-of-the-middle-class/

入中所占的比例也从1970年的53%降至2012年的45%。① 对于美国中等收入群体来说，2000年以来"失去的十年"损失的财富比收入损失更多。中等收入阶层的中位数收入下跌了5%，但财富中位值（资产减负债）下跌了28%，从12万多美元下降到9万多美元。2009年西方就宣布"大衰退"结束了，但多数"中产阶级"美国人仍然感到入不敷出，他们中约62%的人在过去的一年不得不降低家用，而2008年这一比例是53%。② 在收入停滞不前的情况下，劳动者普遍没有足够的钱应付计划外支出，如看病、修车等，不仅难以视储蓄为优先项，而且经常不得不动用信用卡来支付账单。更为可惜的是，那些好不容易有所储蓄的"中产阶级"投资股市的大部分钱都在"大衰退"及其后的经济萧条中损失了，而投资于国债的收益由于利率一降再降几乎为零。③

1970年美国家庭总收入的29%属于高收入家庭，到2014年这一数字上升到了49%。而中等收入家庭的收入占美国家庭总收入的比率从1970年的62%大幅下降到2014年的43%，进入新世纪后的中等收入家庭在经济上落后得更多：2014年，这些家庭的收入中位数比2000年下降了4%。此外，由于住房市场危机和2007—2009年的大衰退，从2001年到2013年他们的财富（资产减去债务）中位值下降了28%。④ 从这一数据可以看出，美国富人的收入和财富呈上升趋势，而"中产阶级"本来收入基数就比富人低很多，收入相比富人却不升反降，造成差距更大。英国工薪家庭已经处于通货膨胀率是工资增长率两倍的压力下。现在企业利润率和现金结余在上升，但工人在国家经济份额中所占的比例却在下降。因此有学者指出，"我们需要另一种完全不同的福利改革。今天的福利国家并没有为受挤压的'中产阶级'（他们付出的多，得到的少）服务。如果我们在这场考验中失败了，美国就是我们的前车之鉴"。并直指自20世纪70年代初以来，美国生产力的巨大增长却几乎没有给美国普通家庭的实际收入带

---

① 《福布斯：美国中产阶级正沦为"无产阶级"》，参考消息网，2014年2月19日，http://world.cankaoxiaoxi.com/2014/0219/349118.shtml。

② *The Lost Decade of the Middle Class Fewer, Poorer, Gloomier*.

③ 《外媒：美国正成为一个分裂的社会》，参考消息网，2015年12月14日，http://column.cankaoxiaoxi.com/2015/1214/1026018.shtml。

④ Pew Research Center, "The American Middle Class Is Losing Ground No longer the majority and falling behind financially", December 9, 2015, http://www.pewsocialtrends.org/2015/12/09/the-american-middle-class-is-losing-ground/.

来任何改善，果实被更富裕的超级精英掠夺了，这些人现在是占领运动的目标。《时代》杂志把这种现象形容为"美国梦的死亡"[①]。

3. 住房危机

日本学者伊藤诚分析美国次贷危机的主要原因在于，2000年新经济泡沫破灭后，美国各种金融机构急于为过剩资金寻找国内出路，将贷款重点放在扩大住宅金融上。2001—2005年间旨在恢复经济的低利率政策也促进了住宅贷款的扩大和次级贷款的膨胀。这使美国住房贷款的规模在2006年累计余额高达13万亿美元，与美国GDP规模相当。[②]但"大衰退"使数百万家庭的负债额超过了房产价值，"中产阶级"贷款买房一族纷纷破产。哈佛大学住宅联合研究中心2015年发表的研究报告显示，2015年有4300万户美国家庭（含单亲家庭）租房度日，比2005年几乎增长了900万户，约占美国人口的37%，这一比例为20世纪60年代中期以来的最高值。原因是多方面的，但住房泡沫的破灭是一个重要因素，自有住房率在2004年达到最高值以后，几乎有800万户家庭失去了房屋抵押赎回权。此外，在家庭收入下降到1995年水平的同时，抵押贷款也收紧了，使那些潜在的购房者要购房更加困难，在这种情况下租房是更好的选择。[③] 失去房屋抵押赎回权意味着失去了房子，近800万失去住房的家庭基本上都属于所谓的"中产阶级"家庭。

皮尤的研究指出，自2006年以来住宅价格的下降是导致家庭财富缩水的主要因素，但上等收入家庭受此影响不大，1983—2010年，住宅资产最多占上等收入家庭平均资产的24%，但中等收入家庭却深受打击，因为这一占比在中等收入家庭则最少为40%。[④] 也就是说，中等收入家庭将大部分收入用于购置住宅，所以一旦经济危机导致住房价格下跌，必然大受损

---

① Liam Byrne, "The struggling middle classes need a new welfare state", November 21, 2011, http://www.theguardian.com/commentisfree/2011/nov/21/middle-classes-new-welfare-state? newsfeed = true.

② [日] 伊藤诚：《美国次贷危机与当代资本主义》，载程恩富主编《金融风暴启思录》，中国法制出版社2009年版，第47页。

③ Joint Center for Housing Studies of Harvard University, "America's Rental Housing Expanding Options For Diverse and Growing Demand," http://www.jchs.harvard.edu/sites/jchs.harvard.edu/files/americas_rental_housing_2015_web.pdf.

④ "The Lost Decade of the Middle Class Fewer, Poorer, Gloomier," August 22, 2012, http://www.pewsocialtrends.org/2012/08/22/the-lost-decade-of-the-middle-class/.

失。美国前劳工部长罗伯特·赖克表示,"美国梦"中的住房梦成了梦魇,任何人都能实现"美国梦",或子女会更成功的观念,似乎都成为错觉。①

英国独立智库"决心基金会"(Resolution Foundation)2016 年指出,在十年内,9/10 的 35 岁以下的中等收入的英国人无法买得起房。该智库表示,1998 年收入在全国平均收入的 10%—50% 的 16—34 岁的年轻人中有一半能买得起房。2013—2014 年间全国的这一比例下降到 25%,到 2025 年将下降到 10%,伦敦地区的比例预计将只有 5%。② 英国财政大臣乔治·奥斯本曾在 2015 年允诺应对住房危机的大胆措施,诸如对购房出租者采取更为严厉的税收制度和承诺修建更多人们买得起的房子等。但英国财政部特别委员会严厉地指出奥斯本对购房出租的限制会对劳动力的流动和经济增长构成威胁。③ 这不仅显示出资产阶级不愿意损害所谓"自由市场原则",更重要的是,限制购房出租将直接损害有产者的权益。

房租危机也成为"中产阶级"面临的一个现象。由于租金上涨而收入停滞不前,许多中等收入家庭生活负担很重。在美国波士顿地区,年收入在 45000—75000 美元的家庭中有 38% 的家庭年收入的 30% 或更多用于支付房租。④

4. 育儿、教育费用上涨

自 2003 年以来,英国的育儿成本总体上升了 78%,远超同时期的通货膨胀率 45%。这意味着典型的英国父母(the typical parent)养育一个孩子从出生到 21 岁必须付出超过他们 1/3(38%)的收入。有专家认为,目前英国的育儿费用是有史以来最高的,而且还在持续上涨,家庭收入会更捉襟见肘。⑤

---

① [美]哈尔·韦茨曼:《美国人的住房梦破灭了》,陈云飞译,FT 中文网,2011 年 7 月 5 日,http://m.ftchinese.com/story/001039415。
② Larry Elliott and Hilary Osborne, "Under–35s in the UK face becoming permanent renters, warns thinktank", *The Guardian*, February 13, 2016, http://www.theguardian.com/society/2016/feb/13/under–35s-in-the-uk-face-becoming-permanent-renters-warns-thinktank.
③ Larry Elliott and Hilary Osborne, "Under–35s in the UK face becoming permanent renters, warns thinktank".
④ Tim Logan, "Study finds rents soaring as apartment supply lags", December 09, 2015, https://www.bostonglobe.com/business/2015/12/09/renting-grows-and-rents-are-surging-takeaways-from-harvard-housing-report/5CoErYq9XyTZof6GylKKpM/story.html.
⑤ Patrick Collinson, "Cost of raising children in UK higher than ever", *The Guardian*, February 16, 2016, http://www.theguardian.com/lifeandstyle/2016/feb/16/cost-of-raising-children-in-uk-higher-than-ever.

2013 年时英国一项研究发现，养育一个孩子到 18 岁的最低成本上升了 4%，约为 15 万英镑，超过了收入和福利的上涨。家庭和儿童福利只上升了 1%，最低工资上升了 1.8%，平均收入上升了 1.5%。①

英国一篇名为《挣扎的中产阶级需要一个新的福利国家》指出，数以百万计家庭的生活水平承受的压力是自 20 世纪 20 年代以来最大的。2011 年一份调查（Aviva Family Finance Survey）显示，家庭收入又下降了——下降最多的是那些有一个孩子的双亲家庭，他们的家庭收入由于儿童福利削减，比上一个季度下降了 6%。②

接受高等教育是"中产阶级"子女承续父母地位甚至向上流动的前提之一，子女接受高等教育还是"中产阶级"生活品质的体现之一。在西方，除了一些国家的高等教育是免学费或低学费的外，其余国家的学费并不低廉，在美国、英国这样的国家学费都比较昂贵，私立大学的学费更为昂贵，"中产阶级"家庭的子女一般都需要申请助学贷款才能读完大学。20 世纪 80 年代新自由主义政策在教育领域的推广使教育费用逐年增长，教育的公共投入不断降低，更是使教育部门成为债务重灾区。更严重的是，经济危机促使政府进一步削减教育经费的同时，学校为了维持原有收益而提高学费，使因读书而负债成为很大的社会问题。2012 年由于英国大学的学费几乎上涨了两倍，使入学申请人数下降了差不多 8%③；自"大衰退"以来，美国学生总债务增长了 56% 之多。④ 美国联邦储备银行纽约分行的数据显示，在美国有 3700 万人⑤、约 1/5 的家庭⑥背负学生贷款。

---

① James Meikle, "Cost of raising child in UK increases 4% to nearly 150000", *The Guardian*, August 19, 2013, http://www.theguardian.com/money/2013/aug/19/cost-raising-child-uk-increases.

② Liam Byrne, "The struggling middle classes need a new welfare state", *The Guardian*, November 21, 2011, http://www.theguardian.com/commentisfree/2011/nov/21/middle-classes-new-welfare-state?newsfeed=true.

③ Andre Damon, "A Lost Generation and the Struggle for Socialism", September 6, 2012, http://www.wsws.org/en/articles/2012/09/pers-s06.html, 2013 年 1 月 4 日。

④ Jill Schlesinger, "Student Loan Debt Nears ＄1 Trillion: Is It the New Subprime?", *CBS News*, November 28, 2012, http://www.cbsnews.com/news/student-loan-debt-nears-1-trillion-is-it-the-new-subprime/.

⑤ Tyler Durden, "Student Loan Debt Slaves In Perpetuity—A True Story of 'Bankruptcy Hell'", April 26, 2012, http://www.zerohedge.com/news/student-loan-debt-slaves-perpetuity-true-story-bankruptcy-hell.

⑥ Hope Yen, "Student Debt Hits Record 1 in 5 U.S. households", *Associated Press*, September 27, 2012, http://usatoday30.usatoday.com/news/nation/story/2012/09/27/student-debt-hits-record-1-in-5-us-households/57847628/1, 2013 年 1 月 4 日。

5. 借贷成为生活常态

第二次世界大战后的几十年以来，一个强大的和可持续的力量推动着西方的经济增长，那就是由"中产阶级"不断提高的收入推动的消费。但自 20 世纪 80 年代以来，西方工人工资的增长停滞了，但物价上涨和通货膨胀仍然存在，人们削减储蓄，通过贷款尤其是抵押贷款维持生活水平。普通人靠借贷过活在西方是一种比较普遍的现象。这其中有一小部分是受消费主义的影响，但主要原因并不是"消费攀比"，而是收入停滞与生活成本的上升。

贝拉米·福斯特指出，资本积累（储蓄—投资）的过程要求工资下降但最终又要依靠以工资为基础的消费支持经济增长和投资。工人必须花费所有或几乎所有收入在消费上，以 2003 年的美国为例，处于收入分配后 60% 的家庭的人均消费支出等于或超过平均税前收入。在这种情况下，消费和最终的投资都依赖于那些普通收入人群的支出，实际工资的停滞或下降会制约整体性消费的支出，就产生经济危机的可能。除了 20 世纪 90 年代末的小幅上涨，实际工资已经停滞了几十年。典型的（中等收入）家庭已经通过兼职或更多家庭成员工作、延长家庭工作时间来弥补收入停滞的问题。尽管如此，到 2004 年，实际（扣除通货膨胀因素）的典型家庭收入连续 5 年下跌。收入处于后 95% 的人在 2003—2004 年间经历了家庭平均实际收入的降低。2005 年实际工资下降了 0.8%。对于美国处于中等收入百分位（40.0%—59.9%）的家庭来说，债务负担已经达到 1995—2004 年间的峰值水平，这些家庭的债务占可支配收入的比例比 1995 年上升了 4% 达到几乎 20%，比其他任何收入群体都要高。[1]

根据"美国进步中心"的研究，在此次"大衰退"前的 2006 年，普通美国人为维持生活费用平均需要超支 126.4%。[2] 2009 年美国《时代周刊》指出一项研究发现，美国自称为"中产阶级"的人中有 78% 的人认为要维持他们目前的生活水平有麻烦。[3]

---

[1] John Bellamy Foster, "The Household Debt Bubble", Monthly Review, Volume 58, Issue 01 (May) 2006, http://monthlyreview.org/2006/05/01/the-household-debt-bubble/, 2016 年 4 月 13 日。

[2] Sober Realist and Pluto, "The Wealth Gap and the Collapse of the U. S.", August 8, 2009, http://seekingalpha.com/instablog/183929 - sober-realist/21758 - the-wealth-gap-and-the-collapse-of-the-u-s.

[3] Claire Suddath, "Obama's Middle-Class Task Force Has No Middle Class", Time, Ma 4, 2009, http://content.time.com/time/politics/article/0, 8599, 1882913, 00. html.

皮尤2014年的报告指出，2000—2012年，美国中等收入家庭收入下降了8%，同时期事关经济安全的关键费用引人注目地上涨了，包括保育费用上涨37%，医保费用——包括雇员保费和现金支付费用——上涨了85%。皮尤2014年一项调查显示，2006年时有47%的美国人在不断上涨的生活成本面前感到入不敷出，如今这一数字上升到了57%。① 一份调查报告显示，英国家庭的收入和储蓄在2013年有所上升，但家庭债务水平达到有史以来的最高水平。②

加拿大人背负着创纪录的债务负担。加拿大统计局称，在消费者为购房持续借贷超过其可支配收入温和增长的时候，2013年第三季度家庭信贷市场总债务（抵押贷款、消费信贷和非抵押贷款）上涨至人均可支配收入的164.1%。这是目前为止最高的纪录。③ 美国前劳工部长罗伯特·赖克指出，20世纪70年代以后，在美国最富裕的人占国民收入的比率不断上升的同时，"中产阶级"家庭的收入一直原地踏步，有时还会下降。为了提高自己的生活水平，与整个国家不断增长的产出相均衡，他们只能通过增加贷款来购买商品。④

美国联邦储备银行纽约分行2015年的报告指出，学生贷款拖欠90天以上的比率上升到了11.3%。2013年美国学生贷款在不同年龄段的分布是这样的：25岁以下的年轻人欠着1500亿美元；25—49岁的人是7000亿美元；而65—74岁的人约欠1500亿美元。从总体上看，美国的国民债务在2014年第四季度上升了1170亿美元，总计达11.8万亿美元。⑤

有学者研究了20世纪80年代中期到2007年"中产阶级"家庭收入

---

① Jennifer Erickson, "The Middle-Class Squeeze A Picture of Stagnant Incomes, Rising Costs, and What We Can Do to Strengthen America's Middle Class", September 24, 2014, https://www.americanprogress.org/issues/economy/report/2014/09/24/96903/the-middle-class-squeeze/.

② AVIVA, "Family incomes and savings rise but household debt levels reach an all time high", July 10, 2013, http://www.aviva.co.uk/media-centre/story/17171/family-incomes-and-savings-rise-but-household-debt/.

③ David Parkinson, "Canadian household debt burden rises to record level", *The Globe and Mail*, Dec. 15, 2014 http://www.theglobeandmail.com/globe-investor/personal-finance/household-finances/canadian-household-debt-rises-to-record-level/article22082881/.

④ [美]罗伯特·赖克：《美国的逻辑——为什么美国的未来如此堪忧》，倪颖译，中信出版社2011年版，第13页。

⑤ "One-third of America on the brink of financial disaster -survey", *RT*, Febrary 23, 2015, https://www.rt.com/usa/234811-american-financial-credit-debt/.

停滞和债务爆发性增长之间的联系。研究表明,"中产阶级"家庭要保持他们消费的增长,只有承担更多的债务,这些债务基本上是用来买房子。只要房屋价格上涨,他们的净资产也会增加,这种借贷似乎就是明智的。一旦信贷紧缩,他们的财富就会被摧毁,"中产阶级"家庭的消费就会骤然下降。经济恢复疲软基本上可以用"中产阶级"家庭的消费紧缩来解释。但富裕家庭——财富处于前5%的家庭——只会暂时地削减消费,因为他们的消费是建立在稳定增长的收入基础之上,而不是负债。因此,学者认为,"大衰退"并不是银行业危机,这一危机可以很容易地通过救助银行而得到控制。相反,危机是由家庭长期积累的债务达到了一个临界点导致的。当家庭不能再负担它们的债务的时候,就会演化出银行危机。2007年开始的"大衰退"的直接原因是借贷市场的崩溃,但最终原因是不可持续的债务增长了很多年,最终导致在2000—2007年债务的成倍增加。①

经济危机袭来,生活费用再次上涨,犹如最后一根压垮骆驼的稻草,许多"中产阶级"倒在了债务面前,在美国,申请破产者中比例最高的是"中产阶级"。② 破产的"中产阶级"成了接受慈善救助的"尴尬的穷人"③。

6. 福利危机对"中产阶级"的负面影响

尽管社会福利费用从根本上讲是工人创造的剩余价值的一部分,但在资本家看来,这是从利润中支出的非生产费用。"自由主义者"哈耶克不仅仇视社会主义,还强烈反对"凯恩斯主义",福利制度这种资本主义改良措施在他眼中也是危害资本"自由"的不祥之物。他早在1960年就大肆攻击和妖魔化福利制度,把福利制度说成是平均主义的分配工具,说福利国家是过时的社会主义的替代物。并认为"如果授予政府提供某些特定服务的排他性权力,即一种为了达到目的而必须用来处置和强制个人的权

---

① Rex Nutting, "Middle class is drowning in debt, hobbling the economy", June 27, 2014, http://www.marketwatch.com/story/middle-class-is-drowning-in-debt-hobbling-the-economy-2014-06-27.

② 参见 Elizabeth Warren and Amelia Warren Tyagi, *The Two-Income Trap: Why Middle-Class Parents are Going Broke*, New York: Basic Books, NY, USA, 2003.

③ Mario Queiroz, "Portugal's middle-class dwindles under debt, Aljazeera", Febrary 1, 2013, http://www.aljazeera.com/indepth/features/2013/01/20131281147672390.html, 2016年2月12日。

力，自由就会受到严重的威胁"①。但彼时资本主义世界凯恩斯主义还是主流，哈耶克的主张是非主流。直到20世纪80年代里根和撒切尔夫人的上台，美英两国率先推行"新自由主义"，哈耶克所代表的"新自由主义"政策主张才得到重视和推行，这其中自然就涉及了对福利制度的改革。这种改革的特点就是削减支出，附加福利领取条件，并使社会福利的相关业务在可能的范围内最大限度地市场化和私有化。所谓削弱了个人的进取和自立精神的福利制度在继任者的手下也屡遭"改革"，就像一波又一波的海浪冲刷着沙滩上的城堡一样，福利制度的根基渐渐被侵蚀。现在西方的福利制度在大衰退巨浪的冲击下，愈发后退了。

福利削减对于"中产阶级"的影响是深刻的。首先，在挽回"大衰退"损失的借口下，削减福利与工资削减或停滞是同步的。2013年美国劳动者收入占国内生产总值的比例已经下降到57%，是自1950年以来的最低比例。自官方宣布大衰退结束以来，汽车制造业工人的实际工资下降了10%，制造业工资整体下降了2.4%。一边削减工人福利，一边降低工资，结果就是美国企业利润激增。据彭博社报道，美国企业的税后利润增长了170%以上，超过了第二次世界大战以来的任何时期。企业利润超过里根执政期间峰值的一倍，当时里根粉碎了1981年空中交通管制员罢工，发起了反对工人阶级的战争。②

其次，养老金的给付提出了新条件，即提高缴费比率、延长退休年龄等。大衰退后，德国、荷兰等国家先后通过决议，决定将退休年龄逐渐提高到67岁。经济合作与发展组织（OECD）的信息表明，2050年之后美国和德国的退休年龄要达到67岁，日本和墨西哥达到65岁，意大利和丹麦到2050年将领取退休金年龄提高到69岁。英国政府预测养老金领取年龄提高50年后将节省5000亿英镑。③ 2014年澳大利亚时任财政部长霍奇说，自推出养老金福利以来，尽管绝大多数人的寿命都延长了，但65岁的领取年龄一直没有改变，这不合理，因为"这是在1908年设定的，当时的预期寿命是55岁，而现在的预期寿命是85岁"。因此最好效仿英国

---

① ［英］哈耶克：《自由宪章》，杨玉生等译，中国社会科学出版社1998年版，第445页。

② Jerry White, "Obama's low-wage 'recovery'", January 31, 2014, http://www.wsws.org/en/articles/2014/01/31/pers-j31.html.

③ Meagan Clark, 12/06/13, http://www.ibtimes.com/which-country-has-highest-retirement-age-developed-world-69-1498496.

将领取年限逐步提高到 70 岁！① 之后，澳大利亚决定在 2035 年将"退休年龄"延迟至 70 岁。② 其实质是延长个人养老保险的缴纳年限，领取养老金的年份和数额却相应减少。

在退休人群平均寿命变化的情况下，相当于人们要比从前多工作、多缴费，领取的退休金还不如从前的多。工人工资是劳动力这种特殊商品的生产和再生产所需要的社会必要劳动时间决定的。从社会整体上看，工人在退休前的劳动中，已经把自己养老所需的费用生产出来了，但是对这种费用的扣除却不是严格依照劳动力在退休后的物质需要进行的，而是依据工人与资本家的斗争所决定的养老金在剩余价值也就是利润中所需扣除的比例决定的。在经济危机时期，资本家创造舆论，指出养老金等社会福利太高，是它们使西方劳动力过于昂贵，它造成企业、国家负担沉重，全球竞争力下降，是危机的原因，企业要生存工人才能保住饭碗，只有减少福利、减少公共开支才能走出危机。欧委会经济与货币事务专员雷恩（Olli Rehn）在接受法国《费加罗报》（Le Figaro）访问时认为，法国养老金改革法案要降低高昂的劳动力成本，"养老金改革绝对不能提高企业的成本或阻碍就业"③。削减养老金或通过延长退休年龄等手段，使资本家得以减少对利润的扣除，从而提高利润率，达到在非危机时期很难达到的目的。

最后，在"走出危机"的口号下，国家有理由削减公共支出，比如在教育、医疗、住房等方面带有福利性质的支出都被削减或暂停，这直接导致相关服务或商品的价格上涨。"中产阶级"的生活成本上涨，负债率直线上升。紧缩政策使市场需求萎缩，人们的支付能力下降，市场的普遍萧条又会进一步加剧就业的紧张、工资的下降和需求的萎缩，形成恶性循环。

二 "中产阶级危机"是资本积累的必然后果

前面多次使用到一个名词"资本积累"，是指剩余价值转化为资本，

---

① 张红艳：《澳大利亚财长支持效仿英国将退休年龄提至 70 岁》，《环球网》2014 年 2 月 25 日，http://world.huanqiu.com/exclusive/2014-02/4858591.html。

② "Increase the Age Pension qualifying age to 70 years", March 16, 2016, https://www.humanservices.gov.au/corporate/budget/budget-2014-15/budget-measures/older-australians/increase-age-pension-qualifying-age-70-years.

③ 腾讯财经：《法国工会游行抗议养老金改革》，2013 年 9 月 10 日，http://finance.qq.com/a/20130910/014871.htm。

即剩余价值的资本化。有学者认为,"资本积累是资本主义生产方式的条件,资本积累中资本和雇佣劳动之间的对立关系表现为三种主要的趋势:一是劳动条件在作为资本的财产而'永恒化'的同时,也使'雇佣工人的地位永恒化',也使工人的剩余劳动时间'白白为他人劳动的命运永恒化';二是资本积累通过使资本家及其同伙的相对财富增多而使工人的状况相对恶化;三是劳动条件以越来越庞大的形式、越来越作为社会力量,出现在单个工人面前。这三种趋势就是剩余价值积累比其物质结果更为重要的生产关系的结果"①。这三种趋势造成了"中产阶级"的三种困境,于是出现了所谓的"中产阶级危机"。

(一)"中产阶级"的"身份"改变不了其无产阶级的处境

"中产阶级危机"发生之前是"中产阶级"的兴起,这一"兴起"有其历史背景与条件。1929 年的"大萧条"后,以约翰·梅纳德·凯恩斯为代表的资产阶级学者认为,既然需求不足会导致经济危机,那么扩大需求将有助于国家从经济危机中恢复,甚至"熨平"经济周期。罗斯福新政就是凯恩斯主义"拯救""大萧条"的实例,新政的一系列政策措施也许在一定程度上启发了资产阶级对劳资关系的新理解,即劳工的需求和政府通过基础建设扩大需求一样对经济发展具有关键作用,抑制工人的需求虽然一时有利于个别资本家,但从根本上将危害到资本主义经济的整体健康。从理论上讲,凯恩斯主义为第二次世界大战后资本与劳动协商提供了思想理论资源。从实践上讲,战后世界范围内解放运动的推动,西方国家工会运动蓬勃兴起,促成了工会与资本家之间相对平等的谈判环境的形成。在战后经济复苏的大环境里,资本家在利润增加的前提下,可以让渡一部分利润来换取工人的配合。1949 年通用汽车公司与全美汽车工人联合会(UAW)就工会成员工资及福利与生产率保持同步增长达成了"底特律条约"。这一协议极大地鼓舞了西方工人向资方争取相对合理报酬的斗争,对于西方工人报酬的提高具有里程碑意义。这为"福特主义"生产方式的形成提供了前提,即大规模生产、大规模消费的现代工业生产—消费模式。在这一模式下,制造业提供了大量高薪工作,为制造业配套的相关产业如金融、商务、贸易等行业也提供了大量白领工作。随着资本主义分

---

① 顾海良:《两个"伟大的发现"的连结》,《光明日报》2015 年 1 月 28 日第 15 版。

工体系在全球的扩散，蓝领工作岗位向第三世界国家大量转移，因而在西方白领工人的数量超越了蓝领工人。

虽然在21世纪的西方社会出现了许多新现象，比如马克思时代那种蓬头垢面的产业工人"消失了"，衣冠楚楚的"白领""粉领""金领"大量出现了，但生产资料的私人占有与社会化大生产之间的基本矛盾并没有任何改变。原先被认为与无产阶级沾不上边的"中产阶级"白领们要是失业了，不过也是一无所有的无产者。"中产阶级危机"不过是资本主义基本矛盾在金融垄断资本主义时代出现的新症状，是资本积累危机在阶级状况上的最新体现。

资本积累的实质就是剩余价值不是全部用于资本家的个人消费，而是以一定的比例投入资本主义扩大再生产中转化为新资本，这样就能无偿地占有更多的剩余价值。创造剩余价值的是活劳动，购买活劳动的资本叫可变资本，购买生产资料的资本叫不变资本，不变资本与可变资本的比例决定了资本有机构成。假设在资本有机构成不变的情况下扩大生产规模，就是按照原来的比例扩大不变资本与可变资本的量，那么企业就要雇佣更多的工人，在一定时间内劳动力供给不变的情况下，如果工人有足够的议价能力（组织起来同资本家谈判的能力），工人的报酬就可能会有不同程度提高。

资本有机构成保持不变这种情况当然是不稳定的，激烈的市场竞争使"资产阶级除非对生产工具，从而对生产关系，从而对全部社会关系不断地进行革命，否则就不能生存下去"[①]，资本家可以通过技术装备的改善、完善生产流程、提高劳动生产率、提高资本的有机构成，在不变资本（物）上投入的量就要大于可变资本（人）的量。假设以前需要10个工人推动的100单位的生产资料，现在由于技术或生产流程的进步，只需要5个工人了。假设在不解雇10个工人的情况下扩大再生产，那么现在就得投入200单位的生产资料；或者说要推动200单位的生产资料，现在不需要再多雇10个人了，只需要保持原来的工人数量即可，而按原来的比例则是需要20个工人的。转换成现实场景就是在有机构成提高的情况下，资本扩大再生产对劳动的需要不仅相对地下降，而且也绝对地下降了。因此，资本积累不断地生产出相对的超过资本积累的平均需要的过剩的人

---

① 《马克思恩格斯选集》第1卷，人民出版社1995年版，第275页。

口，也就是产业后备军。

因此，马克思断言，社会劳动生产率的提高会使越来越多的生产资料只需要越来越少的人力来推动，产业后备军也就越大，这就形成了一种奇怪的局面，"生产资料和劳动生产率比生产人口增长得快这一事实，在资本主义下却相反地表现为：工人人口总是比资本的增殖需要增长得快"。这就使"工人阶级中贫苦阶层和产业后备军越大，官方认为需要救济的贫民也就越多。这就是资本主义积累的绝对的、一般的规律"①。

另外，前述例子中说到的 10 个人干以前需要 20 个人干的活，不过是使资本从较少的工人身上榨取到更多的劳动量。技术进步使工人中的一部分从事过度劳动的同时迫使它的另一部分无事可做；反过来，后者又迫使前者过度劳动。因此"决定工资的一般变动的，不是工人人口绝对数量的变动"②，而是就业工人与失业工人的比例的变动，是过剩人口相对量的增减。③ 从美国的例子来看，劳动人口的就业率有下降的趋势。由于失业率的计算漏掉了许多放弃寻找工作的失业者，因此失业率比官方统计的至少要高 3 个百分点。如果使用就业率——有工作的人占总人口的比例——来衡量的话，在 2007 年 12 月大衰退开始前就业率为 63%，到官方认定的大衰退结束的 2009 年 6 月，下降到了 59.4%，这一数字到 2013 年已经下降到 58.7%。④ 这一变化表明，越来越多的工人被抛入到了产业后备军的队伍之中。

从理论阐释转向当代西方社会的现实场景，我们就发现资本主义积累的一般规律是这样表现的，即工人生产的商品、创造的财富越多，他的劳动所得和他创造的劳动果实相比就显得越少。在西方劳资双方博弈的合法框架下，一般情况下工人的工资会随着通货膨胀率或生产率的提高而有所提高，但是工人的劳动所得与工人创造的财富之间的差距则是越拉越大了，这一差距体现为劳动收入占西方国家国内生产总值的比例呈不断下降的趋势。如，1970—2006 年间 20 个经合组织（OECD）国家的劳动生产率年均增长 2.33%，同时期的劳动收入占国内生产总值的比例却普遍呈下

---

① 《资本论》第 1 卷，人民出版社 2004 年版，第 742—743 页。
② 同上书，第 734 页。
③ 同上。
④ Shannon Jones, 2013. "Report: 97 percent of new US jobs are part-time", 14 August 2013. http://www.wsws.org/en/articles/2013/08/14/jobs-a14.html.

降趋势，如澳大利亚从1970年的51.9%下降到2006年的47.6%，美国从64.1%下降到61.5%，作为样本的国家从整体上是从51.2%下降到了50.2%。[1] 可以看出，在生产率提高的情况下，工人从他创造的财富中得到的收入占的比例是绝对地降低了（虽然极有可能是在他工资得到提高的情况下），这表示工人为资本家创造了更多的财富，这样后者就可以拿走更多的剩余价值。马克思也指出，我们"不应该因为在某个国家中劳动的相对价值随该国劳动生产率的增长而下降，就认为在不同国家中工资与劳动生产率成反比。情况恰恰相反。在世界市场上一个国家同其他国家相比，生产率越高，它的工资也就越高"[2]。这种相对穷国的"高"工资反映的也是工人与资本家的分配比例，生产率越高的国家，工人创造的财富越多，按照一定的比例能比穷国工人分配到的相对较多，但不会突破工资只是工人劳动力生产和再生产所需要的必要生活资料的界限，因此"阶级和阶级相互之间的状况，与其说决定于工资的绝对量，不如说更多地决定于比例工资"[3]。

　　劳动收入虽然会因劳动生产率的增长而有所增长，但"工人之变得便宜，从而剩余价值率的增加，是同劳动生产率的提高携手并进的，即使在实际工资提高的情况下也是如此。实际工资从来不会和劳动生产率按同一比例增加。这样，同一可变资本价值会推动更多的劳动力，从而推动更多的劳动"[4]。马克思指出，在资本有机构成不断提高的趋势下，资本对劳动的需求虽然在绝对值上会增加，但与资本的增加相比，不过是在递减的比例上增加的。因此，"现代工业的发展本身一定会越来越有利于资本家而有害于工人，所以资本主义生产的总趋势不是提高而是降低工资的平均水平，在或大或小的程度上使劳动的价值降到它的最低限度"[5]。劳动力的价值是由一定量的生活资料的价值决定的。在劳动生产力提高时，由于商品变得便宜，"劳动力的价格能够不断下降，而工人的

---

[1] Andrew Sharpe, Jean-François Arsenault and Peter Harrison, *The relationship between labour productivity and real wage growth in Canada and OECD Countries*, CSLS Research Reports from Centre for the Study of Living Standards, No 2008 – 08, http：//www.csls.ca/reports/csls2008 – 8.pdf, 2016年7月13日。
[2] 《马克思恩格斯全集》第26卷（第2册），人民出版社1973年版，第5页。
[3] 同上书，第477页。
[4] 《资本论》第1卷，人民出版社2004年版，第697—698页。
[5] 《马克思恩格斯文集》第3卷，人民出版社2009年版，第77页。

生活资料量同时不断增加。但是相对地说，即同剩余价值比较起来，劳动力的价值还是不断下降，从而工人和资本家的生活状况之间的鸿沟越来越深"①。

在西方消除通货膨胀影响后，劳动收入同过去相比有停滞甚至下降的现象。在1980—2005年间，加拿大劳动生产率上升了37%，但同时期工人的中位实际收入停滞。② 许多经济学家的研究都表明，进入2000年以来，美国工人的平均工资在扣除通货膨胀因素后低于20世纪70年代，最低工资比20世纪50年代还低。③ 2014年美国马克思主义者麦格多夫和福斯特指出，剔除通货膨胀因素后所有劳动者的实际工资自20世纪70年代都已经下降了，美国工资水平比40年前还要低10%以上。1999—2012年，即使是包括了许多双职工家庭的家庭实际中位收入也约有9%的下降。④ 美国经济学家约瑟夫·斯蒂格利茨指出，"收入最高的1%的人收入在过去10年增长了18%，中间阶层的收入却在下降。仅有高中文化程度的人的收入下降尤其明显——在过去25年里，下降了12%"⑤。

从1948—1973年，美国经历了一段工资增长紧跟劳动生产率增长的时期：1973年一个工人的生产率和收入几乎都是1948年工人的两倍。在这个繁荣被工人稍微多分享了一些的黄金时代塑造了"中产阶级"。1948—1973年美国的经济年增长速度为3.9%，90%的普通家庭获得了68%的经济发展成果。然而，大约在1973年，美国的生产率增长放缓，1973年到20世纪90年代初，生产率增长的速度只有过去25年里的一半。此外，收入增长开始与生产率增长脱钩，只有过去增长速度的1/3左右。随着20世纪90年代技术爆发式的进步和经济的快速发展，生产率又一次加速了：1991—2012年生产率的年均增长率为2.2%，而工资的增长率仅

---

① 《资本论》第1卷，人民出版社2004年版，第597—598页。

② Andrew Sharpe, Jean-François Arsenault and Peter Harrison, "The relationship between labour productivity and real wage growth in Canada and OECD Countries", No 2008 - 08, *CSLS Research Reports from Centre for the Study of Living Standards*, p. i, http://www.csls.ca/reports/csls2008 - 8.pdf.

③ HOLLY SKLAR, "PBS Interview", June 13, 2008, http://www.pbs.org/moyers/journal/06132008/transcript4.html, 2016年3月12日。

④ Fred Magdoff and John Bellamy Foster, "The Plight of the U.S. Working Class", *Monthly Review*, Volume 65, Issue 08 (January) 2014, http://monthlyreview.org/2014/01/01/the-plight-of-the-u-s-working-class/, 2016年7月5日。

⑤ [美] 约瑟夫·斯蒂格利茨：《1%的"民有、民治、民享"》，宋丽丹译，《环球时报》2011年10月18日。

为每年的1%。今天工人的生产率比1991的工人高了60%,但只有一半的生产率增长转化为更高的劳动补偿。而且绝大多数工资增长都是在20世纪90年代末技术繁荣时期发生的,因为实际工资和福利在1995—2001年猛增了16%。自21世纪初以来,实际薪酬增长已进一步放缓。更糟糕的是,这一时期的医疗保险费甚至还侵蚀了并不高的工资涨幅。因此,许多美国人认为,即使生产率继续增长,税后收入不是停滞就是下降了。[①](见图5-2)

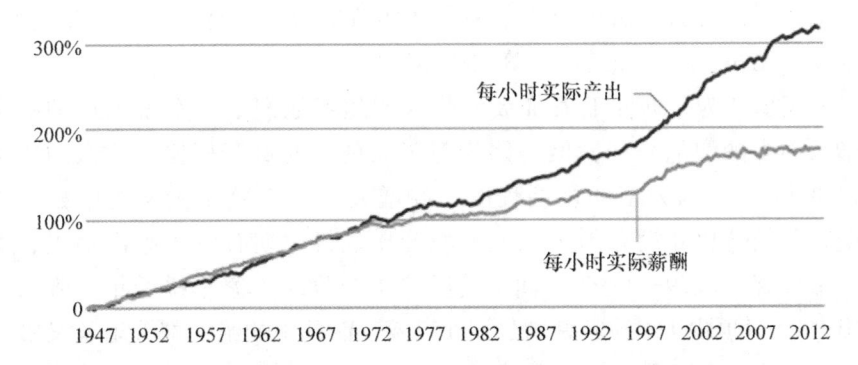

图5-2 雇员薪酬与生产率的分离——薪酬与每小时生产率的累积变化

资料来源：Jennifer Erickson, The Middle-Class Squeeze A Picture of Stagnant Incomes, Rising Costs, and What We Can Do to Strengthen America's Middle Class, September 24, 2014, https://www.americanprogress.org/issues/economy/report/2014/09/24/96903/the-middle-class-squeeze/。

美国工业总产量在大衰退的2007—2009年间下降约7%,但同一时期总工作时间下降了10%。这意味着劳动生产率(或每劳动小时的劳动产出)的飙升。根据美国国家经济研究局(NBER)2013年的研究,这是因为工人害怕失去他们的工作,不得不过度劳动。[②] 资本积累规律是使无产阶级中存在相当一部分的产业后备军,这部分人以失业者、临时工和兼职

[①] Jennifer Erickson, "The Middle-Class Squeeze A Picture of Stagnant Incomes, Rising Costs, and What We Can Do to Strengthen America's Middle Class", September 24, 2014, https://www.americanprogress.org/issues/economy/report/2014/09/24/96903/the-middle-class-squeeze/.

[②] Fred Magdoff and John Bellamy Foster, "The Plight of the U. S. Working Class", Monthly Review, Volume 65, Issue 08 (January) 2014. http://monthlyreview.org/2014/01/01/the-plight-of-the-u-s-working-class/, 2016年7月5日。

者等形式存在着，他们的存在使在岗的工人不得不更加卖力地工作，以免失业。西方各国全职工人的加班时间普遍延长，但加班费却日益罕见。因此"一切生产剩余价值的方法同时就是积累的方法，而积累的每一次扩大又反过来成为发展这些方法的手段。由此可见，不管工人的报酬高低如何，工人的状况必然随着资本的积累而恶化。最后，使相对过剩人口或产业后备军同积累的规模和能力始终保持平衡的规律把工人钉在资本上，比赫斐斯塔司的楔子把普罗米修斯钉在岩石上钉得还要牢。这一规律制约着同资本积累相适应的贫困积累。因此，在一极是财富的积累，同时在另一极，即在把自己的产品作为资本来生产的阶级方面，是贫困、劳动折磨、受奴役、无知、粗野和道德堕落的积累"①。

马克思认为，即使工人阶级的收入能随着他们给资本家创造的财富的增长而多少增加一些，但是因为与工人创造的财富相比，工人的所得显得更少了，"因为富的极端程度已经增大"②。在资本主义的平稳发展时期，两极分化并没有因为工人的境况比危机时期有所改善而消失，而是非常可观：1979—1997年间，美国"中产阶级"家庭税后年均收入上涨10%，但顶尖1%的家庭增加了157%，而其中的绝大部分增长又被最富的万分之一的人取走。③ 据美国皮尤研究中心的报告，从1971—2011年的40年间，只有"高收入阶层"（upper-income tier）增加了他们在家庭收入中的份额，从29%上升到了46%，而"中等收入阶层"（middle tier）从40年前的62%下跌到了45%。"低收入阶层"（lower tier）则从10%下降到9%。④

所谓大衰退结束之后的2009年，股票市场在政府的救助下回暖，但是住房市场仍然低迷，所以对于住房占很大一部分财富的"中产阶级"来说，他们损失的财富比资本家阶级要多得多，因为在后者的资产负债表中，住房只占很少的一部分。2010年皮尤研究中心的一份报告显示，从大衰退开始，典型的"中产阶级"家庭财富损失了约23%，而上层阶级的

---

① 《资本论》第1卷，人民出版社2004年版，第743—744页。
② 《马克思恩格斯全集》第23卷，人民出版社1965年版，第715页。
③ Public Broadcasting Service, "Middle Class Squeeze", *PBS*, November 13, 2002, http://www.pbs.org/now/politics/middleclass.html, 2016年5月23日。
④ Pew Research Center, "The Lost Decade of the Middle Class Fewer, Poorer, Gloomier," August 22, 2012, http://www.pewsocialtrends.org/2012/08/22/the-lost-decade-of-the-middle-class/, 2016年5月25日。

数字是12%。①

2008年经济危机对美国"中产阶级"的打击非常沉重,危机产生的累计失业人数超800万人,美国家庭中有200多万户因丧失房屋抵押赎回权而失去住房。"中产阶级"家庭的主要收入来源是工资,如果主要收入者失业,那么即便缩减家庭支出25%,也只能有13%的家庭能支撑9个月的生活。因此绝大多数的美国"中产阶级"一旦失业超过9个月,就有房产被收回而居无定所的危险。②

正如前面已经提到过的,"是劳动条件在作为资本的财产而'永恒化'的同时,也使'雇佣工人的地位永恒化',也使工人的剩余劳动时间'白白为他人劳动的命运永恒化'",因此,无产阶级并不会因为有了"中产阶级"的"身份"就能改变自己的阶级处境:在资本主义生产关系中由于被人为地隔绝于生产资料和生活资料,而只能处于被资本剥削的境况,而且一旦长期失业就会生活无着落,陷入绝对贫困的状态。

(二)"中产阶级"工作的流失

资本积累产生的另一个问题是,"中产阶级"工作的大量流失。随着信息技术在生产、管理、流通、销售等环节和领域的应用,迅速提高了资本有机构成,造成的后果就是使利润率有不断趋向下降的趋势,这又迫使资本家在竞争中竞相采用更新的技术和更新的管理方法,使复杂劳动简单化,提高劳动生产率,提高相对剩余价值的生产。劳动生产率提高最快的是第一产业和第二产业,尤以第二产业中的制造业为甚。1979—1989年间英国制造业劳动生产率每年提高4.7%,即每个工人的产出10年内增加了50%。③马克思观察到在技术进步的情况下,"较大的可变资本无须招收更多的工人就可以推动更多的劳动;另一方面,同样数量的可变资本用同样数量的劳动力就可以推动更多的劳动;最后,通过排挤较高级的劳动力可以推动更多低级的劳动力"。④

---

① Don Peck, *Can the Middle Class Be Saved?* The Atlantic.
② 张茉楠:《全球中产阶级面临坍塌危机:中国将走向何方》,理论网,2010年7月22日,http://www.cntheory.com/news/Llltwllw/2010/722/10722944535DB8536DKFK2C38GACA9.html,2016年5月25日。
③ [英]米克·布鲁克斯:《当代英国工人阶级的状况》,郭懋安译,《国外理论动态》2006年第7期。
④ 《马克思恩格斯全集》第23卷,人民出版社1972年版,第697页。

表面上看来"中产阶级"的产生与消失都与技术的进步有关：技术的进步使掌握这些技术的生产者成为白领，技术的持续进步又产生了不需要技术就可以掌握生产环节的可能，因此，白领才有可能失业了，并被低技能者取代。只有具备特别稀缺的技能才有可能保有自己的职位。但技术进步造成的失业现象不过是资本主义社会特有产物而已。马克思指出，"如果明天把劳动普遍限制在合理的程度，并且在工人阶级的各个阶层中再按年龄和性别进行适当安排，那么，要依照现有的规模继续进行国民生产，目前的工人人口是绝对不够的。目前'非生产'工人的大多数不得不转化为'生产'工人"①。只是由于资本积累必然要求最大限度地提高工人的劳动强度、尽可能地延长工作时间才造成了在业工人自由时间的丧失和失业工人的无所事事。因为"从商业角度来说，让现有员工干得更多比增加人手要划算"②。现在虽然西方各国都有法定的周工作时间，但在实践中那就变成了最低工作时间，工人加班成为家常便饭，但加班费很少甚至没有。

职业结构的两极分化现象在进入 21 世纪以来加速了，西方社会需要中等技能的白领或蓝领职位大量缩减的同时，高级技术岗位的岗位保持稳定并略有增加，低技能的服务业工作也大量增加。由于物质生产部门的资本有机构成的提高远比非物质生产部门的第三产业要快，因此出现了前者从业人数降低，后者从业人数相对大幅度上升的现象。有学者认为，信息技术再发达也不能取代人的抽象思维和分析能力，具备这种能力的高级专业人员不会被信息技术取代。但是许多工作比如流水线或办公室的工作，可以由执行指令的机器取代，比如机器手臂或办公自动化设备。虽然一些服务业工作非常简单，但却因为事无巨细和工作场所的限制而很难被机械化。所以就会出现中等收入职业的减少，高收入职业和低收入职业尤其是后者的数量不断增长。③ 1979 年巴克莱银行的报告就认为 100 台点钞机可以取代 80 名职员的工作。④ 美国社会学家文森特·帕里罗等认为，科技使

---

① 《资本论》第 1 卷，人民出版社 2004 年版，第 734 页。
② Nishant Bhajaria,《为什么美国人工作时间如此之长?》，立悟编译，2015 年 6 月 19 日，http://finance.sina.com.cn/zl/management/20150619/160922478645.shtml，2016 年 3 月 22 日。
③ "Automatic reaction", *The Economist*, Sep 9, 2010, http://www.uwec.edu/geography/Ivogeler/w111/middle-class-crisis2008.htm.
④ ［英］劳伦斯·詹姆斯：《中产阶级史》，李春玲、杨典译，中国社会科学出版社 2015 年版，第 388 页。

许多大公司的工作得到简化并更有效率,从而淘汰了许多中产阶级的职业……结账、输入和计算等机器的操作将减少67%,计算机操作者将减少38%,银行出纳员将减少27%。……中档的职业越来越少……我们将看到一个层次极为鲜明的劳动力市场,包括了一小部分精英组成的管理或专业群体和大量劳碌的"工蜂"(占全部劳动者的4/5以上),后者所得的工资要低于平均水平。① 在过去的40年,自动化和机器人技术已经彻底改变了工业部门,劳动生产率在提高的同时减少了就业岗位。在美国,制造业创造的就业在1980年达到了顶峰,此后一直下降,伴随着中产阶级工资的停滞。有专家认为,全球经济也许要适应超过50%的失业率,男女工人的就业安全都将受到机器人的威胁。②

与用工"灵活性"相适应,英国有全日固定工作的人在就业人口中的比重从1976年的56%降至1996年的36%,即只有1/3多一些的就业者是全日工。从1992—1996年的4年间就有900万人失业,虽然大部分人重新找到工作,但工作条件远不如从前。如今劳动市场上流行的是非全日制和临时合同制工作,这更加便利资本剥削工人。③

经济学家迈克尔·曼德尔指出,知识、研发和商业诀窍的贬值速度甚至比15年前更快。从2008年开始的"大衰退"使传统的"中产阶级"岗位如助理、销售、办公室工作等白领工作,"几乎每12个岗位中就有一个在衰退的最初两年消失了;生产、手工艺、修理和设备操作之类的蓝领工作,每6个岗位便有一个也是同样的命运。……从2000年开始,美国的制造业已经流失了1/3的工作岗位,其中一些岗位转移到了中国"④。美国经济学家大卫·奥特指出,在美国,"大衰退已经在数量上但不是在质量上改变了就业的两极分化现象","中等技能的白领和蓝领工作"的消失情况要比高技能白领工作或者低技能服务岗位"严重得多"。专家级、经理级和高技能技术岗位和低技能服务业的工作相当稳定。"中产阶级"的每

---

① [美]文森特·帕里罗等:《当代社会问题》(第四版),周兵等译,华夏出版社2002年版,第370页。

② AFP, "Intelligent robots threaten millions of jobs", *The Dailymail*, February 14, 2016, UPDATED: 14 February 2016, http://www.dailymail.co.uk/wires/afp/article-3446370/Intelligent-robots-threaten-millions-jobs.html.

③ [英]米克·布鲁克斯:《当代英国工人阶级的状况》,郭懋安译,《国外理论动态》2006年第7期。

④ Don Peck, *Can the Middle Class Be Saved?* The Atlantic.

12个岗位中就有一个在衰退的最初两年消失了；生产、手工艺、修理和设备操作之类的蓝领工作，每6个岗位便有一个也是同样的命运。①

不要以为在银行等金融机构工作的"金领"的工作就不会被丢掉。2015年，全球银行巨头汇丰银行宣布，将在未来两年内削减19%的员工。到2017年总共要解雇5万名员工，预计每年能节省50亿美元的开支。摩根大通也宣布，要裁掉上万名员工。②

资本主义全球化时代，资本实现了自由流动，但劳动者却不能。资本可以流动到提供大量廉价劳动力的国家或地区赚取超额利润，西方制造业、信息产业向第三世界国家的转移，使大量原来能提供较高收入的"中产阶级"的蓝领和白领工作消失。同时，"资本的积累通过使资本家及其同伙的相对财富增多而使工人的状况相对恶化，此外，还通过使工人的相对剩余劳动量增加（由于分工等等），使总产品中归结为工资的份额减少的办法使工人的状况恶化"③。

因此，随着资本积累的发展，西方"中产阶级"必定要受到失业、减薪之苦。今日美国有2.4亿劳动人口，仅有1.4亿人有工作。自2000年以来，美国已经失去了10%的中产阶级工作。2000年时美国有7200万个"中产阶级"工作职位，2012年时仅有6500万个。④ 美国制造业生产占国民生产总值的百分比从1975—1990年基本维持不变，但是制造业就业人数从1960年的25%下降到1990年的16%或17%，下降了一半，但同一时期美国劳动力总人数翻了一番。这种趋势仍将发展下去，日本等发达国家的情况也差不多。⑤ 美国《大西洋月刊》2011年载文指出，和海外低成本劳工相比，美国一些工人属于"过度取酬"，因此中等收入的工作便消失了，留下一个刚性的和真实的市场。几代人的经历证明，美国的经济趋势就是把美国人分成胜利者和失败者，把"中产阶级"缓慢地掏空。作者

---

① Don Peck, *Can the Middle Class Be Saved?* The Atlantic.

② Gabriel Black, "Layoffs continue amidst economic stagnation", June 20, 2015, http://www.wsws.org/en/articles/2015/06/20/econ-j20.html.

③ 《马克思恩格斯全集》第26卷（第3册），人民出版社1974年版，第389页。

④ Michael Snyder, "84 Statistics That Prove That The Decline Of The Middle Class Is Real And That It Is Getting Worse", August 23, 2012, http://thetruthwins.com/archives/84-statistics-that-prove-that-the-decline-of-the-middle-class-is-real-and-that-it-is-getting-worse.

⑤ ［美］彼得·F. 德鲁克：《后资本主义社会》，张星岩译，译文出版社1998年版，第72页。

认为，虽然"中产阶级"的收入在不断下降，但住房泡沫掩盖了这种下降，但泡沫的破灭就让"中产阶级"喘不过气来了。① 2007 年，美联储前副主席阿伦·布林德估计，美国工作岗位中的 22%—29% 可能在未来数十年会移师海外。② 工作岗位的空间转移，虽然给第三世界国家工人带来工作和收入，但同时也是用第三世界国家工人极低的生存工资压低西方国家工人的工资，给跨国资本带来更加丰厚的利润。

英国学者米克·布鲁克斯指出，专业技术人员多年来自认为是"中产阶级"，因为他们对自己的工作有控制权。但是科技的进步使复杂劳动简单化，他们的工作被简化、被信息化并被纳入监控之中，也像蓝领工人一样接受例行的年度生产率检查。资本正在迫使那些不愿承认自己是工人阶级的人们接受其目前的处境。无产阶级化仍然是资本主义最大的社会潮流。③

（三）重振不了的"中产阶级"

不管是美国总统奥巴马还是英国首相卡梅伦，都认为国家离不开"强大的""中产阶级"，强调要重振"中产阶级"。④ 美国总统奥巴马认为，"我国经济的强弱是通过'中产阶级'的强弱来衡量的"，当"中产阶级"身陷危机时必须施以援手，因此，2009 年 1 月他上任伊始就宣布成立"白宫中产阶级工薪家庭工作组"，要实现以下几个目标：拓宽教育和终身培训的机会；改善工作和家庭的平衡；恢复包括工作场所安全在内的劳工标准；帮助维护"中产阶级"和工薪家庭的收入；维护退休保障。⑤ 美国主流刊物《大西洋月刊》也忧虑到，一个瘦弱的"中产阶级"对于那些出身低微的人来说就表示往上走的可能性大大降低了。如果现行的经济和文化

---

① Gillian Tett, "Which middle class, which squeeze?" *FT Magazine*, February 7, 2014, http://www.ft.com/cms/s/2/c34696d6-8ec4-11e3-b6f1-00144feab7de.html, 2016 年 3 月 22 日。

② Don Peck, *Can the Middle Class Be Saved*? The Atlantic.

③ ［英］米克·布鲁克斯：《当代英国工人阶级的状况》，郭懋安译，《国外理论动态》2006 年第 7 期。

④ Gillian Tett, "Which middle class, which squeeze?" *FT Magazine*, February 7, 2014.

⑤ THE White House Office of the Press Secretary, "Obama Announces Middle Class Task Force", January 30, 2009, https://www.whitehouse.gov/the-press-office/obama-announces-middle-class-task-force, 2015 年 6 月 28 日, http://www.ft.com/cms/s/2/c34696d6-8ec4-11e3-b6f1-00144feab7de.html, 2016 年 3 月 22 日。

趋势得不到遏制的话，阶级流动性就很有可能被降低，这样阶级分裂就可能会最终超出我们的弥合能力。①

前面我们指出，20世纪80年代以来新自由主义政策的肆虐是劳动者处境恶化的直接原因，但正如不需要用个人来为资本主义这种生产关系的社会后果负责一样，我们也不能简单地认为新自由主义就是制造这些灾难的渊薮，这一切的根本原因都要从资本积累的过程中去寻找。

资本积累过程中资本有机构成的提高不仅造成对劳动力需求的增长低于生产资料的增长，还造成利润率不断趋向下降的趋势。当然这一下降趋势会受到一些因素的阻碍，主要有：由于劳动生产率提高而便宜的生产资料及生活资料；因相对剩余价值的提高而提高利润率等。但由于可变资本在社会总资本中的不断趋向缩小的比例，因此由活劳动创造的剩余价值也就是利润的源泉会越来越趋向缩小。所以"快速的资本积累倾向于降低长期利润率。……因为它表明资产阶级与生产力发展的对抗性关系，以及从长期来看这个阶级的利益阻碍了生产力发展的反动作用。如果资本家非生产性地消费剩余价值，而不是把它用于投资，那么长期利润率会更高。资本家的经济利益逐渐变得与生产力的进一步发展直接冲突，他们将日益关注寻租行为——通过知识产权、商标和获取土地所有权等来确保垄断"②。此外，我们看到在西方，由于实体经济长期低迷，许多大公司将业务重心从传统的制造业或实体业务转向金融业，使产业"空心化"。而金融业更是通过金融衍生品把世界金融经济秩序搅得一团糟。在这种情况下，第二产业提供的高薪就业岗位减少导致"中产阶级"岗位的减少就很容易理解了。美国"国家就业法律项目"证实，在大衰退损失的岗位中，低薪工作占22%，中等收入的就业岗位占37%，但2010年的"恢复期"中新增就业岗位中低薪工作占了44%，中等收入岗位仅占26%。③ 因此，维持现有"中产阶级"工作岗位的稳定已经勉为其难，更遑论增加它了。美国学者唐·佩克认为，美国社会的阶层固化使"中产阶级"不可能再成为美国未来的代表了，"中产阶级"的黄金时代是由一系列有利因素综合作用的结

---

① Don Peck, *Can the Middle Class Be Saved*? The Atlantic.
② [英]保罗·考克肖特：《为马克思利润率下降理论辩护》，李亚伟译，《当代经济研究》2013年第8期。
③ Haroll Meyerson, "Who's Got the Political Will to Save the Middle Class?" April 30, 2014, http://prospect.org/article/whos-got-political-will-save-middle-class.

果,"这种机缘巧合在美国历史上是绝无仅有,不可能被复制了"①。

马克思在分析了资本、积累同工资率之间的关系后指出,在资本积累过程中同一数量工人提供的无酬劳动量如果增长得十分迅速就意味着追加资本的量也会随之增加,这也要求追加大量有酬劳动,这种情况下工资就会提高。但是,这种有酬劳动的量的提高一旦超过资本积累所需的剩余劳动量时,就会使积累削弱,从而使工资的上升运动受到反击。因此,"劳动价格的提高被限制在这样的界限内,这个界限不仅使资本主义制度的基础不受侵犯,而且还保证资本主义制度的规模扩大的再生产"②。因此,在资本积累过程中劳动收入占国民收入的份额会呈现下降趋势。

在资本主义的生产体系里,工人承担的工作职能有复杂、简单和高中低级之分,各个劳动力有不同程度的教育水平,这样就会发展出一种劳动力的等级制度,与此相适应的是一种工资的等级制度。③ 处于较高等级工资序列以上的工人在当代西方社会就被说成是"中产阶级"。但是正如大工业消灭了手工业师傅的独有技艺使他们沦为机器的附庸一样,"中产阶级"原先仰赖的技术或知识也逐渐因电脑、网络及其他信息技术等加入生产中而日益贬值,并使他们沦为信息技术的助手甚至失业。由于资本的有机构成提高而从一个工业部门被抛出来的工人,当然有可能在另一个工业部门找到工作,但"这些因为分工而变得畸形的可怜的人,离开他们原来的劳动范围就不值钱了,只能在少数低级的、因而始终是人员充斥和工资微薄的劳动部门去找出路"④。如此一来,他们的劳动力价值自然就下降了。

在资本积累的过程中,工人的技能水平将随着资本有机构成的提高而普遍下降,"但也有例外,当劳动过程的分解产生了一些在手工业生产中根本没有过的,或者不是在同样大的范围内有过的新的综合的职能时,就是如此"⑤。马克思非常敏锐地观察到,在新的劳动技能只被少数雇佣工人掌握的情况下,他们的待遇水平会非常高。在20世纪初,办公室的打字员、办事员属于劳动者中的高收入阶层,后来办公自动化系统的出现,使

---

① Don Peck, *Can the Middle Class Be Saved*? The Atlantic.
② 《资本论》第1卷,人民出版社2004年版,第716页。
③ 同上书,第405页。
④ 同上书,第507页。
⑤ 同上书,第406页。

打字员这种职业消失了,不会使用电脑的人在办公室很难再有立足之地。可是随着电脑在社会生活中的普及,不会使用电脑的人变少了,办公室文员的收入待遇也随之降低了许多。曾经可以拿着"中产阶级"薪水的办公室人员,现在的工资水平甚至还不如许多蓝领工人;曾经少数人才懂的计算机编程工作,由于大学教育和职业教育的普及变成了僧多粥少的职业,普通编程工作的薪水急剧下降。因此,企图通过"拓宽教育和终身培训的机会"帮助"中产阶级"找到工作机会,不过是使"中产阶级"的工作更加迅速地贬值而已。

在这种劳动力等级制度下,"中产阶级"收入的下降还可以从熟练工人和非熟练工人的角度来理解。非熟练工人由于从事的工作常常不需要什么特殊技能,因此他们基本不需要什么学习费用,过去熟练工人(也就是"中产阶级"的一部分)由于要掌握一项或几项技能需要长期的学习,现在技术进步导致工作技能简化的同时降低了这种学习费用,而学习费用的减少会引起熟练劳动力的相对贬值,这同时就意味着资本的更大增值,因为缩短劳动力再生产所必需的时间就表示劳动力价值的降低。那么"中产阶级"里白领的工资水平降低也就不是什么秘密了。在资本积累的过程中,工人的技能水平通常将随着资本有机构成的提高而普遍下降,因此,奥巴马企图通过"拓宽教育和终身培训的机会"帮助"中产阶级"找到工作机会,不过是使"中产阶级"的工作更加迅速地贬值而已,而"帮助维护'中产阶级'和工薪家庭的收入"[1]也就成为镜中月、水中花。

资本积累是造成"中产阶级危机"的根源,"中产阶级危机"同资本主义社会任何的经济危机一样,其本质都不外乎是"群众的贫困和他们的有限的消费"[2]。

"利润率的下降可以通过取消对利润的现有扣除,例如降低税收,减少地租等等,来加以阻止。"[3]也可以通过提高劳动生产率减少雇佣员工的方法减少成本,解雇那些在同其他工人的生产效率竞争中的失败者,迫使在岗工人更加努力地工作。因此现在的加班时间越来越长,通常还没有酬

---

[1] The White House Office of the Press Secretary, "Obama Announces Middle Class Task Force", January 30, 2009, https://www.whitehouse.gov/the-press-office/obama-announces-middle-class-task-force, 2015 年 6 月 28 日。

[2] 《马克思恩格斯全集》第 25 卷,人民出版社 1974 年版,第 548 页。

[3] 《马克思恩格斯全集》第 46 卷下册,人民出版社 1980 年版,第 270 页。

劳。法国规定一周工作时间为35小时，但实际上，35小时"仅仅是加班或休假的负薪临界线"①。无论是白领还是蓝领工人的周工作时间都超过了35小时。德国《明镜》周刊2014年报道，在欧盟，德国人的加班时间是最高的，只有不到一半的加班者得到了相应酬劳，超过一半的员工加班后既没有得加班费也没有调休时间。②

在一部分人过度劳动引起加班现象的同时，还出现了工作时间"减少"的现象。早在1973年的"石油危机"引发经济危机后，美国工会就提出了像"少干活，不裁员"这样的口号，为保住就业岗位提出削减每名员工的工作时间，在整体工作时间减少的前提下减少成本。③这必将使工人工资下降，使越来越多的人从事兼职工作，比如，2006年的数据显示英国人每周平均工作时间缩短了，但这只是因为越来越多的人在从事兼职工作。④事实上，这种现象在西方国家也变得越来越稀松平常了，"'实习一代'和'不稳定一代'这样的名词已经进入欧洲国家的日常语言"⑤。劳动者要努力工作以防被解雇，又何来时间享受生活，因此奥巴马所设想的"改善工作和家庭的平衡"也是遥遥无期了。"维护退休保障"首先面临的是劳动者退休年龄的推迟，劳动者必须多缴纳养老金才能拿到养老金。欧盟国家基本上制定了延迟退休政策。英国原来法定退休年龄男性为65岁，后来改革为2020年女性退休年龄将由60岁提高到65岁，但到2046年男女将统一退休年龄，共同提高到68岁。⑥目前英国65岁以上的劳动者自2010年5月以来上升了36%，为109万人。比利时、德国、法国、希腊、西班牙等国都决定逐渐提高退休年龄到67岁。甚至有媒体预言，离70岁退休也不遥远了。也可以在工龄或养老保险交纳到一定年限时退休。但全额退休金要求的标准很高，比利时为45

---

① 中国日报网：《世界全职雇员年平均工作时间 法国懒散被夸大》，张冰译，2014年8月15日，转引自http：//edu.163.com/14/0815/09/A3M9NT5G00294MBE.html，2016年1月24日。

② 国际在线：《德国人加班时间欧盟第一：每周平均工作40.5小时》，2014年9月9日，http：//gb.cri.cn/42071/2014/09/09/6992s4684663.htm?_fin，2016年4月2日。

③ 沃顿视野：《为何美国人工作时间比欧洲人长》，《中国证券报》A17，2006年8月11日。

④ BBC英伦网：《英国人每周工作时间缩短》，2007年1月19日，http：//www.bbc.co.uk/china/lifeintheuk/story/2007/01/070119_shorterhours.shtml，2016年3月15日。

⑤ 宋丽丹：《国外共产党论当前资本主义经济危机及世界形势》，《当代世界与社会主义》2012年第3期。

⑥ 《英国的养老金制度：从退休管到坟墓》，《华闻周刊》，2013年10月11日，http：//www.ihuawen.com/article/12478，2016年1月31日。

年，法国为41年半。①

此外，削减养老金也出现在一些西方国家的紧缩政策草案中。在美国，以2013年美国城市底特律破产为契机，市政府以削减工人养老金等福利为代价的破产重建计划得以通过（也得到了工会的同意）。美国社会主义平等党理论家杰瑞·怀特指出，金融寡头对工人数万亿美元的养老金觊觎已久。为大商业服务的政党和媒体大肆渲染并不存在的"养老危机"是为大规模窃取工人养老金提供政治掩护，"底特律破产事件"就提供了这样的例子。统治阶级追求的不是别的，而是想时光倒转回到工人被迫劳作至死的那种日子去。底特律破产案推翻了美国宪法对公务员养老金的保护，也推翻了公民享受养老金的权益神圣不可侵犯的观念。2014年12月，美国国会通过的"养老金改革"将使美国产业工人和其他私营部门的工人丧失享受了40年的退休收入权利。联邦预算法案将打开掏空全美各个行业退休人员退休金的大门。怀特指出，这个法案标志着一个不断壮大的重大的社会反革命，它的目标是取回20世纪工人争取到的每一项权益。②

资本积累是一个不断用活劳动来堆积死劳动的过程，是一个不断用压榨工人来阻碍利润率下降趋势的过程，这个过程曾经在独特的历史条件下，即工人运动的壮大与社会主义阵营的威慑下，暂时地出现过资本家少占有一些剩余价值的情况，出现过所谓"中产阶级"的兴起。不过，当资本的进攻使这些历史条件不复存在的时候，当资本积累遇到了不可逾越的阻碍：利润率不断下降的时候，"中产阶级"也就失去了曾经的制度保障，许多曾拥有"中产阶级"身份的无产阶级，在经济危机的冲击下或失业、或破产、或流离失所。"中产阶级"不曾改变过资本主义社会的规则：无产阶级不拥有生产资料就无法拥有生活资料，如果不能成功地出卖自己的劳动力就无法在这个冷酷的社会生存。为了生存他们不仅会放弃所谓"中产阶级"的生活方式，还会卑躬屈膝地出卖自己的劳动力。

第十七届共产党和工人党国际会议文件指出，以职业分化为基础的工人阶级内部的结构性变化，并不能得出无产阶级已经消失、无产阶级已经普遍"中产阶级"化的观点。今天，在世界范围内，工人阶级的数量持续

---

① 王钰深：《延迟退休，欧洲的多样探索退休政策》，《解放日报》2015年2月9日。
② Jerry White, "US unions back historic assault on workers' pensions", 2016年1月29日, http://www.wsws.org/en/articles/2014/12/17/pers-d17.html, 2016年5月27日。

增长,甚至在资本主义条件下,已经出现了普遍的"无产阶级化",这是资本主义经济社会发展带来的全球战略和两极分化的必然结果。随着资本主义经济的动荡,被掩盖的普遍的"无产阶级化"将会逐渐显露出来。[①]前面说过,资本积累使"劳动条件以越来越庞大的形式、越来越作为社会力量,出现在单个工人面前",而工人们若不能团结和组织起来,就无法与这种生产关系作斗争,就只会沦为这种生产关系的牺牲品。

[①] 关巍:《"后"金融危机时代世界社会主义运动的前途与命运——基于对第十七届共产党和工人党国际会议的考察》,《社会科学论坛》2016年第10期。

第六章　资本主义社会日益分裂为两大直接对立的阶级

前面的研究表明,"中产阶级"本质上是反映西方资产阶级意识形态的概念,它既不是一个反映社会发展变化的科学概念,也不是反映当代资本主义社会和人类社会发展变化的科学概念,甚至也不完全是一个经验观察。资产阶级及其御用学者企图用"中产阶级"来否定马克思主义对资产阶级社会的预测,来"证明"马克思主义关于消灭阶级的共产主义理想是"错误"的。但阶级及阶级统治存在的事实为我们在全球范围内呈现了一个求证马克思关于资本主义社会必然日益分裂为两大直接对立的阶级、必然由这种分裂导致阶级斗争的断言是否正确的场景。从这个场景中我们发现,正是由于马克思主义来源于对资本主义社会的客观、科学的观察和研究,因此只要世界上还存在资本主义这种私有制度一天,马克思主义就不会有过时的一天。消灭了资本主义,并且社会主义实现向共产主义过渡的那一天起,马克思主义关于资本主义的理论总结才会"过时",因为理论适用的对象已经消失了,但它关于社会发展规律的科学仍然还能供后人学习研究。

马克思在《共产党宣言》中指出,在过去的各个历史时代,社会划分为各个不同的等级,几乎在每一个阶级内部又有一些特殊的阶层,"我们的时代,资产阶级时代,却有一个特点:它使阶级对立简单化了。整个社会日益分裂为两大敌对的阵营,分裂为两大相互直接对立的阶级:资产阶级和无产阶级"[①]。这种对立在马克思的时代特别明显,但是随着工人创造的财富的巨大涌流,他们的生活水平也有了很大的改善,于是"阶级消失"论、"工人阶级消亡"论、"中产阶级社会"论轮番上阵,中心思想只有一个,那就是阶级、无产阶级不存在了,马克思所说的阶级分裂状况

---

① 《马克思恩格斯文集》第2卷,人民出版社2009年版,第32页。

更不存在了。马克思预料到这种情况，他说道，"吃穿好一些，待遇高一些，特有财产多一些，不会消除奴隶的从属关系和对他们的剥削，同样，也不会消除雇佣工人的从属关系和对他们的剥削。由于资本积累而提高的劳动价格，实际上不过表明，雇佣工人为自己铸造的金锁链已经够长够重，容许把它略微放松一点"①。

一 什么是无产阶级的绝对贫困与相对贫困

第二次世界大战后，在西方社会出现了诸如无产阶级已经大量转变为"中产阶级"②，西方"后工业社会"必将"永别工人阶级"③ 等观点和理论，它们的核心在于，无产阶级作为一个整体正在解体、消失，并为"中产阶级"所取代。国内有学者将这些观点和理论总结为西方无产阶级"中产阶级化"的理论。④ 笔者认为，这种理论的形成主要由以下两个原因造成，首先，新技术革命使生产、经营和管理的手段都发生了质的变化，从事脑力劳动的工人相比体力劳动者迅速增加，甚至超过了前者，工人阶级内部结构的这种变化就被看成无产阶级"中产阶级化"；其次，西方工人的生活水平有了极大的提高，他们不再是马克思时代的那种赤贫者，他们有了住房和汽车，子女能接受高等教育等，过上了所谓的"中产阶级"的生活。进一步，这种理论认为，西方社会也在"中产阶级化"，马克思所说的两大对立的阶级不复存在，无产阶级"中产阶级化"使阶级斗争不再必要，人们需要告别革命，因为这已经是"历史的终结"。事实上，无论西方工人的就业结构有了怎样的变化，生活有了怎样的改善，都没有也不可能改变作为无产阶级所必须承受的"绝对贫困"与"相对贫困"状况，所谓的无产阶级"中产阶级化"并没有发生。

用两人可以买房、买车、送孩子上大学这样的标准来断言，无产者"中产阶级化"，存在一个重要的概念偷换，即将生活资料等同于生产资

---

① 《资本论》第 1 卷，人民出版社 2004 年版，第 714 页。
② 参见 [美] C. 莱特·米尔斯《白领：美国的中产阶级》，南京大学出版社 2006 年版。
③ 参见 André Gorz, *Farewell to the Working Class An Essay on Post-Industrial Socialism*, London: Pluto Press Limited, 1982。
④ 参见陈其人《资本主义的发展和无产阶级构成的变化——评资本主义社会中产阶级化的理论》，《马克思主义与现实》1995 年第 4 期；张莹玉《西方"中产阶级化"理论剖析》，《世界经济研究》1992 年第 4 期。

料，似乎工人赚取了足够的生活资料就有资格说自己不是无产阶级了。

工人与资本家的本质区别就在于是否占有生产资料并通过这种占有而无偿占有别人的剩余劳动。不占有生产资料的工人的"劳动能力表现为绝对的贫穷"。首先，从事劳动的可能性与实现它的对象条件（劳动资料、劳动对象等）相分离了；再者，劳动是满足人的需要而进行的人与自然间的物质变换的中介活动，劳动能力由于被剥夺了通过劳动占有自然因素所需的对象条件，也就意味着劳动能力被剥夺了生活资料，在这种境况下，"被剥夺了劳动资料和生活资料的劳动能力是绝对贫困本身"[1]。这种状态意味着，只要工人不能再出卖自己的劳动力，就会失去生活来源。因此，工人不得不一次又一次地出卖自己的劳动力，为资本家无偿创造剩余价值。因为工人的劳动所得被限制在维持劳动力生产及再生产所需生活资料的限度内，因此工人创造的财富越多，他为资本家积累的剩余价值就越多，同资本家日益增多的财富相比，工人就处于相对贫困的状态。正如马克思所说，"资本的积累通过使资本家及其同伙的相对财富增多而使工人的状况相对恶化，此外，还通过使工人的相对剩余劳动量增加（由于分工等等），使总产品中归结为工资的份额减少的办法使工人的状况恶化"[2]。因此，在"以剩余价值为目的即以生产者群众的相对贫困为基础的"[3]资本主义生产条件下，无论无产阶级在一定时期内的生活水平有多大改善，从其被剥夺了劳动资料和生活资料来看，无产阶级始终处于绝对贫困状态。

绝对贫困状况不能肤浅地理解为劳动群众普遍困苦的生活条件，否则就会错误地认为，"绝对贫困无法在生产关系和社会制度层面呈现无产阶级贫困的本质特征，因为在资本主义之前的社会形态中，由于存在着生产资料的私有制，所以，都存在着劳动者（如租地农民和生产奴隶）因没有生产资料而遭受绝对贫困的情况"[4]。这种认识之所以是错误的，其一，封建社会的农民是小私有者，但农民因为地主的剥削而陷入的贫困并不属于绝对贫困；其二，奴隶固然不拥有任何生产资料，但他本身是奴隶主活着

---

[1] 《马克思恩格斯全集》第47卷，人民出版社1979年版，第39页。
[2] 《马克思恩格斯全集》第26卷（第3册），人民出版社1974年版，第389页。
[3] 同上书，第135页。
[4] 王峰明：《悖论性贫困：无产阶级贫困的实质与根源》，《马克思主义研究》2016年第6期。

的劳动工具,他与奴隶主之间是人身占有关系,因此,他的生存取决于奴隶主的施舍,而决不是他是否为奴隶主劳动,劳动多少。而无产阶级的绝对贫困是指工人与资本家之间不存在人身依附关系,工人在自由地出卖劳动力的同时失去了一切由人身依附关系或占有关系带来的庇护,是资本主义制度下特有的自由得一无所有、只能靠出卖劳动力为生的无产阶级区别于以往私有制下劳动者的阶级特征。

资产阶级关于绝对贫困的定义,是指连一国部分居民最起码的基本需要都不能充分满足。相对贫困,是指与平均国际生活水平的国家所拥有的福利地位相比,一国的社会和经济福利的主要指标相对落后。相对贫困在一国范围内意味着:与本社会中其他人的一定的生活水平相比,处于贫困之中。① 与这种定义相关,判断绝对贫困或是相对贫困就需要划定相应的贫困线,因而事关是否拥有生产资料的绝对贫困问题就被转化成了拥有多少生活资料的问题。

有人会说,工人的工资在经济繁荣时期会增加。但工资的增长不仅与工人创造财富的增多相关,也与工人斗争向资本施加的压力有关。而且工人工资在经济危机时期也必然会下降,甚至低于生存工资标准,这样,从长期来看,工人工资就维持在劳动力商品的价值线附近。

绝大多数人以绝对的物质匮乏来概括绝对贫困。但马克思所说的绝对贫困不是指一无所有。相反,工人可以有住房、汽车等生活资料,但他仍然由于不占有生产资料从而与生活资料相隔绝,因此必须不断地出卖自己的劳动力才能获取生活资料,一旦失业则会陷入困境,这种困境是无法摆脱的阶级宿命,是无产阶级相对于资本家垄断生产资料及生活资料而言的绝对贫困状态。

绝对贫困是由资本主义的经济和社会关系决定的贫困。西方社会有失业保险、食品银行等社会福利和救济,穷人的生活比落后的非洲、南亚等地区的饥民好得太多,但这并不能否定西方工人的绝对贫困状态,只是牵涉出了另一层次的贫困,即在不同经济文化状况的社会里对贫穷的理解不一致。比如,印度的"中产阶级"群体中很大一部分的日收入在2—4美元②,这种

---

① [德]阿明·波奈特:《德意志联邦共和国的国家分配政策和社会政策——理论基础与实际应用》,张仲福、洪中译,经济管理出版社1994年版,第58页。
② 宇同:《印度中产阶级标准不一 或住破旧砖房骑摩托》,《环球时报》2013年2月18日,转引自环球网,http://world.huanqiu.com/exclusive/2013-02/3648983.html。

收入在西方的话就属于贫困线以下了。但贫困在不同国家的不同标准并不能改变绝对贫困和相对贫困是对无产阶级的阶级状况进行高度抽象的事实。

无产阶级"中产阶级化"理论通过无产阶级生活的改善和提高等否认无产阶级仍然处于被剥削的绝对贫困地位，否认无产阶级相对于资产阶级的相对贫困的阶级状况。但不管西方社会如何繁荣，都改变不了无产阶级被剥削的事实，无产阶级并没有成为"中产阶级"。

（一）如何理解两极分化、贫富差距

我们可以套用风行一时"蛋糕论"来理解贫富差距问题。一般认为，如果一块"蛋糕"做得越大，那么参与分"蛋糕"的人得到的越会多。但如果造"蛋糕"的人不是分"蛋糕"的人，而是由"蛋糕"主人来分"蛋糕"的话，那么用资产阶级都认同的，人是追求自身利益最大化的理性经济人的观点来看，分"蛋糕"的人肯定是将自己的那份切得尽可能大，分给造"蛋糕"的人的那份切得尽可能的少。而事实也确实如此，当然，这绝不是出于什么抽象的"理性经济人"的缘故，而是因为造"蛋糕"的生产资料掌握在一小撮人手中，那么"蛋糕"的所有权就属于一小撮人，由于财产是"神圣不可侵犯的"，因此分给劳动者多少"蛋糕"完全是由一小撮人神圣不可侵犯的个人意愿决定的。于是乎，"蛋糕"越造越大，可造"蛋糕"的人分得的份额却没一点增长，这就造成了严重的社会问题：一小撮人胃口再好也吃不完这些"蛋糕"，于是"蛋糕""过剩了"、发霉了，只能倒进河里，或喂猪，反正是不会给还吃不饱的人吃，否则就坏了规矩。最后一小撮人发现再多的"蛋糕"也经不起他们浪费，浪费得越多，他们越会为抢夺原材料和市场而大打出手，结果两败俱伤，让一个主张均分"蛋糕"的"苏联"人抢走了好多势力范围，造"蛋糕"的人都愿意投奔"苏联"。于是这一小撮人赶紧坐下来想办法，最后不得不同意今后多分点给造"蛋糕"的人，否则这"蛋糕"真是没人造了。于是，他们从"蛋糕"里多分了点给工人，虽然他们占的部分还最大的，但是好歹浪费问题没那么严重了。可是，当"苏联""去世"以后，"蛋糕"的主人们认为外部威胁已经解除了，于是又开始重操旧法，把自己的那份越切越大，这样没过多少年，"蛋糕"大大过剩的同时人们饿着肚子的事情又重现了，上次发生这种情况的时候叫"大萧条"，这次叫"大衰退"。

第六章 资本主义社会日益分裂为两大直接对立的阶级

所以说，不解决生产资料私人占有的问题，"蛋糕"做得再大，人数众多的劳动者也只能分到极少的部分，这就导出了我们所说的由"绝对贫困"导致的"相对贫困"问题，这个问题类似于当代西方社会所说的"不平等"问题。"相对贫困"的根源"绝对贫困"——生产资料所有权问题在西方"主流社会"是绝对得不到讨论的，但"相对贫困"的表现之一即"不平等"问题，是难以忽视的社会大问题。"不平等"问题的主要表现是富者愈富，贫者愈贫。

美国学者道格拉斯·拉米斯认为当代世界存在四种类型的贫困。一是绝对的物质贫穷。穷人没有足够的食物、居所、衣服和医药；二是存在那些被局外人称作穷人但不自认为是穷人的人，这种判断来自不同文化对于贫穷的理解不一致；三是社会贫困。这是一种相对贫困，是一种经济和社会关系，一个被富人的经济力量所控制的人是贫穷的，作为穷人被组织在经济体系中的人，是社会贫困者；四是被"辐射垄断"所产生的贫困。当人们无法购买满足生存需求之外的新发明的物品的时候（比如苹果手机——笔者注），在一定程度上是贫困的。这种类型的贫困会因工业发展而无穷无尽地生产出来，发展并不带给人们"摆脱需要逼迫的自由"，相反，（资本主义的）发展运行的目的就是使人们处于"需要"的永久支配之下。拉米斯指出，只有贫穷作为一种社会关系时才产生了公正的问题，并因此成为一个政治问题，一个改良或革命的恰当的主题。他的结论是，"经济发展"（指资本主义的经济发展）是在把第二种贫困转变成第三种和第四种贫困，同时在极大地增加世界上绝对贫穷的人民的数量。资本主义全球化就是打碎世界上原先的经济体系，在这一过程中产生的"发展难民"被迫进入世界经济体系，这一体系就是把穷人集中起来以便富人控制。这就是"贫穷的现代化"的意思。①

拉米斯所说的绝对贫困和绝大多数人对绝对贫困的第一反应一样，即以绝对的物质匮乏来概括绝对贫困。但马克思所说的"绝对贫困"不是指一无所有；相反，工人可以有住房、汽车等生活资料，但他仍然处于资本主义生产关系下的"绝对贫困"。无产阶级由于不占有生产资料从而与生活资料相隔绝，必须不断地出卖自己的劳动力才能获取生活资料，一旦失

---

① [美]道格拉斯·拉米斯：《激进民主》，刘元琪译，中国人民大学出版社2002年版，第67页。

业则会陷入困境，这种困境是无法摆脱的阶级宿命，是相对于资本家垄断生产和生活资料而言的"不占有"的贫困。拉米斯所说的社会贫困，和马克思所说的"绝对贫困"非常接近，即是由资本主义的经济和社会关系决定的贫困。由于西方社会有失业保险、食品银行等社会救济，穷人的状况比饥饿的非洲、南亚等地区的饥民好得太多了，但这并不能否定马克思所说的"绝对贫困"。这就涉及拉米斯说的第二种贫困，即西方的拿着低保的穷人和第三世界的穷人相比算是吃得饱饭的"富人"，但是在西方人眼里，这些人则是"穷光蛋"。这种局外人对贫困的不同了解并不能改变"绝对贫困"和"相对贫困"的特定含义。

也有观点将绝对贫困解读为"绝对贫困化"，如苏联《政治经济学教科书》认为"无产阶级的绝对贫困化就是他们的生活水平的直接降低""在资本主义制度下，工人阶级的生活水平愈来愈低"[1]，如劳动者实际工资的降低、失业的扩大和持久、劳动强度的无限提高和劳动条件的恶化以及劳动者饮食和居住条件的急剧恶化等。从整体和长时期来看，无产阶级的阶级命运确实如此，不过在资本主义繁荣时期，多数劳动者的生活水平也会有暂时的改善，如果把绝对贫困视为生活一天不如一天既不符合实际，也把绝对贫困这种对无产阶级阶级命运的科学抽象，庸俗化为吃不饱、穿不暖，但却解释不了为什么温饱解决了的无产阶级仍然是"绝对贫困"的。

不平等的重要表现就是贫富差距。英国马克思主义者拉尔夫·密里本德引用了一组数据来说明资本主义发达国家的不平等程度之深。在英国"1960 年时 1% 的人口拥有私人财产的 42%；5% 的人口拥有私人财产的 75%；10% 的人拥有私有财产的 83%"[2]。至于说到美国，一项调查指出，在 1953 年，2% 的美国家庭拥有财富最高增长达 29%（而在 1922 年为 33%）；1% 的成年人拥有 76% 公司股本，在 1922 年时这个数字是 61.5%。[3] 在英国，20 世纪 60 年代中期只有 4% 的成年人在商业和工业公

---

[1] 苏联科学院经济研究所编：《政治经济学教科书》，中央编译局译，人民出版社 1955 年版，第 154 页。

[2] [英] J. E. 米德：《实力、平等和财产所有权》，1964 年版，第 27 页。1911—1913 年的数字为 69%、87% 和 92%。同时参见《经济学家》，1966 年 1 月 15 日《仍然没有财产所有的民主》一文，它提供的数字表明不平等更为严重。

[3] [英] R. J. 兰普曼：《上层财产所有者在国民财富中的份额》，1962 年版，第 209 页。

司中拥有股份；在1961年1%的成年人拥有81%的私营公司的股份，几乎所有其他的股份均被占人口10%的上层分子占有"①。当代西方社会的贫富差距仍然十分巨大，具体数据21世纪前文有所提及，后面还会继续展开，此处就不再细说。

（二）"绝对贫困"必然导致两极分化

由"绝对贫困"决定的"相对贫困"的表现就是无产阶级相对于资产阶级的贫困状况，就是贫富差距的日益扩大，也就是两极分化现象。而无产阶级"中产阶级化"理论就是意指西方社会日趋平等，社会均质化。这一判断的依据就是在第二次世界大战期间及其后，有不少统计数据表明欧美最富的1%的人口所占有的财富份额下降，这一变化在1955年被理论化为"库兹涅茨曲线"，指经济发展会使收入分配趋于平等。但这种变化主要是由于战后政府的政策调整所致，比如在英国1949—1957年间工资收入比其他来源的收入增长得更快。1957年之后，最迅速的收入增长来自租金、红利和利润。然而进入20世纪70年代以后，收入不平等在西方开始重新快速增长。美国学者兰普曼认为，在两次世界大战之间的时期财富集中程度的大幅度下降，可以用财富在这些家族中重新分配来解释，因此它并不意味着财富的社会分配有重大变化。1953年，1%的最大富翁拥有的财富的一半，是由人口中的最富的0.11%的人拥有的（约11330人），根本没有证据能说明这种状况与今天有什么不同。蔡特林（1989年）表明，1982年有32000名成人——不到成年人口的0.002%——拥有500万美元以上的财产。英国也同样如此，虽然1%的最大富翁所占财富份额曾有所下降，但学者阿特金森的研究表明，尽管英国1%的最大富翁所占份额已经下降了一半，但同期其他4%的最富有者的财富仍然保持不变或者有实际的增长，这反映了为逃避财产税把财富在家庭中重新分配。富人在去世前把他们的大量财富分配给家庭成员，以便把遗产税降至最低。很富的人倾向于把他们的财产作为股份和其他金融工具譬如，"慈善基金会"，而不是作为家庭财产来占有。和美国一样，英国1%的最大富翁现在拥有的财

---

① ［英］H. F. 利德尔和D. G. 蒂平：《私人财富在美国的分配》，《牛津大学统计学院学报》1961年第3卷第1期，第91页；同时参见《经济学家》上的文章《股票持有人为什么如此少》1966年7月2日。后一篇文章也提到，英国"完全走在欧洲前面，欧洲还没有对股票持有者的统计。但是完全有把握说，在欧洲，投资在很大程度上限于较为富有者"。

富的一半是由顶端0.1%的人拥有的。到1987年，1%的最大富翁所占财富份额下降到全部个人财富的18%，但他们占有全部私人股份的3/4，在美国1%的最大股东掌握了全部公司股份的一半、信托账户上的全部资产、全部不动产的1/7，总和起来这些人掌握了个人手中全部财产净值的1/4。因此，收入越高，红利对收入的贡献就越大。①

　　社会生产决定物质分配，人们在社会经济结构中的地位和作用决定了人们获取生活资源的方式和多寡。第二次世界大战后，西方经历了第三次科技革命，电子计算机、航天科技、生物工程、原子能技术等新科技的出现极大地提升了资本主义的生产力，西方国家用了短短十几年时间就从战争的废墟中重建了繁荣。由于特殊的历史条件和时代背景，工人工资在战后一段时期内曾保持比较高的增长率，工人生活水平因此有了极大的改善和提高，这是西方无产阶级"中产阶级化"理论的重要依据。但工人的工资不可能一直这样增长下去，这是由于工资的本质是"维持劳动力占有者所必要的生活资料的价值"②，超出这一限度就立即会对资本家的利润形成威胁。而且资本有机构成的不断提高会使资本利润率产生不断下降的趋势，资本家有多种办法阻止这种趋势，其中被运用最多的就是尽可能地减少工资，从而提高利润率。有大量数据表明，战后工人工资的实际增长率远远低于资本利润增长率。不用怀疑，从这种增长中得到最大实惠的还是资产阶级，他们不仅弥补了在战争中受到的损失，还以极其惊人的速度积累了大量的财富，财富在资产阶级和无产阶级之间的分配的差距逐渐拉大。所谓的"库兹涅茨曲线"只是对一小段特殊时期的经济状况作的总结，它根本无法说明为什么两极分化仍然存在。

　　国际货币基金组织的一项研究显示，20世纪90年代，无论是在高收入国家还是在低收入国家，只有最富有的那1/5的人，其收入是增长的。而所有最贫困的1/5的人，其收入都下降了。最重要的变化发生在收入分层的顶端，1981—2006年，最富有的0.1%的人，其美元收入增长了6个百分点；其余的最富有的1%的人，其美元收入增长了4个百分点。最富有的9%的人，收入保持不变，而剩下的90%的人，收入都降低了。令人

---

　　① ［英］约翰·斯科特：《公司经营与资本家阶级》，张锋译，重庆出版社2002年版，第287—289页。

　　② 《资本论》第1卷，人民出版社2004年版，第199页。

第六章　资本主义社会日益分裂为两大直接对立的阶级　/　195

震惊的是，在2008—2009年的经济危机后缓慢复苏的一年中，美国最富有的1%的人，其收入增长量占收入总增长量的93%。① 虽然有些大富豪是白手起家的，但大多数并不是如此。一项关于19世纪70年代303个纺织、铁路和钢铁行业经理主管人员出身的调查表明，90%的经理主管人员来自中层或上层家族。霍雷肖·阿尔杰"从捡破烂变成大富翁"的故事，对少数人而言确实如此；对绝大多数人来说，只不过是一个神话而已，一个有利于控制财富的神话。②

皮凯蒂指出，即使是在西方分配最"平等"的社会，如20世纪七八十年代的北欧国家，最富裕的10%的人占有国民财富的约50%，但这还是有所保留的数字。自2010年以来，在大多数欧洲国家，尤其是德国、法国、意大利、英国，最富裕的10%的人占有国民财富的约60%。在所有这些国家里，一半的人口几乎一无所有，他们占有的国民财富一律低于10%，一般不超过5%。最富裕的10%人口占有总财富的比例在法国是62%，美国是72%，最贫穷的50%人口占有总财富的比例在法国是4%，美国是2%。俗话说"财不露白"，在国外也一样。皮凯蒂提醒我们，像所有调查一样，财富都是主动申报的，因此最大财富数值应该被低估了。③

安东尼·吉登斯指出，西方资本主义社会在财富分配方面仍然存在的明显不平等现象。尽管各个国家的不平等程度互有差别，但作为总体现象，总是极少数人在国家财富总额中拥有比例大得惊人的财富。如果从股票和股权的角度考察，而不是一般财富的角度来看，少数人占有的情况还要更加突出。④

加拿大保守党政府的一份内部报告指出，最富的1%的人拥有本国1/10的总收入，据报告预测，2016年加拿大有过半的财富将归纳至这1%的富人名下，意味着富者愈富。⑤ 从20世纪70年代开始，加拿大顶尖的

---

①　[英] 戈兰·瑟伯恩：《论21世纪的工人阶级》，付小红译，《马克思主义研究》2013年第8期。

②　[美] 霍华德·津恩：《美国人民的历史》，许先春译，上海人民出版社2000年版，第215页。

③　[法] 托马斯·皮凯蒂：《二十一世纪资本论》，巴曙松等译，中信出版社2014年版，第261—262页。

④　[英] 安东尼·吉登斯：《社会学：批判的导论》，郭忠华译，上海译文出版社2013年版，第37—38页。

⑤　《惨！不这样干 加多数人将被挤出中产阶级》，2015年8月6日，http://www.bcbay.com/news/2015/08/04/353217.html。

1%的人从国民总收入中取走的份额从70年代的5%上升到2000年的10%。其中最富的0.1%占有的份额由1%上升到4.3%。① 英国《星期日泰晤士报》的2014年财富榜显示，5年以来英国最富的1000人的财富实现了倍增，他们的总资产约占英国国内生产总值的1/3。排名前64位的富豪的总资产和英国最穷的30%的人口的总资产额不相上下。②

2015年美国智库"经济政策研究所"（Economic Policy Institute）一项研究表明，工人收入自2008年陷入停滞，普通工人2014年的收入仍和2009年一样，但同一时期CEO的收入却扶摇直上，上升了54.3%。大学毕业生的工资只是高中毕业生的1.82倍。CEO收入的高涨与美国资本主义的全球衰落和经济金融化的增长是联系在一起的。从1978—2014年，CEO的收入增长了997%，而同时期工人收入只增长了11%。这种增长也与美联储的量化宽松政策不无关系。它促成了股权回购和投机，推动市场价值达到了新高的同时损害了经济体中的实际生产力的发展，生产投资下降。③ 美国学者丹尼尔·辛格认为，"在我们这个不平等增加的社会里，财富是高度集中的，有必要加快一下，1975年，美国占1%的富人拥有的财富占20%，而1990年则上升到了36%，或者世界上225个最富有的人所拥有的财富几乎与全球人口中较穷的一半人口的所有收入总和相等。这些超级富豪不是与科学家一起分享这笔最大的收入，而是与商人、管理人员（他们也是股东）共同分享这笔收入，因为首席执行官现在有股票优先权，从而有巨额薪水"。④

美国前劳工部长罗伯特·赖克指出，到2008年时，考虑到通货膨胀的话，普通美国人的工资已经有30年几乎没有任何上涨了，2007年时的美国男性工资中位数水平甚至还低于30年前。问题是2007年的美国社会创造的财富比30年前大得多，假如是比较公平的分配的话，普通人应该

---

① Andrew Sharpe, Jean-François Arsenault and Peter Harrison, "The relationship between labour productivity and real wage growth in Canada and OECD Countries", No 2008-08, *CSLS Research Reports from Centre for the Study of Living Standards*, p. 61, http://www.csls.ca/reports/csls2008-8.pdf.
② 张滨阳：《英国最富人群资产5年翻倍》，新华网，2014年5月19日，http://news.xinhuanet.com/fortune/2014-05/19/c_1110750936.htm。
③ David Brown, "American CEOs paid 300 times more than workers", June 29, 2015, http://www.wsws.org/en/articles/2015/06/29/ceop-j29.html.
④ ［美］丹尼尔·辛格：《谁的新千年——他们的还是我们的》，曹荣湘等译，中国人民大学出版社2002年版，第153页。

第六章 资本主义社会日益分裂为两大直接对立的阶级 / 197

比现在要富裕60%。钱上哪里去了呢？答案是被最富裕的人拿走了。美国在第二次世界大战后，1%最富的人口所占的国民收入的比率一直持续下降到20世纪70年代的最低点8%—9%，但之后这一比率一直攀升，到2007年时，超过了23%。①

美国马克思主义性质的杂志《每月评论》2006年的一篇文章《阶级经济学》指出，批评马克思的人长期以来津津乐道的是，"中产阶级"在美国和其他发达资本主义国家的崛起推翻了马克思关于资本主义发展的"预言"。然而，近几十年来，美国的收入分配越来越类似于许多贫穷的拉丁美洲经济体，在那里有萎缩中的"中产阶级"和向社会上最富有者集中的高得离谱的财富份额。经济学家托马斯·皮凯蒂的研究表明，收入处于后90%的人的2002年年平均收入比1970年要低4.5%。这个判断并不意味着所有后90%的人的收入都没有提高，而是指这些人中绝大多数人的损失足以抵消掉其中幸运儿的收益。因此，或许80%的人2002年的收入还不如1970年。皮凯蒂发现1970年的十强企业首席执行官的收入约为普通工薪者的49倍。到了2000年，这个比例已经达到了天文数字的2173∶1。②

美国著名马克思主义学者马格多夫和福斯特指出，在大衰退经济复苏的期间，美国收入最高的1%者夺取了经济总增长量的95%。2002—2012年，人口中收入在前10%以下的即后90%的家庭的平均收入（不包括资本收益）下降了11%，而收入在顶尖的0.01%—0.1%的家庭的平均收入上升了30%，那些在前0.01%的即万分之一的家庭，家庭平均收入增加了76%（不包括资本收益）。③

美国皮尤研究中心的研究发现，2010年的美国家庭总收入按高、中、低收入三类家庭所占份额来看，高收入家庭为46%，中等收入家庭为45%，低收入家庭为9%，而在1970年时相应份额则为29%、62%和10%。只有高收入家庭在全国家庭总收入中的份额提高了，中低收入家庭

---

① [美] 罗伯特·赖克：《美国的逻辑——为什么美国的未来如此堪忧》，倪颖译，中信出版社2011年版，第13、14、15页。
② Michael Perelman, "Some Economics of Class", *Monthly Review*, Volume 58, Issue 03 (July-August), 2006, http：//monthlyreview.org/2006/07/01/some-economics-of-class/.
③ Fred Magdoff and John Bellamy Foster, "The Plight of the U. S. Working Class", *Monthly Review*, Volume 65, Issue 08 (January) 2014, http://monthlyreview.org/2014/01/01/the-plight-of-the-u-s-working-class/，2016年7月5日。

的收入份额都下降了。① 皮尤的研究还发现，富人不仅在收入上远超中产阶级，他们也经历了过去 40 年来财富②的猛增。上层阶级的中位数净资产在 1983—2013 年期间增长一倍，达到 65.01 万美元。但中产阶级的财富中位数为 98,100 美元，仅仅上升 2%。但他们至少还比低收入美国人日子好过：后者的财富只有 9500 美元，下降 18%。③ 也就是说，收入和财富的两极分化愈发明显。

美银美林集团是全球规模最大的金融机构之一，它最近的发布的 1917 年以来美国家庭财富分配图表显示，"近 30 年来，占人口 90% 的美国底层家庭拥有的总体财富在全国所占比例直线下滑，从 36% 降至 23%，而占人口 0.1% 的最富有家庭财富占比自 20 世纪 70 年代起一直增加，已经升至 22%"④。

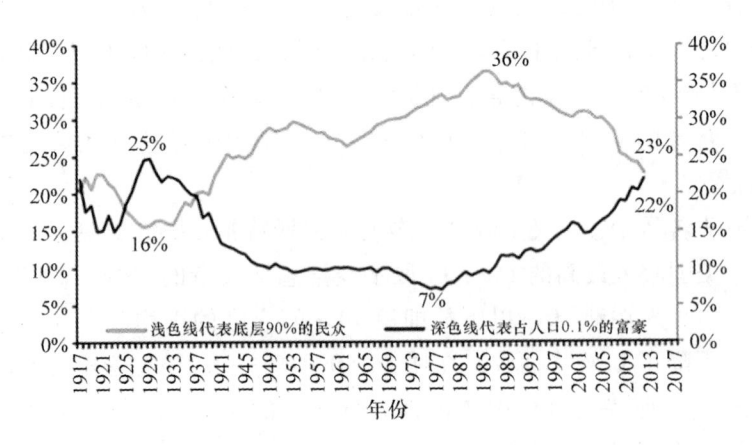

图 6-1　1917 年以来美国的财富分配

资料来源：Bofa Merrill Lynch Global Investment Strategy, Emmanuael Saez & Gabriel Zucman - 2015, 转载自：http://www.cnforex.com/news/html/2015/10/13/643d069cd6cad200c91595c521f326b5.html。

西方社会的贫富差距还由于多次经济危机而拉大了，最近的一次经济

---

① "The Lost Decade of the Middle Class Fewer, Poorer, Gloomier", August 22, 2012, http://www.pewsocialtrends.org/2012/08/22/the-lost-decade-of-the-middle-class/.

② 在财富计算方面，皮尤采用联储银行的消费者金融调查的数据，后者规定净资产为家庭总资产减去总债务。

③ 《收入停滞开支上涨　全美中产阶级萎缩比例首次低于一半》，美国中文网，2015 年 12 月 9 日，http://www.sinovision.net/finance/201512/00361079.htm。

④ 王传军：《美国贫富差距惊人》，《光明日报》2016 年 12 月 29 日第 13 版。

危机——2008年的全球大衰退更是加大了这种差距。正如恩格斯所言，"每一次接踵而来的商业危机必定比前一次更普遍，因而也更严重，必定会使更多的小资本家变穷，使专靠劳动为生的阶级人数以增大的比例增加，从而使待雇劳动者的人数显著地增加"①。

大衰退发生后西方各资产阶级政府为了挽救大银行、大财团，向它们提供了数万亿美元的援助②，但代价却是各国一波接一波削减工资、福利和公共开支的"财政紧缩"，对于本就陷入困境的劳动者来说不啻于雪上加霜。紧缩政策造成劳动者的收入下降，在卢森堡2011年的5个月内工人的月工资就下降了12.5%，同年，英国家庭实际收入的下降速度接近11%。③ 2013年德国经济与社会科学研究所（WSI）的研究显示，在2001—2009年间，德国就业者实际收入共减少6.2%。虽然德国近两年来劳动者收入下降问题有所缓和，但这一现象有扩展到欧洲更大范围的消极趋势。④ 政府的措施使富人受益，而让穷人处于不利地位。英国新共产党对英国紧缩政策的评价是，"富人继续安然无损。英国政府或欧洲议会中没有人叫富人勒紧他们的裤腰带"⑤。

"大衰退"使许多中小资本山穷水尽，这个时候正是垄断资本大举兼并之时，因此我们可以看到垄断资本的财富不降反增地"逆袭"。美国最富有的前400人的净资产在2011—2012年间，增长了13%，为1.7万亿美元，约为美国当年国民生产总值13.56万亿美元的1/8，同一时期美国经济的增长率为1.7%⑥，他们财富的增长率远超国民财富增长率。目前，英国的贫富差距是第二次世界大战以来最为严重的。全球性慈善组织乐施会（Oxfam）2014年的报告指出，英国最富的五大家族的资产比底层20%民众的收入还要多出1亿英镑。在1993—2011年中，英国九成人口的工

---

① 《马克思恩格斯文集》第1卷，人民出版社2009年版，第75页。
② ［美］彼得·胡迪斯：《超越经济紧缩对资本主义结构性经济危机的反思》，佟登青、王葳蕤译，《中国社会科学报》2012年11月28日。
③ 宋丽丹：《国外共产党论当前资本主义经济危机及世界形势》，《当代世界与社会主义》2012年第3期。
④ 中华人民共和国驻法兰克福总领馆经商室：《欧盟12个国家劳动者面临实际收入下降》，2013年12月12日，http://frankfurt.mofcom.gov.cn/article/xgjg/201312/20131200423730.shtml。
⑤ 宋丽丹：《国外共产党论当前资本主义经济危机及世界形势》，《当代世界与社会主义》2012年第3期。
⑥ Shannon Jones, "Net worth of richest Americans soars by 13 percent in 2012," September 21, 2012, http://www.wsws.org/articles/2012/sep2012/rich-s21.shtml, 2013年1月4日。

资上升了27%，但英国占人口0.1%的最富裕阶层富的收入则上涨了一倍①，有报告显示，英国最富有的1000名富翁2014年的总资产相当于英国国内生产总值的1/3，为有史以来最高的纪录。②乐施会2014年公布的研究报告显示，世界上最富裕的85人的财富之和相当于全球半数人即生活在全球底层的35亿人的资产总和。③英国经济学家安东尼·阿特金森认为经济危机能够影响收入分配。在危机发生后，"中产阶级"收入长期停滞，而收入最高的1%人群反而握有大把的好机会：因为一旦市场崩盘，他们手中的现金可以非常便宜地抄底，然后扩大他们的资产份额。④

新西兰的富人像全球其他国家的富豪那样即使在经济增长放缓的情况下所占的财富份额也在增加。2015年发布的富豪榜显示，2014—2015年新西兰最富有的184位富豪及家庭的总财富增长了38亿美元，估计达到550亿美元。这是"富豪榜"自1986年第一次出现以来最大比例的增长。《财富与新西兰》这本新书说明了贫富差距的扩大。最富有的1%的人拥有该国总财富的近1/5（18.1%）。⑤

2014年，有研究显示，95%的英国人的真实可支配收入剔除住房成本后下降12%，而最富裕的5%的人，可支配收入却翻倍了。乐施会警告说，英国80万儿童和190万成年人将可能因为紧缩措施在2020年时陷入赤贫。⑥英国《卫报》2015年有报道称，英国百姓的收入还没有从经济危机中恢复，富豪们的财富却已经增长了超过一倍。英国最富有的1000个家庭控制着5470亿英镑财富。根据《2015星期日泰晤士报富豪榜》，这一数字较2009年上涨了112%。而过去12个月是6年来英国超级富豪财富增值最快的时期。统计显示，英国最富有的1000个家庭拥有的财富比

---

① 王玉凤：《英国最富五个家族财富大于底层20%民众收入》，2014年3月19日，《第一财经日报》。

② 《英国最富人群空前富有》，新华网，2014年5月19日，http：//news.xinhuanet.com/world/2014-05/19/c_126515054.htm。

③ Voice of America, "Oxfam: Wealth of 85 Richest Equals That of 3.5 Billion Poorest", January 21, 2014, http://www.voanews.com/content/oxfam-85-wealthiest-people-own-as-much-as-half-the-worlds-population/1834307.html.

④ Don Peck, *Can the Middle Class Be Saved?* The Atlantic.

⑤ Jeremy Lin, "Deepening social crisis in New Zealand", January 6, 2016, http://www.wsws.org/en/articles/2016/01/06/nzie-j06.html.

⑥ 孔军：《英国最富五家族财富超20%最穷人口财富总和》，2014年3月18日，http://finance.qq.com/a/20140318/000260.htm。

英国最贫穷的 40% 家庭拥有的财富总额还要高。① 英国 3/4 的社会底层人民的工资从 2003 年起就处于停滞状态。但至少有 1.8 万个人年收入达到 100 万英镑。②

再来看贫困的情况。约翰·韦斯特加德指出，在英国，无论怎样界定贫困，贫穷人数自从 20 世纪 80 年代以来增长很快。他反驳了那种认为 1980 年以来除了最贫穷的人以外所有人几乎都享受着不断增长的富庶的观点，指出，"在 20 世纪 80 年代，实际工资和实际收入的增长是很小的，即使是处于中间部分的人群也是如此。而绝大多数人或实际上有所损减，或其所得远远低于统计上的平均数。这些数字经常被虚假地当作大众富庶迅速增长的证据。这种'国内平均数字'当然是统计上的人为产物。它之所以很高，只是因为富有之人——许多主管、经理、成功的专业人士，以及人数最多的，在商业和金融领域上层的人——的财富增加很多。这就是经济阶级结构中总体分化的极端方面，也是最有力量的一方"③。

2005 年经济合作与发展组织在一项成员国调查中发现，发达国家中的"贫困率"排名第三的是日本，其贫困率达 15.3%，比 10 年前上升了近一倍。日本京都大学教授橘木俊诏指出贫富差距的扩大使那种绝大多数日本人都是"中产阶级"的所谓"1 亿总中流"的神话已经破灭。他还指出，企业为了消减劳动成本雇佣低工资又无福利待遇的非正式员工，使这一就业群体已达到日本劳动力总数的 1/3。并认为这是造成日本贫困率上升的主要原因。④

美国皮尤研究中心的调查显示 2008 年美国 1/4 的成年人自认为属于"下层阶级"，4 年后这一比例上升到了 1/3。⑤ 美国皮尤 2014 年的一项调

---

① 《英国 1000 个最富家庭控制 5470 亿英镑财富》，国际在线，2015 年 4 月 27 日，http://gb.cri.cn/42071/2015/04/27/7651s4944085.htm。

② 《英国 1.8 万名富翁年收入超百万英镑 人数增长翻番》，中国网，2013 年 6 月 3 日，http://world.huanqiu.com/regions/2013-06/3997046.html。

③ 约翰·韦斯特加德：《1979 年以来英国的阶级：现实、理论和意识形态》，载［英］戴维·李、布赖恩·特纳主编《关于阶级的冲突——晚期工业主义不平等之辩论》，姜辉译，重庆出版社 2005 年版，第 190—191 页。

④ ［日］浅井正智、官崎美纪子：《日本社会贫富差距日益扩大》，《海外经济评论》2005 年第 38 期。

⑤ Rich Morin and Seth ETH Motel, "A Third of Americans Now Say They Are in the Lower Classes", September 10, 2012, http://www.pewsocialtrends.org/2012/09/10/a-third-of-americans-now-say-they-are-in-the-lower-classes/.

查表明，2/3 的美国人认为贫富差距在扩大，因为他们（经济状况）在下降：40%的人认为自己是下层阶级，而之前只有 25%的人这么认为。[①] 2007—2010 年，美国家庭的平均净资产下降了 40%。这表明，"大衰退"席卷了美国家庭 18 年来累积的存款和投资。但收入处于最高的 10%的家庭的净资产从 2007 年的平均 117 万美元上升到 2010 年的 119 万美元。[②]

2011 年，美国 51%的成年人属于中等收入阶层，在 1971 年这一数据是 61%。"中产阶级"的空心化一直伴随着社会全体居民向上下两个经济阶层的分化。2011 年有 20%的成年人属于"上层收入阶层"，1971 年的这一比率是 14%；低收入阶层的比例由 25%上升到 29%。然而，在同一时期，只有上层收入阶层增加了其在该国家庭收入中所占的份额，由 40 年前的 29%增长到现在（2015 年）的 46%，中间收入阶层的份额则从 40 年前的 62%下降到 45%，低收入阶层的变化是从 10%下降到 9%。[③] 从人数上看，美国的"两头"在膨胀，穷人人口数量比富人要多 9%，从收入变化上看，穷人和富人都在增加，但富人收入增长的态势比穷人要快得多，虽然两者的人数都增加了，但在富人收入份额增加的同时，穷人占有的收入份额反而下降了，穷人和"中产阶级"的收入份额都下降了。

资本主义再发展也只是少数人财富的不断积累和多数人贫困的积累，是两极分化、贫富差距的不断扩大，绝不可能使无产阶级"中产阶级化"。

（三）越来越多的"穷忙族"

由于工人的工资只是"供直接生命再生产用的劳动产品的个人占有，这种占有并不会留下任何剩余的东西使人们有可能支配别人的劳动"[④]，工人只能成为被资本支配和占有的对象，从而陷入不得不靠出卖劳动力换取生活资料的"贫困"，这种"贫困"使他们永远无法摆脱被雇佣的命运，甚至在激烈的竞争中连被雇佣也成为一种幸运，但这种幸运并不能保证他们和家人从此过上稳定的日子。"绝对贫困"决定了无产阶级的绝大多数

[①] Gillian Tett, "Which middle class, which squeeze?" *FT Magazine*.

[②] Charles Riley, "Family net worth plummets nearly 40%", *CNN Money*, June 12, 2012, http://money.cnn.com/2012/06/11/news/economy/fed-family-net-worth/index.htm.

[③] "The Lost Decade of the Middle Class Fewer, Poorer, Gloomier", August 22, 2012, http://www.pewsocialtrends.org/2012/08/22/the-lost-decade-of-the-middle-class/.

[④] 《马克思恩格斯文集》第 2 卷，人民出版社 2009 年版，第 46 页。

再努力也改变不了"穷忙族"的命运。美国社会学家文森特·帕里罗等指出，在美国"与盛行的错误观念相反，许多穷人都有工作，工资是贫困家庭收入的主要来源。……将近一半的贫困家庭从与工作有关的活动中获得收入。大约60%有工作的贫困者从事的常常是全职工作。……有工作的贫困者之所以贫困，仅仅是因为他们的收入不足以使他们摆脱贫困。例如，在20世纪90年代，一份全职工作的最低工资，只是一个3口之家要摆脱贫困所需的约70%。贫困的范围和性质是整个世纪里社会快速变迁的结果"①。

帕里罗所说的这种虽然有工作但由于工资低或找不到专职工作而无法摆脱贫困的人，就是所谓的"穷忙族"（the working poor）。指一个人在劳动力（labor force，即工作或寻找工作）上至少花了27周时间（一年约为52周，也就是超过半年的时间），但其收入仍低于官方贫困水平。② 美国劳工统计局（BLS）估计，2011年美国有约100万人属于"穷忙族"，几乎1/3的美国家庭属于"穷忙族"的低收入家庭，少数族裔更有可能陷入贫困。美国人口普查局2013年的数据显示，3260万户美国工薪家庭中的1060万户的收入在官方贫困线的200%之下。黑人、拉美裔和北美土著的工薪家庭占整体劳动力的40%，但却占贫困家庭的58%。超过一千万的美国工薪家庭不能挣到满足基本家庭需要的钱。③ 英国贫困人口中有工作的家庭比没有工作的家庭数量要多，也就是所谓的"穷忙族"，劳动所得不及生活所需。2012年，英国1300万贫困人口一半来自于工作的家庭。④

"穷忙族"存在的根本原因在于"绝对贫困"决定的"相对贫困"，直接原因与工作报酬过低相关。从前，"穷忙族"的主体主要是服务业从业者和临时工。自2008年经济危机以来，西方新增就业岗位的多数是低薪的服务业岗位和临时工。2013年英国工会联盟（Trades Union Congress）

---

① ［美］文森特·帕里罗等：《当代社会问题》（第四版），周兵等译，华夏出版社2002年版，第223、233页。
② Fred Magdoff and John Bellamy Foster, "he Plight of the U. S. Working Class", *Monthly Review*, Volume 65, Issue 08 (January), 2014. http://monthlyreview.org/2014/01/01/the-plight-of-the-u-s-working-class/.
③ "1 in 3 US families classified as 'working poor,' higher for minorities", Mar 16, 2015, https://www.rt.com/usa/241289-us-minorities-working-poor/.
④ 王玉凤：《英国最富五个家族财富大于底层20%民众收入》，《第一财经日报》2014年3月19日。

的一份报告指出，自 2010 年 6 月以来，酒吧服务员、零售业工人和清洁工等工作占了新增就业岗位的近 8 成。① 在美国，2013 年上半年的净增工作岗位中，97% 属于临时工。② 到 2016 年年底为止，美国联邦最低工资为每小时 7.25 美元，这一标准已经有 6 年没有提高过。据一项由美国劳工权益保护组织"全国就业法律计划"（National Employment Law Project）公布的报告显示，全美有近半（即 42%）劳工的时薪低于 15 美元。目前美国领最低工资的劳工人数为史上最高。③ 从 2012 年开始"争取 15 美元"运动负责人指出，现在美国有 6400 万人每小时工资不到 15 美元。④

但现在"穷忙族"越来越多的另一个原因与资本主义社会非正式雇佣的扩张有关系。为了降低成本企业热衷于雇佣"派遣员工"，就是企业与外包公司签订合同，由外包公司派遣员工到企业工作，但企业不向派遣员工直接支付工资，而是将工资以服务费的形式支付给派遣公司，由后者向派遣员工支付。派遣劳务制度实际上就是在员工与用工单位之间设置了一个"中介"，不仅增加了剥削工人的"中介"，还降低了派遣员工的待遇。由于派遣员工常常在企业业务繁忙时才被派遣，而且都是用工单位的非正式用工，因此派遣员工的工资都较正式员工为低，还没有正式员工应该有的福利待遇，这就极大地降低了用工成本。除此之外，由于失业率居高不下，临时工、兼职工的大量存在，也扩大了"后备军"的队伍，拉低了在职工人的待遇，产生了更多的"穷忙族"。

在私有制存在的前提下，"国民财富"对于大多数人来讲没有任何意义。恩格斯在《国民经济学批判大纲》指出，"英国人的'国民财富'很多，他们却是世界上最穷的民族"⑤。他指出，私有制产生竞争，竞争下资本集中的规律会导致"中间阶级必然越来越多地消失，直到世界分裂为百万富翁和穷光蛋、大土地占有者和贫穷的短工为止"⑥。因此，无产阶级

---

① Barry Mason, "UK: Campaign for 'living wage' conceals falling pay rates", November 12, 2013, http://www.wsws.org/en/articles/2013/11/12/wage-n12.html.
② Shannon Jones, "Report: 97 percent of new US jobs are part-time", August 14, 2013, http://www.wsws.org/en/articles/2013/08/14/jobs-a14.html.
③ 袁源：《美国：为提高时薪游行》，《国际金融报》，2015 年 4 月 27 日第 3 版。
④ 美国中文网，《全美多个大城市服务人员罢工 争取最低时薪 15 美元》，2016 年 11 月 29 日，http://news.sinovision.net/politics/201611/003933612.htm。
⑤ 《马克思恩格斯文集》第 1 卷，人民出版社 2009 年版，第 60 页。
⑥ 同上书，第 83—84 页。

"中产阶级化"这种说法完全无视资本主义社会日益两极分化的现实，是为了粉饰现实而提出的观点。

（四）工人阶级生活债务化

无产阶级"中产阶级化"的一大理由就是工人过上了有耐用消费品、供得起孩子上大学、能够度假等。但我们必须看到，工人的"好日子"背后是日益恶化的债务问题。

首先，资本的扩大再生产就是不断地占有越来越多的剩余价值、积累越来越多的利润，这些利润只有进入扩大再生产中去才能为资本占有更多的剩余价值创造前提条件。即使是进入垄断阶段，也仍然存在着寡头通过大量生产挤占市场份额，搞垮竞争者的必要。垄断消灭不了社会化大生产与私人占有之间的矛盾，也就消灭不了无序竞争的局面，还将竞争推向更深更广的范围。随着资本有机构成的提高，商品的产出也在提高。所有这些因素产生的后果就是，资本主义的扩大再生产使商品过剩不断积累，使生产与消费的差距越拉越大。

其次，无产阶级的"绝对贫困"状况决定了他们的收入必然只被限于维持劳动力生产和再生产的水平，因而工人生产的财富越多（这些财富的载体就是各种各样的商品），他的收入与他生产的财富相比越是可怜，从而私有制在生产与消费之间设立了一道无法跨越的鸿沟。而那些被称为"中产阶级"的、收入较为优越的工人的购买力也会由于包括教育、医疗、住房等生活领域的全面市场化、商业化而陷入支付危机之中。

最后，生活费用上涨是资本主义制度下不可避免的现象。虽然生产力的发展使单位商品的价值有不断下降的趋势，使生活成本下降，但这同时也会导致工人工资收入的下降，形成一种新的平衡，因此这一因素在此就忽略不计。

为什么生活费用会持续上涨呢？

首先，资本主义生产要求资本的不断积累，从而要求不断以扩大的规模进行再生产，这种再生产要求有预付资本即货币的投入，即要有越来越多的钞票要投入生产中去，必然造成通货膨胀的趋势，因此我们可以看到资本主义世界不仅消灭不了通货膨胀并且经济增长还要求一定增长率的通货膨胀。另外，一旦生产过剩的经济危机来临，金融资本控制下的政府必然通过多印钞票制造通货膨胀来掠夺劳动人民。因此，西方国家的物价呈不断上涨趋势，纸币也在贬值。以美元为例，按1970年35美元一盎司黄金计算，2016年约1300美元一盎司黄金计算，美元自布雷顿森林体系瓦解以来贬值了37倍多。而无产阶级的实际工资却停滞不前，甚至下降。这一上一下，使工人的购买力没有增长反而呈下降趋势，工人的财务状况捉襟见肘，甚至债务缠身。2016年根据英格兰银行的最新数据显示，英国家庭债务自去年增长3.5%以来已经达到1.5万亿英镑的历史最高水平。这相当于英国整个经济年产值的82%。由于房价上涨和枯竭的储蓄，它给工人阶级家庭带来前所未有的经济负担。债务正在成为挣扎着使收支平衡的家庭的"新常态"。经济停滞和政府的紧缩措施侵蚀着收入，并使成千上万的人失业。英国工会联盟（TUC）的研究发现，受挤压的工资已经导致数百万人依靠信用支付生活费用，超过300万户家庭无法继续偿还债务。财产抵押贷款构成债务的主要部分，其余部分由个人贷款和信用卡债务组成。这相当于人均有3万英镑债务，或为人均收入的113%。事实上，家庭债务在社会中的分布极为不均，对最贫困者的影响最严重，因为他们要么只有可怜的一点储蓄甚至没有储蓄。这一数据还没有包括学生债务，通常人均为4.4万英镑。[1] 西方社会从20世纪80年代开始，基本都经历了储蓄率下降的同时债务上升的情况。美国的储蓄率从1984年的10.08%下降到1995年的4.6%，以后逐年下降，到2005年为-0.4%，2007年为-1.7%。伴随着居民个人储蓄在不断下降的是以债务为形式的居民个人消费的增长，以美国为例，家庭债务在20世纪80年代占年平均可支配收入的80%，到2000年，这个比重就上升到98%。[2]

其次，虽然自由主义者总是在鼓吹小政府大社会，但资本主义国家的政府开支却在不断上涨。这是由于随着社会分工的扩大、社会生活的多样化必然要求政府承担更多的公共职能，而且由于资本主义的阶级矛盾随着新自由主义的扩张也在尖锐化，国家机器的镇压职能要求增加预算。这必然增加群众的税务负担，也就增加了生活成本。

因此，在资本主义社会，生产有不断扩大并积累过剩商品的趋势，它与工人有支付能力的需求之间产生的鸿沟是资本主义制度无力解决的矛

---

[1] Joe Mount, "UK: Working-class families in record levels of debt", November 12, 2016, http://www.wsws.org/en/articles/2016/11/12/debt-n12.html.

[2] 赵磊:《美国次贷危机的根源》, 载程恩富主编《金融风暴启思录》, 中国法制出版社2009年版, 第73页。

第六章　资本主义社会日益分裂为两大直接对立的阶级　/　207

盾。在这种矛盾下,西方国家必然要通过扩张、刺激和宣扬消费来加快剩余价值的实现和资本循环。因此,西方国家用于销售、广告等非生产费用一直在持续上升,这种费用的损耗完全是浪费。消费主义在政府、商家和传媒的宣传下也蔚然成风,新的扩大了的生产力也提供了更多、更新的消费选择。在这种情况下,为消费者提供货币信贷业务的信用消费应运而生。从前的信贷业务是资本家为了扩大再生产而向货币资本家借入货币,现代信贷业务则扩展到消费领域,这样连货币资本家也加入直接从工人身上榨取金钱的行列。

金融机构向普通人提供购买大额商品如汽车、住房的信贷服务,并通过信用卡把日常借贷变成一种全新的生产方式。20世纪50年代第一代信用卡出现时,还只是由银行赠送给那些在银行有大额存款的客户。随着计算机技术在商业上的应用,信用卡就有了能够大规模推广的可能。信用卡的最大优势在于,工人可以通过它在日常消费中预支未来的收入,这不仅受到普通商家的欢迎,更因其可能提供的高额回报率受到金融机构的青睐。银行懂得如果消费者开始错将债务认同为实际财富,那么这将产生更多借贷购买的意愿,就能产生信贷扩张的需求。随着信用卡文化的推广,透支消费、获得债务变成了财富的新定义。为了推广信用卡,金融机构还将持卡门槛设得很低,几乎人人可申请到信用卡,在澳大利亚,有人甚至为自己的宠物猫申请到了一张限额为4200澳元的信用卡(银行甚至没有验明正身,只是凭一纸申请就发卡了)。[①] 经过数年的发展,信用卡业务在西方独领风骚,发展迅速,光是在美国,1968—2008年的40年间,信用卡债务就从零发展到9750亿美元。[②]

信用卡的流行与西方工人入不敷出的经济状况密切相关。比如,美国劳工部的数据表明,美国的大多数家庭没有足够支付三个月生活所需的应急储蓄,储蓄率偏低是因为人们很难在收入没有增加的情况下存钱,储蓄不是最优先考虑的问题。没有应急储蓄就意味着人们需要用信用卡来应

[①] "Messiah the cat gets credit card with $4000 limit", January 4, 2007, http://www.news.com.au/national/messiah-the-cat-gets-credit-card-with-4000-limit/story-e6frfkp9-1111112779454.

[②] Mybudget 360, "The endgame of the credit card nation-40 year bull market in revolving debt expansion comes to a sudden halt. U.S. consumers on average have 4 credit cards with 1 out of 7 having 10 or more," May 13, 2011, http://www.mybudget360.com/endgame-credit-card-nation-40-year-credit-card-bull-market-over/.

急，如汽车修理费、或者失业后的生活费等。① 在美国，信用卡的普及也与宏观经济政策密切相关，"20 世纪 70 年代追求经济平等的努力被束之高阁，取代政府投资的是有利于富人的'滴漏型'经济政策。面对日益削弱的社会保障体系，越来越多的美国人转而依靠其他方式——包括信用卡和其他形式的债务——确保生活开支"②。

但是，"信用卡对许多消费者来说是金融鸦片"③，信用卡的循环利息、手续费等让那些无力还款的消费者陷入了绝望的境地。一项调查显示，37%的美国成年人的信用卡债务相当于或超过了应急存款，表明他们一旦失业就极有可能陷入破产。而且并不是只有低收入者才面临这样的困境。收入比下层阶级高的美国人中的 1/3 也生活在"从支票到支票"的生活中（指靠薪水支票支付账单），即使他们的年收入达到 7.5 万美元。④ 2014 年美国一份调研报告显示，47%"千禧一代"（1984—1995 年出生）每月至少用一半工资还债。⑤ 如今，美国人的信用卡债务接近 1 万亿美元⑥，退休金赤字达 7.7 万亿美元。⑦ 2015 年美国一项金融安全指数显示，大衰退"结束"6 年来，相当数量的消费者仍然无法摆脱信用卡债务。近 1/4 的美国人（24%）的信用卡债务超过了他们的应急储蓄。这种倾向很有问题，因为信用卡向人们收取的利息比储蓄账户付给人们的利息要高得多，这使得那些"卡奴"难以爬出债务。⑧

---

① Jeanine Skowronski, "Credit card debt still a big concern," Feb 23, 2015, http://www.bankrate.com/finance/consumer-index/credit-card-debt-still-a-big-concern.aspx.

② Dedrick Muhammad, "Saving the American Middle Class," *The Huffington Post*, 12/09/2013, http://www.huffingtonpost.com/dedrick-muhammad/saving-the-american-middl_b_4400245.html.

③ Mybudget 360, "The endgame of the credit card nation – 40 year bull market in revolving debt expansion comes to a sudden halt. U.S. consumers on average have 4 credit cards with 1 out of 7 having 10 or more," May 13, 2011, http://www.mybudget360.com/endgame-credit-card-nation–40–year-credit-card-bull-market-over/.

④ "1 in 4 renters spend half their income on housing, a paycheck away from homelessness", RT.

⑤ 林建建：《接近 60 万亿美元！美国债务创历史新高》，华尔街见闻网站，2014 年 6 月 18 日，http://wallstreetcn.com/node/95501。

⑥ Michelle Fox, "Nearly $1 trillion in credit card debt a good sign: Economist," *CNBC*, 5/21/2016, http://www.msn.com/en-us/money/markets/nearly-dollar1–trillion-in-credit-card-debt-a-good-sign-economist/ar-BBtiaZo?li=BBnbfcN.

⑦ "Nation's Retirement Income Deficit Now $7.7 Trillion," *Pension Rights Center*, March 12, 2015, http://www.pensionrights.org/newsroom/releases/nations-retirement-income-deficit-now–77–trillion.

⑧ Jeanine Skowronski, "Credit card debt still a big concern," Feb 23, 2015, http://www.bankrate.com/finance/consumer-index/credit-card-debt-still-a-big-concern.aspx.

信用消费的扩张不过是暂时将生产与消费间矛盾推给了未来的预期收入，只不过是将二者的矛盾以更深的程度推向了未来。借贷消费模式从20世纪80年代起持续了30多年，使各国私人债务占国内生产总值（GDP）的比例高居不下。2008年时西方主要国家的这一比例为：英国186.8%、卢森堡362.8%、意大利113.9%、法国122.2%、德国109.4%、比利时162.2%、丹麦222.8%、瑞典189.9%、荷兰216.1%、芬兰132%、葡萄牙196.2%[①]；澳大利亚204.64%、加拿大219.70%、美国212.28%、日本230.01%[②]。从这些数据不难发现，西方的无产阶级不仅很难实现"中产阶级化"，而且还在持续贫困化（债务化）。

（五）贫困人口在增长

资本积累的规律就是两极分化的规律，在西方社会的物质财富不断积累的今天，无产阶级中的绝大多数人不能摆脱窘迫的生活，还有相当一部分人挣扎在贫困线上下。这深刻地反映出"绝对贫困"与"相对贫困"是无产阶级阶级命运的一体两面，是不可避免的阶级宿命。

美国人口普查局2014年公布的数据显示，47%的美国人的收入在官方贫困线两倍之下，这意味着该国近一半人口或是贫困或是接近贫困。[③]

德国一家慈善组织（德文名：Paritätischen Gesamtverbands）2016年一份关于贫困的报告指出，以收入标准衡量的话，在2014年就约有15.4%的德国人，即每6个德国人中就有一个是穷人。在8000多万德国人中有1250万人生活在"家庭净收入少于家庭收入中位值60%以下的家庭"，其中有19%是孩子。与此同时，德国经济是正增长的，报告强调，"经济增长不会'自动地'导致额外生产的财富的重新分配，从而防止贫困。相反，这种日益增加的财富会导致收入差距进一步扩大，甚至更大的相对贫困"[④]。

---

① Eurostat (the statistical office of the European Union)，"Private sector debt, consolidated – % of GDP," 2015 – 09 – 28，http：//ec. europa. eu/eurostat/tgm/table. do? tab = table&init = 1&language = en&pcode = tipspd20&plugin = 1.

② OECD. Stat，"Private sector debt, as a percentage of GDP", Mar 21，2016，http：//stats. oecd. org/index. aspx? queryid = 34814.

③ Andre Damon，"Census report: Half of Americans poor or near poor," October 22，2014，http：//www. wsws. org/en/articles/2014/10/22/pove-o22. html.

④ Stefan Steele，"Report on German poverty refutes propaganda of social recovery", March 5，2016，http：//www. wsws. org/en/articles/2016/03/05/pove-m05. html.

2005年经济合作与发展组织在一项成员国调查中发现,发达国家中的"贫困率"排名第三的是日本,其贫困率达15.3%,比10年前上升了近一倍。日本学者橘木俊诏指出日本贫困率上升的主要原因是企业为了削减劳动成本雇佣低工资又无福利待遇的非正式员工,目前这一就业群体已达到日本劳动力总数的1/3。① 意大利国家统计局指出,2010年意大利处于相对贫困和绝对贫困状态的人口总和超过1100万,接近意大利总人口1/5。②

在希腊这种深陷资本主义经济危机的国家里,情况更为严重,目前,希腊总人口的约33%即310万人失去了他们的社会保险和健康保险,有32%的希腊人已经生活在贫困水平线之下,而18%的希腊人更难以负担最基础的饮食需求。③ 这就是资本主义内在矛盾所产生的物质丰裕与群众贫困的矛盾的表现。

儿童贫困率反映无产阶级的贫困程度。工人的工资不仅应该养活他/她本人,也应该养活他们的后代,但是随着工人工作条件的恶化,工人的收入不足以负担家庭支出的时候就会出现儿童贫困率上升的现象。西方国家不仅从来没有消灭过儿童贫困,而且自2008年大衰退以来,儿童贫困率呈普遍上升趋势。

联合国儿童基金最近一项统计显示,全球最富裕的41个国家的儿童,在2008年后的4年内,贫困率出现了激增现象。譬如,法国在4年内,儿童贫困人率由15.6%增至18.6%,希腊贫困儿童比例增加了两倍。④ 在欧盟国家有约2600万儿童和青年正遭受贫困的威胁,欧洲27.9%的儿童在贫困线上挣扎⑤,在英国还出现了许多饿着肚子上学的孩子。2015年英国一份超党派报告发现:"在英国最贫穷的社会,饥饿现在被看成是'永久

---

① [日]浅井正智、官崎美纪子:《日本社会贫富差距日益扩大》,《海外经济评论》2005年第38期。
② 王昀加:《报告显示意大利贫困儿童数量超过170万》,新华网,2009年11月19日,http://news.xinhuanet.com/world/2009-11/19/content_12490547.htm。
③ 高荣伟:《全球中产阶级现状一瞥(二):"受挤压的欧洲中产阶级"》,《国际先驱导报》,2015年7月22日,转引自参考消息网,http://ihl.cankaoxiaoxi.com/2015/0722/860905.shtml。
④ 何源:《全球最富41个国家儿童贫困率猛增 法国4年净增44万名》,中国广播网,2014年10月3日,http://china.cnr.cn/ygyw/201410/t20141030_516691584.shtml。
⑤ 陶心荣:《欧洲老少贫富差距成难题 青少年贫困率逐年攀升》,中国网,2015年10月29日,http://news.china.com.cn/world/2015-10/29/content_36924449.htm。

性的生活现实'。"① 2011 年德国儿童贫困率为 15%②，到 2016 年每 7 个德国孩子中就有一个接受社会救济。③ 新西兰儿童贫困率在 1986 年为 11%，2014 年则上升到 29%，也就是说几乎每 3 个新西兰的孩子中就有一个生活在贫困中。④ 日本虽然是个出生率很低的国家，但日本每 6 个儿童中就有一个处于贫困。⑤

美国 2007 年时，还只有 1/8 的儿童，约 900 万人依靠食物券（food stamp）生活，到 2014 年有超过 20% 的美国儿童，约 1600 万人要依靠食物券生活。美国儿童贫困率（指生活在家庭收入在美国中位数收入 50% 以下家庭的儿童的百分比）是 23.1%，一家儿童保护基金会（Children's Defense Fund）指出，美国的 1470 万贫困儿童中有 650 万生活于赤贫状态，这一数字是"国家道德的耻辱"。美国人口普查局（Census Bureau）发现，自从 2007 年经济衰退开始以来，在双亲家庭中接受食品券的孩子的数目已翻了一番，从 2007 年的 270 万人上升到 2014 年的 520 万人。⑥ 这表明，在美国这个发达国家，即使是父母双全的底层无产阶级家庭都必须在政府的帮助下才能勉强实现劳动力的生产和再生产了，更不用说那些贫穷的单亲家庭，尤其是女性单亲家庭的生存状况。

西方社会中只有依靠福利救济才能生存下去的人，是对无产阶级"绝对贫困"状况的极致诠释。除了这些挣扎在贫困线下的人们，我们也应看到，那些能过上"中产阶级"生活的无产阶级也被各种债务包围，一旦他们因某种原因失去工作，他们也马上会陷入贫困，这是由无产阶级的阶级地位决定的。总之，西方无产阶级"中产阶级化"完全是"皇帝的新衣"，它妄图掩饰资本主义社会的两极分化，但无产阶级的"绝对贫困"状况决定了无产阶级要么处于被救济的境地，要么过着"从账单到账单"的日子，永远不可能像资产阶级那样通过无偿占有别人的剩余劳动来过不

---

① Tom Pearce, *Many UK children go to school hungry*, February 3, 2016, http://www.wsws.org/en/articles/2016/02/03/food-f03.html.
② 史春树：《德国孩子生得少，贫困率却高》，《青年参考》2011 年 8 月 31 日第 15 版。
③ 薛成俊：《调查显示：德国每七个孩子就有一个接受社会救济》，2016 年 6 月 3 日。
④ Jeremy Lin, *Deepening social crisis in New Zealand*, January 6, 2016, http://www.wsws.org/en/articles/2016/01/06/nzie-j06.html.
⑤ 田泓：《日本儿童贫困现象日益恶化》，《人民日报》2016 年 7 月 31 日第 3 版。
⑥ "National moral disgrace": "Over 1 in 5 US children on food stamps & living in poverty", *RT*, Jan 29, 2015, https://www.rt.com/usa/227231-children-food-stamps-poverty-rate/.

劳而获的生活。那些所谓的"中产阶级化"的无产阶级一旦碰上疾病、失业等意外就会陷入贫困，成为"新穷人"。西方社会普遍存在的悲观情绪，各种高发的心理疾病，实质都是人们对未来各种不确定风险的恐惧的心理表现。

二 资本加紧对工人权益的进攻

资本与劳动的对立是绝对的，这种对立的暂时缓和是相对的，并且这种"缓和"只出现在特定的历史条件下，即资本在本国工人运动或国际社会主义运动的强大压力下不得不作出暂时让步。一旦外在压力消失——最明显的例子就是社会主义阵营解体——的情况下，资本就会一项项夺回曾经被视为社会文明进步的工人权益。当然这一夺回的过程会伴随着强大的舆论攻势和巧妙的借口，毕竟资本的"文明"和"进步"就体现在它的这些"软实力"上。当然在面对工人反抗的时候，资本也会毫不踌躇地拿出"硬实力"——警察、监狱甚至军队来镇压。

（一）临时雇佣化

第二次世界大战结束之后，西方国家从"大萧条"和两次世界大战的教训中认识到，对市场放任自流将不可避免地陷入经济和社会的危机，国家必须对市场经济进行干预。而战后经济重建也要求国家承担起主要的经济角色，这都使提倡政府干预经济的凯恩斯主义成为西方社会经济政策的主流指导思想。凯恩斯主义主张扩大公共投资增加社会需求以克服需求不足的危机，在这一思想的指导下，在与社会主义阵营"竞争"人心的背景下，西方国家在劳资领域也进行了积极的干预，比如建设福利制度，包括设置各种社会保险与救济；主张劳资妥协，将工会斗争纳入合法体系，协助建立长期稳定的劳资关系等。在这种历史背景下，西方国家形成了比较稳定的一系列劳动就业政策，这些政策反过来促进了生产率的提高。在多方因素的作用下，西方社会进入了一个"黄金时期"。但凯恩斯主义不仅不能解决资本主义的基本矛盾，反而加深了这一矛盾。

凯恩斯主义所利用的社会投资和支出手段在詹姆士·奥康纳看来，不过是现代资本主义国家必须为资本积累而付出"社会资本"（指私人积累所必要的支出，如物质的和精神的基础设施）和"社会支出"（为维持国

第六章 资本主义社会日益分裂为两大直接对立的阶级 / 213

家"合法化"职能所必需的支出,如福利支出和国防支出)。它们虽然在一定程度上能缓解资本主义的基本矛盾,但却会酿成另一种形式的危机,这是因为,无论是"社会资本"还是"社会支出"都是资本生产费用社会化的一种方式,但这种社会成本所产生的收益却只能由私人尤其是为垄断资本所占有,这样,生产费用的社会化和利润的私人占有之间的矛盾则会造成国家支出和国家收入之间的"结构上缺口"——财政危机。① 这种危机的本质仍然是社会化大生产与生产资料私人占有制之间的矛盾。

到20世纪70年代末,西方出现了过去不曾出现过的经济停滞和高通货膨胀率并存的"滞胀"局面,凯恩斯主义彻底失灵。20世纪80年代初,主要代表金融垄断资本利益的新自由主义粉墨登场,它认为市场有自我调节的能力,而国家的干预和调控则会破坏这种能力,只有全面市场化、私有化和商品化才能够解决当前的危机。新自由主义下的劳资关系有以下三个特点:一是从凯恩斯主义的劳动就业需求管理政策转向劳动就业供给政策,其核心是政府放弃宏观需求管理,通过微观供给管理、通过减税刺激资本和劳动的供给;二是必须打破"僵化"的劳动力市场,要放松政府对劳动力市场管制和工会对劳动力市场的干预,实现劳动就业"灵活化";三是改革社会福利制度,实行激活性劳动就业政策,降低福利水平,促使劳动者进入市场,以工作代替福利,如1996年美国通过的《个人责任和工作机会法》,1999年英国的《福利改革与养老金法案》等。在西方社会实现新自由主义劳动政策转向之后,承包就业、自营就业、外包就业和独立就业等"灵活"就业方式得到迅速发展,劳动者的就业保障和福利水平都在不断下降。欧盟委员会在2003年还公布"体现了彻头彻尾的新自由主义安排"的"新欧洲就业战略(2003—2010)"②,被视为劳资关系领域的进一步自由化。

自从2008年经济危机以来,全球性的向不稳定就业的转变在加速,这无异于给不断增长的不平等和贫困率火上浇油。国际劳工组织指出,目前全世界仅约有1/4的工人有稳定的雇佣关系,而剩下的3/4是临时的或短期被雇佣者,他们通常从事没有任何合约的工作,或是自谋生路或承担无

---

① 顾海良:《奥康纳和他的"国家的财政危机"理论》,《世界经济》1990年第7期。
② 金喜在、孔德威:《劳动就业政策的新自由主义发展趋势》,《当代经济研究》2005年第7期。

酬家庭工作（unpaid family jobs）。而这种从正式雇佣向临时和非正式雇佣的转变与许多国家不平等和贫困率上升相联系。并且这种趋势又使全球的疲软需求和缓慢增长的就业市场之间的恶性循环加剧了。

该报告发现，尽管周薪或月薪工人的数量在世界范围内增长，但也只占全球工人的一半。发展中国家的领薪工作的增长比大衰退（指2008年全球经济危机）前要缓慢，同时期发达国家并没有增长，在一些国家比如英国还下降了。大衰退后，发达国家的工作稳定性进一步下降，比如自雇者、无合同工人的上升和非自愿兼职工作的增加。全球只有16%的自雇人士参加了养老金计划，相比之下职员的比例是52%。女性不仅遭受就业歧视，而且往往还成为危机首当其冲的受害者。国际劳工组织指出，从2009—2014年，包括欧盟在内的许多地区的女性就业率的恢复都相对缓慢。该报告发现，2009—2013年间，大多数国家兼职工作的增加超过了全职工作。"在法国、意大利、日本和更广阔的欧盟，兼职工作的增加伴随着全职工作的损失，而大部分增加的兼职工作是非自愿的。"①

（二）压缩工资、削减福利

自新自由主义成为西方社会主流的理论思潮和政策主张之后，包括兼职工作、外包工作等在内的不稳定工作（precarious work）逐渐成为劳动力市场的主流，自然而然地，低工资、低福利便成为劳动力市场发展的趋势，并在经济危机来袭之时进一步加强。资本家会利用危机时的求职困难把经济收缩的成本和市场的不确定性强加给工人阶级，使工资进一步降低。以英国为例，工资在2008年经济危机后大幅削减，扣除物价因素实际下降了10.4%，是经济合作与发展组织（OECD）中降幅最大的国家。英国国家经济和社会研究所预测，2017年的可支配收入仍将下降0.5%。据《卫报》称，如果目前的趋势继续下去，实际工资在2020年之前将不会上升。这只会加剧工人面临的债务危机。有机构表示，福利冻结对家庭收入的进一步挤压会更为严重，英国有超过700万人已经在使用信用卡支

---

① Katie Allen, "The report found that the number of people on wage and salaried work", *the Guardian*, May 19, 2015, https://www.theguardian.com/business/2015/may/19/most-of-the-worlds-workers-have-insecure-jobs-ilo-report-reveals.

第六章　资本主义社会日益分裂为两大直接对立的阶级　/　215

付日常所需，有更多的家庭陷入更严重的债务问题。①

无产阶级的生存状态关系到资本主义生产关系的稳定，资本主义国家通过赋税建立福利制度为包括失业者在内的社会共同体成员提供基本生存保障，这是单个的资本家无力承担的公共职能，也就是说，通过奥康纳所说的"社会资本"和"社会支出"，国家创造了便利资本积累的环境。但福利国家的建立是以高税收为前提的，这种税收所征收的无非是从社会总产品中扣除的一部分，换句话说就是劳动者创造的剩余劳动的一部分。按照恩格斯的说法，税收"本质上是纯共产主义的原则"②，因为一切国家的征税的权力都是对私有制的侵犯，在税收原则里，国家所有制高于私有制。福利国家的建立就是以侵犯资本家对工人剩余劳动的完全占有的权力为前提，在一定程度上突破了资本对剩余劳动的垄断，具有一定的进步性。但是我们也应该看到，这种剩余劳动完全来源于劳动者，福利国家的建立无非是将劳动者创造的财富换一种形式转移给社会共同体成员。同时，这种转移支付因为要扣除掉收集、分配、监督等大量的和生产没有关系的管理费用，会造成不可避免的人力物力的浪费。

第二次世界大战后，在"马歇尔计划"的实施等多方因素的共同作用下，西方国家从战争的废墟中重新崛起，这为建设高水平的福利制度提供了良好的外部环境：高度发达的制造业提供了大量就业岗位，制造业的兴旺也带动了各行各业的发展。在这个时期实施高税收、高福利的政策是比较容易的。1973年布雷顿森林体系崩溃后，西方国家先后进入了不同程度的萧条时期，但苏东剧变为国际垄断资本提供了转嫁危机的机会，如利用苏东国家的混乱局面通过低价收购等手段大量掠夺该地区国家的公共财富、自然资源，同时，苏东国家也成为西方商品的倾销地。而且因为社会主义阵营的轰然倒塌，整个第三世界都失去了美苏对峙局面下的回旋余地，直接暴露在西方强大的经济、军事和文化力量面前。这为国际垄断资本势力的全球扩张提供了机遇。冷战的结束为西方资本真正打开了全球市场，资本主义全球化以更迅猛的势头在世界展开，首要的表现就是对第三世界国家的直接投资急剧上升，产业资本在其中拔得头筹，导致西方国家

---

① Joe Mount, "UK: Working-class families in record levels of debt", November 12, 2016, http://www.wsws.org/en/articles/2016/11/12/debt-n12.html.
② 《马克思恩格斯全集》第2卷，人民出版社1957年版，第615页。

制造业如汽车、纺织等行业萎缩。美国曾经的汽车城底特律从没落直到申请破产就是产业资本进行"空间转移"后导致当地就业、税收都急剧下降的后果。后冷战时期资本的流动可以说没有什么阻碍，但劳动力却不可以自由流动。西方国家的产业工人队伍在"去工业化"之后急剧萎缩，随着第二产业衰落的是第三产业的兴起，除去第三产业中为数不多的服务于资本全球化的金融人才、科技人才、管理人才，第三产业提供的多数就业岗位是服务业的，但服务业的工资低、待遇差。整体而言，西方无产阶级的经济地位下降了，这方面的数据在这里就不再赘述。在工人失业率上升、工资下降的情况下，高收入、高税收的福利来源受到极大限制，这也就是福利国家难以维系的主要原因。虽然无产阶级面临如此困境，但跨国资本却发展得红红火火，因为我们知道，资本流向世界，利润流回西方，西方工人的困境丝毫影响不到大资本的收益。这就是为什么西方社会出现了自第二次世界大战以来贫富差距再次拉大的原因，同时也是西方福利制度难以维系的原因所在。因此，福利制度只能在工业生产还集中在西方国家的条件下才有可能得到发展，在资本主义全球化的新时期，西方国家的产业空心化会使它失去仰仗的力量从而最终走向衰落。那么，是不是让产业资本回流就可能维系福利制度了呢？答案是不现实。因为西方尤其是美国在冷战后建立起来的全球产业链上确立了自己的位置，即西方占据着金融产品的提供、商品的设计、服务标准的确立、关键材料、零部件生产等产业链的中上游，第三世界国家则处在原材料和劳动力的提供、装配、来料加工等产业链的下游。国际垄断资本通过这样的产业链能够实现利润的最大化，它没有动力也没有意愿在国内实现再工业化。因此，西方福利制度的衰落是不可避免的。

谈到资本主义福利制度的发展和没落不能不提到冷战的影响。前民主德国统一社会党主席格雷戈尔·居西认为，西方建立完善的福利制度的很大一个动机是冷战时期的"制度之争"，用福利制度来宣示资本主义的"制度优越性"，是资本主义购买的"一份寿险"。但是一旦冷战结束，这份寿险的期限也就到了。目前包括德国在内的西方国家，正在经历重塑"社会公正"概念的过程。[1]

---

[1] [德] 格雷戈尔·居西：《"左翼党"与联邦德国的左翼政治》，郇庆治译，《北大马克思主义研究》2015年总第四辑。

第六章　资本主义社会日益分裂为两大直接对立的阶级　　/　217

资产阶级自由主义者也一直在寻找证据说福利国家制度的高税收会导致低效率、生活水平降低和企业外迁。① 在德国，20多年来，以基督教民主联盟和自由党为代表的社会势力联合雇主协会对工会的政策主张不断发起攻击，从多方面制造社会舆论，影响和修正联邦政府有关政策，在德国经济发展缓慢的现实背景下，迫使当时以施罗德为首的社民党与绿党联盟政府推行了旨在大幅度削减社会福利的《2010社会福利计划》和一系列更有利于企业和富人的税收政策。② 在澳大利亚，国家"不打算再像从前那样为社会提供不管是失业救济、教育、医疗、住房、公共交通还是养老金。'福利社会'正在解体，人们必须自谋生路"③。

以"从摇篮到坟墓"而闻名世界的瑞典福利制度，因为高税收、高福利而陷入了严重的财政危机，自20世纪80年代开始瑞典福利制度的改革就一直在进行。自苏联解体到20世纪90年代银行危机后，瑞典取消了住房补贴，改革了养老金制度，大幅度削减了医疗预算。瑞典共产党指出，"瑞典福利社会正在被逐渐废除，不久后它将寿终正寝"④。瑞典政府从1992年以来一直稳定地削减财政支出，增加福利政策的限制，对原国有产业进行私有化改革。进入21世纪以来，瑞典已经全面建立起市场化的"激励结构"。政府规模（以财政收支占GDP的比重计）持续收缩，政府债务占GDP的比率已经从1995年的将近80%下降到2010年的35%。⑤

2006年瑞典政府加快了改革的步伐，在减税的同时收紧了失业救济的发放标准和病假工资。瑞典的个人所得税现在比法国、比利时和丹麦都要低，公共支出从1993年创纪录的占国内生产总值的71%下降到2013年的53.3%。美国《华尔街日报》2014年赞扬了瑞典和丹麦的改革，称改革使那些海外对大政府的崇拜者难堪了。如果说瑞典是北欧国家中缩减福利

---

① ［美］史蒂夫·福布斯、伊丽莎白·艾姆斯：《福布斯说资本主义真相》，张锷译，中华工商联合出版社2011年版，第101—104页。
② 李子星：《关于德国工会及劳动关系现状的考察与思考》，《天津市工会管理干部学院学报》2005年第3期。
③ 宋丽丹：《国外共产党论当前资本主义经济危机及世界形势》，《当代世界与社会主义》2012年第3期。
④ 同上。
⑤ 刘允铭：《瑞典的福利国家神话》，财新网，2014年4月4日，http：//opinion.caixin.com/2014 - 04 - 04/100661487.html。

走得最远的国家,那么丹麦就是其中走得最快的。丹麦政府继延长退休年龄、把领取失业救济金的期限从4年降低到2年之后,还要继续降低企业所得税:从25%下降到22%。同样面临经济困境的芬兰也将延长退休时间,削减福利。[1]

2011年美国第112届国会已经减少了下一个10年1.5万亿美元的国内权衡性支出(domestic discretionary spending)。此外,在经济持续改善的同时,对低收入者除医疗保健外的福利项目的支出预计将下调到40年来平均的支出水平以下。[2]

福利削减对工人尤其是低收入工人或失业工人的伤害是巨大的。西方社会出现了因福利削减导致穷人死亡率上升的现象,譬如英国最贫穷人群中的死亡率在福利削减后上升了。[3]

已经有一系列的报告与研究将社会保障制度的削减与慈善食物的增长联系起来。[4] 有研究发现,在英国,福利削减与人们向食物银行寻求帮助的大幅度提升有直接关系。但英国政府则否认福利削减是致使人们求助食物银行现象增加的一个因素。[5]

在美国这个发达资本主义国家,沦为"产业后备军"的失业者的温饱问题主要依靠长期失业救济和政府"补充营养援助计划"(Supplemental Nutrition Assistance Program, SNAP),即"食品券"(food stamps)来解决。但这些福利慢慢受到侵蚀,社会保障作用大为下降。以食品券为例,1996年克林顿政府的福利改革提出要"工作才能有食物"缩减了食品券领取救济的时间,2014年奥巴马政府通过法案使食物券项目每年削减86亿美元的支

---

[1] AFP, "Sweden 'slimmest Nordic welfare state'", Jan 21, 2014, http://www.thelocal.se/20140121/swedens-welfare-state-most-scaled-back-in-nordics.

[2] Elizabeth Lower-Basch, "One Person's 'Welfare' Is Another Person's Ticket to the Middle Class", 11/02/2012, Updated Jan. 23, 2014, http://www.huffingtonpost.com/elizabeth-lowerbasch/one-persons-welfare-is-an_b_2066385.html.

[3] Dennis Moore, "Further evidence of deaths due to UK welfare benefits sanctions," February 5, 2015, http://www.wsws.org/en/articles/2015/02/05/welf-f05.html.

[4] Patrick Butler, "Food banks have become a lifeline for many, but where is the way out?" October 21, 2015, http://www.theguardian.com/society/2015/oct/21/food-banks-a-lifeline-replacing-mainstream-services.

[5] Patrick Butler, "Government dismisses study linking use of food banks to benefit cuts", *The Guardian*, November 19, 2014, http://www.theguardian.com/society/2014/nov/19/cuts-benefit-changes-driving-up-use-food-banks-study.

第六章　资本主义社会日益分裂为两大直接对立的阶级 / 219

出，对领取政府"补充营养援助计划"的18—49岁的失业者作出了限制，如果这些人没有残疾或没有要抚养的幼儿，超过3个月不能找到工作就会失去领取该项福利的资格，受此政策波及的人达100多万。美国劳工统计局（US Bureau of Labor Statistics）的数据显示，2015年美国790万失业者中超过1/4的人已经失业超过6个月，也就是说至少有近200万人在失业3个月后会陷入食物来源断绝只能完全依靠民间施舍的境地。该福利遭削减后，美国面临的饥饿和温饱问题急剧上升。根据"喂饱美国"（Feeding America）食物赈济网络的统计，美国2014年有令人难以置信的4810万人——其中有3280万成年人和1530万儿童——生活在温饱不能解决的家庭。美国食物赈济组织2015年共分放了40亿磅的食物，是10年前数量的2倍。① 可叹的是，美国一边以财政紧张为由削减福利，一边又以"反恐"为名，在世界各地保持强大的军事力量，维持着世界上最高的军费开支。

牛津大学学者的研究指出，每年度福利支出被削减1%，人均使用食物银行的比例就要上升0.16%。②

2015年英国政府计划推出削减120亿英镑福利支出的紧缩措施，并将对每年2200亿英镑的福利预算进行逐步削减。英国政府称福利改革是为了保证福利制度提高个人责任感，是为了支持家庭从依赖走向独立，因为没有社会流动性就没有社会公正。③ 2015年，英国时任首相卡梅伦表示，他希望通过福利削减计划使英国可以从低工资、高税收、高福利社会向高工资、低税率、低福利的社会转变。他警告企业要妥善支付员工合理报酬，而不是依赖福利制度弥补员工的工资。最低工资将从现在的每小时6.5英镑上升到2020年的每小时9英镑。但在削减福利的同时，保守党政府也在为富人大规模减税。④

---

① Kate Randall, "More than 1 million in US face food stamps cutoff," February 2, 2016, http://www.wsws.org/en/articles/2016/02/02/snap-j01.html.

② Jane Merrick, "Planned 12bn Tory welfare cuts will lead to two million a year using food banks, says study", May 3, 2015, http://www.independent.co.uk/news/uk/politics/planned-12bn-tory-welfare-cuts-will-lead-to-two-million-a-year-using-food-banks-says-study-10221475.html.

③ Sophy Ridge, "Tory Government's 12bn Welfare Cuts Agreed", June 21, 2015, http://news.sky.com/story/1505715/tory-governments-12bn-welfare-cuts-agreed.

④ Tom McTague, "Tax credits slashed and benefits frozen for FOUR years: Osborne cuts 12bn from welfare but admits it will take TWICE as long as planned to make the savings", July 8, 2015, http://www.dailymail.co.uk/news/article-3153241/Osborne-eases-benefit-cuts-Chancellor-announces-welfare-cuts-TWICE-long-planned.html.

乐施会2014年的一份报告指出，英国政府的福利削减已经使英国最贫穷的175万户家庭更深地陷入贫困，使更多的家庭更艰难地应付食品及能源账单。该报告强调救济金的总价值下降了，它的上涨不及通货膨胀率，住房补贴、家庭税补贴（council tax support）也同样如此。这些变化意味着约175万户最贫困家庭的收入在过去三年绝对下降了。该报告认为仅2013年就有超过100万英国人寻求了食物银行的帮助。英国最大的食物银行（指救济食品发放中心food bank）特鲁塞尔（Trussell Trust）披露，2013—2014年有超过90万人通过它领取了救济，比前一年上升了163%。[①]

削减福利发展出了另外一种说辞，那就是老年人福利过高妨碍了年轻人的发展。"经济合作与发展组织"（经合组织）2013年的一份报告发现，在发达资本主义国家，近3000万的青年人既没有工作也没有在校接受教育，而这些是在社会生存的基本要求。为了把青年人的愤怒从制造贫困的社会制度引开，资产阶级单拣出生活条件相对好的退休人员来说事，是为了攻击退休金和其他老一代人累积的福利作准备。欧洲中央银行（ECB）的行长马里奥·德拉吉说，"在许多国家，劳动力市场是保障'里面的人士'老年人——他们有稳定的高薪合同和强有力的劳动法保护。……这种情形的后果就是，年轻人在经济危机时期被较低的工资、临时合同和首先被解雇所困扰"[②]。显然，银行家的这番话就是对我们前面提到的资产阶级"分而治之"策略的"灵活运用"。

（三）工会的削弱

工会在西方社会中地位的降低是一个长期的过程。虽然资产阶级国家被迫承认工会的存在，但一直在努力将其纳入资本主义治理结构中去，而一旦工会被嵌入到这一结构中就意味着它从此戴上了脚镣，只能在有限的范围内，即在工联主义的范围内为工人争取资本家所能接受的权益，一旦这种权益想越出资本所能容许的范围，必将成为一种空想。比如瑞典工会

---

① Katie Allen, "Welfare cuts drive UK's poorest families deeper into poverty, says Oxfam", April 22, 2014, modified on 29 January 2016, http://www.theguardian.com/politics/2014/apr/22/welfare-cuts-drive-uk-poorest-poverty-oxfam.

② Nick Barrickman, "Study: Worsening conditions for young people throughout the developed world", March 15, 2016, http://www.wsws.org/en/articles/2016/03/15/mill-m15.html.

第六章 资本主义社会日益分裂为两大直接对立的阶级 / 221

联合会与瑞典社民党共同推动的"雇员投资基金"项目的最终没落。将工会纳入资本主义治理结构的最初尝试在笔者看来,以1919年国际劳工组织的成立为标志,该组织成立的初衷可能也就是希望通过主动组织劳工运动从而了解、掌握劳工动态,劳工组织提出诉求也可以让资本对劳资关系进行及时调整和反应。

工会起初是作为工人的维权组织存在的,随着资本主义国家将工会纳入三方协商机制,并以各种法规规范工会的活动,主要是将其严格限制在"工联主义"组织范围内,严防工会成为将工人"组织起来"的政治机关。1947年冷战开始后,对共产党参与工会运动的或明或暗的限制,最明显的当数美国同年颁布的《塔夫脱—哈特莱法》,它明确规定工会官员要进行反共宣誓,严格限制工会活动。欧美其他国家也有类似成文或不成文的规定,严格禁止马克思主义政党领导或参与工会运动。在美国极端反共的"麦卡锡时代",不仅共产党员遭受严重迫害,被莫须有的通敌罪名牵连的人也不在少数。工会在缺少马克思主义指导的情况下,右翼势力逐渐坐大,虽然也会罢工示威,但主旋律是与资本家协商,实现"劳资合作"的新气象。虽然工会改良主义领导人早就学会在很大程度上配合资方与工人的沟通,如20世纪30年代美国的工会领导人提出了"斯坎隆方案"(Scanlon Plan),主动提出工会将配合企业降低成本,以避免工厂关闭,保住工人就业。但在资本家的眼中,工会的存在始终是个"眼中钉",因为工会的存在降低了利润率。[①] 20世纪50年代中期以来,美国私人部门的工会入会比例急剧下降,原因是公司阻止工人组织起来的各种行为的急剧增加和对付工会活动手段的日益老练。[②] 从20世纪70年代开始,大公司对美国政府的游说起到了作用,打压劳工、反对增加最低工资、阻碍组织工会的法律不断增加,平均工资水平停滞了,出现了不平等日益增长的趋势。[③]

新自由主义的精神领袖哈耶克对工会怀着刻骨的仇恨。他认为工会滥

[①] [美]理查德·B.弗里曼、詹姆斯·L.梅多夫:《工会是做什么的?——美国的经验》,陈耀波译,北京大学出版社2011年版,第170—171页。

[②] 同上书,第15页。

[③] Ricardo Fuentes-Nieva and Nick Galasso, "Working for the Few Political capture and economic inequality", *Oxfam GB for Oxfam International* under ISBN 978-1-78077-539-5, January 20, 2014, https://www.oxfam.org/sites/www.oxfam.org/files/bp-working-for-few-political-capture-economic-inequality-200114-en.pdf.

用权力,自由社会的全部基础受到了工会权力的严重威胁,绝不能让这种状况继续下去。工会要对不平等的工资待遇负责,这一不平等完全是由工会特权造成的。"当前工会主义发展的主要危险是,工会会建立对供给各类劳动力的有效垄断,妨碍了竞争成为一切资源配置的有效调节器",哈耶克提出要保护个人免受任何工会强制,"只要剥夺了明确赋予工会的特权,或者剥夺了被工会僭越的、法院所容忍的特权,就已经足以把它们的合理的自私利益引导到对社会有利的轨道上来"①。随着里根、撒切尔的上台,新自由主义由仇视工会的理论变成了强力打压工会的实践:1981年里根解雇了1.2万名联邦航空管理人员,成功平息1970年以来美国最大的联邦雇员人员罢工;1984—1985年的煤矿矿工大罢工也被撒切尔强硬地镇压下去,以便为"不受管制的资本主义"大开方便之门。撒切尔当政时期还对工会采取了严厉的管制措施,如取消工会豁免权、禁止工会举行声援罢工,劳资斗争不能超出直接起因范围等。而诞生于英国工人运动的英国工党长期以来和英国工会形成了背靠背的伙伴关系,但在1984年煤矿工人大罢工中,英国工党并不支持。

20世纪70年代中期以反对苏联式社会主义而形成了"欧洲共产主义",它反对阶级斗争、暴力革命,赞同议会道路,提倡和平过渡。在"欧洲共产主义"的语境里,列宁式的工会理论自然是不受待见的,西方的工会运动也基本上不是列宁式的工会运动,而是在承认现存秩序的前提下,以和平、改良的方式来争取劳工权益。20世纪80年代末90年代初的苏东剧变,社会主义阵营不复存在,国际共产主义运动步入低潮,西方工会运动更为消沉,工会密度在西方不断下降。法国的工会入会率在20世纪70年代达到20%多的峰值后逐步下降,到20世纪90年代初,仅为8%左右,到现在也没有起色。在全球化和欧洲一体化的冲击下,工会的弱化使得工会与中小企业员工、临时受雇的青年工人分离了,大部分的临时雇佣和外包工人群体在工会中没有代表。2010年、2011年欧盟以应对经济危机为名,通过必须降低劳工价格的决议(尤其是Euro+条约),在欧盟范围内确立了削减工资的政策。② 这些因素进一步削弱了欧洲工会的力量。

---

① [英]哈耶克:《自由宪章》,杨玉生等译,中国社会科学出版社1998年版,第417—424、430页。

② [法]米歇尔·比日耐:《法国工会史研究的焦点与视角》,《史学理论研究》2014年第1期。

第六章 资本主义社会日益分裂为两大直接对立的阶级 / 223

有大量的证据表明，自 2008 年经济危机以来，欧美工会不断以降低员工工资和福利的态度向资本妥协以"维护"劳资双方的利益。2012 年，英国政府宣布青年人的最低工资将被冻结，超过 100 万低收入的青年工人受此影响，政府的决定是基于"低收入委员会"（LPC）的建议，这个委员会成员的 1/3 是工会领导。① 2015 年，德国大型百货连锁商场 karstadt 决定解雇 1400 名工人，这一决定得到了"服务业联合工会"（Verdi）和"企业委员会"（类似于我国的职工代表大会）的全力支持。②

尽管受到资本的猛烈进攻，英国劳工的工会觉悟仍未减退。20 世纪 70 年代以来工会会员大幅度减少的原因不同于 20 世纪 20 年代末和 30 年代初的情况，当时会员们或撕毁会员证，或改而加入公司工会寻求庇护。现在则由于已成立工会的生产单位裁员或关厂致使数以百万计参加工会的工人失去工作。其中绝大多数虽已找到工作，但这些工作就业条件恶劣、没有工会，而且在这些单位组建工会尚需时日。至于在那些已实现减员的制造业工厂，资方并未能如愿敲打出驯服于他们的工人队伍。③

工会面临的政治环境 20 世纪 80 年代以来，持续恶化，使工会的维权能力下降，造成工会密度下降，这又进一步削弱了工会。随着工会运动被广泛地削弱，那些代表"中产阶级"的工会如政府雇员工会也受到了冲击，如 2011 年美国就有州政府企图剥夺公务员工会权利而导致大规模罢工抗议。简而言之，西方工会运动受国际共产主义运动的影响，尽管在第二次世界大战后，工会运动迎来了高潮，但资本处心积虑地培育"黄色工会"并无时无刻不对工会设防。工会运动在 20 世纪 80 年代遭遇了巨大挫折，冷战的结束进一步加剧了工会的困境。对于"中产阶级"而言，工会的维权职能有弱化之虞，曾经保障"中产阶级"兴起的三方协商机制由于新自由主义全球化的推行而难以像从前那样保证工资与生产率一起增长。对于"中产阶级"工人而言当务之急是阻止工资的停滞状态，不过，工会曾经的辉煌难以再现。

---

① Paul Bond, "Union complicity in UK minimum wage freeze", April 4, 2012, http://www.wsws.org/en/articles/2012/04/wage-a04.html.

② Dietmar Henning, "German trade union approves 1,400 layoffs at Karstadt department store", February 27, 2015, http://www.wsws.org/en/articles/2015/02/27/kars-f27.html.

③ ［英］米克·布鲁克斯：《当代英国工人阶级的状况》，郭懋安译，《国外理论动态》2006 年第 7 期。

三　不平等在社会各个领域的加深

剥削者不可能同被剥削者平等。① 无产阶级经济上的"绝对贫困"和"相对贫困"会衍生他们与资产阶级在社会生活方方面面的不平等。恩格斯指出，人们首先必须吃、喝、住、穿，然后才能从事政治、科学、艺术、宗教等。无产阶级整日为了吃、喝、住、穿而劳碌奔波，基本上无暇顾及工作和家庭之外的事务，因此不难理解为什么资本积累会导致在富人和穷人两极间：一极是财富的积累；另一极则是贫困和堕落的积累②，随着经济的不平等而产生资产阶级和无产阶级间的政治、文化、发展、健康和寿命的不平等是资本主义积累的必然产物。

如果说第二次世界大战后，由于经济的长期高速发展和应对冷战的政治需要，西方社会劳动者的生活水平和福利待遇达到了有史以来的最好水平的话，那么进入21世纪以来，随着经济危机的推动和来自社会主义阵营威胁的消除，资本加紧了对劳动的进攻，社会各个领域的不平等在不断加深。

（一）政治的不平等

西方是资产阶级民主制度的发源地，在阶级斗争的推动下，它实现了由有财产、出身、性别和种族等限制的限制性选举向普遍性选举的过渡，从这个意义上讲，资产阶级民主制度具有历史进步性。"民主"从字面上看似乎意味着"所有人的民主"，一人一票的选举制度似乎就是"全民民主"的制度。但资产阶级这种"民主"制度的死对头正是"全民民主"，如果仔细分析资产阶级民主制度的话，不难发现这种"民主"其实是排他性的，是资产阶级的"专供民主"，是盗用了"全民"名义的民主。以美国总统选举为例，虽然合乎选举人资格的人可以一人一票，但记住，老百姓不是直接选举总统，而是选择所在州的代表不同党派（在美国基本上是两党）的"选举人票"，由代表"选举人票"的选举人选举总统。事实上，就是在两个资产阶级政党挑选出来的主角间进行选择，这样的"剧

---

① 参见《列宁选集》第3卷，人民出版社1995年版，第611页。
② 参见《资本论》第1卷，人民出版社2004年版，第743—744页。

第六章　资本主义社会日益分裂为两大直接对立的阶级　／　225

本"已经上演了 200 多年，并能够保证"民主选举"妥妥地按资产阶级的利益走向既定目标。其他西方国家的选举各有特点，但共同的特点是通过需要大量人力、物力的全国性竞选把小党、独立候选人的成功概率降到最低，保证代表大资产阶级利益的大党和候选人能够在选举中胜出。议会选举也基本上是在有钱人或有钱人的代理人之间进行选举，即使万一有代表工人利益的人上台当了首相或总统，议会也能对他进行桎梏，使其难有作为。退一万步讲，倘若有人提出危害资产阶级利益的法案，还有资产阶级宪法这道最后的防线，"违宪"这个罪名就可以逼宫对手。这些现象不过表明，在西方国家，"民主政治"其实是服务于资产阶级的"民主"，虽然它也会为了社会稳定的需要适当地考虑一下被统治阶级的利益和需求，但绝对不会超出维护资产阶级统治的底线。这就是实现了形式上平等的西方政治的实质上的不平等。

　　政治实质上的不平等造成的后果就是"民主制度"下实行的是资产阶级专政而不是无产阶级专政。这种不平等的首要表现就是需要耗费无数人力、物力的"民主选举"，只能成为资产阶级相互角逐的游戏，普通人只能成为投票的看客。以美国为例，美国每届总统选举的花费都在不停上涨，屡创新高。到 2016 年总统大选时总花费达到了将近 68 亿美元。[①] 其次，政治不平等与经济不平等是紧密联系的。在阶级社会谈论民主，不仅要谈到政治民主，更重要的是要谈到经济民主。民主选举似乎把民主送给了人民，但不过是"形式大于内容"的政治民主，最重要的经济民主却被故意忽略了。掌握经济命脉、经济基础的资产阶级及其代理人，才享有真正的政治民主，这种政治民主体现在资产阶级内部、资产阶级不同党派之间的讨价还价，他们协商一致的结果最后上升为要求全体人民遵循的国家意志。因此，没有经济民主，就不会有真正的政治民主。什么是经济民主？阶级社会的经济民主要求消灭生产资料私有制，也就是消灭阶级社会存在的基础，向无阶级的社会过渡。在这个过渡时期任何人不得凭借对生产资料和生活资料的垄断，靠剥削他人不劳而获，遵循的原则是"各尽所能，按劳分配"。这样的社会才有可能消灭阶级、消灭凌驾于他人之上的私人利益，才可能实现真正的民主选举，选举出随时可以罢免的、不享受

---

① 中金网：《2016 年美国大选花费了多少钱？》，2016 年 11 月 9 日，http：//m.10jqka.com.cn/20161109/c594902841/shtml。

任何特权的社会公仆为社会的公共利益服务。

最后,经济上的不民主导致了政治上的不民主,而政治不民主又导致了更多的经济不民主。在西方,许多积累财富的行为是在政府和法院的合作之下进行的,具有合法性。这种合作往往是有偿的。美国历史学家霍华德·津恩指出,大名鼎鼎的托马斯·爱迪生曾许诺给新泽西的政客每人1000美元,以换取当局制定有利于他的法规。而为了让800万美元的伊利铁路"掺水股票"(不代表真实价值的股票)发行合法化,大富翁丹尼尔·德鲁和杰伊·古尔德花了100万美元贿赂纽约市议会。① 据测算,依据美国国会2001年通过的税法所减的税中,高收入的20%的家庭所减的税占全部减税额的78.5%,而低收入的60%家庭所减的税只占7.5%。② 英国学者约翰·韦斯特加德在谈到英国私有化的时候指出,私人寡头在国有企业私有化的过程中成功地把原来的公共垄断转变为私人寡头的独占。工会则被无情地除去了最为一般的协商作用。造成的后果是贫富差距越来越大。③

又比如,美国在第二次世界大战后曾通过税收抑制两极分化,所得税税率的边际率高限在20世纪70年代末曾达70%,但20世纪80年代后体现金融垄断资本利益的新自由主义理论鼓吹低税率,使所得税税率的边际率一度降低到28%。1993年才又略提高到的39%。④ 在保罗·克鲁格曼看来,当代美国政治的两极分化与不平等的增长关系密切,与顶层1%人群所占收入份额越来越大紧密相关。其原因在于,少数人不断增长的收入和财富"收买了一个主要政党的忠诚"⑤。因此,资产阶级政治民主是以形式平等掩盖实质上的不平等,而是一个以形式平等掩盖实质不平等的社会,并且这种不平等在资产阶级和无产阶级之间不断扩大。

美国著名批判理论家丹尼尔·辛格指出,所有人生而平等是一个弥天

---

① [美]霍华德·津恩:《美国人民的历史》,许先春译,上海人民出版社2000年版,第215页。
② 金喜在、孔德威:《劳动就业政策的新自由主义发展趋势》,《当代经济研究》2005年第7期。
③ 约翰·韦斯特加德:《1979年以来英国的阶级:现实、理论和意识形态》,载[英]戴维·李、布赖恩·特纳主编《关于阶级的冲突——晚期工业主义不平等之辩论》,姜辉译,重庆出版社2005年版,第192—193页。
④ [法]托马斯·皮凯蒂:《皮凯蒂新作:税收再分配如何影响不平等》,2016年1月7日。
⑤ 于海青:《美国社会平等吗?》,《红旗文稿》2013年第5期。

大谎。在两极分化日趋严重的今天,"平等"被简化为模糊的"公正"概念,或毫无意义的"机遇平等"概念,或是纯粹形式上的定义,诸如"一人一票"保证政治平等,每个人都有权利睡在大街上就是法律上的平等等。①

不可否认的是,"一人一票"的民主把戏蒙骗了西方的甚至许多第三世界国家的百姓,但现实又在不停地拆穿这种把戏。越来越多的西方选民厌倦了资本主导的选举大戏,选举投票率一直在走低。只为少数人利益设计的西方民主制度其本质是不平等的,它既解决不了政治民主问题,更解决不了经济民主问题,注定会走向衰落,占人口多数的劳动大众的民主——无产阶级民主迟早会取而代之。

(二)教育的不平等

社会主义阵营的瓦解,解除了资本投资公共事业的外在压力,新自由主义的蔓延又推动了资本追求利润的内在动力,于是,西方许多国家的教育市场化愈演愈烈:一方面国家削减教育经费;另一方面又不断提高学费,造成接受教育的成本不断攀升,给年轻人及其家庭造成了沉重的负担。这在西方一些国家如美国、英国和葡萄牙等国造成了大学入学率的下降、学生债务的飙升和辍学率的提高。在美国,学生债务已经突破1万亿美元,成为美国国民第一大债务负担。此外,为了支付学费,一些大学生甚至不惜出卖肉体换取金钱。②有学者认为,"日本是最难上大学的国家"指出现在连曾经低廉的日本公立大学学费都上涨到30年前的14倍。③

在西方国家,缺乏高质量教育既是贫困的原因,又是其结果。在美国,1/4的贫困家庭的家长没有高中毕业。没有辍学的贫困者得到的也通常只是低水准的教育。因此许多穷人的后代根本没有资格从事大部分收入较好的职业。④保罗·克鲁格曼指出,来自社会底层的孩子即便上了好的

---

① [美]丹尼尔·辛格:《谁的新千年——他们的还是我们的》,曹荣湘等译,中国人民大学出版社2002年版,第184、186页。

② 宋丽丹:《关于经济危机下世界青年抗议浪潮的思考》,《马克思主义研究》2014年第3期。

③ 《日本儿童贫困问题越发严重 每六人中就有一人处于贫困》,观察者网2015年3月5日,http://www.guancha.cn/Neighbors/2015_03_05_311137.shtml。

④ [美]文森特·帕里罗等:《当代社会问题(第四版)》,周兵等译,华夏出版社2002年版,第222页。

大学，即便有更高的天资，但由于贫穷会更容易辍学。克鲁格曼同意白宫经济顾问委员会主席阿兰·克鲁格对美国社会代际流动的评价，即这种流动是一个"了不起的盖茨比曲线"，即在高度不平等的国家，代际流动很低，换言之就是社会越不平等，个人的经济地位就越将由其父母的地位决定。他预测到2035年，美国的代际流动甚至会更低，那时个人的出身将在很大程度上决定其未来的经济前景。他认为，美国无阶级社会的神话显然已经被揭穿了——在富裕国家中，美国成为经济及社会地位最可能得到继承的国家。① 美国破产问题专家伊丽莎白·沃伦等人的研究表明，20世纪90年代到2005年，每年申请破产的家庭数量是20世纪80年代早期水平的5倍，原因并不是人们所认为的"中产阶级"的奢侈消费；相反，在奢侈品消费降低的同时，"中产阶级"为购买优质学区房而负债累累，他们想在一个日趋不平等的社会里给子女更好的教育，因为起步不好会毁掉一个孩子终生的机会。②

日本文部科学省的相关调查显示，家庭收入越高，考试中答题的正确率也就越高。日本家庭子女大学入学率为73%，而贫困家庭只有33.4%；贫困家庭子女高中退学率为4.5%，是普通家庭1.5%的3倍。2012年度，日本有7.9万名大学生中途退学，其中两成是因为经济原因。多项研究表明，贫困家庭子女在学习习惯、自我肯定、人际关系构筑上更容易遭遇困难。③ 富裕家庭的孩子从小就可以花高价上私立学校，确保将来可以上顶尖大学，一开始就赢在了起跑线上。英国的中学分免费的公立学校和昂贵的私立学校两种，后者学费高昂，普通家庭的孩子根本上不起，但上私立学校的孩子有更多可能进入顶尖大学的机会。50%的剑桥和牛津大学的学生来自私校，英国80%的社会要职由有私校背景的人获得。社会流动性几乎停滞，通过教育实现"英国梦"对普通人而言遥不可及。④ 有研究表明，接受私立教育的英国人虽然只占人口的7%，但他们却占据了众多行业的高级职位。那些通过个人努力进入高端行业工作的非上层阶级出身的人，也很难取得出身富裕的人能获得的成就。

---

① 于海青：《美国社会平等吗?》，《红旗文稿》2013年第5期。
② [美]保罗·克鲁格曼：《美国怎么了?——一个自由主义者的良知》，刘波译，中信出版社2008年版，第189页。
③ 田泓：《日本儿童贫困现象日益恶化》，《人民日报》2016年7月31日第3版。
④ 白阳：《教育不公导致英国社会阶层固化》，《人民日报》2014年7月10日第21版。

这表示社会确实存在着"阶级天花板"。① 本来穷人的孩子学习水平就不如富人的孩子,并且在学费高昂、紧缩政策取消"学生生活补助金"等因素的多重作用下,2016 年 12 月,英国《独立报》称,目前英国穷人进大学机会连富人一半都不到。②

现在英国的"尼特族"(NEETs,指没有上学、就业或培训的年轻人)现在约有 100 万人。英国玛丽女王高中贝辛斯托克学校的校长说,"年轻人越来越担心他们是否能够负担得起高等教育;他们是否能在离开学校或大学找到一份工作;是否能够负担得起自己住的地方。我从教 30 多年来从来没有见过 16—18 岁的年轻人如此政治化。"③ 年轻人确实意识到,他们的问题不在于他们自己当前的境况而是有更深层的根源,这正在使他们开启对资本主义社会的批判。人们将逐渐认识到资本主义教育的本质不是作为个人发展的手段而是作为一种角逐社会等级的竞争性制度,这种制度存在的风险比过去 50 年的任何时候都要高。

(三) 发展的不平等

就在资产阶级通过财产的世袭制(虽然它采取了种种障人耳目的方法,如将财产转移到各种基金会等)将财富和地位转移给自己的子女同时,无产阶级却只能寄希望于下一代通过教育或努力改变命运。个人奋斗的神话在西方盛行,人们普遍认为,一个人只要足够努力就能过上好日子,只要坚持梦想就能成功。以真人为原型的成功故事在小说、电影电视中被不断渲染和传播。

无产阶级不占有生产资料而只能通过出卖劳动力换取生活资料的"绝对贫困"状态决定了他/她只要不能成功地出卖自己的劳动力就将陷入生活无着的状况,这就决定了工人获取生活资料的过程不可能是稳定的,而是充满了"市场风险"。目前世界就业市场的不稳定性日趋加大,非正式就业、兼职工作成为主流。

---

① 姜红:《教育不公加剧社会阶层结构固化——英国发布〈领军人物 2016〉调查报告》,《中国社会科学报》2016 年 3 月 4 日第 918 期。
② 观察者网:《报告:英国穷人进大学机会连富人一半都不到》,2016 年 12 月 15 日,http://www.guancha.cn/europe/2016_12_15_384539.shtml,2016 年 12 月 29 日。
③ Thomas Scripps, "Increasing mental health problems among Britain's young people", February 2, 2013, http://www.wsws.org/en/articles/2013/02/02/ment-f02.html.

就业的不稳定性是无产阶级面临的首要的问题。

2015年5月国际劳工组织公布的一份报告显示,世界就业劳动者中只有1/4有长期稳定的工作。2008年经济危机后新增的工作岗位中不成比例的多数是临时性的、兼职的或低收入的岗位。这份报告指出,全世界有超过60%的就业劳动者没有任何劳动合同,他们中的大部分人都在发展中国家的家庭农场和企业工作。这份报告还发现兼职工作有全球性的增长。2009—2013年,绝大多数国家兼职工作的增长都超过了全职工作。在此期间,在日本、法国、意大利、西班牙及其他欧盟国家,在兼职工作增加的同时全职工作在流失,导致总的失业人数在增加。自2009年以来,欧盟的全职工作岗位下降了近330万个,而兼职工作岗位增加了210万个。同时,确保工人稳定就业的法律保护政策被大幅度取消,国际劳工组织指出,"劳动保护自2008年以来广泛地下降了。从传统雇佣关系向不规范的雇佣形式的转变在很多情况下与许多国家的不平等和贫困率的上升有直接关系。"[1] 随着工会弱化,经济疲软,非正式就业在西方扩张,普通工人就业无保障,地位低。"'实习一代'和'不稳定一代'这样的名词已经进入欧洲国家的日常语言。"[2] 目前"欧盟成员国失业人数,不包括数以百万计的非全职工和临时工,已经超过了2300万"[3]。有学者在德国考察发现,德国的210万个企业里用工人数超千人的只有约8%,2/3是4个员工以下的小微企业。这些小微企业虽然吸收了大量就业人口,但一般为了降低成本都只是采取临时雇佣方式。[4]

与失业的广泛分布同时存在的,是不断增长的长期失业率和"失业—就业—失业"循环。在德国,早在1974—1983年,就约有1250万人,即每3个工作的德国人至少失业了一次。[5] 2008年经济危机以来,临时工、兼职工更是增多,不稳定的就业关系在德国渐成主流。这种现象在西方并

---

[1] Andre Damon, "Only one in four workers worldwide has a stable job", May 20, 2015, http://www.wsws.org/en/articles/2015/05/20/ilor-m20.html.

[2] 宋丽丹:《国外共产党论当前资本主义经济危机及世界形势》,《当代世界与社会主义》2012年第3期。

[3] 宋丽丹:《第十二次国际共产党工人党会议综述》,《马克思主义研究》2011年第3期。

[4] 李子星:《关于德国工会及劳动关系现状的考察与思考》,《天津市工会管理干部学院学报》2005年第3期。

[5] [德]乌尔里希·贝克:《风险社会》,何博闻译,译林出版社2004年版,第107—108页。

不是孤立的，而是已呈蔓延之势。

在2009年出版的《创造一个机会社会》一书中，作者写到，大多数美国人相信美国机会遍地，成功与个人的智力和技能直接相关，但哪有那么简单的事情。父母属于5%的最高收入者的，其子女成年后与父母同属一个层次的比例占到了39%；同样地，父母属于5%的最低收入者的，其子女成年后留在父母所在层次的比例占到了42%，只有6%跨入了5%的最高收入人群；从贫寒走向富裕的故事在绝大多数情况下只是个传说而已。[①]

阶级不平等在青年的发展问题上体现得尤为明显。

青年[②]占世界全部劳动力人口的25%，全球差不多每7个青年中就有1个在寻求就业。国际劳工组织2015年的数据表明，青年失业率为13.1%，为成年人失业率的3倍。2006—2011年，16—64岁的人群的被雇佣率从72%下降到了67%，这是自1983年66%的比例以来的最低水平。这种下降大约始于10年前并结束了一个50年的周期，在那个周期里，人们工作的比例不断上升并在2000年达到了最高峰，在美国16—64岁的人群中，74%的人被雇佣。这一趋势主要是由妇女进入劳动力市场造成的。[③]

英国《卫报》2016年的系列调查显示，作为2008年金融崩溃的余波，1980—1994年出生的年轻人的收入已经达到前所未有的低水平。该研究从世界15个最发达经济体中选取了8个国家的收入数据，包括美国、加拿大、英国、澳大利亚、法国、意大利、西班牙和德国，发现30年前年轻成年人的收入超过国民平均水平，现在在许多国家却要低20%。英国报纸说："这很可能是工业化历史上的第一次，除了战争或自然灾害的时期，年轻人的收入比社会其他人的收入下降得更多。"[④]

约翰·斯科特指出，通过对包括美国、英国、法国、德国和日本等国的数据分析，发现"资本主义阶级"（包括企业资本家、食息资本家、金

[①] Gillian Tett, "Which middle class, which squeeze?" *FT Magazine*, February 7, 2014, http://www.ft.com/cms/s/2/c34696d6-8ec4-11e3-b6f1-00144feab7de.html.

[②] 联合国的定义是15—24岁的年轻人。

[③] Wendy Wang, "Public Says a Secure Job Is the Ticket to the Middle Class", August 31, 2012, http://www.pewsocialtrends.org/2012/08/31/public-says-a-secure-job-is-the-ticket-to-the-middle-class/.

[④] Caelainn Barr and Shiv Malik, "Revealed: the 30-year economic betrayal dragging down Generation Y's income," March 7, 2016, http://www.theguardian.com/world/2016/mar/07/revealed-30-year-economic-betrayal-dragging-down-generation-y-income.

融资本家和管理资本家等)通过教育机制进行阶级地位的流传,多数企业家拥有家族生意的背景,并且受过良好的教育。[①] 安东尼·吉登斯指出,"不平等问题还可以从社会流动性上表现出来,从精英群体的构成角度来看,几乎根本就不存在什么社会流动。……不论在阶级体系的底层可能存在多大的流动性,从社会底层进入最高社会层级的机会的确微乎其微。"[②]

在西方,普通家庭出身的年轻人已经步入了一个无论是工作条件还是实际收入都不如上一代人的时代,一个资本主义步入衰落的时代。越来越多年轻人面对巨大的生活压力无法组成自己的家庭,更不用说繁衍下一代,西方国家的出生率越来越低,有些国家出生率甚至为负数。这从另一个方面表明,越来越多劳动者的实际工资降到了劳动力价值以下,他们的生存发展遭遇了资本主义制度设置的桎梏,劳动者自身的生产与再生产都无法正常延续下去。

(四) 健康和寿命的不平等

无产阶级由于面临着激烈的生存竞争和过大的生活压力,从生理到心理所承担的压力普遍高于资产阶级。这种压力对健康的损害可以从无产阶级与资产阶级在平均寿命和健康程度的对比中看出。

对于工人而言,对失业的恐惧是健康的大敌。早在1992年,美国就有一项调查显示,将近50%的美国在业工人为担心失业而忧心忡忡,处于一种过度紧张的精神状态之中,并因此而使健康受损。[③] 为降低失业风险,工人们会不自觉地提高劳动强度,造成过度疲劳,而在一些国家的"企业文化"里,鼓励加班加点,这成为导致"过劳死"的主要原因。工人尤其是女工通常在结束一天的工作后,对于家务和育儿还得亲力亲为,这也使过度疲劳成为"健康杀手"。

2015年,诺贝尔经济学奖得主、美国普林斯顿大学安格斯·迪顿教授与安·凯斯教授发表历经14年跟踪调查所得的研究结果,它指出,美国社会正在发展成为一个分裂的、阶级分化的社会。这种阶级分化不仅可以

---

① [英]约翰·斯科特:《公司经营与资本家阶级》,张锋译,重庆出版社2002年版,第294—299页。
② [英]安东尼·吉登斯:《社会学:批判的导论》,郭忠华译,上海译文出版社2013年版,第37—38页。
③ 张海涛:《三说美国》,当代中国出版社1998年版,第9页。

第六章　资本主义社会日益分裂为两大直接对立的阶级 / 233

根据贫富差距来衡量，也可以根据早逝者的数量来衡量。在凯斯和迪顿所研究的时间段里，男性高中毕业生的工资下降了大约19%，一位全职男性就业者的中等收入还不如40年前。为了维持生计，很多美国人不得不以高利息向银行贷款。收入减少的话，白人也会早逝。据2014年公布的一项研究，黑人女性的预期寿命比白人女性少大约4年，而黑人男性的预期寿命比白人男性少5年以上。有的白人将这种现象归咎于黑人的"生活方式"问题，当然在贫穷的美国人当中（其中很大部分是黑人），生活习惯不健康的现象比较集中，但是这些习惯本身是经济条件所造成的，根本不能算是种族的原因，根本的原因是黑人家庭的中等收入还不到白人家庭的60%。美国白人工人阶级的死亡人数正以惊人的速度增长，今日的死亡率比1999年升高了22%。迪顿在接受美国《纽约时报》记者采访时说，由自杀、酗酒、吸毒等行为导致的美国白人工人死亡率急剧升高，对于美国白人工人而言，2008年金融危机以来美国经济一蹶不振标志着"美国梦"的飘逝。[①]

著名经济学家约瑟夫·E.斯蒂格利茨在《美国正成为一个分裂的社会》的文章中介绍了迪顿和凯斯的研究成果后得出结论，"有关美国白人健康状况恶化的新数据证实了这一结论。这个闻名的中产阶级社会正要发展成为首个前中产阶级社会"[②]。

此外，经济危机以来，西方医疗保健遭受了特别严厉的预算削减，加剧了长期存在的健康不平等。乌尔里希·贝克认为，在西方国家，为了"每天的面包"的斗争与在20世纪前半叶以及被饥饿折磨的第三世界人们相比，已经失去了它作为一个超越其他一切问题之上的首要问题的紧迫性。对很多人来说，"超重"的问题代替了饥饿的问题。[③] 但这并不意味着吃饱肚子的无产阶级就不是无产阶级了，无产阶级"相对贫困"与"绝对贫困"的状况仍没有丝毫改变。我们必须了解，"超重"在当今西方社会往往是贫困的一种外在表现。富人重视"健康管理"，他们有专门的营养师、健身教练，吃昂贵的有机食品，定期体检，身体状态良好。普通人特

[①] 王恩铭：《美国白人工人阶级到底怎么啦？》，《中国社会科学报》2016年3月21日第929期。

[②] 《外媒：美国正成为一个分裂的社会》，参考消息网，2015年12月14日，http://column.cankaoxiaoxi.com/2015/1214/1026018.shtml。

[③] ［德］乌尔里希·贝克：《风险社会》，何博闻译，译林出版社2004年版，第17页。

别是穷人既没有财力也没有时间过上同样品质的生活,如果说"中产阶级"文化还提醒人们注意身材的话,那么那些穷人除了赶紧填饱肚子,就无暇顾及资本主义工业化"快餐"生产出来的"垃圾食品"(Junk Food)造成的热量过剩问题了。因此,在西方国家,许多大胖子一般都属于收入较低阶层。此外,正如在一极是财富的积累,同时在另一极是贫困的积累那样,由于资产阶级能够挑选到最美貌最健康的伴侣并有优良的生活环境,在外貌气质上,富的一极是体健貌端的优良基因积累,穷的一极则是肥胖、超重和粗鄙的积累。总之,无论是从生活方式还是从生活质量来看,资产阶级由于占有生产资料进而占有远超无产阶级的享受资料和发展资料,他们的生存质量远高于无产阶级,从而使两个阶级间的健康和寿命的不平等成为无法改变的现实。

贫穷让人生病,甚至导致提前死亡。这是从最新的德国人均寿命统计得出的结论,这再一次证实了社会经济地位对人口健康的重要影响。低收入和基础设施薄弱地区的预期寿命远低于平均水平。预期寿命的地图与社会不平等的分布高度契合。德国罗伯特·科赫研究所(Robert Koch Institute)的研究显示,贫穷的男人比富裕的男人要早死约11年(10.8年)。女性的差异较小,但仍有8.4年的差距。与社会地位相关的不平等的健康状况,始于童年和青春期,并贯穿整个人生。这些状况在与健康相关的行为和危害健康的因素中尤其直观,如超重和被动吸烟以及心理问题。报告指出:"例如,儿童和青少年在低社会经济地位的家庭中出现心理问题的比例比社会经济地位高的家庭高出许多。"来自贫困家庭的3—17岁的孩子中,超过29%的女孩和37%的男孩出现心理健康问题。相比之下,富裕家庭孩子的比例是女孩8%,男孩11%。在低收入人群中,诊断为注意力缺陷多动障碍(多动症)的儿童和青少年的比例是最大的。就业状况较差的工人往往比那些就业较好的工人更容易生病:"失业者和那些与劳动力市场有着不稳定联系的人,如非正规就业者生病的概率几乎是全职就业者的两倍。"收入和"健康生存"之间的联系比收入和预期寿命之间的联系更为清晰。最低和最高收入群体之间的寿命差异是女性相差14.3年,男性相差13.3年。①

---

① Dietmar Henning, "German report confirms poor die younger," April 4, 2016, http://www.wsws.org/en/articles/2016/04/04/germ-a04.html.

对于无产阶级中经济状况最糟糕的人而言，情况会更差。美国社会学家指出，营养不良、恶劣的住房和卫生条件、缺乏医疗保健等因素使穷人的难产死亡率、婴儿死亡率都比普通人要高，平均寿命也比一般人短7年。①

来自爱尔兰癌症协会的数据显示，生活在贫困中发生癌症的比率是较富裕阶层的两倍。② 美国国家卫生研究所的研究发现，在广大的人群中，失业与死亡率的大幅上升有关。瑞典研究者也发现，尽管瑞典有完善的社会保障体系，但失业者的死亡率都比常人要高。③

列宁早就说过，剥削者和被剥削者之间不可能有平等，因为剥削者世世代代又受教育，又有富裕的生活条件，又有各种技能，而被剥削者甚至在最先进最民主的资产阶级共和国里也是闭塞、无知、愚昧、胆怯和分散的。④

丹尼尔·辛格也指出，"只有不平等的各个方面在西方已不再能够掩饰下去的时候，它才会被重新当作一个问题。社会不平等的这种复苏，打破了那个美妙的神话，即我们今日都走在资本主义的大道上，资本主义正在把所有的人融入中产阶级，这样下去，我们就会人人平等"⑤。平等的理念能一时愚弄人们，但社会不平等的现实却在不断地提醒人们，西方社会是人人平等的社会不过是骗人的鬼话。

四　西方资本主义社会结构不是橄榄型而是金字塔型

关于西方资本主义社会是一个两头小、中间大的"橄榄型"社会的说法在20世纪下半叶以来一直长盛不衰。除了"橄榄型"还有"纺锤型"

---

① ［美］文森特·帕里罗等：《当代社会问题》（第四版），周兵等译，华夏出版社2002年版，第220页。
② Jordan Shilton, "Deadly human cost of Ireland's austerity measures", February 1, 2013, http://www.wsws.org/en/articles/2013/02/01/irel-f01.html.
③ ［美］弗雷德·马格多夫、约翰·贝拉米·福斯特：《美国工人阶级的困境》，王建礼、郭会杰译，《当代世界与社会主义》2015年第3期。
④ 《列宁选集》第3卷，人民出版社1995年版，第611页。
⑤ ［美］丹尼尔·辛格：《谁的新千年——他们的还是我们的》，曹荣湘等译，中国人民大学出版社2002年版，第184、186页。

和"钻石型"等形容词，用来形容西方社会是一个相对平等、欣欣向荣的社会，是人类社会发展的理想形式，是历史的终结之处。

要破除这一神话，只需指出，在西方各国的收入分配已经很悬殊的情况下，财产分配不均要比收入分配不均严重得多。首先，从国民资产分配来看，以德国为例，1973年时30%的净资产不到1万马克的家庭仅占有3%的国民总资产，85%的国民总资产集中在约24%的资产超过10万马克的家庭手里。其次，从生产性财产的分配来看，还是以德国为例，最下层的30%的家庭占有的生产性财产仅为1%，而最上层的5%家庭则支配着40%。总资产的基尼系数为0.709，生产性财产的为0.835，均远高于收入分配的基尼系数。①

密里本德指出，尽管关于西方社会的宣传都众口一词地说那里是平等的，但不可争辩的是，那里仍然是很少的一部分人占有着大部分的财产，他们的收入的全部或部分都是从这种占有中得来的。比如，1950年的英国，10%的人拥有全部个人财产83%，他们税前个人收入的99%来自财产。但是，西方社会中不仅存在一个人数不多的富有阶级，还存在一个数量极大的民众阶级，他们拥有的财产很少，或者一无所有，如1959—1960年英国87.9%的纳税人拥有全部财富的3.7%，他们人均拥有财产为107英镑。他们的收入绝大部分来自出卖劳力，这意味着物资严重贫乏、真正贫穷或穷困。正如通常所说的（一些他们自己并未为之困扰的人讲得一点也不少），贫穷是一个难以捉摸的概念。而随着"富足的社会"被虚构出来，要否定发达资本主义社会中存在大量的有时甚至是极端的贫穷和剥夺，现在比若干年以前更难界定了。"从20世纪60年代初以来，在像英国、美国和法国这样一些国家中，有着足够的证据表明，毫无疑问，这里不只是存在着无足轻重的或残余的现象，而是存在着影响它的人口中相当部分的特有情况。"②

约翰·韦斯特加德指出，英国的"上层阶级"加上他们的家属，其人数仍然不到全部人口的1%。即便加上众多的食利者、政府中的高级官员（中央的而不是地方的，他们在一定程度上进入了公共服务和私人企业的

---

① ［德］阿明·波奈特：《德意志联邦共和国的国家分配政策和社会政策——理论基础与实际应用》，张仲福、洪中译，经济管理出版社1994年版，第87—88页。
② ［英］拉尔夫·密里本德：《资本主义社会的国家》，《第二章 经济精英和统治阶级》，http：//marxists.anu.edu.au/chinese/miliband/1969book/SateinCapitalist04.htm#_ftn15。

第六章 资本主义社会日益分裂为两大直接对立的阶级 / 237

世界)、成功的高级职业专家(以及演艺明星……),他们的数量也是很少的。这些人数量是如此之少,以至于在大多数样本调查或一般的统计数字中,他们不能被单独区分出来。但阶级结构同以前相比呈现出尖锐的分化,不是像下层阶级理论所说的那样,仅仅限于"较低"层级的人群。[1]

日本学者大前研一指出,日本的"中产阶级社会"崩溃了,中低收入阶层占了日本总人口的八成,日本变成了"M型社会",中低收入层及高收入层变成了两个人数众多的社会阶层。[2]

2016年发布的数据显示,德国最富裕的10%者拥有超过一半的约51%的国民财富,而最穷的一半人口仅占1%,而1998年,底层一半的人口还占有2.9%。[3] 在2008年"衰退"之后,世界各国的国库因救助金融体系而被"洗劫"一空,而中央银行则印钞来支撑主要由富人持有的金融资产价值。同时,即使在企业用大规模失业压低员工工资的情况下,政府还削减社会服务来为救市措施埋单,其结果就是社会不平等的空前上升。瑞信银行2014年的报告指出,目前的财富收入比为6.5,远高于战后平均小于5的水平,是第二次世界大战后的历史最高水平。[4] 1979—2006年,所得税最高税率被减半,资本增值税率削减近一半,公司所得税率降低了1/4多。[5]

皮凯蒂指出,由于两次世界大战消灭了资本存量,资本/收入比在1914—1945年下跌了近2/3,因此给人们带来了资本主义出现结构性改变的假象。比如1955年提出的著名的"库兹涅茨曲线"理论,该理论认为,在工业化和经济发展的进程中,收入不平等必然会出现先扩大后缩小的过程。因为随着"发展",越来越多的公众能分享到经济增长的丰硕成果,那将使收入不平等自动减缓。但这终归是假象,经过恢复,1945—2012年

---

[1] 约翰·韦斯特加德:《1979年以来英国的阶级:现实、理论和意识形态》,载[英]戴维·李、布赖恩·特纳主编《关于阶级的冲突——晚期工业主义不平等之辩论》,姜辉译,重庆出版社2005年版,第192—193页。

[2] [日]大前研一:《M型社会》,刘锦秀、江裕真译,中信出版社2010年版,前言。

[3] Denis Krasnin, "Germany: Poorest half of population owns just 1 percent of wealth," February 3, 2016, http://www.wsws.org/en/articles/2016/02/03/germ-f03.html.

[4] Andre Damon, "Richest one percent controls nearly half of global wealth," October 17, 2014, http://www.wsws.org/en/articles/2014/10/17/ineq-o17.html.

[5] [美]保罗·克鲁格曼:《美国怎么了?——一个自由主义者的良知》,刘波译,中信出版社2008年版,第196页。

资本/收入比又翻了一番多。库兹涅茨本人知道他的这一乐观理论仅仅是为了推动第三世界国家"并入（资本主义）自由发展的轨道"。皮凯蒂明确指出，"库兹涅茨曲线"很大程度上是冷战的产物。① "库兹涅茨曲线"只是截取了资本主义历史发展的一小段曲线就断言私有制的发展会自动调整不平等，只要稍稍拉长一点历史时段观察，就会发现它根本就不能成立。这种"曲线"理论是人类思维史上孤立地、静止地和片面地看问题的典型案例。

我们以美国为例看看现实中贫富差距的"金字塔"。

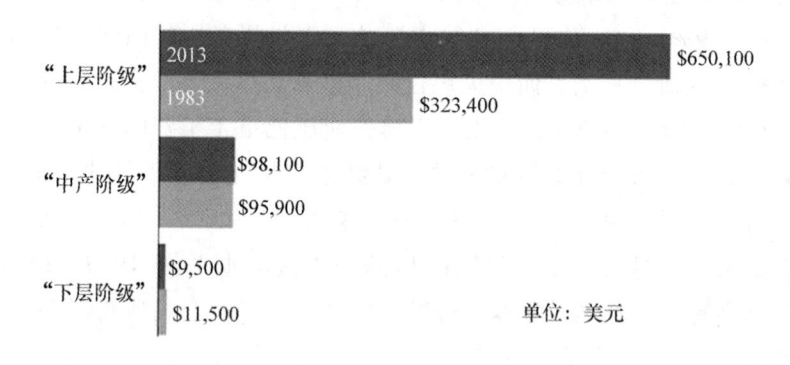

"上层阶级" 2013 $650,100
1983 $323,400

"中产阶级" $98,100
$95,900

"下层阶级" $9,500
$11,500

单位：美元

图 6-2 美国 1983—2013 年间扩大的贫富差距（资产）

资料来源：《收入停滞开支上涨 全美中产阶级萎缩比例首次低于一半》，美国中文网，2015 年 12 月 9 日，http://www.sinovision.net/finance/201512/00361079.htm。

从图 6-2 来看，自 1983—2013 年的 20 年以来，美国的所谓"上层阶级"的资产增长远远超过所谓的"中产阶级"与"下层阶级"，这种资产结构是倒金字塔形的。但从人数上来看，"上层阶级"的人数远少于"中产阶级"与"下层阶级"，这构成了一个人数的金字塔。两个金字塔告诉我们的事实就是，在美国这样一个"典型"的"中产阶级"社会，人数极少的"上层阶级"占有绝大多数的社会财富，而人数最多的"中产阶级"与"下层阶级"占有财富却远不如前者。因此，所谓完美的"钻石型"或"橄榄型"的"中产阶级"社会在美国和其他西方国家完全就是一个画饼

---

① ［法］托马斯·皮凯蒂：《二十一世纪资本论》，巴曙松等译，中信出版社 2014 年版，第 118 页、导言第 14—15 页。

第六章　资本主义社会日益分裂为两大直接对立的阶级　／　239

充饥的概念，它就像是皇帝的新衣，只不过说出真相的声音却被媒体和国家宣传机器给完全淹没了。

资本主义全球化不过使全球财富的不均衡分布以更悬殊的形式呈现在世人面前（见图6-3），在这个财富金字塔里，世界贫富差距之大足以震惊世人：世界71%的成年人口拥有的财富不过占全球财富的3%，而最富有的0.6%的成年人口却占有45.2%的财富！① 瑞士瑞信银行《2015年全球财富报告》的数据换一种方式指出，全球一半人口的财富加起来还不到全球财富的1%，而最富裕的10%的成年人拥有88%的全球财富，其中顶尖的1%的人则拥有世界一半资产。这种不平等的趋势这些年来都在增长，推动它的部分原因是金融资产份额的增长。②

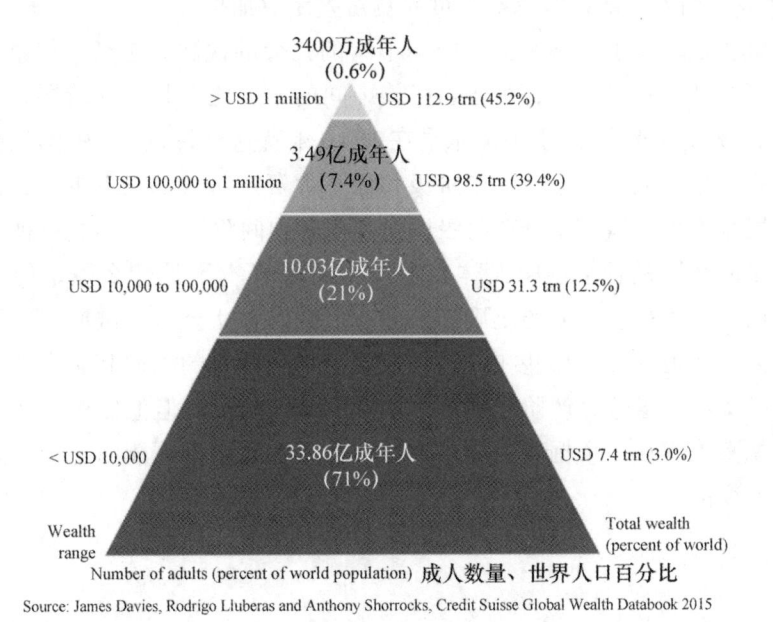

图6-3　金球财富金字塔

资料来源：Credit Suisse, Global Wealth Report 2015, p. 24, https://publications.credit-suisse.com/tasks/render/file/? fileID = F2425415 - DCA7 - 80B8 - EAD989AF9341D47E.

---

① Credit Suisse, "Global Wealth Report, 2015", p. 24, https://publications.credit-suisse.com/tasks/render/file/? fileID = F2425415 - DCA7 - 80B8 - EAD989AF9341D47E.

② Credit Suisse, *Global Wealth Report*, 2015.

从图 6-3 我们可以看出，这完全是一幅资本统治人类的图例，这个将人民置于塔底的金字塔解释了世界范围内的贫富差距现象。这个金字塔的顶端的人是如此之少，但其占有的财富又是如此之巨量，因此，这个金字塔看上去非常稳固，但其实是一个顶端太沉重、底座太轻的头重脚轻的家伙，它的统治者是否和古代金字塔的主人那样注定要被历史所淘汰？用西方社会的贫富差距数据人们也能作出一个相差无几的金字塔来。西方社会也根本不是什么"钻石型""纺锤型"或"橄榄型"，而是彻头彻尾的"金字塔型"。

2017 年 1 月 16 日，慈善组织乐施会发布的报告指出，比尔·盖茨、巴菲特等全球前 8 大富豪拥有的资产总和，相当于占世界人口一半的、约 36 亿最贫困人口的财富总额，世界贫富差距更加扩大。①

事实上，关于"两头大、中间小"的社会的说法，在经典作家那里早就有了。斯大林曾指出，被压迫民族中间的十分之九是中间阶层，也就是农民和城市小劳动者。②毛泽东早在 1941 年就这样说过，"中国社会是一个两头小中间大的社会，无产阶级和地主大资产阶级都只占少数，最广大的人民是农民、城市小资产阶级以及其他的中间阶层"③。但是这种"两头大、中间小"的社会在斯大林和毛泽东看来根本不是什么稳定的社会结构，而是产生社会革命的土壤。如今，声称西方社会是"橄榄型"社会结构的人，难道不知道那些在他们看来处于中间位置的人们其实大部分都是无产阶级吗？这些无产阶级也许暂时是"稳定的"，但他们毕竟是资本主义的掘墓人，在一个掘墓人居多数的社会里，我们不可能断定它的未来是稳定不变的。

---

① 《全球最富 8 人富可敌"半球"贫富差距正在扩大》，《广州日报》，转引自新华网 2017 年 1 月 17 日，http://news.xinhuanet.com/world/2017-01/17/c_129449833.htm。
② 《斯大林选集》上卷，人民出版社 1979 年版，第 139 页。
③ 《毛泽东选集》第 3 卷，人民出版社 1991 年版，第 808 页。

第七章 资本主义的历史归宿没有改变

马克思是科学系统地批判资本主义的第一人,但他并没有否定资本主义时代相对于前资本主义时代的进步性,而是在肯定资本主义历史进步性的基础上作出了资本主义必然灭亡、共产主义必然胜利的判断。这种判断不是出于道德的义愤,也不是出于不切实际的幻想,而是通过对商品生产的循环过程、资本积累的客观规律、资本对利润无限追逐本性的观察,看到了资本对人和社会的生存和发展造成了威胁,看到了资本的扩张不仅将人与人、人与社会对立起来,也将人与自然、人类的现在与未来对立起来,要解决这种不断循环加剧的人与人、人与社会、人与自然和未来的危机,只有通过消灭生产资料私人占有制的最后一种形式——资本主义制度才能将人及人生活于其中的社会与自然从资本狭隘的逐利本性中解放出来。

一 资本的贪婪击破了人类生存的底线

资本主义再生产周期性地历经危机、萧条、复苏、高涨等阶段,或许有人会据此认为,资本主义有危机不可怕,因为经济会在克服危机的基础上得到更大的发展,这是对资本主义有益的"新陈代谢"。诚然,资本主义确实是在周期性的危机中"发展壮大"了:在残酷的竞争中失败的中小资本甚至一部分大资本会被胜利者吞并或蚕食,更大规模的资本积聚起来,社会财富日益集中在少数人手中。这样,虽然生产能在危机后以更大规模的形式发展起来,但这种社会化大生产与生产成果的资本主义私人占有形式之间的矛盾会进一步激化,为下一次更大规模危机的爆发准备社会条件,使更多的生产资料和消费资料在危机中被浪费掉。这样,日益"发展"的资本主义生产力使下一次危机的破坏性更强、更大,对人类社会和自然界造成的危害也就越大。

因此，把危机看成是对资本主义有益的"新陈代谢"，不过是把资本对利润的追逐看成是至高无上的东西，把其余的事物，包括人的自由发展、自然生态的平衡、清洁的水源、空气和土壤都看成是可以为了这个目标而牺牲的必要成本。在这种"发展观"看来，似乎只要经济在增长就可以解决一切问题，换句话说金钱可以解决一切问题。但不要忘记，金钱本身就是资本追逐的目标，资本绝不会为了解决贫困、污染和人的异化等问题而停止逐利；相反，资本本身就是在制造贫困、制造污染和制造异化的过程中得到发展壮大的。况且不同的资本有不同的私利，资本主义发展所造成的困境并不是只有经济危机那么简单，资本对私利追逐造成的问题需要全人类共同面对，但资本作为彼此对立的对象却不愿也无能去解决如此重大的问题，只有在消灭私有制之后，自由人的联合体才有可能克服私有制下的种种局限，才能实现每个人的自由发展是一切人的自由发展的前提，才能携起手来共同解社会发展中出现的一切问题。

（一）无法解决物质丰裕与人的普遍贫困的矛盾

资本，如果不靠吮吸雇佣工人的剩余劳动就不能生存，扩大了的资本，如果不能够找到新的投资场所就会陷入停滞，换个角度来看，就是将要以更大的生产规模制造更多的生产过剩，导致危机永远只是现有矛盾的暂时的暴力的解决，永远只是使已经破坏的平衡得到瞬间恢复的暴力的爆发。[1] 而一旦它能突破危机营造新的繁荣不过意味着它能在更高的起点上制造新的、更大的危机。因此，资本不能不相互竞争，并在竞争中把越来越多的工人抛向失业，把越来越多的国家和地区拉扯进资本逐利的竞技场，最后把世界都拉进危机的循环之中。正如马克思所说，资本主义制造的矛盾跟机器的应用无关，只与机器的资本主义应用有关。因为"机器就其本身来说缩短劳动时间，而它的资本主义应用延长工作日；因为机器本身减轻劳动，而它的资本主义应用提高劳动强度；因为机器本身是人对自然力的胜利，而它的资本主义应用使人受自然力奴役；因为机器本身增加生产者的财富，而它的资本主义应用使生产者变成需要救济的贫民"[2]。

当代国际垄断资本和列宁时代的相比，具备了新的特点：首先，最有

---

[1] 参见《马克思恩格斯全集》第5卷，人民出版社2004年版，第277页。
[2] 《资本论》第1卷，人民出版社2004年版，第508页。

实力的国际金融垄断资本以货币输出的方式向全世界收取铸币税，以金融资本的输出向全球转嫁经济危机。美联储时任主席伯南克曾说："美国政府有一种技术，叫作印刷出版，不需要任何成本就可以增加所需要美元。"① 目前，美国利用 1/3 的经济资源调动和占用全球超过 2/3 的金融资源。② 这使资本主义的腐朽性、寄生性发展到了极限：旧时代的帝国主义尚且需要坚船利炮才能打开别国的市场，需要商品资本和高利贷资本的输出才能获取利润，而现在，只需要开动印钞机就能轻松地从全世界收割财富的果实，只需要发行股票和债券就能把别国财富转移到自己的钱包（自然，这种金融力量也是得到强大军事力量的保障和背书的）。其次，这种通过金融霸权形成的金融联系使世界联成一个紧密的链条，不论这链条上的哪一环出现了问题，只要金融经济危机一旦发生，就不仅将使资本的母国陷入萧条和衰退，也会把全世界拖入崩溃的深渊，在更深更广的层面上侵蚀资本主义的根基。譬如，2008 年发生的世界经济危机仅在美国造成的损失就高达 14 万亿美元，这个损失几乎相当于美国一年的 GDP，但这还不包括那些救助金融机构的资金。③ 紧接着发生的欧洲主权债务危机更使世界进入全球性萧条，进入了被人们称为"大衰退"的、自 1929 年"大萧条"以来最为严重的一次危机，到目前（2017 年）为止，世界也并没有从这一危机中走出，并且形势日趋紧张，世界"正处于大动荡、大调整、大变革的前夜"④。

现代的生产力创造出来的物质财富足够地球上所有人能够过上有尊严的生活，但是现在周期性爆发的经济危机不仅使发达资本主义国家普通民众的日子难过，那些落后国家和地区人民的生活更是陷入窘境，这就表明，财富的生产与消费被私有制人为地隔绝了，资本主义解决不了物质丰裕与人的普遍贫困的矛盾。按世界银行每天生活费不足 1.25 美元的标准计算全球超过 10 亿人属于"极端贫困"。但国际现行的单一金钱衡量贫困

---

① 中国社科院世界社会主义研究中心"国际金融危机"课题组：《提示美元贬值的深层原因》，《世界社会主义研究动态》2010 年第 69 期。
② 徐以升：《金融危机：一场全球化式清算》，《第一财经日报》2008 年 11 月 14 日，转引自程恩富主编《金融风暴启思录》，中国法制出版社 2009 年版，第 260—262 页。
③ 代颖：《美联储评估金融危机造成至多 14 万亿美元损失》，2013 年 9 月 11 日，http://finance.qq.com/a/20130911/013464.htm。
④ 李慎明：《世界正处于大动荡、大变革前夜》，新华网 2012 年 9 月 20 日，http://news.xinhuanet.com/world/2012-09/20/c_123740599.htm。

的标准却严重低估了全球的贫困程度，比如以能够满足人类基本需求的任何标准来看，一天2美元都是不够的。如果贫困估算标准的制定基于住房、环境卫生、水、信息、营养、健康和教育等人类的基本需求，而不是世界银行目前使用的1.25美元，那么世界的贫困人口数量可能会大幅上升30%。[①]

此外，资本主义的无序生产导致大量过剩商品。为追求剩余价值，大量的使用价值被生产出来但又因为市场无法消化而过剩、积压和浪费，为争夺有限的市场份额，各生产商加大了市场营销这类非生产费用的投入，造成了更大的物质浪费，以美国为例，该国"每年投入市场营销的资金，保守说也有1万亿美元，这些资金只是用来说服人们每年去购买他们实际上不需要的东西，结果，我们生产的东西大多都是一堆废物"[②]。因此，物的丰裕、物的浪费与人贫困并存，是资本主义不可避免的恶。

（二）商品的过剩与自然的破坏

现代世界的贫困不是生产的商品过少不能满足人们的需求，而是无数人因贫困及贫困下的有限消费购买不起"过剩"的商品。在过剩商品的堆积成为危机之前，无数劳动力和生产资料就已经投入这场没有止境的竞争中去了。资本关注的是商品的价值而非使用价值，然而各种有形商品都或是天然存在于自然界的物质的产品，或是人们通过各种化学或物理的方式利用自然物质再生产出来的产品，也就是说，所有所谓"人造的"商品都源于大自然，正所谓"一切生产都是个人在一定社会形式中并借这种社会形式而进行的对自然的占有"[③]。一旦这些商品生产出来，构成它的自然物质就从自然的循环系统中脱离了出来：铁不再以铁矿石的形式存在于山地，汽油不再是石油的一分子等。自然物质的这种脱离和再造的过程不仅耗费自然资源还消耗自然能源，这个过程不可避免地要制造污染和排放。因人类的需要而被分离出的自然资源在被使用后却再也不能回到它的自然形态，即使回收利用也会产生新的污染和排放。

---

① 毛莉：《英学者：世界贫困人口数量被严重低估》，中国社会科学网2014年4月14日，http://www.cssn.cn/hqxx/bwych/201404/t20140414_1066032.shtml。
② ［英］比尔·布莱克沃特：《资本主义危机和社会民主主义危机：对话约翰·贝拉米·福斯特》，韩红军译，《国外理论动态》2013年第11期。
③ 《马克思恩格斯全集》第46卷上册，人民出版社1979年版，第24页。

即使我们现在看到西方已经初步治理了他们国内的污染，但污染并没有从地球上消失，而是进行了空间转移，从西方挪到了第三世界国家和地区，在那些地方造成了新的污染，但这只是一时的苟且，污染最终会通过大气、洋流和物质的循环对全球环境造成伤害，如冰川消融、臭氧层空洞等。即使资本家认识到了环境保护的重要性，他们也不可能跳出做生意的思维来"保护环境"。比如所谓的碳排放权交易就好比信用衍生品市场，它甚至有鼓励企业增加污染行径然后通过"治理污染"获利的负面效应。金融人士从"环保事业"中发现了投机的可能，全球金融服务公司美林证券预测，全球碳市场会成为"有史以来增长最快的市场之一，其容量10年内将可媲美信用衍生品市场"，而一些预测认为，到2020年全球碳市场市值将为每年3.1万亿美元。① 因此，资本主义既没有解决污染的意愿也没有解决污染的条件，它甚至能把环保做成一门生意，这一点是资本的本性所在。环保问题的关键不在于人类该不该生产，而是人类该为何生产、如何生产。即便单个生产者内部的生产是有计划的、节约的，但作为整体的资本的再生产是盲目的、野蛮的，不可避免地造成过剩和浪费。其次，在私有制下，治理污染是要抵减利润的，因此资本会尽其可能地逃避治理责任，将大自然视为免费的排放地，造成所谓的"公地悲剧"。现在愈演愈烈的环境污染问题已经让人类无法回避，人类只有通过制度彻底变革，即，推翻资本主义制度才能终止资本逐利本性带来的危害。

资本主义还加剧了城乡对立。"人们对自然界的狭隘的关系决定着他们之间的狭隘的关系，而他们之间的狭隘的关系又决定着他们对自然界的狭隘的关系"②。正是由于私有制的存在，使人与人之间的关系被限定在狭隘的利益关系上，也使人与自然的关系十分狭隘，资本关心的是如何能最大限度地从自然获取利益，完全无视生产及消费会给自然带来怎样的污染。在现代社会，农作物的生产在农村，但消费在城市，人本应该把取自土地的东西还给土地，维持土地肥力的循环，但土地的产出被源源不断地运出，土地越来越贫瘠，只好靠化肥、农药甚至转基因作物来维持和提高产量，这些事物又会加剧生态污染，造成土壤、水源和生物基因的污染。

---

① ［澳］舒阿·加菲尔德：《哥本哈根——富裕国家在推动全球自杀的协定》，戈铭等译，《国外理论动态》2010年第7期。
② 《马克思恩格斯文集》第1卷，人民出版社2009年版，第534页。

而作为个体的人根本无法与资本扩张的逻辑相抗衡,那种希望通过推广个人的环保行为,如绿色出行、低碳生活等方式达到保护大自然的目的则完全表现为一种空想和自我安慰。

人类只有一个地球,人是自然的产物,在愈演愈烈的污染面前,留给人类自救的时间已经不多了。我们不知道共产主义什么时候会替代资本主义,但是如果资本主义不灭亡,就只能导致人类的灭亡。

(三)异化劳动摧残了人本身

马克思的异化概念是与劳动和社会生产关系联系起来的概念,它是指工人的劳动力虽然是"自由的",但是工人的劳动却是被资本支配的、工人的剩余劳动是被资本家无偿占有的、工人创造的财富成为异己于他的产物和继续控制和剥削活劳动的死劳动的累积。从这个意义上来说,异化劳动是导致资本主义世界人的精神疾病的主要根源。①

被剥夺了生产资料的人们为了每天生存所需的生活资料而互相竞争,在这种情况下,人成为了资本的附庸,如果没有资本的雇佣,人便失去了生存的来源,这种情形下,就形成了所谓"资本家养活工人"的陈词滥调。人在资本的神像面前匍匐着,失去了他作为万物之灵长,宇宙之精华的尊严。人作为生产的要素,失去了人的尊严和灵性,人的社会价值、人与自我之间的关系只能用市场价格来衡量,人们用外在之物的价值,如住房、车、衣服、首饰等来衡量彼此的价值,人的个性、品格等内在本质的东西却成为无足轻重的事物。在一切都将要被商品化、市场化的世界里,必然形成拜物教这样的价值观,人们的头脑和心灵都病了,最脆弱的必然是那些所谓的失败者,他们或者一蹶不振,或者铤而走险,或者自杀解脱。

工人在生产资料上的绝对贫困状况决定了工人随时面临失业的风险,失业对于工人而言不仅意味着经济损失、生活无着,也意味着精神创伤和自尊的降低。有学者指出,"世界各国的不少研究都显示,历史上的几次较大经济危机时期都出现了自杀率攀升的现象"②。《英国医学杂志》2013

---

① 当然"异化"概念是马克思早期使用的概念,后来他便不再使用。本书使用"异化"一词是想表明在资本主义社会里,人的精神疾患的高发与私有制之间的必然联系。

② 《经济不景气工作难找 英国近三年自杀率不断上升》,中国新闻网,2010年12月7日,http://www.chinanews.com/gj/2010/12-07/2704483.shtml。

年的报告称，2008 年经济危机爆发以来，世界各国及地区的男性自杀率出现上升趋势。另一项研究显示，在 1997 年亚洲金融危机中，亚洲国家有 1 万多人因经济危机自杀。①

瑞士苏黎世大学的研究表明，目前世界上每 5 个自杀的人中就有 1 个与失业相关。这项研究涵盖了 2000—2011 年世界 4 个地区 63 个国家的数据。研究人员对比经济相对稳定时期（2000—2007 年）与经济危机时期（2008—2011 年）的数据得出了这个结论。英国曼彻斯特大学自杀预防中心的学者们指出，自杀案件与经济衰退的联系只是"一个广泛的社会和心理问题的冰山一角。许多自杀的人是有工作的……除失业外，他们由于恶性经济压力而遭遇严重心理压力，这些压力来自收入下降、'0 小时合同'②（Zero-hours contracts）、工作不稳定、破产、债务和房屋被收回……我们需要更好地理解经济困境导致的其他心理问题，包括自残、压力和焦虑、情绪低落、绝望、酗酒、愤怒、家庭冲突和关系破裂"③。

全球著名医学杂志《柳叶刀》2011 年的一篇文章认为，2008 年欧盟成员国失业率的激增伴随着自杀的上升趋势。在经济衰退最为惨烈的国家，如希腊或爱尔兰，研究观察到自杀人数增长最快。④ 在希腊，自杀曾是一个罕见的致死原因，经济危机爆发后的 2007—2011 年间希腊的自杀率上升了 43%。但仍有大量的未报告案例，真正的自杀率比官方公布的数字要大得多。现在希腊 38% 的在职劳动者没有社会保险，越来越多的老年人因为没有健康保险而选择结束生命，他们不想因为高昂的治疗费用或昂贵的药物成为家庭的负担。⑤

新西兰一项对该国 2013 年自杀者的研究发现，28% 的死者是失业者。从 20 世纪 80 年代初到 90 年代中期，新西兰青少年自杀率几乎翻了 3 倍，现在年轻人的自杀率最高，主要是他们深受失业、（目前西方国家年轻人

---

① 《金融危机造成男子自杀率上升》，新华网 2013 年 9 月 19 日，http://news.xinhuanet.com/world/2013-09/19/c_125413294.htm。

② 指不能保证有工作的合同，雇主只需要在有活干的时候才叫工人来工作，这种合同不提供底薪，工人只有在有活干的时候才有工资。

③ Barry Mason, "One fifth of world suicides linked to unemployment", February 24, 2015, http://www.wsws.org/en/articles/2015/02/24/suic-f24.html.

④ Katarina Selin, "Suicides rise sharply in Greece," September 20, 2013, http://www.wsws.org/en/articles/2013/09/20/suic-s20.html.

⑤ 同上。

的失业率一般为普通失业率的两倍）、低工资、工作不稳定和不断膨胀的学生债务的打击。有学者指出，不断攀升的自杀率是社会严重病态的一个征兆，对大企业的用人需求来讲越来越多的人被认为是多余的，像是被扔进了垃圾堆那样，很多人看不到未来，绝望之余选择结束自己的生命。他们都是日益残酷的、不理性的和危机四伏的资本主义制度的受害者。①

尽管意大利自杀人数总体相对较低，但从2008—2013年间与"经济原因"相关的自杀人数增长了30%。不同自杀者的共同点是，在现有的社会条件下无法应付生活，包括长期失业的工人，刚失业者或生活拮据的人以及负债的小商人。在2013年3月，意大利中部马尔凯地区一名62岁男子和他68岁的妻子上吊自杀。这个男人曾在一家制鞋厂工作，没有退休金，而他妻子退休金甚至不足以支付租金。得知这一惨剧后，该女子70岁的哥哥也跳海自尽。在2013年4月中旬特别悲惨的一天，5名男子在意大利不同地区自杀。其中一个是38岁的泥瓦匠，他在失业后上吊，他怀孕的女友发现了他的尸体。多年来一直在苦苦寻找工作的52岁的工人在他的公寓里自杀身亡。一个33岁的失业工人，两个孩子的父亲，在一棵树上上吊自杀。此外，还有两名破产的小商人同一天也自杀了。"莫提每危机"（morte per crisi，指由危机带来的自杀）是意大利工人阶级对要承受的不同程度的压力和困难的最尖锐的表现。根据意大利国家统计局（ISTAT）的一份报告，有1500万名意大利人"经济贫困"，其中的900万人面临"严重的经济贫困"，意大利南部的贫困率上升到40%，意大利全国贫困率已经达到了25%。在意大利全国范围内，10个家庭中有6个被迫削减食物消费，意大利家庭的购买力在2012下降了近5%，不到25%的意大利人对未来5年的生活感到乐观。在这种情况下，个人自杀以一种特别悲惨和无结果的方式表达了一种实际上已经得到广泛共鸣的一种情绪——社会状况不能再忍受下去了。②

2013年英国公布的一项青年指数研究发现，每10个年轻人中就有1个人觉得自己无法应付日常生活。近一半的失业受访者表示，失业会引起恐慌、自我伤害和自我憎恨，而这种现象在就业的年轻人中的比例只有

---

① Tom Peters and Sam Price, "Record suicide toll in New Zealand", October 21, 2015, http://www.wsws.org/en/articles/2015/10/22/suic-o21.html.

② WSWS correspondent, "Wave of suicides in Italy as social conditions deteriorate", June 21, 2013, http://www.wsws.org/en/articles/2013/06/21/suic-j21.html.

27%。另一个针对教师的调查指出，约78%的教师认为政府削减公共支出对学生或其家庭的心理健康产生了消极影响。大量的研究显示，年轻人的失业时间越长，对他们心理健康的影响就越大。年轻人失业超过一年的比率在2011年和2012年间上升了250%。在一些地区，如英国东北部，自2008年经济衰退开始以来，青年失业率已上升了400%。[1]

经济危机爆发后爱尔兰统治阶级采取的财政紧缩政策使广大人民生活陷入了困境。爱尔兰男性自杀人数急剧上升。爱尔兰的《太阳报》写道，"北爱尔兰共和国年轻男性自杀率最近的飙升恰逢经济下滑和失业率的上升。"但政府在欧盟的敦促下仍然要采取更为严厉的财政紧缩措施。"爱尔兰小学校长网"（IPPN）的调查表明，1/5的教师经历过学生不吃早餐就来上学的情况。同样的研究指出，在日益增加的经济负担下，学校儿童的暴力行为和抑郁情绪日益上升。[2]

根据美国"国家精神病疾病联盟"（NAMI）发布的统计，大约每4个美国成年人中就有1个有某种精神疾病。约1360万人（约6%的美国人）处于严重的和潜在的危及生命的状况，如双相情感障碍、抑郁症、精神分裂症等。20世纪60年代开始，美国的精神病机构就开始大规模关闭，2008年全球经济危机加剧了公共精神卫生基础设施的大规模削减，美国精神病院床位仅为10.8万张。2009—2012年间，各州的精神卫生支出削减了50亿美元。每年有59万精神病人被送到了各种"治疗中心"，如监狱、街道、收容中心和太平间：约60%进入了"新精神病院"——监狱，另外33%的人无家可归，剩下的1%的精神病患者死亡了。待在监狱中的精神病患者是国家治疗机构中的10倍，在国家精神健康资金不断减少的情况下，美国对犯人和监狱的开支增加了。[3]

资本积累的规律对于工人来讲是一种强制的、外在于人的规律，资本积累既离不开工人的劳动，又能随时将不需要的工人抛入到失业和绝望之中。工人生活在对失业的恐惧和不安中，因为任何福利政策也不能改变这

---

[1] Thomas Scripps, "Increasing mental health problems among Britain's young people", February 2, 2013, http://www.wsws.org/en/articles/2013/02/02/ment-f02.html.

[2] Jordan Shilton, "Deadly human cost of Ireland's austerity measures", February 1, 2013, http://www.wsws.org/en/articles/2013/02/01/irel-f01.html.

[3] Trent Novak, "The crisis in American mental health care", August 13, 2014, http://www.wsws.org/en/articles/2014/08/13/mhca-a13.html.

种工人不占有生产资料的绝对贫困状况，一旦工人失业就无法获取生活资料，只能暂时依靠维持最低生活所需的福利，如果长期找不到工作还会被福利政策所抛弃。因此，在西方社会，抑郁症、躁狂症等精神疾病长期高发，吸毒、卖淫、少女早育、单亲家庭等社会疾病沉疴遍地，难以根治。人的异化状况在当今这个物质十分丰富的时代反而显得十分突兀，这是资本主义的病症，是除了消除工人绝对贫困的根源——生产资料私有制而别无他法的病症。

（四）南北差异的持续扩大

南北问题不仅是历史问题也是现实问题。在殖民地人民的血汗和累累白骨上，资本极大地推进了原始积累的进度，就是这样一个毫无节制的掠夺过程，宗主国强制中止了广大殖民地原有社会的发展进程，迫使它们沦为原料产地、奴隶掠夺地、商品倾销地，让它们成为被剖开的血管，源源不断地向宗主国输送营养，而自己却奄奄一息、羸弱不堪。这就是第三世界长期落后、贫穷的根源。第二次世界大战后，虽然不能再明目张胆地殖民任何主权国家，但是，在殖民地滋养下强壮的原宗主国仍然在经济、政治、文化和军事上保持着对第三世界国家的绝对优势。利用金融、贸易、国际组织、代理人战争和地缘政治等手段，西方发达国家——也就是"北方"，维持着对"南方"的看不见的统治。在这种统治下，南方国家——也就是落后的第三世界国家，走不出贫穷、混乱和落后的困局。

由于第三世界国家在基础设施、人才储备、金融系统和工业基础等方面都远远落后于西方国家，因此，第二次世界大战以来所谓的全球化，也不过集中于西方国家的"全球化"。从世界对外直接投资来看，越来越大的部分集中于西方国家。首先，主要投资来源国均为西方国家，如2000年时欧盟、美国和日本等西方国家的对外直接投资占世界总额的82.5%；其次，投资的主要流向是西方国家。1984—1994年间世界对外直接投资的68.5%投向了发达国家，而2000年时这一比例提高为79.1%；最后，对外直接投资的绝大部分用于主要归属于西方国家的跨国企业间的并购。如2000年对外投资用于国际企业购并的资金占全部对外直接投资的90%。[①]在这种不均衡的"全球化"发展进程中，缺少资金来源的第三世界国家要

---

① 金竞：《世界对外直接投资增多投向集中发达国家》，《电子外贸》2002年第2期。

想赶超西方，实在是难以想象。

其次，第三世界国家主要是凭借廉价的人力资源和自然资源这些所谓的"比较优势"进入国际经济的分工体系的，然而"垂直分工"依然是这一分工体系的结构特征。这样的"比较优势"正好把发展中国家送入国际垂直分工的底部，在发展中国家造成了"不发达的发展"。① 拉美和东南亚的许多国家短暂地经历过一段发展的"黄金时期"，但由于发展路径深深受限于西方对产业、贸易和金融等的控制，而相继出现金融经济危机至今难以自拔。并且由于日益落后于信息、生物、新能源、纳米等新科技新技术的发展，南北方发展差距持续拉大。

最后，为了确保国际垄断资本对世界的控制，西方主要国家不断在第三世界国家利用或主动制造政局动荡，其中美国最为积极，它不断在中东、非洲和东亚持续制造地缘政治矛盾，力图削弱并打击中国和俄罗斯这两个潜在的战略对手。第二次世界大战结束后，以美国为首西方世界在世界各地发动的局部战争就没有间断过，造成了"南方"的动荡与混乱，造成了严重的"人道主义危机"。2014年全球仅有记录的难民就达5950万人，也就是说每122个人中就有一个是难民。2014年世界86%的难民来自于第三世界国家，这是过去20年所达到最高的数字，而那些来自最不发达国家的难民占全球总数的25%。超过590万难民或42%的新增难民来自那些人均国内生产总值低于5000美元的国家。② 目前愈演愈烈的难民问题，其实是西方世界以"民主""人权"的幌子在世界各地、尤其是在亚非大陆散播战争的后果。战争不仅使那些陷入战争的国家的人民陷入了深重的灾难，也使亚非地区的发展陷入了更大的困境：在一个人身基本安全都得不到保证的地方，又谈何发展呢？

南北差距在资本全球化的扩张下不断拉大，在金融帝国主义时代看不到任何解决的希望，这种差距是巨大的、可怕的。丹尼尔·辛格在20世纪末就说道，"富国和穷国之间的差距，过去是、现在也明显是最糟糕的。世界顶端几百个大富翁的财富和这个星球上近30亿贫弱者的收入相等同。……1960年之后的30年里，全世界收入最高的1/5人口的所得比例，

---

① 房宁：《发展的陷阱——第三世界工业化工进程曲折性的再探讨》，《经济管理文摘》2002年第7期。

② Evan Blake, "Worldwide displaced population reaches record 59.5 million in 2014", June 20, 2015, http://www.wsws.org/en/articles/2015/06/20/disp-j20.html.

从70%攀升到了85%，而且至今还在升高。同一时期，最低的1/5人口的所得，从2.3%掉落到了1.4%，到1994年，则掉到了1.1%。顶端20%人口的收入与底部20%人口的收入之比，因此从30∶1升到了令人吃惊的78∶1。"①

乐施会2016年1月18日报告显示，世界最富有的1%的人拥有的财富多于其余99%人口拥有的财富总和。世界贫富悬殊的鸿沟不仅越来越大，而且富人变得更富的速度也更快了。在短短的15年间，世界最富的62人财富增长了5000亿美元。可是同时，世界最贫穷人口中一半人的财富减少了1万亿美元。如果说经济危机打击了全球经济，但经济危机却让富人变得更富，穷人变得更穷。经济危机没有损伤富人丝毫，让富人比以往任何时候都更富有。英国路透社也表示，贫富差距扩大速度比任何人预料的都快，最富有的1%人口赶超其余99%人口财富总和的速度比乐施会一年前预测的还要早一年。②

资本主义世界体系是一个自私自利的体系，是一个为了自己的利益不惜牺牲他人利益的经济体系。资本为了追逐利润早把人间的一切法律和道德都踩在脚下，把自然界、人类、社会都视为是可以牺牲和买卖的筹码。在这样的体系下，资本主义的发展必然是不平衡的，这种不平衡的表现之一就是南北差距的日益扩大。要消灭这种差距，也只有首先消灭资本主义。

（五）恐怖主义与战争如影随形

两次世界大战带给人类惨痛的回忆，这段历史不断地被人们用电影、文学等艺术手段再现出来，主题基本上都是对战争的谴责、对罪行的声讨、对和平的讴歌和赞美。但紧随"热战"结束而来的是"冷战"，冷战结束后仍是局部战争不断，恐怖主义袭击越出中东地区成为西方社会的心头大患。这种现象的出现并不是因为人类对战争的反思不够深刻，对战争的恐惧不够，而是金融垄断资本主导下的帝国主义时代，资本主义的发展愈加不平衡所导致的后果。我们知道美国国民生产总值占全球不到三成，

---

① ［美］丹尼尔·辛格：《谁的新千年——他们的还是我们的》，曹荣湘等译，中国人民大学出版社2002年版，第185页。
② 王莉兰：《调查显示1%最有钱人富过其余99%人财富总和》，环球网2016年1月19日，http：//world.huanqiu.com/exclusive/2016-01/8404957.html。

但全球外汇储备的约七成却是美元资产。美元霸权地位的形成与第二次世界大战后美国经济实力一家独大有关,更与美国的雄厚的军事实力有关,尤其是如今美国经济面临多家竞争的情况下,后者更是事关美元霸权的安全。美国拥有世界上最先进的军事技术、最多的海外军事基地,它的军费开支是世界上最昂贵的,它在世界上发动的军事"干预"是最多的。在美国强大的经济、军事实力的影响下,在美国的规划、指使和干预下,全球贸易的主要结算货币是美元,全球石油交易几乎都是使用美元来结算,美元获得了相当于黄金的世界货币的地位。这种地位意味着美国可以通过印刷美元的方式来购买世界各国的几乎所有商品,意味着美国可以通过汇率、加息减息等方式对其他国家的财富进行"剪羊毛"般的掠夺。因此,美国绝对不会容许任何国家挑战美元的地位,要确保美元的地位不倒,就要全方位地保持美国在经济、军事、政治、文化和科技等诸方面的领先地位。但资本主义发展不平衡是绝对的,欧洲、日本经过战后的长期发展在许多方面有超过美国之势,金砖五国等"新兴国家"的崛起对美国的全球霸主地位造成了威胁,美国对此洞若观火,积极采取多种防范和扼制措施,我们主要看美国在经济和军事两方面的措施。

在经济方面,除了继续坚持侵略性的美元霸权战略,它还通过世界银行、国际货币基金组织和世界贸易组织等国际组织主导世界经济规则的制定,并且通过这些机构的贷款、援助等业务扩大对第三世界国家的影响力,同时还使这些国家的贷款以种种方式服务于美国等跨国资本的利益。[1]

在军事方面,欧元诞生之初的1999年,美国为首的北约就以"人权高于主权"的借口空袭南联盟,挑起了科索沃战争,在"欧洲的火药桶"巴尔干半岛埋下了多年不稳定因素,直接打压欧元的上升势头。此外,早在欧元诞生前,美国一直在毗邻欧洲的大中东地区布局,在多次中东战争中支持以色列,偏袒其侵占阿拉伯国家领土;在两伊战争中美国暗中支持战争双方,最后两伊两败俱伤,后来伊拉克还因外债问题铤而走险侵略科威特,美国正好有借口发动海湾战争,一举打败伊拉克,最后再发动伊拉克战争,彻底将伊拉克制服;伊朗核问题一再成为美国掣肘伊朗的借口。"阿拉伯之春"的背后也有美国的影子,利比亚卡扎菲政权的崩溃、埃及

---

[1] 参见[美]约翰·珀金斯《一个经济杀手的自白》,杨文策译,广东经济出版社2006年版。

和突尼斯原政权的垮台、叙利亚内战等都是大国博弈的一系列连锁反应。ISIS 恐怖组织在中东的崛起也与美国的干涉脱不了干系,在大中东地区的一系列动作一方面可以搞乱欧盟近地缘政治圈;另一方面可以压缩俄罗斯的战略空间,给中国施加强大的战略压力,扰乱中国与中东各国贸易发展的良好势头。此外,美国以反恐名义进行的阿富汗战争有效地在俄罗斯、中国两国的重要战略地区安插了自己的军事力量,还在东欧及中亚多国支持"颜色革命",意图围堵俄罗斯、中国。美国还联合日本、澳大利亚及东南亚一些国家在钓鱼岛、南海等问题上给中国施压。因之,为了维护以美国为首的跨国垄断资本的利益,局部战争不仅是不可避免的,而且还存在爆发世界性战争的风险,用列宁的话来说就是,"在生产资料私有制还存在的这种经济基础上,帝国主义战争是绝对不可避免的"①。

恐怖主义组织的兴起也与资本主义的发展不平衡有关。首先,发达资本主义国家在经济、军事、政治和文化等方面的优势使它们能在与第三世界国家的竞争中保持优势,这种优势地位保证了它们能从不合理的国际经济政治秩序中榨取超额垄断利润,也使第三世界国家多数处于积贫积弱的地位,"它们的政治形式表面上是独立的,而在财政和外交方面却隶属于帝国主义"②。同时,"由于资本主义农业和制造业的全球扩张,导致非工资收入的来源在不断减少,从而迫使越来越多的个人成为无产者"③,世界贫困人口的绝大多数集中在第三世界国家,"发展的不平衡和民众半饥半饱的生活水平,是这种生产方式的根本的、必然的条件和前提。"④

其次,帝国主义之间的竞争使第三世界国家沦为大国角逐博弈的战场,中东及非洲地区就典型的例子,这里代理人战争和局部战争不断,人民流离失所,不能享有基本的安全保障。正是在这种民不聊生的情况下,恐怖主义势力才有了滋生的土壤。人民斗争的矛头本应对准资本及专制统治者的剥削,在宗教极端分子或其他极端主义分子看来,却是由于"异教徒"的压制,把矛盾归咎于信仰的不纯洁或不坚定等原因,因此要通过

---

① 《列宁选集》第 2 卷,人民出版社 1972 年版,第 733 页。
② 陈征:《列宁〈帝国主义是资本主义的最高阶段〉的主要内容及其意义》,《高校理论战线》2007 年第 2 期。
③ [美] 贝弗里·J. 西尔弗:《劳工的力量:1870 年以来的工人运动与全球化》张璐译,社会科学文献出版社 2012 年版,绪论第 17 页。
④ 《列宁选集》第 2 卷,人民出版社 1995 年版,第 627 页。

"圣战"等形式驱逐异端。当然，像 ISIS 这种最极端的恐怖主义组织连"基地组织"都要与之划清界限，在这个"为恐怖而恐怖"的组织背后实则是有美国的支持。《一个经济杀手的自白》作者约翰·珀金斯早就看穿了这一切，他指出，恐怖主义的根源在于美国这个全球帝国推行的不平等的国际交往方式，使全球半数以上的人陷入生活的绝境，是绝望培养了恐怖分子。[①]

二 减少不平等还是消灭不平等

自从私有制产生以来，人类对私有制下必然产生的不平等的批判就没有停止过，对这种不平等的最激烈的"批判"就是用阶级斗争推翻旧制度，但在社会主义革命之前，这种阶级斗争的后果要么是用新一批剥削者代替旧剥削者，要么是用新的剥削制度代替旧的剥削制度，并没有消灭不平等产生的根源——私有制。正如列宁所说，"一个阶级剥削另一个阶级的可能性没有完全消灭以前，决不可能有真正的事实上的平等"[②]。

（一）资产阶级左翼的最高理想是减少不平等

在资本主义社会，对不平等进行批判和揭露的不仅有马克思主义者，也有形形色色的小资产阶级及资产阶级的左翼。由于马克思主义者被经常性地排挤、打压，因此人们能看到对不平等的批判主要来源于资产阶级左翼和小资产阶级左翼。这种批判有着共同的特点，那就是在不推翻资本主义制度的前提下，企图通过种种改良措施来减少不平等带来的社会痛苦。

前面我们已经提到吉登斯和皮凯蒂都严厉批判了当代资本主义的不平等。为减少和降低不平等，前者认为，富人的部分钱财应该征税，并用于社会开支。这是一方面，另一方面是再工业化。[③] 后者则认为，应该在非

---

① 参见［美］约翰·珀金斯《一个经济杀手的自白》，杨文策译，广东经济出版社 2006 年版，转引自戈铭《揭露用经济"援助"与武力讨伐打造的帝国迷梦——评〈一个经济杀手的自白〉》，《马克思主义研究》2007 年第 10 期。
② 《列宁选集》第 3 卷，人民出版社 1995 年版，第 611 页。
③ 谢秉强：《第三条道路之死》，澎湃新闻 2015 年 4 月 15 日，转引自 http://www.guancha.cn/AnthonyGiddens/2015_ 04_ 15_ 315949. shtml。

常高的国际金融透明度下推行全球累进资本税。①

保罗·克鲁格曼对美国20世纪80年代以来加剧的不平等感到痛心疾首，他认为高度的不平等使美国变成一个"中产阶级"力量大减的国家，对社会关系与政治产生了极大的侵蚀效果。他以一个自由主义者的良知呼吁，要恢复"政府可以为善"的"新政"理念，重建"中产阶级"社会。具体的途径首先就需要恢复累进性的税收体系，这可以部分补偿一个更强大的、抑制贫富不均的社会保障网络；其次是通过复兴工会运动，提高最低工资等方法，缓解市场不平等。他认为，社会应当在抑制贫富分化制度的支撑下，实现相对平等。②

美国前劳工部长罗伯特·赖克认为，社会分配不公正既会给穷人也会给富人带来实际威胁，因为"极左"或"极右"的政客会利用公众对不平等的不满而发起政治运动，从而对社会造成巨大的伤害，因此要想办法解决这种极端不平等状况。他提出的办法有，反向所得税，即政府不再从"中产阶级"的工资中扣除一部分作为税收收入，而是增加他们的工资。政府因此增加的支出可以通过碳税（与碳排放相关的税种）、对富人增税来弥补；建立一个再就业体系；按照家庭收入分发教育券；大学贷款与所学专业的未来职业收入相关联，减轻学生负担；全民参与的联邦医疗保险；提供公共交通等公共产品的数量；政治和金钱分离，等等。③

总之，当代资产阶级及小资产阶级左翼均强烈抨击新自由主义政策实施下愈演愈烈的社会不平等，怀念凯恩斯主义时期的"平等时代"，谴责偏袒富人的政策，主张要通过税收改革、重建福利体系等一系列调整把不平等降至尽可能低的水平。但在他们的方案里绝对是没有推翻资本主义制度的影子，他们的最高理想就是减少不平等而不是消灭不平等。也许资本主义在他们看来只有"好"的和"坏"的区别，"好"的资本主义意味着资本家多发善心，让普通人的生活好过一些，有尊严一些；"坏"的资本主义就是寡头独占鳌头，资本家冷漠固执，不愿再多拿出一点利润来"分

---

① [法]托马斯·皮凯蒂：《二十一世纪资本论》，巴曙松等译，中信出版社2014年版，第531页。

② [美]保罗·克鲁格曼：《美国怎么了？——一个自由主义者的良知》，刘波译，中信出版社2008年版，第187—188、196、199、205页。

③ [美]罗伯特·赖克：《美国的逻辑——为什么美国的未来如此堪忧》，倪颖译，中信出版社2011年版，第145—158页。

享公平"。问题在于，为什么曾经资本家会发"善心"而现在"变坏了"呢？不知克鲁格曼们有没有问过自己这个问题。他们讲得更多的是，金钱与政治的结合导致政策的变化，从能限制不平等的好政策演化到了加剧不平等的坏政策，这就是不平等的根源所在。那为什么金钱能够腐蚀政治家呢？他们不是"民主选举"出来的人类良心代言人吗？资产阶级民主政治不是放之四海皆准的"普世价值"吗？为什么一碰上金钱就那么不堪一击了呢？况且谁又敢断言在凯恩斯主义大行其道之时，当政者不是金钱所有者——资本家的代表者呢？是当政者的良心变坏了吗？如果是这样想的话，那么就注定脱离不了"人性"决定论的窠臼，但克鲁格曼们究竟没有提出"人性"论来，在他们看来"人性"也许太没有说服力了。

但他们的逻辑离"人性"论也不远了。克鲁格曼们力陈不平等之恶，并提出一整套的改良措施，为的就是统治阶级能够醒悟，为了他们的江山社稷，为了资本主义的万古长青，这些改良都是必须的，都应该是理性经济人的理性选择。其实克鲁格曼们也算是明白人，他们知道，过去那段"中产阶级"的黄金时代得益于强大的工会运动，现在工会的衰落与利益集团和政客的勾结打压有关，因此，有必要清除对工会运动的打压政策，重新恢复工会运动的活力。但资本家们并不会认同，他们认为强大的工会会使工人们要价太高，从而使资本家不得不减少雇工，这样失业率会上升，反倒是对工人不妙。如果富人增税就会失富人失去积极创造财富的热情，甚至移民国外，会使经济陷入停滞。这样的话，改良还是不改良就和人的认识问题结合在一起最后必将变成一个十足的"人性"问题、一个永远也绕不完的话题。所以我们看到，在西方虽然"拯救""中产阶级"的口号被政客喊着震天响，美国的奥巴马总统甚至设立了"白宫中产阶级工薪家庭工作组"，但他的两任任期结束时，"中产阶级"的处境并没有什么变化。

实行改良的凯恩斯主义时期，资本主义迎来了一段几十年"黄金时期"，但并不能解决资本主义的基本矛盾，反倒是使资本主义遭遇滞胀，陷入新的危机形态。因此，新自由主义的盛行并不是从政客头脑里跳出来的歪点子，而是资本积累要求搬离这些障碍，力求阻止利润率下降的要求的理论表现。因此，希望通过重建"政府可以为善"的"新政"理念来改善不平等，就是缘木求鱼，与虎谋皮。资产阶级曾经重视凯恩斯主义也有特殊的历史背景，那就是社会不平等到了非常极端的程度，使资本积累本身都无法持续下去。如今,若要西方社会重新接纳"新政"理念只有一个条件,那就是资本主义面临社会主义革命的威胁,不得不靠减少一些不平等来苟延残喘。

即使是提出全球资本税方案的皮凯蒂也承认,不平等不可能通过和谐民主或出于经济理性行动得到主动改变,不存在循序渐进、协商一致和无冲突的演变方式来实现较大程度的平等。而是通过战争冲击,包括两次世界大战造成的破坏,经济危机造成的破产,为挽救资本主义不得不颁布的政策,如租金管制、国有化,以及以通胀的形式推动那些依靠政府债务为生的食利阶层的消亡等,才引发了 1914—1945 年资本收入占国民收入比重的显著下降。① 皮凯蒂指出,第一次世界大战发生之前,社会不平等的结构如此稳定,以至于"很难说如果没有因战争引发的重大的经济和政治冲击,这个轨迹将会向何处发展。借助历史分析的远景预测,我们现在可以把这些冲击视为自工业革命以来减少不平等的唯一力量"②。

美国马克思主义者约翰·贝拉米·福斯特指出,"黄金时代"是垄断资本在特殊历史背景下与工人之间进行的极其有限的和解的历史产物,把这一时期视为民主资本主义的胜利是完全错误的。随着这一历史条件的消失,要实现新民主资本主义或社团主义是毫无可能的。现在的资本主义世界固然比从前更加邪恶,但是,"某种超级资本主义(或新自由主义)并非问题所在,同样民主资本主义也不是。相反,问题在于资本主义制度本身,它一定是朝着这个方向发展"③。也就是说,即便是资本家在外力冲击下作出了他们认为的天大让步,这也只是减轻了不平等的程度,并没有消灭不平等,因为私有制没有被消灭。列宁认为,在私有制的基础上,"只要还存在着市场经济,只要还保持着货币权力和资本力量,世界上任何法律也无法消灭不平等和剥削。只有建立起大规模的社会化的计划经济,把一切土地、工厂、工具都转归工人阶级所有,才可能消灭一切剥削"④,也就是说,消灭私有制才能消灭一切因剥削而产生的不平等。

---

① [法]托马斯·皮凯蒂:《21 世纪资本论》,巴曙松等译,中信出版社 2014 年版,第 279、280、256 页。
② 同上书,导言第 8—9 页。
③ [英]比尔·布莱克沃特:《资本主义危机和社会民主主义危机:对话约翰·贝拉米·福斯特》,韩红军译,《国外理论动态》2013 年第 11 期。
④ 《列宁全集》第 13 卷,人民出版社 1987 年版,第 124 页。

（二）修正主义者的最高理想也是减少不平等

马克思主义自从产生以来，就不断有自诩为"马克思主义者"的叛徒出现。这些自以为有本事"修正"马克思主义的人，以各种花哨的修辞兜售他们对马克思主义的"创新"和"突破"，只不过万变不离其宗，都是为了将革命性的马克思主义"修正"为改良主义。比如修正主义"始祖"伯恩斯坦认为，资本主义完全可以和平长入社会主义，而不需要暴力革命。后来的不同变种的修正主义也基本上是沿着伯恩斯坦的思路发展的，其核心就是资本主义能够和平过渡到社会主义。比如社会民主主义、"欧洲共产主义"等思潮理论都是要和平地而不是武装地夺取政权；要多党"民主"政体，而不要无产阶级专政。修正主义口头也抨击不平等，但他们绝口不提推翻资本主义制度，只用永远不能实现的和平过渡来忽悠信众。正如卢卡奇所说，"庸俗马克思主义的经济主义否认暴力在从一种经济生产制度到另一种经济生产制度的过渡中的重要性。它依据的是经济发展的'自然规律性'……庸俗马克思主义几乎总是引用马克思的这句名言：'无论哪一个社会形态，在它们所能容纳的全部生产力发挥出来以前，是决不会灭亡的；而新的更高的生产关系，在它存在的物质条件在旧社会的胎胞里成熟以前，是决不会出现的。'但它——自然是有意的——忘记了马克思在确定这种'成熟'的历史时机时对这段话所作的补充说明：'在一切生产工具中，最强大的一种生产力是革命阶级本身。革命因素之组成为阶级，是以旧社会的怀抱中所能产生的全部生产力的存在为前提的。'"[1] 资本主义的真面目已经清晰、充分地展现在无产阶级的眼前；在无产阶级革命的科学理论已经武装无产阶级先锋队的帝国主义时代，无产阶级作为最强大的生产力，是创造历史、拥有历史并为历史而斗争的主体，通过阶级斗争，无产阶级就有可能推翻资本主义制度，创立新社会。苏联的建立就是这样的鲜活例子，苏联的建立还表明，落后国家是帝国主义统治链条中的薄弱环节，虽然它的生产力很不发达，但只要有觉悟的无产阶级先锋队及其领导下的革命队伍，就有可能通过武装革命推翻资本主义制度。斯大林指出，"在世界帝国主义经济这一整体的整个体系中已经

---

[1] ［匈］卢卡奇：《历史与阶级意识——关于马克思主义辩证法的研究》，杜章智等译，商务印书馆2004年版，第331—332页。

具备革命的客观条件；而且，如果整个体系，或者确切些说，因为整个体系已经成熟到发生革命的程度，这个体系中存在着工业不够发达的国家并不能成为革命的不可克服的障碍"①。

对比修正主义的自废武功与若干经过"暴力革命"成功的社会主义国家，恩格斯的一句话用在这里非常贴切，"根据唯物史观，历史过程中的决定性因素归根到底是现实生活的生产和再生产。无论马克思或我都从来没有肯定过比这更多的东西。如果有人在这里加以歪曲，说经济因素是唯一决定性的因素，那么他就是把这个命题变成毫无内容的、抽象的、荒诞无稽的空话"②。因此，依据修正主义者们的逻辑，如果他们也有所谓最高理想的话，也不过是通过各种改良措施实现减少而不是消灭不平等。

马克思批评"这种社会主义所理解的物质生产条件的改变，绝对不是只有通过革命的途径才能实现的资产阶级生产关系的消灭，而是一些行政上的改良，这些改良是在这种生产关系的基础上实行的，因而丝毫不会改变资本和雇佣劳动的关系，至多只能减少资产阶级的统治费用和简化它的国家行政事务"③。

（三）不消灭资本主义就不能消灭不平等

丹尼尔·辛格指出，随着不平等现象的加剧，"要想掩饰说不平等正在消除，或者说它没有什么大碍，不久就会不可能了。当局的仆从们开始重弹人性和物性、前者的自私和后者的残酷等老调子，试图来一个意识形态大转移。他们很快就认识到，日益扩大的差距需要更加积极的后盾来支撑。于是，我们就听到说，人的财富和他的能力成正比，有人收入之所以高，是因为他们值得拿这么多。……那些处于收入阶梯最底层的人也就'值得'拿这么少。既不聪明，又不大胆，又没什么大的功劳，那他们就只有怨他们自己了。在这种新的大气候下，有关基因差异和遗传智商的理论又偷偷地复活了。……尽管在那些体面的人当中，逐渐用仁慈的方式代替平等的要求，成了20世纪最后20多年历史变迁的轨迹，成了几乎令人

---

① 《斯大林选集》上卷，人民出版社1979年版，第205页。
② 《马克思恩格斯文集》第10卷，人民出版社2009年版，第591页。
③ 《马克思恩格斯选集》第1卷，人民出版社1972年版，第280—281页。

难以置信的向右靠拢的意识形态大转移的标志"①。资产阶级不可能解决不平等，只会拼命去掩饰不平等或转移人们对不平等的注意力。

同修正主义那种认为资本主义是个好东西，不能打破只能改造的观点相反，马克思主义认为，历史不是一辆火车，人只要坐上去就可以到达共产主义的目的地。相反，马克思主义认为，特定的历史条件产生特定的历史任务，执行和完成这个任务的只能是人，维护资产阶级专政是资产阶级的任务，推翻资产阶级的统治实现无产阶级专政是无产阶级的任务，谁的主观能动性发挥得好，谁就在斗争中取得成功的概率更高。资产阶级自从登上历史舞台的那天起就自觉地执行着维护、加强资本统治的任务，最初，他们把不愿意进入工厂苦劳的农民烙印、鞭打、关进监狱甚至吊死，在暴力的胁迫下最早的无产阶级形成了。资产阶级还在工厂中设立监工，以各种严苛的制度残酷地剥削和压迫工人。他们还在世界各地侵略扩张，把超经济剥削强加到被殖民地人民身上。如果说他们变得"文明"一些了，那不过是因为工人向他们学会了阶级斗争，开始学会组织起来进行抗争社会主义运动的威胁使他们不得不放下手中的鞭子，用其他"文明"的鞭子——法律和国家机器维护自己的统治。谁要是因此认为，人民可以用选票和议会实现剥夺资产阶级的财产，那他就是幼稚可笑——资产阶级的国家机器就是用来镇压这种可能性的。因此，打破资产阶级的国家机器，并用无产阶级的国家机器取而代之是打破不平等的第一步，如果说能有什么例外的话，那也只是将来少数国家在全世界无产阶级革命普遍胜利了的情况下，其国内无法再获得国际支持的资产阶级不得不举手投降。

但是共产主义的胜利不是毕其功于一役，从资本主义过渡到共产主义中间还必须经过一个社会主义的阶段。马克思认为"这种社会主义就是宣布不断革命，就是无产阶级的阶级专政，这种专政是达到消灭一切阶级差别，达到消灭这些差别所由产生的一切生产关系，达到消灭和这些生产关系相适应的一切社会关系，达到改变由这些社会关系产生出来的一切观念的必然的过渡阶段"②。阶级的消亡，换言之就是不平等的消亡并不是一个自然而然就能实现的目标，因为阶级的主体是有主观意识的，资产阶级从

---

① ［美］丹尼尔·辛格：《谁的新千年——他们的还是我们的》，曹荣湘等译，中国人民大学出版社 2002 年版，第 186、187 页。

② 《马克思恩格斯选集》第 1 卷，人民出版社 1995 年版，第 462 页。

登上历史舞台伊始就一直利用各种手段胁迫无产阶级劳动，他们对阶级斗争相当熟稔，不会甘心退出历史舞台，会极力维护资本主义制度，维护不合理的阶级分工。列宁说，"当历史把千百年来的特权的存亡问题提上日程的时候，竟谈论什么多数和少数，什么纯粹民主，什么专政没有必要，什么剥削者同被剥削者平等!! 要愚蠢到什么地步、庸俗到什么地步才会说出这种话来啊！"① 因此，真正的马克思主义者不仅认同阶级斗争在推翻资本主义制度中的不可替代的作用，还要在革命胜利后坚持无产阶级专政，才能在从资本主义过渡到共产主义所需要的一整个时代中，镇压资产阶级的反抗及消除资产阶级意识形态对人们思想的侵蚀。如果保证不了对资产阶级斗争的胜利成果，资产阶级的一切腐朽、落后的东西又会卷土重来，正如放弃了阶级斗争的苏联领导人，不仅自己成为资产阶级生活方式的俘虏，还使苏联亡国苏共亡党，成为无产阶级的可耻叛徒和共产主义事业的千古罪人。

要消灭资本主义制度就必须实现和坚持无产阶级专政，专政总是与民主结合在一起的，无产阶级专政一方面要对资产阶级实行专政；另一方面在无产阶级内部实行民主。无产阶级民主高于资产阶级民主的地方在于，它不是简单的选票或议会民主，而是在经济民主的基础上实行政治民主，意味着生产资料公有制，意味着无产阶级在生产过程中工人参加管理、干部参加劳动，每个单位的干部都由本单位工人直接选举，并可随时罢免，同时不享有任何特权。只有这样才能防止公仆转变为骑在人民头上的官老爷，才能防止在消灭了生产资料私有制下的不平等后，产生新的由管理特权带来的事实上的不平等，甚至出现新的剥削阶级，最后亡党亡国，资产阶级全面复辟，正如苏联及东欧社会主义各国曾经历的那样。

---

① 《列宁选集》第 3 卷，人民出版社 1995 年版，第 613 页。

结　　论

　　第二次世界大战结束后，新的国际秩序的确立为资本主义的发展提供了相对和平稳定的外部环境，第三次科技革命又推动了生产力的迅猛发展，从而使西方社会进入了一个"黄金时期"。在这一时期，工人的生活水平普遍有了很大的提高，传统产业的衰落使马克思恩格斯笔下生活悲惨的产业工人似乎消失了，取而代之的是白领工人的大量出现。于是，西方学者们纷纷讨论起工人阶级的消亡甚至阶级消亡的话题，关注"新阶级""新'中产阶级'"的出现，西方社会是"中产阶级"社会的说法开始广为人知。20世纪80年代以来，代表金融垄断资本利益的新自由主义的意识形态在西方社会成为主流，冷战的结束使马克思主义的"过时论"达到了顶峰，"历史的终结"的狂妄充斥着资产阶级意识形态的狂欢派对。马克思的阶级理论遭遇了前所未有的冷遇和挑战："中产阶级"似乎终结了资产阶级和无产阶级的对立性存在，马克思关于资本主义社会日益分裂为两大直接对立的阶级的判断似乎失效了；资本主义必将灭亡、共产主义必然胜利的预言似乎过时了……

　　但"历史的终结"这样的狂妄违反了时间是永恒的自然规律。历史就是时间，时间不会终结于某一点，更不用说资本主义制度这种非人道的制度。资产阶级的意识形态家们如果认真读过马克思的资本积累理论就不会过早地自欺欺人。无论是1973年所谓的"石油危机"、新千年的"互联网泡沫"还是2007年由所谓的"次贷危机"引发的"大衰退"，都不过是资本主义不可克服的危机的表现。资本积累的客观规律以一次又一次的危机警示世人，资本主义所谓发展必然是将一小部分人的发财致富建立在绝大多数人的贫穷与灾难上：不占有生产资料而不得不出卖自己的无产阶级，即使因为特殊的历史条件而暂时拥有比较稳定生活，也会因为不可避免的资本积累规律而陷入生活的困境。曾经被认为是"中产阶级"中坚分子的白领工人，收入自20世纪80年代以来就陷入停滞，进入21世纪以来，金融经济危机的多次冲击使他们资不抵债的生活不可持续下去，"中产阶级社会"的神话破灭了，取而代之的是"中产阶级危机"。非正规就业渐成西方社会的主流，青年失业率年年高企，各种精神病症在西方高发不断，资本主义不仅病了，而且一病不起。虽然国际垄断资本集团有可能通过残酷的战争妄图转嫁危机给广大第三世界国家，但或长或短，终将也改变不了资本主义社会必将日益分裂为两大直接对立的阶级的现实，这种少数人暴富、绝大多数人挣扎求生的不人道的制度必将走入末路。

在私有制下，有人只享受不劳动的特权，就有人只劳动不享受。按照资产阶级"理性经济人"的假设，既然人都是有"理性"的，就不能想象人只有"自私"的理性，而没有"不自私"的理性。因此，一方面，"不自私"的人将不追求这种排他性特权而追求全人类的解放；另一方面，既然只是少数人享有这种特权，社会上的最大群体——劳动者也是有"理性"的人，他们为何不将这种特权扩大到包括自己在内的大多数人身上？无产阶级要做的就是破除像"中产阶级"这样的意识形态迷雾，抛弃苏东带来的心理荷重，承担起历史主人翁的重担，再次向解放自我的征途出发，将资本主义送入历史博物馆，使人类走出"史前史"，步入每个人的自由发展是一切人自由发展的崭新时期：共产主义社会。总之，马克思的科学判断没有过时，它只会在一种情况下"过时"，那就是资本主义成为"过去时"。

西方社会不平等日益加深的事实对于中国而言有着极大的警示意义。首先，我们的发展不可能像西方那样通过新旧殖民主义从全世界攫取巨额利润；相反，我们的现代化进程是在从西方列强的侵略之下解放出来后才真正开始的。我们只能依靠以"按劳分配"为主体的社会主义基本经济制度才能最大限度地激发人们的劳动积极性和创造性，利用制度优势赶超西方资本主义数百年的发展，中国特色社会主义取得的成果就是最好的证明。

其次，随着我国非公有制经济成分的壮大，社会不平等尤其是经济不平等现象已经出现并且有加剧的趋势。西方的教训表明，私有制导致的不平等并不会被市场自动纠正，除非国家利用强有力的限制措施，才能缓解不平等，但要消除不平等，最终还是得走向社会主义。我们在现阶段既要利用和发展资本，更要重视壮大公有制经济，以引导资本为我所用，避免西方那样严重的社会不平等。我们与西方国家不同，我们是人口大国，又是社会主义国家，如果社会不平等日益恶化，国内外反动势力必将利用由此造成的社会动荡形势对我国进行分裂、瓦解甚至武装干涉，那样的话我们不仅将失去实现"两个一百年"伟大目标的历史机遇，还将面临社会严重动荡甚至国家分裂之险。

最后，2008年的资本主义全球性大危机已经使世界形势有了深刻变化：资本主义面临深刻的合法性危机，西方国家的阶级矛盾愈演愈烈，对外战争有再度成为转嫁国内矛盾手段的端倪，国际安全形势因此恶化。世界处于大动荡、大分化、大变革的前夜，要掌好舵，把好船，不偏离航向，我们就必须坚持社会主义基本制度不动摇，凝聚人心、汇聚能量，把中国的事情办好，让老百姓满意，才能在这场即将来临的世界剧变中坚持到底，实现中华民族的伟大复兴。

中外文参考文献

一 外文文献

1. André Gorz, *Farewell to the Working Class An Essay on Post-Industrial Socialism*, London: Pluto Press Limited, 1982.
2. Bill Moyers, *This is the Fight of Our Lives*, keynote speech, Inequality Matters Forum, New York University, June 3, 2004, http://www.commondreams.org/views04/0616-09.htm/. 转引自 John Bellamy Foster, *Aspects of Class in the United States: An Introduction*, Monthly Review, Volume 58, Number 3, July-August 2006.
3. Charles Murray, *Coming Apart The State of White America 1960-2012*, New York: Crown Forum, 2012.
4. Eileen Boris, Annelise Orleck, *Feminism and the Labor Movement: A Century of Collaboration and Conflict*, New Labor Forum, Volume 20, Issue 1, Winter 2011.
5. Elizabeth Warren, Amelia Warren Tyagi, *The Two-Income Trap: Why Middle-Class Parents are Going Broke*, New York: Basic Books, 2003.
6. John Bellamy Foster, *Aspects of Class in the United States: An Introduction*, Monthly Review, Volume 58, Number 3, July-August 2006.
7. Hall Gus, *Working Class USA: The Power and the Movement*, New York: International Publishers, 1987.
8. Paul M. Sweezy, *Paul Sweezy Replies to Ernest Mandel*, Monthly Review, 31, no. 3 (July-August 1979), 82. 转引自 John Bellamy Foster, *Aspects of Class in the United States: An Introduction*, Monthly Review, Volume 58, Number 3, July-August 2006.
9. Robert Frank, *Falling Behind: How Rising Inequality Harms the Middle Class*,

Oakland: University of California Press, 2013.
10. Serge Mallet, *The New Working Class*, Nottingham: Spokesman Books, 1975.

二 外文文献中译本

1. ［埃及］萨米尔·阿明：《全球化时代的资本主义——对当代社会的管理》，丁开杰等译，中国人民大学出版社 2013 年版。
2. ［德］安德烈·冈德弗兰克：《依附性积累与不发达》，高铦等译，译林出版社 1999 年版。
3. ［德］鲁道夫·希法亭：《金融资本——资本主义最新发展的研究》，福民等译，商务印书馆 1997 年版。
4. ［埃及］萨米尔·阿明：《世界规模的积累——欠发达理论批判》，杨明柱等译，社会科学文献出版社 2008 年版。
5. ［德］米夏埃尔·施耐德：《〈德国工会简史〉一书的结束语〈工会政策的总结与前景〉》，张世鹏译，德国狄茨出版社 1989 年版。
6. ［德］乌尔里希·贝克：《风险社会》，译林出版社 2004 年版。
7. ［法］H. 孟德拉斯：《农民的终结》，李培林译，社会科学文献出版社 2010 年版。
8. ［法］雷蒙·阿隆：《阶级斗争——工业社会新讲》，译林出版社 2003 年版。
9. ［法］路易·阿尔都塞：《读〈资本论〉》，李其庆等译，中央编译出版社 2008 年版。
10. ［法］米歇尔·阿尔贝尔：《资本主义反对资本主义》，杨祖功、杨齐、海鹰译，社会科学文献出版社 1999 年版。
11. ［法］让·卢日金内等主编：《新阶级斗争》，社会科学文献出版社 2009 年版。
12. ［法］雅克·比岱等主编：《当代马克思辞典》，社会科学文献出版社 2011 年版。
13. ［加拿大］埃伦·M. 伍德：《资本的帝国》，上海译文出版社 2006 年版。
14. ［美］C. 莱特·米尔斯：《白领：美国的中产阶级》，南京大学出版社 2006 年版。

15. ［美］艾尔文·古德纳：《知识分子的未来和新阶级的兴起》，江苏人民出版社 2006 年版。
16. ［美］保罗·克鲁格曼：《美国怎么了？——一个自由主义者的良知》，中信出版社 2008 年版。
17. ［美］贝弗里·J. 西尔弗：《劳工的力量：1870 年以来的工人运动与全球化》，社会科学文献出版社 2012 年版。
18. ［美］大卫·哈维：《新自由主义简史》，王钦译，上海译文出版社 2010 年版。
19. ［美］丹尼尔·贝尔：《后工业社会》，科学普及出版社 1985 年版。
20. ［美］迈克尔·赫德森：《全球分裂：美国统治世界的经济战略》，杨成果等译，中央编译出版社 2010 年版。
21. ［意］多米尼克·洛苏尔多：《自由主义批判史》，王崟兴等译，商务印书馆 2014 年版。
22. ［美］丹尼尔·辛格：《谁的新千年——他们的还是我们的》，曹荣湘等译，中国人民大学出版社 2002 年版。
23. ［美］道格拉斯·拉米斯：《激进民主》，刘元琪译，中国人民大学出版社 2008 年版。
24. ［英］约翰·斯科特：《公司经营与资本家阶级》，重庆出版社 2002 年版。
25. ［美］哈里·布雷弗曼：《劳动与垄断资本：20 世纪中劳动的退化》，方生等译，商务印书馆 1973 年版。
26. ［美］哈罗德·R. 克博：《社会分层与不平等：历史、比较、全球视角下的阶级冲突》（第七版），蒋超等译，上海人民出版社 2012 年版。
27. ［美］赫伯特·马尔库塞：《单向度的人——发达工业社会意识形态研究》，上海译文出版社 2008 年版。
28. ［美］霍华德·津恩：《美国人民的历史》，许先春译，上海人民出版社 2000 年版。
29. ［美］罗纳德·H. 奇尔科特：《比较政治经济学理论》，高铦、高戈译，社会科学文献出版社 2001 年版。
30. ［美］迈克尔·谢若登：《资产与穷人——一项新的美国福利政策》，高鉴国译，商务印书馆 2005 年版。
31. ［美］罗伯特·赖克：《超级资本主义》，石冠兰译，当代中国出版社

2010年版。

32. ［美］诺姆·乔姆斯基：《新自由主义和全球秩序》，徐海铭、季海宏译，江苏人民出版社2000年版。
33. ［美］乔万尼·阿瑞吉等：《现代世界体系的混沌与治理》，王宇洁译，生活·读书·新知三联书店2003年版。
34. ［美］萨莉·鲍尔等：《教育与中产阶级》，胡泽刚译，湖南教育出版社2008年版。
35. ［美］塞缪尔·亨廷顿：《文明的冲突与世界秩序的重建》，周琪等译，新华出版社2010年版。
36. ［美］威廉·罗宾逊：《全球资本主义论：跨国世界中的生产、阶级与国家》，高明秀译，社会科学文献出版社2009年版。
37. ［美］威廉·朱利叶斯·威尔逊：《真正的穷人——内城区、底层阶级和公共政策》，成伯清等译，上海人民出版社2007年版。
38. ［美］文森特·帕里罗等：《当代社会问题》（第四版），周兵等译，华夏出版社2002年版。
39. ［日］大前研一：《M型社会》，刘锦秀、江裕真译，中信出版社2010年版。
40. ［日］渡边雅男：《现代日本的阶层差别及其固定化》，陆泽军等译，中央编译出版社1998年版。
41. ［日］渡边雅男：《阶级！社会认识的概念装置》，［日］彩流社株式会社2004年版。
42. ［日］渡边雅男：《马克思的阶级概念》，李晓魁译，社会科学文献出版社2015年版。
43. ［日］伊藤诚：《幻想破灭的资本主义》，孙仲涛等译，社会科学文献出版社2008年版。
44. ［匈］卢卡奇：《历史与阶级意识》，商务印书馆1999年版。
45. ［意］加塔诺·莫斯卡：《统治阶级〈政治科学原理〉》，贾鹤鹏译，译林出版社2002年版。
46. ［意］乔万尼·阿里吉：《亚当·斯密在北京》，路爱国、黄平等译，社会科学文献出版社2009年版。
47. ［英］E.P.汤普森：《英国工人阶级的形成》，钱乘旦等译，译林出版社2001年版。

48. ［英］G. A. 科恩：《卡尔·马克思的历史理论：一种辩护》，段忠桥译，高等教育出版社 2008 年版。
49. ［英］艾伦·亨特：《划分工人阶级的理论和政治》（内部资料），中共中央对外联络七局 1982 年 9 月。
50. ［英］戴维·李、布赖恩·特纳主编：《关于阶级的冲突——晚期工业主义不平等之辩论》，姜辉译，重庆出版社 2005 年版。
51. ［英］戴维·李等主编：《关于阶级的冲突》，姜辉等译，重庆出版社 2005 年版。
52. ［英］斐欧娜·戴维恩：《美国和英国的社会阶级》，姜辉等译，重庆出版社 2010 年版。
53. ［美］迈克·戴维斯：《布满贫民窟的星球》，潘纯琳译，新星出版社 2009 年版。
54. ［英］理查德·斯凯思：《阶级》，雷玉琼译，吉林人民出版社 2005 年 5 月第一版。
55. ［英］唐纳德·萨松：《欧洲社会主义百年史》，姜辉、于海青、庞晓明译，社会科学文献出版社 2008 年版。
56. ［英］特里·伊格尔顿：《马克思为什么是对的》，李杨等译，新星出版社 2011 年版。
57. ［苏］阿·马·鲁缅采夫主编：《科学共产主义辞典》，潘文学等译，中国人民大学出版社 1984 年版。
58. ［法］托马斯·皮凯蒂：《21 世纪资本论》，巴曙松等译，中信出版社 2014 年版。

三　中文文献

1. 《马克思恩格斯全集》，人民出版社 1964 年版。
2. 《列宁选集》，人民出版社 1995 年版。
3. 《斯大林选集》，人民出版社 1979 年版。
4. 《毛泽东选集》，人民出版社 1991 年版。
5. 《马克思恩格斯列宁斯大林论工人阶级》，工人出版社 1986 年版。
6. 《政治经济学教科书》，人民出版社 1955 年版。
7. 侯惠勤：《马克思的意识形态批判与当代中国》，中国社会科学出版社 2010 年版。

8. 周穗明、王玫等：《西方左翼论当代西方社会结构的演变》，江苏人民出版社 2008 年版。
9. 蔡声宁、王枚主编：《当代发达资本主义国家阶级问题》，河北人民出版社 1987 年版。
10. 曾枝盛：《20 世纪末国外马克思主义纲要》，中国人民大学出版社 1998 年版。
11. 陈学明：《时代的困境与不屈的探索》，黑龙江大学出版社 2007 年版。
12. 程恩富：《程恩富选集》，中国社会科学出版社 2010 年版。
13. 程恩富主编：《现代政治经济学》（第二版），上海财经大学出版社 2006 年版。
14. 崔树义：《当代英国阶级状况》，浙江大学出版社 2006 年版。
15. 丁慧宁：《马克思主义阶级和阶级斗争理论发展史略》，中国人民公安大学出版社 1991 年版。
16. 何秉孟、姜辉、张顺洪编著：《欧洲社会民主主义的转型——与德国、瑞典学者对话实录》，社会科学文献出版社 2010 年版。
17. 何秉孟、姜辉：《阶级结构与第三条道路》，社会科学文献出版社 2005 年版。
18. 何建章主编：《当代社会阶级结构和分层问题》，中国社会科学出版社 1990 年版。
19. 赵剑英、张一兵：《国外马克思主义的基本问题》，社会科学文献出版社 2006 年版。
20. 姜辉：《欧洲发达国家共产党的变革》，学习出版社 2004 年版。
21. 靳辉明、谷源洋：《当代资本主义与世界社会主义》，海南人民出版社 2004 年版。
22. 孔明安等：《当代国外马克思主义新思潮研究：从西方马克思主义到后马克思主义》，中央编译出版社 2012 年版。
23. 张友伦等：《美国社会的悖论：民主、平等与性别、种族歧视》，中国社会科学出版社 1999 年版。
24. 李春玲主编：《比较视野下的中产阶级形成》，社会科学文献出版社 2009 年版。
25. 李景治等：《当代资本主义的演变与矛盾》，中国人民大学出版社 2001 年版。

26. 李培林：《社会冲突与阶级意识》，社会科学文献出版社 2005 年版。
27. 李强：《当代中国社会分层与流动》，中国经济出版社 1993 年版。
28. 卢汉龙、杨雄：《社会阶层构成的新变化》，上海社会科学出版社 2002 年版。
29. 鲁克俭：《国外马克思主义研究的热点问题》，中央编译出版社 2006 年版。
30. 吕梁山：《赖特的阶级理论研究》，中共中央党校出版社 2007 年版。
31. 冒从虎等：《欧洲哲学通史》，南开大学出版社 1985 年版。
32. 糜海波：《马克思阶级概念的当代演变》，中国社会科学出版社 2012 年版。
33. 倪立亚：《当代资本主义国家的社会阶级结构》，福建人民出版社 1993 年版。
34. 沈云锁等主编：《共产党通史》，人民出版社 2011 年版。
35. 孙江：《"空间生产"：从马克思到当代》，人民出版社 2008 年版。
36. 孙寿涛：《发达国家工人阶级的演变》，经济管理出版社 2007 年版。
37. 卫建林：《全球化与第三世界》，清华大学出版社 2009 年版。
38. 徐崇温：《当代资本主义新变化》，重庆出版社 2004 年版。
39. 徐崇温：《西方马克思主义》，中国社会科学出版社 2007 年版。
40. 徐崇温：《用马克思主义评析西方社会思潮》，重庆出版社 1990 年版。
41. 严海蓉：《美国劳工运动中的病症》，《读书》2006 年第 11 期。
42. 衣俊卿：《新马克思主义评论》，中央编译出版社 2012 年版。
43. 张世鹏：《当代西欧工人阶级》，北京大学出版社 2001 年版。

四　其他文章

1. 胡莹：《当代资本主义社会还存在"绝对贫困"吗？》，《马克思主义研究》2011 年第 6 期。
2. 陈其人：《资本主义的发展和无产阶级构成的变化——评资本主义社会中产阶级化的理论》，《马克思主义与现实》1995 年第 4 期。
3. 姜辉：《论西方国家工人阶级的现实境况和社会地位》，《教学与研究》2014 年第 7 期。
4. 张莹玉：《西方"中产阶级化"理论剖析》，《世界经济研究》1992 年第 4 期。

5. 张莹玉：《当代垄断资本与中小企业》，《财经研究》1992年第6期。
6. 张莹玉：《发达资本主义国家股票占有分散化现象剖析》，《社会科学》1990年第7期。
7. 张莹玉：《列宁的帝国主义资本输出理论与当代国际资本运行》，《财经研究》1993年第2期。
8. 崔之一：《略论资本主义国家中股票占有分散化的实质》，《世界经济与政治》1989年第6期。
9. 崔学东：《金融危机是美国劳资关系的转折点吗?》，《教学与研究》2011年第10期。
10. 彭恒军：《近年来的阶级理论研究》，《兰州学刊》2008年第6期。
11. 武心波：《全球化与日本"企业共同体"性格的"蜕变"》，《日本学刊》2006年第2期。
12. 余文烈：《西方马克思主义的中间阶级理论》，《政治学研究》1996年第2期。
13. 付清松：《工人阶级真的消亡了吗?》，《理论探讨》2013年第5期。
14. 谢富胜、李安、朱安东：《马克思主义危机理论和1975—2008年美国经济的利润率》，《中国社会科学》2010年第5期。
15. 顾海良：《奥康纳和他的"国家的财政危机"理论》，《世界经济》1990年第7期。

后　　记

　　笔者从产生对"中产阶级"概念进行系统研究、批判的想法，到框架构思、收集材料、研读各类著作，再到完成书稿，大约经历了近十年的时间。就个人而言，这些年里从《马克思主义文摘》的专职编辑到科研人员，在身份转换的同时也经历了学识的增长，这种增长主要来源于对马克思等经典作家著作的学习，从他们的文字中领会到许多过去不能理解透彻的东西。譬如，曾把共产主义的实现当作一种"宿命的必然"，好比有一列叫"共产主义"的火车，会将人类搭载到它的目的地。但现在明白，即便是我们理解到共产主义取代资本主义的历史必然性，也不能就将实现共产主义的希望放到"宿命的必然"上。因为还会有许多偶然性因素可能影响到必然性的实现，比如说，在资本毫无顾忌追求利润的道路上，无限制地日趋扩大的生产、消费极有可能导致全球性的生态危机并使之滑向无可挽回的深渊，在这种情况下，人类能否继续生存尚且未知。

　　留给人类解放自己的时间不多了，难怪我们这个时代最伟大的科学家之一霍金认为，战争、灾难性的全球变暖、基因工程病毒、自动化武器、人口过剩、气候变化和流行病等威胁人类安全，人类将面临灭绝，人类只有200年的时间逃离地球寻找到新的落脚点才能避免灭亡。[①] 作为一位生活在发达国家的科学家，霍金无疑比一般人更能深刻地理解资本无节制的积累对人类生存造成的致命威胁。但他并不是一位马克思主义者，因此他能想到的解决办法只能是逃离地球。不知道霍金是否想过，在现有的社会制度下，即便是人类有可能移民其他星球，也只有极少数人能够逃离地球，这些人只会是少数有权有势的有钱人及其仆从，而且这些人到了新的

---

① 参见，Mark Prigg, "Stephen Hawking warns humanity has just 200 years to escape Earth and says Donald Trump has taken 'the most serious, and wrong, decision on climate change this world has seen'", Dailymail. com, 21 Jun 2017, http://www.dailymail.co.uk/sciencetech/article-4623610/amp/Stephen-Hawking-warns-200-years-escape-Earth.html.

星球如果仍然延续私有制，那么这颗星球一样会毁灭于资本无止境地追逐利润的欲望。假如人类无法实现向其他星球的大规模移民，那么在延续当前资本主义制度的情况下，水污染、空气污染、土壤污染、人口爆炸等问题都无法得到解决，多数人还是只能留在地球上等待最后的灭亡。只有当资本主义的掘墓人——无产阶级认识到，只有埋葬资本主义制度，才能解放包括资本家在内的所有人，才能将人类从"无从避免"的生态灾难中解救出来，才能实现真正自由而平等的人间天堂，进而将这种认识投入推动历史的实践行动中去，共产主义才有可能实现。

因此，我们必须认识到，共产主义的历史必然性如果离开无产阶级的主观能动性也是无法实现的。无产阶级如何能从自为阶级转化为自在阶级是一个宏大的历史课题，在这一课题中，理论启蒙必不可少，而马克思的阶级理论更是其中的重中之重。

也许在有些人看来，马克思的阶级理论无非就是强调阶级的存在和阶级斗争，而现今这个"多元化"时代早已经不是阶级二元对立的、以阶级斗争为纲的时代，马克思的阶级理论早该进入博物馆了。马克思也谦虚地说过，自己的功劳既不是发现阶级的存在也不是发现了阶级斗争，而只是指出了以下三点，即，阶级的存在仅仅同生产发展的一定历史阶段相联系；阶级斗争必然要导致无产阶级专政；这个专政不过是达到消灭一切阶级和进入无阶级社会的过渡。① 这三点无疑包含着极为丰富的辩证法和实践内容，它们是对尚未进入共产主义的人类社会的发展规律的高度概括，只要人类还没有突破实现共产主义社会之前的私有制的"史前史"，那么马克思的阶级理论就必然适用，不会过时。但是，要赋予这三点以丰富的时代内容，并根据变化了的时代特点进行阐释，就离不开对当前阶级状况及阶级斗争形势的密切观察和把握，这样才有可能把这三点内容说明白、说清楚、说透彻，才能让人心服口服。

本书的写作过程并不算顺利，总是会碰到这样那样的困难，所幸得到了导师姜辉研究员的悉心指导、程恩富研究员的及时指点和渡边雅男教授的智慧点拨，使我得以拨开重重迷雾，走到课题研究的彼岸；此外，如果没有李慎明院长及时指出研究中的不足，李崇富研究员对研究方向的肯定、侯惠勤研究员给予的建设性意见……笔者也很难较高质量地完成本书

---

① 《马克思恩格斯选集》第4卷，人民出版社1995年版，第547页。

的写作。在本书的初稿完成后，随着微信的普及，又使本人有幸能请教到国内资深学者——何干强和许兴亚两位教授，他们总是乐于及时认真地在微信群里为包括我在内的青年人释疑解惑。

恩格斯曾在《普鲁士军事问题和德国工人政党》中说，"除了资产阶级和无产阶级以外，现代大工业还产生了一个站在他们之间的类似中间阶级的东西——小资产阶级。这个小资产阶级是由原先的半中世纪的市民阶级残余和稍稍高出一般水平的工人组成的。"① 这段话让笔者非常疑惑：如果恩格斯认为稍高于普通工人（收入、地位等）的工人（譬如熟练工人）是小资产阶级，那这样的工人不就是现在所谓的"中产阶级"了吗？那么我们应该作何解释呢？但熟练工人怎么就会成为小资产阶级呢？如果根据他在生产资料所有制中所处的地位来看他仍然是无产阶级啊！这使笔者不能自解，进而求教于许兴亚老师。

为查证这段话的原意，许老师花了一晚上的时间，检索了中、英、德三种语言不同版本的相关文献，他首先指出，这段话在马恩全集中文第二版的译文是："除了资产阶级和无产阶级以外，现代大工业还产生了一个站在它们之间的中间阶级——小资产阶级。这个小资产阶级是由原先的半中世纪的城关市民阶级残余和稍稍变得富有的工人组成的"②。这里的翻译与第一版的区别，一是将第一版中"类似中间阶级的东西"，直接译成了"中间阶级"；二是将"半中世纪的市民阶级"改译为"半中世纪的城关市民阶级"；三是将"稍稍高出一般水平的"修改为"稍稍变得富有的"。应当说，第二版与第一版相比，改进是明显的。但是问题依然存在。具体说来，这段话的德文原文是：

Außer der Bourgeoisie und dem Proletariat produziert die moderne große Industrie noch eine Art Zwischenklasse zwischen beiden, das Kleinbürgertum. Dies besteht teils aus den Resten des früheren halbmittelalterlichen Pfahlbürgertums, teils aus etwas emporgekommenen Arbeitern. [KARL MARX · FRIEDRICH ENGELS WERKE (MEW). BAND 16, S. 67. DIETZ VERLAGBERLIN 1962.]

相对应的英译文是：

---

① 《马克思恩格斯全集》第 16 卷，人民出版社 1964 年版，第 75 页。
② 《马克思恩格斯全集》第 21 卷，人民出版社 2003 年版，第 103 页。

Apart from the bourgeoisie and the proletariat, the large industry of today also gives rise to a kind of intermediate class between the two, the petty bourgeoisie. This consists partly of the relics of the former semi-medieval burghers and partly of workers who have risen somewhat in the world. 〔MARX & ENGELS COLLECTED WORKS (MECW). VOLUME 20, P. 68. Lawrence & Wishart Electric Book 2010〕

许老师指出，问题主要存在于以下几个方面。

1. 恩格斯这里所说的"中间阶级"（德文 Zwischenklasse）并不是马克思和恩格斯在"资产阶级"那个意义上所使用"中等阶级"（德文 Mittelklasse）。英文版中此处所用为 intermediate class。所以，这里的这个"中间阶级"（德文 Zwischenklasse）其实并不是一个严格意义上的"中等阶级"或"中间阶级"，而是"居间的阶级"，即"处于两者之间的阶级"。

2. 恩格斯这里所说的也不是"一个阶级"和"小资产阶级"，而是"中间阶级的一个类别"。其中的德文"Art"其本意是"类别"或"类型"，"eine Art Zwischenklasse"就是"中间阶级的一个类型"。因为这里所说的不是"一个阶级"，而是由两部分人组成的一个"阶级类型"，即阶级的混合物。至于"Kleinbürgertum"虽然习惯上也可以译作"小资产阶级"，但如果在更加精确的意义上来理解的话，则是"小市民群体"或"小资产者群体"。"tum"这个词缀虽然是用来表示"一类事物"的，但含义却比较宽泛、模糊和含混，可以译作阶级，也可以译作"群体"，并不像"Klasse"那样明确地表示"阶级"。此外，"halbmittelalterlichen Pfahlbürgertums"，既不是"半中世纪的市民阶级"，也不是"半中世纪的城关市民阶级"而是"半中世纪的城关市民"（英文 semi-medieval burghers。关于"中世纪的城关市民"的说法，可参见《共产党宣言》）。

3. 最后，"etwas emporgekommenen Arbeitern"，就是"少数发了迹的工人"亦即"少数富裕工人"的意思。要害在于：这里的这个德文"etwas"不是用来修饰"emporgekommenen"（发迹、变富）的，而是用来修饰"Arbeitern"即"工人"的。这些"少数变富了的工人"，也并非铁板一块。有些人可能仅仅是在经济地位上接近了资产阶级或小资产阶级，工人阶级的阶级属性可能还没有完全改变。有些则不然，而是已经成了恩格斯和列宁所说的"工人贵族"。从这个意义上说，他们就不仅不再属于工人阶级，而且也不属于小资产阶级，而是成了资产阶级的附庸。恩格斯甚至曾说过：整个英国工人阶级都已经"贵族化"了。所以，是不能简单地用"白领"和"蓝领"来区分的。

　　经过许老师的一番考证，笔者终于明白，恩格斯这句话的原意是指，现代大工业产生了一个居于资产阶级和无产阶级之间的小资产者群体，他们由残余的半中世纪的城关市民和少数发迹的上层工人组成。这种上层工人并不只是比普通工人"稍稍高出一般水平"或"稍稍变得富有"而已，而是要么凭借自己的技术成为可以比肩高收入小资产者的人，要么凭借从事管理等工作成为资产阶级的仆从，这两种工人都是所谓的工人贵族，和普通工人当然有着相当的区别。之所以还称这两种工人为"工人"，是因为他们还没有拥有能够无偿占有别人剩余劳动的生产资料，从而还无法彻底摆脱工人身份。看完许老师的分析，顿感原来看不明白的地方豁然开朗了！看来，对英文尤其是德文原著的学习，在马克思主义的研究中也是非常必要的！许老师作为老一辈学者，治学严谨，不仅熟读马恩原著，而其对德文和英文版了如指掌的程度，更令我等后辈自愧弗如！

　　许老师接着分析了出现脱离无产者阶级的"发迹工人"的原因。他引用了马克思的这样一段论述："就生息资本是资本主义生产方式的一个重要要素来说，它和高利贷资本的区别，决不在于这种资本本身的性质或特征。区别只是在于，这种资本执行职能的条件已经变化，从而和货币贷出者相对立的借入者的面貌已经完全改变。即使得到贷款的产业家或商人是没有财产的人，那也是由于相信他会用借来的资本执行资本家的职能，占有无酬劳动。他是作为可能的资本家得到贷款的。一个没有财产但精明强干、稳重可靠、有能力和经营知识的人，通过这种方式也能成为资本家（因为在资本主义生产方式中，每一个人的商业价值总会得到或多或少正确的评价），这是经济辩护士们所赞叹不已的事情，这种情况虽然不断地把一系列不受某些现有资本家欢迎的新的幸运骑士召唤到战场上来，但巩固了资本本身的统治，扩大了它的基础，使它能够从社会下层不断得到新的力量来补充自己。这和中世纪天主教会的情况完全一样，当时天主教会不分阶层，不分出身，不分财产，在人民中间挑选优秀人物来建立其教阶制度，以此作为巩固教会统治和压迫俗人的一个主要手段。一个统治阶级越能把被统治阶级中的最优秀的人物吸收进来，它的统治就越巩固，越险恶。"[①] 许老

---

　　① 《资本论》第3卷，人民出版社2004年版，第679页。

师指出，马克思在讲这些话的时候，所指的主要是资本主义的信贷。在今天，则还可以加上赌博、彩票、股票和证券交易等。此外就是熊彼特式的"创新"，以及他所说的那些空手套白狼的"幸运骑士"——"企业家"。

许老师的这番话表明，在资本主义时代，资本积累本身也要求有新鲜血液补充到资本家队伍中，工人中的某些人会被吸收到统治阶级中去，但这也仅仅只是少数人才能成为"发迹者"。

许老师赞同对"中产阶级"的批判性研究，他认为，在我国，中国共产党在新民主主义革命时期（例如在毛泽东的《中国社会各阶级分析》中），曾经使用过"中产阶级"的说法。但在新中国成立之后，特别是在1952年以后，就已经明确说过：不应再将资产阶级称为"中产阶级"了。而邓小平在谈到我国改革的社会主义方向时，也早就指出过，在我国，如果真的出现了两极分化，那我们的改革就真的失败了。如果真的出现了什么资产阶级，那我们就真的走上邪路了。① 还说过：十几亿人口的中国如果搞资本主义，那对世界将是个灾难，要倒退好多年。② 一些人大肆推崇所谓的"中产阶级"，这难道不值得警惕吗？

此外，江泽民在庆祝中华人民共和国成立四十周年大会上的讲话中也曾明确地指出："工人、农民、知识分子是社会主义现代化建设的基本力量。……极少数人企图在中国制造一个所谓'中产阶级'，作为他们的依靠力量，来颠覆我们的社会主义制度，更从反面证明了我们必须全心全意依靠工人阶级。"③ 许老师指出，面对资产阶级的故意混淆是非，我们就是一定要旗帜鲜明地"必也正名乎！"

马克思在《剩余价值理论》中曾说过，"介于以工人为一方和资本家、土地所有者为另一方之间的中间阶级不断增加，中间阶级……直接依靠收入过活，成了作为社会基础的工人身上的沉重负担，同时也增加了上流社会的社会安全和力量"④。这段话该如何理解呢？也许在一些人看来，这表明马克思早就看到了"中产阶级"的壮大，是承认"中产阶级"的一个

---

① 邓小平：《搞资产阶级自由化就是走资本主义道路》，求是网，http://www.qstheory.cn/zl/llzz/dxpwjd3j/200906/t20090630_4793.htm。

② 邓小平：《中国走资本主义道路，对世界是个灾难》，人民网-读书频道，2011年4月1日，http://book.people.com.cn/GB/69399/107429/217796/14295363.html。

③ 江泽民：《在庆祝中华人民共和国成立四十周年大会上的讲话》，1989年9月29日，中国国情-中国网，http://guoqing.china.com.cn/2012-09/13/content_26747878.htm。

④ 《马克思恩格斯全集》第26卷，第2册，人民出版社1973年版，第653页。

表述。

但何干强老师并不这样认为,他指出,"中产阶级"是资产阶级改良主义用来替代唯物史观的阶级分析方法的一个不科学概念,指出这一点,有助于纠正所谓的现代社会"趋同论",它把所谓"橄榄型"社会说成社会发展目标,这种说法这些年来十分流行。马克思前后思想是一致的,他关于资本主义社会分裂为资产阶级和无产阶级两大对立阶级的原理,是贯彻始终的。理解他在不同场合表述,有必要把握好他使用的概念。譬如,马克思在全集 26 卷第 2 册的这段话:"中间阶级……直接依靠收入过活,成了作为社会基础的工人身上的沉重负担,同时也增加了上流社会的社会安全和力量"[1] 中的"直接依靠收入过活"的"中间阶级",并不只指小私有者,也包括进入非物质生产领域的靠收入过活的人。其中有相当大的部分是"雇佣劳动者",他们的收入是雇主给的,但却是物质生产领域的产业工人提供给雇主的剩余价值的一部分。按劳动价值论,流通领域商业工人的收入也是产业工人剩余价值的一部分,他们属于无产阶级的组成部分。在非物质生产领域,商业工人的数量是最大的。在非物质生产领域中从事纯服务工作的佣人等这类靠收入生活的人,收入较低。他们的收入是雇主给的,而雇主的收入只能来自物质生产领域的劳动创造的价值或剩余价值。佣人们的阶级属性,可划到无产阶级一边,他们不是自己有生产资料的小生产者。

何老师指出,资本主义国家私人的或公立的学校、剧院、医院等聘用的教授、演员、医生等纯粹服务领域的劳动者,也是被雇佣的,但工资较高,这类人靠收入过活,他们的收入也是产业工人阶级创造的剩余价值转移过来的;这种收入较高的中间阶层的人范围越来越大,是因为随着全社会劳动生产率水平的提高,社会非物质生产领域中纯粹服务领域有了发展的物质基础,而这又是与物质生产领域社会总资本有机构成提高相联系的,由此就可以理解马克思在批判马尔萨斯时所指出的:"他的最高希望是,中等阶级的人数将增加,无产阶级(有工作的无产阶级)在总人口中占的比例将相对地越来越小(虽然它的人数会绝对地增加)。马尔萨斯自己认为这种希望多少有些空想,然而实际上资产阶级社会的发展进程却正

---

[1] 《马克思恩格斯全集》第 26 卷,第 2 册,人民出版社 1973 年版,第 653 页。

是这样"①。何老师指出,在这段话中,"有工作的无产阶级""相对地越来越少",这是因为社会总资本的有机构成在提高;但是其人数在一定条件下却是"绝对地在增加"的,与此同时,不能忽视作为相对过剩人口存在的失业劳动者,他们是无产阶级的组成部分。

何老师认为,非物质生产领域确实存在收入较高的被雇佣的阶层,如被雇佣的知识阶层,他们之所以收入较高,因为他们是资产阶级利用的对象,资产阶级会让利给这些阶层。他们则为资本阶级服务。但是他们毕竟只是非物质生产领域的较小的一部分人。而非物质生产领域的大多数人的收入,仍是靠劳动力商品出售的低收入,他们属于无产阶级范畴。因此,全社会物质生产领域和非物质生产领域的无产阶级总人数,加上失业者,仍是人口的大多数。

何老师强调,马克思说,"资产阶级社会的发展进程正是这样",在物质生产领域"有工作的无产阶级相对减少"。这与他指出的全社会分裂为两大阶级并不矛盾,因为非物质领域也同样存在资本剥削关系。当代资本主义两极分化是可以感觉到的,美国人喊出反对"1%和99%"的口号表明了这一点。在这里有必要强调,按收入来划分阶级是错误的。《资本论》第3卷第52章专门对此批判,此章虽没写完,却是全书的政治结论,值得好好研究领会。坚持劳动价值论和剩余价值论,对分析经济、社会现象极为重要。总之,马克思关于资本主义社会分裂为资产阶级和无产阶级两大对立阶级的原理是贯彻始终的。

除许兴亚、何干强两位老师外,国内还有许许多多像他们一样的老一辈马克思主义学者,他们共同的特点是不仅学风端正,理论扎实,更难得的是他们仍在孜孜不倦地向后辈无私地传授学问,我们青年一代学者要追随他们的探寻真理的脚步,在传承马克思主义的道路上作出自己的贡献。

马克思、恩格斯已经逝世一百多年了,但他们的理论并没有随风而逝,反而是随着实践的进展和社会的进步在不断印证着它的真理性。但是国内外都有人以马克思、恩格斯生活在过去的时代为由,认为马克思主义亟须"创新""发展",而他们口中的"创新""发展"却是借马克思主义之名,塞入自己的私货,譬如"后马克思主义"者的代表拉克劳和墨菲认

---

① 《马克思恩格斯全集》第26卷,第3册,人民出版社1974年版,第63页。

为,"中产阶级"主导的新社会运动证明了"在当代资本主义现实与马克思主义理论范畴能够合法包容的东西之间存在着日渐扩大的裂痕"。因此,在现时代,阶级已不再具有确定的物质基础,而更多地成为一种随意的主观身份认同[①],从而粗暴地否认了马克思的阶级理论。近年来从西方又传来一种"有机马克思主义",它从资本统治造成严重的环境问题出发,认为只有靠对上帝的信仰、对自然的敬畏才能拯救人类。这种"马克思主义"绝口不提推翻资本主义制度,更不提阶级斗争,而寄希望于"信仰""教育"等资本主义病床旁的医生们常开的药方,于是这种"有机"的马克思主义的真面目也就豁然开朗了:打着马克思主义的旗号来曲解马克思主义。没错,马克思主义是强调人与自然要和谐相处,福斯特等著名马克思主义者还在"生态马克思主义"这一研究领域提出了极具开创性的论点,这是值得我们学习的。但是这并不妨碍我们在所有号称的"马克思主义"面前保持警惕和清醒的态度。正如有网友所说,这个世界上形形色色的马克思主义有几百种,但是真的马克思主义只有一种,那就是消灭私有制、消灭剥削、消灭压迫、能实现共产主义的马克思主义才是真的。

马克思主义是真理,但要将它的真理性展现给群众,理论工作者还需要做很多实际工作,用马克思主义来解释时代出现的新现象,譬如,如何看待"中产阶级"?信息技术的大规模应用,人工智能的出现,会不会使人的劳动成为毫无价值的东西?诸如此类的问题,马克思主义者已经或正在进行着理论上的阐释和论证,并日益得到人们的理解和认同。世界的前途是共产主义,资本主义的穷途末路已经日益明朗,马克思的英名将永远长存。

[①] 孔明安等:《当代国外马克思主义新思潮研究:从西方马克思主义到后马克思主义》,中央编译出版社2012年版,第89—90页。